asSaggi

Ancel e Margaret Keys

la DIETA MEDITERRANEA

Come mangiare bene e stare bene

Slow Food Editore

Titolo originale *How to Eat Well and Stay Well. The Mediterranean Way*
Doubleday, New York 1975

Traduzione **John Irving, Paola Fortunato**

Impaginazione **Silvia Virgillo, Roberto Fidale**
Editing **Bianca Minerdo, Grazia Novellini**

Finito di stampare nel mese di settembre 2017
da **Grafica Veneta S.p.a.**, Trebaseleghe (Pd)

Slow Food Editore srl – Via Audisio, 5 – 12042 Bra (Cn)
Tel. 0172 419611
editorinfo@slowfood.it – www.slowfoodeditore.it

ISBN 9788884994738

Sommario

Alla famiglia Keys,
in nome di cinquant'anni di amicizia vera,
con gratitudine,
Alessandro e Maria

PREFAZIONE

Ho accolto con grande piacere la richiesta di scrivere una prefazione alla prima edizione italiana di *Eat Well and Stay Well: the Mediterranean Way*, famosa opera del mio maestro Ancel Keys, illustre fisiologo, scritta assieme alla moglie Margaret nel 1975. Si tratta infatti, a distanza di oltre quarant'anni, di un lavoro tuttora attualissimo e va a merito dell'Associazione Dieta Mediterranea Ancel Keys Pioppi: alimentazione e stile di vita, nata nel 2008, con la guida spirituale del grande scienziato americano, l'avere fortemente voluto la realizzazione della traduzione italiana che ora vede la luce.

La dieta mediterranea, di cui oggi tanto si parla, è stata di fatto individuata e descritta per la prima volta proprio dai coniugi Keys in questo preziosissimo volume, scritto con la riconosciuta competenza scientifica, ma anche con tanto amore e ammirazione per le abitudini alimentari delle popolazioni mediterranee, in particolare della Grecia, dell'Italia e delle regioni costiere mediterranee di Francia e Spagna.

Ancel Keys, spinto dalla inesauribile curiosità dell'uomo di scienza, volle conoscere questi territori, la gente che li abitava e le abitudini di vita negli anni Cinquanta, iniziando da Napoli, dove era stato invitato dal professore Gino Bergami, docente di Fisiologia all'Università di Napoli. Sorprende l'interesse e sembra di vedere l'ammirato stupore dei coniugi Keys nell'avvicinarsi alle bellezze del Meridione d'Italia provenendo in auto, d'inverno, dal Nord Europa coperto di neve. Al di qua delle Alpi, sole, fiori e il cappuccino gustato per la prima volta in occasione di una sosta al bar in autostrada. A partire da questo momento Ancel e Margaret Keys scopriranno le abitudini e le prerogative delle popolazioni mediterranee attraverso numerose occasioni di viaggi, organizzati con l'obiettivo di analizzare il motivo della sorprendentemente bassa frequenza della malattia coronarica nell'Italia meridionale, in contrapposizione alla sua elevata frequenza negli Stati Uniti e nel Nord Europa.

Keys condivise queste esperienze e le relative considerazioni con Paul White, padre della cardiologia moderna, proveniente da Boston, tanto da progettare insieme un famoso studio epidemiologico sulla mortalità cardiovascolare in sette Paesi (Stati Uniti, Olanda e Finlandia con alta mortalità, Italia, Grecia, Dalmazia e Giappone con bassa mortalità cardiovascolare): il Seven Countries Study. Sulla base dei risultati di queste ricerche e di una molteplicità di altri studi condotti anche nella sua patria di origine, il Minnesota, ai quali ho avuto il privilegio di partecipare, Keys si convinse infine e riuscì a dimostrare che l'elevata frequenza di malattia coronarica era in buona misura correlata a un'alimentazione troppo ricca in grassi saturi e al corrispondente incremento della colesterolemia. Di qui il convincimento che il modello di alimentazione mediterraneo, povero in grassi animali e basato in prevalenza su alimenti vegetali e sull'uso di olio di oliva come condimento quasi esclusivo, meritasse massimo apprezzamento e condivisione: è questa idea, all'epoca altamente innovativa, la fonte di ispirazione di questo prezioso volume. *Eat Well and Stay Well: the Mediterranean Way* è di fatto la combinazione tra una preliminare trattazione scientifica della fisiologia della nutrizione, che trova posto nei primi capitoli del libro, e la descrizione particolareggiata e puntuale, nei capitoli successivi, di piatti tipici mediterranei, personalmente provati e apprezzati dagli autori. Particolare elogio viene rivolto all'olio di oliva, alla pasta, al pomodoro, agli ortaggi e alla frutta fresca consumata a conclusione del pasto.

L'amore per l'ambiente e il clima mediterraneo spinsero i coniugi Keys a costruire negli anni Sessanta una bella villa con attiguo fertile orto a Pioppi, nel Cilento, in vista di Capo Palinuro, dove trascorsero lunghi soggiorni felici con periodici brevi rientri negli Stati Uniti. È così che questo piccolo borgo marinaro e, con esso, l'intero Cilento diventarono la capitale della dieta mediterranea, un ruolo conseguito nel tempo anche attraverso l'organizzazione di frequenti convegni scientifici ispirati inizialmente dallo stesso scienziato americano e realizzati con il supporto di Alessandro Notaro e di sua moglie Maria La Gloria, fondatori dell'Associazione e i primi ad accogliere i coniugi Keys, facilitandone l'inserimento e la sistemazione nello splendido contesto mediterraneo. Qui, nel villaggio di Minnelea affacciato sul mare della costa cilentana, e diventato nel frattempo casa di altri autorevoli scienziati di diversi Paesi che con Keys hanno intensamente collaborato, è nato *Eat Well and Stay Well: the Mediterranean Way*, pubblicato negli Stati Uniti dopo che la moglie Margaret aveva provato e riprovato le tantissime pietanze descritte.

Il libro, nella sua edizione originale, ha avuto un grandissimo e meritato successo. Le idee e le proposte di Ancel e Margaret Keys sono state apprezzate e probabilmente attuate in svariate parti del mondo dove la Mediterranean Diet è stata considerata prerogativa di benessere e longevità. Ancel Keys è scomparso nel 2004, a 101 anni di età, la moglie Margaret a 97, testimoni essi stessi dell'associazione tra sana alimentazione e longevità. Del loro passaggio e della intensa attività svolta nel Cilento fornisce testimonianza l'attività della Associazione Dieta Mediterranea Ancel Keys Pioppi: alimentazione e stile di vita, la cui decisione di pubblicare in lingua italiana il testo divulgativo più noto di Ancel e Margaret Keys è perfettamente in linea con il suo impegno e di grande utilità per gli operatori di area nutrizionale ma anche, più in generale, per un vastissimo pubblico di potenziali interessati.

Mario Mancini
Professore Emerito di Clinica Medica
Università degli Studi di Napoli Federico II

INTRODUZIONE ALL'EDIZIONE ITALIANA

Le pagine iniziali di *How to Eat Well and Stay Well: the Mediterranean Way* furono scritte sulle sponde del Lago Superiore presso Duluth, Minnesota, e su una spiaggia del Pacifico a Berkeley, California, rispettivamente i luoghi dell'infanzia di mia madre e di mio padre. Entrambe le mie nonne erano in verità bravissime cuoche, seppure con esperienze culinarie tra loro molto diverse. La cucina predominante nel Minnesota aveva ricevuto ispirazione dagli immigrati dai Paesi dell'Europa settentrionale e orientale, mentre quella della California era sotto l'influenza asiatica. Pertanto le mie nonne hanno dato origine a una discendenza ricca di un talento culinario molto diversificato.

In generale siamo conosciuti come una famiglia di buongustai, nella quale parlare di cibo, applicare e sperimentare ricette di diversa provenienza sono evenienze praticamente quotidiane. Così come apprezziamo molto la possibilità di sedere tutti insieme a tavola per consumare i nostri pasti. Quindi non fu poi così straordinario per noi figli che i nostri genitori decidessero un giorno di scrivere un "libro di cucina" e che noi tutti diventassimo da quel momento in poi "assaggiatori". Di fatto, molte delle ricette riportate nel primo *Eat Well and Stay Well* sono relative a piatti che consumavamo comunemente. Tuttavia è pur vero che durante la stesura del libro fummo esposti a numerosi nuovi ingredienti e a gusti anche molto diversi da quelli cui eravamo abituati, alcuni dei quali abbiamo apprezzato maggiormente rispetto ad altri.

A seguito della prima visita dei nostri genitori in Italia nel 1951-1952, la cucina italiana divenne parte integrante del menù abituale e la coltura degli zucchini si aggiunse alla già molto ampia produzione orticola di casa nostra. Negli anni successivi altri cibi di origine mediterranea, in particolare greca, spagnola e francese, trovarono ospitalità nella nostra cucina e sulla nostra tavola.

Alla luce del grande successo di *Eat Well and Stay Well*, delle lunghe e approfondite ricerche sulle relazioni tra dieta abituale e malattie cardiovascolari nei Paesi mediterranei e in tutto il mondo, non meravigliò il fatto che si rendesse necessaria una nuova edizione del libro. Così nacque il nuovo volume *How to Eat Well and Stay Well: the mediterranean way*, pubblicato nel 1975. Anche questo nuovo testo divenne rapidamente un best-seller tuttora molto ricercato negli Stati Uniti.

Siamo molto lieti e grati alla Associazione Dieta Mediterranea Ancel Keys Pioppi: alimentazione e stile di vita per avere assunto l'iniziativa di tradurre e pubblicare questo volume in Italia a beneficio dei ricercatori e dei professionisti di area nutrizionale, ma anche dei tanti cittadini italiani che hanno desiderio e piacere di conoscere e approfondire le basi scientifiche della sana alimentazione mediterranea. Auspichiamo pertanto per questo volume un successo analogo a quello dell'opera originale, in considerazione anche del fatto che i proventi della sua vendita saranno esclusivamente utilizzati per la promozione e la diffusione delle conoscenze sulla dieta mediterranea e le sue origini.

Carrie D'Andrea Keys

PIOPPI

Eat well & stay well

Associazione Dieta Mediterranea
Ancel Keys Pioppi: alimentazione e stile di vita

Attestato

Noi

Professore Jeremiah Stamler, Emeritus Professor, Northwestern University, Feinberg School of Medicine, Chicago, Il., U.S.A

Professore Henry Blackburn, Maior Professor, University of Minnesota, U.S.A.

Professore Hirotsugu Ueshima, M.D., PhD, Emeritus Professor, Prevention Center, Shiga University of Medical Science, Japan.

Professore Mario Mancini, Professor Emeritus Dipartimento di Medicina Clinica Sperimentale, Università degli Studi di Napoli "Federico II", Italia.

Mrs. Carrie Keys

Riconosciamo

Pioppi, Italia, come culla e sede storica degli studi di Ancel e Margaret Keys.

L'Associazione per la dieta mediterranea: alimentazione e stile di vita, nata e con sede in Pioppi, come depositaria della memoria storica di quegli studi e garante della loro conservazione e perpetuazione.

A partire dal 1962 anno dell'arrivo di Ancel Keys a Pioppi, in questo borgo della costa cilentana scelto come seconda casa dal professore americano e da sua moglie, si sono tenuti numerosi incontri scientifici ai quali hanno preso parte personalità provenienti da ogni parte del mondo.

Il 6 Giugno 1966 si è festeggiato a Pioppi l'80° compleanno del cardiologo della Casa Bianca, Paul Dudley White; ancora a Pioppi, il 14 Settembre 1969 ha avuto luogo il Secondo Seminario Internazionale di Epidemiologia e Prevenzione delle Malattie Cardiovascolari di cui oggi celebriamo il 40° anniversario; sempre a Pioppi ha visto la sua stesura, culminata nell'edizione del 1975, il volume «Eat Well and Stay Well: the Mediterranean Way», scritto dai coniugi Keys e della cui pubblicazione oggi celebriamo il 35° anniversario.

In questo giorno solenne per Pioppi e per il Cilento di rilevanza mondiale per la comunità scientifica, facciamo nostre e trasmettiamo alle future generazioni le parole del successore di Ancel Keys alla direzione del prestigioso Laboratorio di Fisiologia Igienica "Stadium Gate 27" dell'Università del Minnesota, Professor Emeritus Henry Blackburn che nella sua relazione ha definito Ancel e Margaret Keys i «Marco Polo della Medicina», così concludendo il proprio intervento:
«Oggi i caratteri ed i valori di Ancel e Margaret continuano a vivere intensamente nella loro famiglia e in numerosi loro colleghi di varie nazioni e in questa nuova Associazione di Pioppi, che continua a portare avanti le loro idee e il loro esempio».

Pioppi, il 25 Settembre 2009

Jeremiah Stamler, M.D.

Carrie Keys D'Andrea

Hirotsugu Ueshima

NOTA DELL'EDITORE

Essendo americani e rivolgendosi al pubblico dei loro connazionali, gli autori usano le unità di misura del sistema consuetudinario statunitense, ancora in auge (tanto più negli anni Settanta, quando il libro fu pubblicato) soprattutto nelle attività commerciali, nei rapporti sociali e specificamente nei ricettari. Fatta eccezione per le temperature in scala Fahrenheit, convertite – approssimativamente – in gradi Celsius, abbiamo conservato le misure originarie, sia per mantenere all'opera il suo sapore di documento storico più che di libro di cucina, sia perché sarebbe stato problematico individuare nel sistema metrico decimale l'equivalente, per esempio, di *cup* (tazza), che assume valori diversi se riferita a volumi di liquidi o di materiali secchi. Tuttavia, per facilitare al lettore italiano la comprensione dei testi – soprattutto delle ricette –, indichiamo qui le corrispondenze tra le principali misure dei due sistemi, convertendo anche quelle, solo apparentemente empiriche, più usate nel linguaggio gastronomico.

Unità di lunghezza	
1 miglio	1609,34 metri
1 piede	30,48 centimetri
1 pollice	2,54 centimetri

Unità di superficie	
1 acro	4047 metri quadrati
1 miglio quadro	2,59 metri quadrati
1 piede quadro	0,093 metri quadrati
1 pollice quadro	6,4516 centimetri quadrati

Unità di massa (peso)

1 libbra	453,592 grammi
1 oncia	28,349 grammi

Unità di volume

1 gallone	3,785 litri
1 quarto	0,946 litri
1 pinta	0,473 litri
1 tazza	0,236 litri
1 oncia liquida	29,574 millilitri
1 cucchiaio da tavola	14,786 millilitri
1 cucchiaino da tè	4,928 millilitri

CAPITOLO I
Introduzione: come e perché

Questo volume parla di cibo, del cibo della gente comune in Grecia, in Italia, nelle regioni mediterranee della Francia e della Spagna. Non mancano certo libri di ricette provenienti dai ristoranti più famosi di queste zone, soprattutto in Francia e in Italia. Leggendoli, viene quasi l'acquolina in bocca e spesso bastano le illustrazioni da sole a giustificarne l'acquisto, anche da parte di chi in realtà non si cimenterà mai in una delle preparazioni presentate. Si tratta perlopiù di elaborate ricette ipercaloriche, ricche di grassi, spesso difficili realizzare, che prevedono ingredienti costosi e/o difficili da reperire negli Stati Uniti. Piatti fantastici per occasioni speciali e, come tali, apprezzati anche dagli stessi abitanti del Mediterraneo.

Le tante ricette raccolte nel libro, invece, potrebbero essere sì considerate come chicche occasionali, ma non vanno riservate solo a sfarzosi banchetti: insieme, costituiscono uno stile di alimentazione alla mediterranea semplice e buono, non solo come diversivo o avventura saltuaria, ma da seguire tutti i giorni come vera e propria pratica quotidiana. Per chi crede ancora nella cucina, si tratta di piatti straordinari per facilità di preparazione, soprattutto se eseguiti secondo le indicazioni, anche se naturalmente non siamo fautori dei cosiddetti "cibi pronti" e riteniamo che applicare il calore a una scatola di questo o a un pacco di quello non produca altro che una sorta di sussistenza d'emergenza. Inoltre, attenendosi alle giuste percentuali di ogni singolo prodotto impiegato nella dieta mediterranea ed evitando gli eccessi, è una cucina ottima anche dal punto di vista economico. Naturalmente, la relativa assenza di elementi ricchi rende questo cibo ancora più salubre ed è proprio l'attenzione alla salute, unita alla prevenzione delle malattie, la motivazione che ci ha spinto a intraprendere il percorso da cui è nato il libro. Si potrebbe risalire agli anni Quaranta, ma partiamo direttamente dai primi mesi del 1952 quando il nostro viaggio verso il Mediterraneo ha avuto inizio.

Cominciavano a volare i primi fiocchi di neve quando partimmo da Strasburgo il 4 febbraio e la bufera durò per tutto il viaggio, fino in Svizzera. Il mattino successivo, a Losanna e sulla strada a valle, la neve era talmente alta che rischiava di compromettere il viaggio a Briga dove, alla fine, riuscimmo a caricare l'auto e salire noi stessi sul treno che percorre la galleria lunga 12 miglia che porta in Italia. Giunti in territorio italiano, a Domodossola, decidemmo di fermarci in un bar all'aperto per goderci l'aria mite, i colori vivaci dei fiori e il cinguettio degli uccelli. Crogiolandoci al sole, fu lì che bevemmo il nostro primo caffè espresso. Avvertivamo un'avvolgente sensazione di calore, emanata non solo dal sole cocente ma anche dalla gente, sensazione che avremmo continuato a sperimentare in ogni luogo di quello che oggi chiamiamo «il nostro Mediterraneo», quell'enorme striscia di terra che si estende dallo stretto di Gibilterra sino ai confini dell'Europa, la culla della cultura europea. Fu da lì infatti che, più di 2500 anni fa, partirono i primi colonizzatori greci, attraversando quel «mare scuro come il vino» per approdare in Italia e sulle coste della Francia e della Spagna.

Eravamo diretti a Napoli dove, ospiti dell'Università, avremmo studiato la dieta, la concentrazione di colesterolo nel sangue e le patologie cardiache degli abitanti della città, fondata nel VII secolo a.C. dai Greci che le diedero il nome di *Neapolis*, Città Nuova. Avevamo avuto la grande fortuna di ottenere un anno sabbatico, una borsa di studio Fulbright senior e lo status di professori onorari presso il Magdalen College di Oxford. Alla fine di gennaio il ciclo di conferenze previste a Belfast, presso le università scozzesi e in Inghilterra si era già concluso, i ragazzi erano felicemente iscritti al college e Oxford era buia e fredda. Ci sembrò, quindi, il momento più adatto per rispondere all'invito aperto del professor Bergami a visitare Napoli e dedicarci un po' alla ricerca. Le questioni da approfondire erano davvero affascinanti.

Da anni si discuteva della concentrazione di colesterolo nel sangue e della sua stretta associazione con l'indurimento delle arterie, l'aterosclerosi, causa principale delle coronaropatie, l'«epidemia del nostro tempo». L'aterosclerosi, non gli attacchi cardiaci, era stata provocata nei conigli alimentandoli con diete artificiali che aumentavano il loro livello di colesterolo nel sangue, ma i pareri sulla possibile correlazione con la malattia nell'uomo erano ancora discordanti. Nel Minnesota avevamo osservato che si poteva cambiare il livello del colesterolo nel sangue umano semplicemente alterando il rapporto grassi-carboidrati nella dieta. Lo avevamo riscontrato in studi clinici su pazienti giunti alla nostra osservazione a causa degli elevatissimi livelli di colesterolo nel sangue e lo dimostrammo con alcuni pazienti ricoverati in un ospedale psichiatrico, dove era possibile controllare ogni boccone di cibo consumato. Bastava sostituire parte del grasso contenuto nella dieta tipica del Minnesota con altrettante calorie di amido e i livelli di colesterolo nel sangue diminuivano; bastava tornare alla dieta abituale e, nel giro di due settimane, i livelli di colesterolo tornavano alti come quelli riscontrati all'inizio dell'esperimento.

Nel Minnesota, includevamo in ogni esperimento da dodici a trenta soggetti alla volta in modo da poter osservare i valori medi incontaminati dalle fuorvianti variazioni che caratterizzano gli studi effettuati su pazienti singoli. Un altro vantaggio della partecipazione di più pazienti fu la dimostrazione che la dieta non è l'unico indicatore del colesterolo nel sangue; seguendo lo stesso identico regime alimentare, i singoli soggetti mostravano persistenti differenze nei loro livelli di colesterolo ematico. Quando la dieta veniva cambiata a tutti i soggetti coinvolti, i livelli di colesterolo risultavano alterati, ma coloro che presentavano livelli elevati durante la prima dieta li conservavano una volta passati alla nuova. Di conseguenza, le differenze nei livelli basali di colesterolo tra gli individui potevano anche derivare da fattori ereditari, ma la risposta alle modifiche nella dieta restava sostanzialmente identica in tutti i soggetti.

Nel Minnesota avevamo a disposizione solo gli esiti di esperimenti a breve termine. Questi indicavano che i livelli di colesterolo nel sangue iniziavano a mutare circa due giorni dopo avere modificato la dieta, e sembrava che nel giro di qualche settimana si potesse ottenere una risposta completa, senza apportare ulteriori cambiamenti fino a quando la nuova dieta veniva mantenuta. Ma che cosa accade a chi passa continuamente da un regime alimentare all'altro per tutta la vita? Le principali differenze tra intere popolazioni in termini di grassi presenti nella dieta si sarebbero manifestate allo stesso modo nei loro livelli medi di colesterolo? Si sarebbe trovata una corrispondenza con la frequenza di coronaropatie all'interno delle varie popolazioni esaminate?

Secondo una pubblicazione in lingua olandese, molto poco conosciuta, i popoli indigeni di Giava, che si nutrivano di cibi molto poveri di grassi, presentavano livelli di colesterolo particolarmente bassi e subivano attacchi cardiaci solo molto raramente. Molti anni dopo un fisico, noto sia in America sia in Olanda, trascorse un anno a Pechino in qualità di *visiting professor* e, di ritorno a New York, giunse a conclusioni simili. Ma tali conclusioni non avrebbero mai superato la prova della statistica critica e, in ogni caso, oltre che per il grasso contenuto nella dieta, le popolazioni di Giava e della Cina si distinguevano per numerosi altri aspetti: per uno stile di vita, un sistema sanitario e un pattern di malattie totalmente differenti ma, soprattutto, per la diversità di etnia.

RICERCHE A NAPOLI E A MADRID

Per le nostre prime ricerche a Napoli, non avevamo obiettivi troppo ambiziosi. Immaginavamo fosse abbastanza semplice controllare l'accuratezza del quadro che i nostri colleghi italiani avevano delineato per descrivere la consueta dieta dei napoletani: una dieta salubre che non causava malattie legate a deficienze alimentari, a basso contenuto di grassi e caratterizzata da una quantità minima, rispetto agli standard statunitensi, di latticini e carni, carni grasse in particolare. I nostri amici della Scuola di Medicina ci misero a disposizione alcuni lavoratori locali da esaminare, e in macchina avevamo portato tutti gli strumenti di laboratorio necessari per misurare il colesterolo nel sangue proprio come avevamo fatto nel Minnesota.

Così, con il supporto locale, soprattutto da parte di un giovane medico che si chiama Flaminio Fidanza, oggi ordinario presso l'Università di Perugia, avviammo la nostra attività di ricerca presso la Scuola di Medicina esaminando membri del corpo dei Vigili del fuoco e altri dipendenti del Comune di Napoli. I valori del colesterolo nel sangue erano molto bassi; per gli uomini tra i quaranta e i cinquant'anni, la media si attestava su 165 rispetto a quella di circa 230 registrata nel Minnesota. E ciò che essi raccontavano sulle proprie abitudini alimentari confermava gli esiti degli studi sulla dieta condotti sul territorio, in cui la percentuale di calorie da grassi riportata era pari a circa il 20 per cento rispetto al 40 circa registrato nel Minnesota. Secondo i medici che collaboravano con noi, negli ospedali dove veniva curata la popolazione generale i casi di pazienti affetti da coronaropatie erano rari. Queste alterazioni, infatti, si riscontravano perlopiù nelle cliniche private che fornivano assistenza ai più ricchi.

L'alimentazione della ridotta alta borghesia di Napoli era certamente molto diversa da quella delle persone che visitavamo presso la Scuola di Medicina. Napoli non vantava molti ristoranti importanti, ma grazie ai nostri ospiti avemmo occasione di sperimentare la cucina di quelli più costosi, mentre essi ci servirono cene raffinate dalle tante portate. La loro abituale cucina quotidiana era meno elaborata ma comunque più che ricca per i nostri gusti, sempre più semplici. Apprezzammo molto, infatti, gli assaggi della cucina popolare: minestrone fatto in casa; pastasciutta in tutti i suoi sterminati formati, sempre cucinata al momento, condita con salsa di pomodoro e una spolverata di formaggio, solo di rado impreziosita da pezzettini di carne, oppure servita con un po' di frutti di mare del posto e senza formaggio; robusti piatti di pasta e fagioli; tanto pane, mai sfornato più di poche ore prima e mai servito con creme spalmabili; enormi quantità di verdura fresca; una modesta porzione di carne o pesce forse un paio di volte alla settimana; vino da tavola simile a quello che un tempo, da noi a San Francisco, eravamo soliti chiamare Dago red; sempre frutta fresca come dessert. Anni dopo, quando ci fu chiesto di ideare un modello di alimentazione che favorisse la prevenzione delle malattie coronariche, ripensammo a quel tempo e arrivammo alla conclusione che la scelta migliore fosse adottare la dieta degli abitanti di Napoli nei primi anni Cinquanta.

Rientrati a Oxford in primavera, ricevemmo un invito da parte del professor Carlos Jiménez Díaz, allora il più noto internista spagnolo, ad approfondire le nostre ricerche a Madrid. E così ci mettemmo subito al lavoro nella capitale spagnola. Il governo stava conducendo un'indagine sull'alimentazione nel quartiere popolare di Vallecas e, con l'aiuto di un'équipe di giovani medici, visitammo un buon campione della popolazione, analizzandone i campioni di sangue presso il laboratorio mobile che avevamo installato all'Istituto di Ricerca Medica presso la nuova Ciudad Universitaria.

La brava gente di Vallecas era un po' più povera ma anche un po' più fiera dei napoletani. La loro alimentazione era ancora più povera di grassi, carne e latticini, pertanto i loro valori di colesterolo ematico erano, di conseguenza, notevolmente più bassi. Cercare tra quella popolazione pazienti soggetti a cardiopatie coronariche fu un lavoro ingrato, e i medici che lavoravano negli ospedali pubblici ci raccontarono che erano rarissimi i casi di soggetti affetti da coronaropatie. Tuttavia, il professor Jiménez Díaz e i suoi colleghi ci mostrarono le cartelle cliniche di molti pazienti privati appartenenti all'alta borghesia madrilena, e fummo davvero lieti quando il professor Francisco Grande, che poi sarebbe stato nostro collega nel Minnesota per parecchi anni, convinse alcuni medici, ingegneri, avvocati e industriali a sottoporsi ai prelievi. Avendo assaggiato i piatti tipici di quella fascia di popolazione nel corso di diverse colazioni e cene, non ci sorprendemmo nel constatare che i loro valori di colesterolo non erano molto inferiori a quelli registrati tra imprenditori e professionisti nel Minnesota. Inoltre, gli uomini dell'alta borghesia madrilena erano molto più grassi di quelli di Vallecas, anzi erano grassi quasi come quelli del Minnesota. Durante il viaggio di ritorno da Madrid, nemmeno una serie di vicissitudini come le gomme bucate e la rottura di tutti e quattro gli ammortizzatori dell'auto sulle orrende strade spagnole dell'epoca riuscì a smorzare il nostro entusiasmo.

Nella primavera del 1954 ritornammo a Napoli, questa volta accompagnati da un'équipe numerosa. Fu composta da specialisti svedesi, sudafricani, iugoslavi, e di altre regioni d'Italia, assieme ai cardiologi americani Joseph T. Doyle, che allora stava avviando un lungo studio sulla cardiopatia nello Stato di New York (ancora in corso nel 1974), e il decano di tutti, il defunto Paul Dudley White, il quale ebbe in cura il presidente Eisenhower in seguito al suo infarto. Tutte le nostre precedenti considerazioni furono confermate. Da una ricerca clinica capillare condotta sugli abitanti della città, emerse che la coronaropatia era piuttosto infrequente, se non tra il ridotto ceto più benestante. Sugli uomini di questo raccogliemmo alcune informazioni grazie ai soci del Rotary Club di Napoli, che si offrirono volontari per sottoporsi agli esami. Per quanto attiene al colesterolo nel sangue e all'obesità, gli esiti non raggiungevano i livelli degli uomini del Minnesota, ma erano in netto contrasto con quelli di vigili del fuoco, impiegati statali, portuali e siderurgici che costituivano il nostro campione della gente comune di Napoli.

CITTÀ DEL CAPO, SARDEGNA E BOLOGNA

Nella prima metà del 1955, avemmo l'occasione di allargare l'orizzonte delle nostre ricerche al Sudafrica e ad altre due regioni italiane. Nella Provincia del Capo coesistono tre gruppi etnici, i governanti "europei", come usano definirsi i bianchi, i neri di origine bantu, che sono da quattro a cinque volte più numerosi dei primi, e un numero esiguo di cosiddetti *cape colored*, non di razza mista bensì discendenti di immigrati indiani e pachistani[1] sbarcati lì nell'Ottocento. A livello economico e alimentare, europei e bantu sono agli antipodi, mentre i *cape colored* si trovano in una posizione intermedia. Nella dieta della popolazione bantu, le calorie grasse rappresentavano in media solo il 15 per cento circa – percentuale inferiore rispetto a Napoli – e anche i valori di colesterolo nel sangue erano più bassi. Gli europei risultavano essere almeno allo stesso livello degli abitanti del Minnesota quanto a consumo di alimenti ricchi, colesterolo nel sangue e frequenza di attacchi cardiaci. I maschi *cape colored* erano i fumatori più accaniti di Città del Capo, ma per altri versi si collocavano a metà tra gli europei e i bantu. Un mese di ricerche non fu sufficiente a individuare un solo soggetto bantu affetto da coronaropatia. Quando comunicammo il fatto ai nostri colleghi in Europa e in America, una risposta frequente fu: «Fantastico! Ma chi vuole essere un bantu?».

Cagliari, in Sardegna, si rivelò una Napoli in miniatura, ma con una novità. Un buon numero delle famiglie da noi esaminate allevavano galline. Era primavera e gli uomini di quelle famiglie mangiavano uova in abbondanza. Eravamo a conoscenza del fatto che i tuorli d'uovo contengono molto colesterolo preformato, e rappresentano la fonte decisamente più ricca di questa materia grassa presente nell'alimentazione comune. Tuttavia, il livello medio di colesterolo nel sangue dei sardi che mangiavano da otto a dieci uova a settimana non era significativamente più alto di quello dei loro compatrioti che ne mangiavano solo un paio a settimana. Questo dato concordava sia con i nostri studi comparativi su imprenditori del Minnesota, le cui abitudini alimentari in merito al consumo di uova erano discordanti, sia con i risultati di alcuni

1. I Keys dimenticano che il Pakistan non esisteva nell'Ottocento e nacque solo nel 1947 come una nazione indipendente per i musulmani che vivevano nel subcontinente indiano [*ndt*].

esperimenti condotti a New York e a Pittsburgh, che consistevano nell'aggiungere una notevole quantità di colesterolo alla dieta rispettivamente di uomini anziani e donne giovani. In altre parole, nell'alimentazione naturale umana la presenza di colesterolo preformato non è poi così importante. Ma approfondiremo la questione più avanti.

Da Cagliari l'équipe di ricerca internazionale si spostò a Bologna, città che prometteva di essere interessante per due ragioni: in primo luogo, perché gli italiani sostengono che l'alimentazione bolognese sia la più ricca d'Italia, piena di piatti tipici contenenti panna, burro e uova, e che i bolognesi consumino più carni grasse rispetto ai napoletani e ai cagliaritani; poi perché i tre internisti bolognesi che avevano collaborato con noi a Cagliari ci assicurarono che avremmo visto molti più casi di coronaropatie nella loro città di quanti ne eravamo riusciti a individuare in tutta la Sardegna. Avevano ragione, ma Bologna non era certamente in grado di uguagliare Boston o Minneapolis per frequenza di attacchi cardiaci. Scoprimmo che i livelli di colesterolo nel sangue tra i vigili del fuoco e i poliziotti di Bologna erano molto più elevati dei valori che avevamo registrato per le stesse categorie di lavoratori a Napoli e a Cagliari, ma molto inferiori a quelli dei vigili del fuoco dell'area metropolitana di Minneapolis-Saint Paul nel Minnesota.

Bologna è la città più grande e più ricca dell'Emilia, regione spesso definita dagli italiani «la grassa». La cucina dei migliori ristoranti e delle case private in occasione delle ricorrenze festive è giustamente rinomata per l'impiego di ingredienti attentamente selezionati, tra cui un'abbondanza di latticini. I gourmet non faticano a entusiasmarsi davanti a specialità come i minuscoli tortellini freschi ripieni di carne e midollo al tartufo bianco conditi con panna e burro. Oppure il vitellino farcito di prosciutto, fegato, lingua salmistrata, pisellini e tuorli d'uovo spruzzato con gocce di succo di limone, con una spolverata di noce moscata appena grattugiata, marinato in vino Marsala e olio di oliva prima di essere arrostito al forno, dove è unto continuamente con il suo sugo. O il grande fritto misto all'emiliana composto da diciassette elementi preparati separatamente. Simili piatti, e ve ne sono tantissimi, sono straordinari nell'ambito di una visita di un paio di giorni ma non certamente per un'alimentazione regolare. Fortunatamente per le loro arterie e il loro giro vita, i bolognesi non se li concedono molto spesso. A ogni modo, i confronti tra Bologna da un lato e Napoli e Cagliari dall'altro concordavano con tutte le altre evidenze accumulate circa il rapporto tra i grassi contenuti nell'alimentazione, il colesterolo nel sangue e attacchi cardiaci.

GIAPPONESI DEL GIAPPONE, DELLE HAWAII E DELLA CALIFORNIA

Ogni quattro anni, la Società internazionale di cardiologia organizza un congresso internazionale. Nell'autunno del 1954, la sede programmata fu Washington, D.C., e Paul White, in qualità di presidente, aveva chiesto ad A.K. di organizzarvi una sessione sulla "epidemiologia globale", vale a dire sull'incidenza della cardiopatia in varie parti del mondo. Al dottor Noborou Kimura, astro nascente tra i più giovani cardiologi giapponesi, che aveva studiato nel nostro laboratorio del Minnesota qualche anno prima, fu chiesto di preparare un documento sulla cardiopatia in Giappone. All'epoca, nei Paesi occidentali si sapeva soltanto che le statistiche demografiche giapponesi indicavano un tasso di malattia cardiaca molto inferiore rispetto all'America o all'Europa. Tuttavia, allora non ci si fidava molto di *alcuna* statistica demografica relativa a specifiche malattie e il rapporto annuale diffuso da Tokio fu accolto con assoluto scetticismo.

Una settimana prima del congresso, il dottor Noborou arrivò nel Minnesota con una valigia strapiena di referti di diecimila autopsie effettuate nella sua Scuola di Medicina presso l'Università di Fokuoka. Lavorammo in modo frenetico affinché tutto il materiale fosse pronto per il congresso, ma era già evidente che il cuore e le arterie degli abitanti di Fukuoka erano in forma nettamente migliore rispetto a quello che eravamo abituati a riscontrare negli Stati Uniti. Era ovvio che saremmo dovuti andare in Giappone.

A grande sorpresa, la sessione del congresso dedicata all'epidemiologia, la prima nella storia della cardiologia, attirò una folla di quasi mille cardiologi, tra cui il compianto Nils Lansen, il medico più amato delle Hawaii. Terminata la sessione, ci raccontò della sua vasta esperienza, soprattutto in qualità di responsabile dei medici impiegati presso le piantagioni di canna da zucchero. Spiegò che i giapponesi delle Hawaii erano molto meno predisposti ad attacchi cardiaci rispetto alla popolazione bianca delle isole. Anch'egli aveva portato con sé numerosi referti di autopsie per corroborare la sua tesi.

Il confronto tra il materiale di Nils Larsen e referti analoghi custoditi presso la Mayo Clinic indicava che, nonostante le notevoli differenze climatiche, la popolazione bianca delle Hawaii denunciava lo stesso tasso di coronaropatie di quella del Minnesota. Mentre ci si interrogava sul colesterolo e sulla dieta, un programma di lavoro, o almeno un'aspirazione, cominciò a prendere forma. Bisognava fare delle ricerche *sia* in Giappone *sia* nelle Hawaii. Impiegammo un anno e mezzo per reperire i fondi necessari per finanziare il viaggio e pianificare il tutto. Nel frattempo, iniziammo a interessarci ai "nisei", gli abitanti giapponesi della California che si erano pienamente americanizzati. Migliaia di nisei vivono a Los Angeles, dove si trovano un ottimo ospedale giapponese e medici giapponesi formati presso le migliori scuole di medicina americane. Quando da Los Angeles ci giunse l'invito a tenere una lezione con i cardiologi locali, accettammo a condizione che i nostri referenti mettessero a punto uno studio sui nisei e sugli americani bianchi della città.

Fu così che nel 1956 videro la luce "Lezioni dai giapponesi", perifrasi del titolo della relazione scientifica pubblicata negli *Annals of Internal Medicine*. Paul White e il compianto Brian Bronte-Stewart, che era arrivato da Città del Capo per fare parte del nostro staff nel Minnesota, si unirono alla spedizione; Nils Larsen aveva organizzato una grande équipe per supportare gli studi sugli uomini bianchi e giapponesi a Honolulu, Noboru Kimura mise a disposizione quasi trenta persone, tra giovani medici, dietologi e tecnici di laboratorio, per le attività da svolgere nella città di Fukuoka, in un villaggio agricolo nelle vicinanze e nell'area carbonifera di Shima. Inoltre, furono esaminati un gruppo di militari americani della base statunitense di Fukuoka e alcuni soci del Fukuoka Kiwanis Club. Magnifico!

Per quanto riguarda la dieta e il colesterolo nel sangue, gli uomini bianchi di Honolulu non differivano da quelli del Minnesota, mentre gli ufficiali americani di Fukuoka consumavano una maggiore quantità di carne grassa e latticini, e i loro valori di colesterolo nel sangue erano più alti rispetto agli abitanti del Minnesota. Nelle Hawaii, fummo in grado di confermare che, quanto ad attacchi di cuore, gli uomini bianchi locali non se la passavano meglio degli abitanti del Minnesota, sebbene il tasso di incidenza delle malattie coronariche dei giapponesi locali fosse probabilmente circa solo la metà. I giapponesi delle Hawaii erano molto legati ad alcune tradizioni ancestrali, ma nello stile di vita quotidiana, compresa la dieta, erano ben avviati verso l'americanizzazione. Tra gli uomini giapponesi di mezza età, la concentrazione media di colesterolo nel siero era 200 circa, molto più bassa rispetto alla media dei bianchi. In Giappone, la media per gli agricoltori di mezza età, i minatori e gli impiegati era solo 160, mentre quella dei soci del Kiwanis Club era molto simile a quella dei giapponesi di Honolulu. I calcoli basati sui questionari relativi all'alimentazione collimavano: nelle Hawaii, la media di calorie grasse era pari al 40 per cento per gli uomini bianchi e al 30 per cento per i giapponesi; in Giappone, raggiungeva quasi il 45 per cento per gli ufficiali americani, la metà per i soci giapponesi del Kiwanis Club, ed era inferiore al 10 per cento per i lavoratori giapponesi.

La ricerca di uomini affetti da coronaropatie andò avanti per un mese a Fukuoka e altrove sull'isola di Kyushu. Paul White in particolare fu colpito dall'assenza di pazienti coronarici; dopo aver perlustrato gli ospedali più importanti, si recò nelle cliniche private e negli studi di numerosi internisti, ma ancora una volta senza successo. Una simile ricerca nelle città gemelle del Minnesota [Minneapolis-Saint Paul] avrebbe facilmente portato a scovare centinaia e centinaia di "coronarici" in una popolazione meno numerosa di quella di Fukuoka. Il Dipartimento di Patologia della Scuola di Medicina di Fukuoka ci venne incontro, procurandoci il cuore di un uomo morto d'infarto l'anno precedente. Era un medico che aveva praticato la professione per trent'anni nelle Hawaii ed era rientrato in Giappone pochi mesi prima di subire l'attacco fatale. Non riuscivamo a credere che in quella zona del Giappone non esistesse *alcun* caso di coronaropatia; eravamo certi che alcune delle morti improvvise che i giapponesi attribuivano a "colpi apoplettici" fossero state in realtà causate da attacchi di cuore. È, infatti, rarissimo che un individuo apparentemente sano muoia pochi minuti dopo essere stato colpito da un colpo apoplettico, come succede anche troppo spesso in caso d'infarto. A ogni modo, era assai evidente che la frequenza di coronaropatia in quella parte del mondo non fosse lontanamente paragonabile a quella degli Stati Uniti.

I nisei di mezz'età esaminati da noi a Los Angeles non erano diversi, né per grassi assimilati dagli alimenti né per colesterolo nel sangue, da uomini della stessa età nel Minnesota o dal piccolo campione di bianchi locali che avevamo osservato. Per quanto riguarda la coronaropatia, dalle statistiche demografiche dello Stato della California risultava che gli "orientali" fossero leggermente meno soggetti a morte da coronaropatia rispetto ad altri californiani, ma, nella relativa documentazione, giapponesi e orientali non erano considerati come due gruppi separati. All'ospedale giapponese di Los Angeles non mancavano pazienti coronarici. Le prove a disposizione, assai convincenti, facevano pensare a grandi differenze nell'incidenza di cardiopatia coronarica tra i giapponesi in Giappone, nelle Hawaii e in California, differenze che andavano attribuite all'educazione, non alla natura. Gli ultimi dubbi furono spazzati via dalla notizia che la maggior parte dei giapponesi residenti nelle Hawaii e in California aveva la stessa ascendenza nell'area del mare interno del Giappone, di cui Fukuoka fa parte.

Il quadro complessivo emerso dalle nostre ricerche del 1956 è stato confermato di recente da studi articolati finanziati dall'Ufficio per la salute pubblica degli Stati Uniti d'America e dalla Commissione sulle vittime della bomba atomica. Addebitare all'alimentazione tutte le differenze relative alla malattia cardiaca sarebbe eccessivo, ma non si può non concludere che ne costituisce uno dei fattori più importanti.

LA FINLANDIA AL PRIMO POSTO

Nell'autunno dello stesso anno, il 1956, la Finlandia ci presentò un quadro opposto. I finlandesi sono a ragione orgogliosi del loro eccellente sistema sanitario e delle loro statistiche demografiche dalla documentazione sempre aggiornata, ma si spaventano quando le stesse statistiche attribuiscono al Paese il più alto tasso di coronaropatia e la minore aspettativa di vita d'Europa. Il professor Martti J. Karvonen, futuro direttore del famoso Istituto di medicina del lavoro di Helsinki, ci convinse ad approfondire la situazione assieme a lui. L'idea era di esaminare gli uomini di mezza età della Carelia, regione confinante con la Russia, e di un'altra zona rurale della Finlandia occidentale dove gli attacchi di cuore, sebbene comuni, erano ritenuti meno frequenti rispetto alla Carelia. Poteva anche darsi che la malattia fosse stata sovradiagnosticata dai medici locali, così decidemmo di verificare autonomamente la sua prevalenza e le sue possibili associazioni.

Nel primo paesino della Carelia dove cominciammo le nostre ricerche si trovava un ospedale con sei letti riservati agli uomini. Il primo paziente era un signore anziano dal respiro affannoso, affetto da grave enfisema e bronchite cronica. Un altro era gravemente malato di cancro ai polmoni: nel corso di una chiacchierata, con un filo di voce ci disse che per anni aveva fumato due pacchetti di sigarette al giorno. Il terzo era un uomo più giovane che era stato morso da un orso. Gli altri tre erano tutti coronarici! Il fatto ci sbalordì, anche se in effetti non era qualcosa di insolito nella regione. Questi individui snelli, così fieri della propria forma fisica, erano in realtà più soggetti ad attacchi di cuore dei nostri uomini in America, grassi e fuori forma. Visitammo quindi tutti i maschi maturi della regione ritenuti "sani". Dagli elettrocardiogrammi risultò che alcuni di loro avevano subito attacchi di cuore in precedenza e in alcune delle cartelle cliniche era riportato un pattern di "insufficienza coronarica", vale a dire un flusso di sangue nelle arterie coronariche insufficiente ad alimentare il cuore in maniera adeguata. Alcuni di loro ammisero di avere avvertito dolori al petto, ciò che noi definiamo angina pectoris. I risultati dei prelievi del sangue furono i più soddisfacenti. Per uomini di questa età nel Minnesota ci saremmo aspettati valori medi di colesterolo di circa 230, in Carelia superavano 260! Nella Finlandia occidentale, seppur alto, il colesterolo nel sangue era di circa dieci milligrammi più basso e la prevalenza di coronaropatia sembrava leggermente inferiore.

In seguito, il compianto professor Paavo Roine e i suoi collaboratori avrebbero condotto attente ricerche sull'alimentazione nelle aree che ci interessavano, ma le nostre osservazioni del 1956 concordavano perfettamente con le informazioni pervenuteci sulla dieta finlandese, considerata molto ricca di grasso butirrico. Assaggiare i semplici piatti quotidiani della campagna finlandese fu una vera e propria scoperta. Dopo aver visitato l'Italia e il Giappone, fu davvero sorprendente sedersi a una tavola sulla quale si trovavano montagne di burro a ogni posto, e vedere uomini adulti scolarsi un paio di bicchieri di latte grasso a testa. In Carelia, A. K., che faceva la sauna assieme ai boscaioli, osservò incredulo che alcuni di loro, uscendo, mangiavano come spuntino pezzi di formaggio grandi come fette di pancarré, spalmandoli con mezzo centimetro di burro e accompagnandoli con birra. Dopo settimane trascorse con questa brava gente della campagna finlandese, avevamo un desiderio disperato di mangiare insalate, verdure che non fossero soltanto radici commestibili, e frutta.

In compagnia di Paul White e del nostro caro amico, il compianto professor Soisalo, il Paul White finlandese, passammo in rassegna tutti gli ospedali di Helsinki. Tra i pazienti, la percentuale di coronaropatie era finanche più elevata di quella del Massachusetts o del Minnesota e finimmo così con il prestare fede alle statistiche ufficiali, assegnando alla Finlandia il primo posto nella triste gara per la morte da coronaropatie.

NON TUTTI I GRASSI SONO UGUALI

Mentre proseguivano le nostre ricerche sul campo, novità cominciavano a emergere in aree più vicine a casa nostra. Nei primi studi clinici relativi al controllo della dieta di pazienti con livelli di colesterolo nel sangue particolarmente elevati, constatammo che una dieta a scarsissimo contenuto di grassi produceva un netto calo del colesterolo nell'arco di una settimana. Nel caso di Arnold H., che giunse alla nostra osservazione con un livello sierico di colesterolo pari a 1000 – e depositi di colesterolo grandi come nocciole sulle ginocchia e sui gomiti –, una dieta poverissima di grassi fece rapidamente scendere il colesterolo a 500, valore ancora molto lontano da quello "normale", ma comunque decisamente migliore di 1000. Ritenemmo che la reazione del colesterolo nel sangue di Arnold alla nostra dieta povera di grassi fosse dovuta probabilmente al fatto che quest'ultima contenesse una quantità minima di colesterolo preformato: così, quando Arnold ci implorò di aggiungere *almeno un po'* di grassi nella sua dieta, cercammo di accontentarlo concedendogli margarina vegetale al 100%, del tutto priva di colesterolo. Nello spazio di due settimane, il livello di colesterolo nel suo sangue superò 900! Concludemmo dunque che il problema era causato dal grasso di per sé, indipendentemente dalla sua origine, animale o vegetale.

Un paio di anni dopo, a Oakland, California, il compianto dottor L. W. Kinsell iniziò a sperimentare alcuni prodotti alimentari in una dieta destinata a pazienti diabetici (all'epoca non si occupava ancora di malattie cardiache). Dopo avere somministrato loro grandi quantità di "olio vegetale", di tipo imprecisato, dimostrò che i valori di colesterolo nel sangue diminuivano.

Tuttavia, non ci soffermammo molto sugli esperimenti di Kinsell, poiché egli esaminava pazienti dal metabolismo alterato, non svelava particolari precisi sugli alimenti somministrati e non forniva alcuna analisi statistica.

Il dottor E. H. Ahrens Junior del Rockfeller Institute argomentava che, in simili esperimenti sull'alimentazione, piuttosto che dell'origine vegetale o animale dei grassi occorreva tener conto della loro composizione chimica. Provvide così ad alimentare alcuni pazienti ricoverati con "pasti liquidi" in scatola, creati con una formula che consentiva loro di passare da un tipo di grasso o di olio a un altro senza nulla modificare nella dieta, in modo da semplificare al massimo la caratterizzazione chimica (l'idea, sviluppata dal Rockefeller Institute, di potersi nutrire di pasti completi liquidi fu poi ripresa dall'industria alimentare, con grande disappunto degli scienziati dell'istituto stesso, e pubblicizzata come alimento dietetico sotto il marchio Metrecal, di cui furono venduti milioni di scatole). Verificando la composizione chimica dei grassi e degli oli contenuti nelle sue formule, il dottor Ahrens notò che, molto probabilmente, la "saturazione" del grasso aveva una grande importanza. A questo punto, occorre spiegare il concetto di saturazione.

I grassi sono formati da glicerolo – denominazione chimica della glicerina – associato ad acidi grassi: tre molecole di acido grasso per ogni molecola di glicerolo. Esistono numerosi tipi di acidi grassi ma, quanto alla saturazione, essi rientrano in una sorta di classificazione semplificata, al centro dell'interesse dell'industria alimentare, che ne parla a dismisura, distinguendo i "polinsaturi", che predilige, dai "saturi", poco presenti, così assicura, nei suoi prodotti. Gli acidi grassi la cui molecola è priva di spazio per aggiungere un altro atomo di idrogeno sono detti saturi. Si tratta di grassi "cattivi", che costituiscono un po' più della metà di tutti gli acidi grassi presenti nel latte e nel grasso butirrico, nel grasso della carne di manzo e di agnello, un po' meno nel grasso di maiale, molto meno nel grasso di pollo. Alcuni sono presenti anche negli oli vegetali, in una percentuale che oscilla dal 10 al 18 per cento circa negli oli vegetali alimentari più comuni come olio di mais, oliva, arachidi, cartamo, sesamo, soia e semi di girasole. L'olio di semi di cotone ne contiene in media una percentuale leggermente più elevata, circa il 26 per cento. Tuttavia, quasi il 50 per cento dell'olio di palma rosso è composto di grassi saturi, mentre l'olio di cocco è il peggiore di tutti, con una percentuale di grassi saturi che supera il 90 per cento.

Gli acidi grassi nella cui molecola vi è spazio per un altro atomo di idrogeno sono detti monoinsaturi o monoenoici. L'esempio principale è l'acido oleico, così definito perché costituisce addirittura l'80 per cento dell'olio di oliva, ma la sua presenza è notevole in quasi tutti i grassi alimentari. E ora veniamo ai polinsaturi, caratterizzati da due o più spazi di insaturazione, spazi liberi che consentono di aggiungere atomi di idrogeno nella molecola. Tra questi, l'acido linoleico è di gran lunga il più importante e, avendo spazio sufficiente per altri due atomi di idrogeni, è detto dienoico. Si tratta del grasso "buono" delle réclame per l'olio vegetale.

Mediante trattamenti chimici, è possibile ottenere grassi saturi da qualsiasi tipo di acido grasso oppure convertire un polinsaturo in un monoinsaturo. In linea generale, i grassi "idrogenati" sono oli vegetali trattati chimicamente per spingere un atomo di idrogeno nella frazione linoleica della molecola lipidica. L'industria alimentare accolse con grande piacere l'invenzione dell'idrogenazione, che permetteva di convertire gli oli vegetali in grassi più solidi, con punti di fusione più elevati, e, soprattutto, di migliorare la durata di conservazione. Quest'ultima, infatti, rappresenta un problema nei grassi ad alto contenuto di polinsaturi, che non si conservano bene a temperatura ambiente, specialmente se esposti all'aria e alla luce. Tra tutti i grassi, gli oli di pesce sono quelli che si conservano meno a causa della presenza di numerosi punti di insaturazione nelle molecole di acido grasso, mediamente quattro o cinque, mentre gli spazi capaci di accogliere atomi di idrogeno sono otto o anche più.

Tutti i grassi alimentari contengono lo stesso numero di calorie, più di 4000 per circa 450 grammi, quasi più del doppio delle calorie contenute nello zucchero, nell'amido puro o nelle proteine solide, ma il loro effetto sul colesterolo nel sangue è estremamente diverso. La composizione dell'acido grasso è la causa fondamentale di questa differenza, il cui principio di base è molto semplice. L'acido oleico, monoeico, non produce effetti; se nella dieta viene sostituito con un numero equivalente di calorie di carboidrati – zucchero o amido –, il livello di colesterolo nel sangue resta invariato. Il livello di colesterolo nel sangue aumenta quando i grassi saturi sono sostituiti con carboidrati, ma diminuisce se viene sostituito con polinsaturi. Polinsaturi e saturi sono effettivamente antagonisti, ma dalle sperimentazioni che prevedevano il controllo alimentare è emerso che i saturi producono effetti due volte maggiori rispetto ai polinsaturi. Di conseguenza, controllare i livelli di colesterolo mediante una semplice aggiunta alla dieta di polinsaturi è un approccio che non può funzionare, poiché si va incontro a non risolvibili problemi per quanto riguarda le calorie. Ovviamente, la soluzione consiste nel ridurre la percentuale di grassi saturi nella dieta e, per chi desideri migliorarne il sapore o la tenuta in cottura, sostituirli con grassi o oli poveri di saturi e più ricchi di polinsaturi. Ed è proprio ciò che distingue dalla tipica dieta americana le abitudini alimentari del Mediterraneo, una felice evoluzione avvenuta in maniera naturale senza la benché minima conoscenza in materia di acidi grassi o di colesterolo.

Quando si scoprì che i grassi saturi sono in grado di aumentare i livelli di colesterolo, i lipidi alimentari furono classificati in base al loro contenuto di saturi. In questa classifica il grasso contenuto in un chicco di cacao, ancora più ricco di saturi del grasso contenuto nella carne di manzo o nel burro, era considerato molto nocivo. Il cioccolato fu così inserito nella lista degli alimenti proibiti a chiunque si preoccupasse del colesterolo nel sangue o delle arterie. Ma poi arrivò una sorpresa. Grazie, infatti, a esperimenti scientifici che misuravano gli effetti prodotti da diversi regimi alimentari, ci si accorse che, in quanto è facile da digerire, ha un gusto piuttosto gradevole – ricorda po' il cioccolato – e contiene molti grassi saturi, il burro di cacao poteva essere una buona sostanza da impiegare. Indipendentemente l'uno dall'altro, tre laboratori, compreso il nostro presso l'Università del Minnesota, escogitarono l'idea di utilizzare il burro di cacao per "personalizzare" le diete in vari modi e così testare le diverse teorie. Quando queste diete a base di burro di cacao furono somministrate a soggetti volontari o retribuiti, l'andamento dei valori di colesterolo nel sangue non fu quello previsto. Dopo molte discussioni e nuovi esperimenti *ad hoc*, le proprietà peculiari del burro di cacao furono finalmente rivelate. È, naturalmente, una sostanza ricca di acido grasso saturo, ma si tratta di un acido, l'acido stearico, che non ha l'effetto di aumentare il colesterolo come i più comuni grassi saturi presenti nei lipidi alimentari. Se tali difficoltà hanno destato vivo interesse tra i biochimici, per i non addetti ai lavori ciò che conta è che il cioccolato sia stato eliminato dall'elenco degli alimenti da evitare.

IL COLESTEROLO NELLA DIETA E NEL SANGUE

C'è un po' di colesterolo in tutti i grassi animali e nei tuorli d'uovo ce n'è moltissimo. Questo tipo di colesterolo è detto "preformato" per distinguerlo da quello prodotto dal nostro stesso organismo. Se lo somministriamo ai conigli e ai polli, i livelli di colesterolo ematico aumentano vertiginosamente; se invece lo forniamo ai topi e ai cani, i livelli ematici non cambiano o quasi. Alcuni esperimenti condotti sull'uomo evidenziano che la risposta al colesterolo preformato somiglia molto di più a quella del topo o del cane che a quella del coniglio. Da alcuni esperimenti relativi a diete artificiali concepite per liberarsi dal colesterolo, emerge che, aggiungendo del colesterolo preformato a una di queste diete, i livelli di colesterolo nel sangue aumentano. L'effetto del colesterolo alimentare, particolarmente evidente allorché la sostanza viene aggiunta a una dieta a bassissimo contenuto di colesterolo, è irrilevante in una normale dieta naturale. Quando un uomo abituato a consumare un uovo al giorno è alimentato con due, l'aumento del colesterolo nel sangue è solitamente così irrilevante che, per poter dimostrare che il colesterolo alimentare è effettivamente in grado di influenzare i valori di colesterolo nel sangue, occorre effettuare una serie di prove cliniche.

Ciò significa in pratica che quando si segue una dieta normale, specie quella tipica del Mediterraneo, il consumo saltuario di un paio di uova non crea alcun problema. Di solito, chi non ha particolari problemi di colesterolo ematico può consumare anche più di tre uova intere a settimana, comprese quelle utilizzate nella preparazione dei piatti. Chi segue la tipica dieta americana e presenta livelli di colesterolo ematico inferiori a 220 circa può mangiare tutte le uova che desidera. Ma chi ha problemi di colesterolo gravi al punto di dover seguire una dieta quasi vegetariana dovrebbe evitare i tuorli sostituendoli con gli albumi, e la presenza di questo nuovo surrogato privo di colesterolo risulterà molto utile nella sua dieta. Inoltre, questi soggetti un po' sfortunati dovrebbero diffidare del consumo di frutti di mare, soprattutto ostriche, che sono quelle a più alto contenuto di colesterolo. Una porzione di tre once di "polpa" di ostrica contiene sei volte circa il colesterolo di un solo tuorlo d'uovo e costituisce l'equivalente di una bistecca di manzo di circa nove once. Ciò non significa tuttavia che l'effetto sul colesterolo nel sangue equivalga a quello della bistecca. I grassi saturi presenti nella bistecca, infatti, fanno sì che l'organismo produca o trattenga il proprio colesterolo, cosicché un'abbondante porzione di crostacei ha più o meno lo stesso effetto sul sangue di una piccola bistecca.

Invitiamo i dietologi in ansia per il colesterolo contenuto nelle uova e nei crostacei a venire con noi in Costa del Sol o in qualsiasi altra località sulla meravigliosa costa mediterranea della Spagna, dove si mangiano uova quasi a ogni pasto principale e si consumano allegramente abbondanti piatti di crostacei locali più volte a settimana. I nostri ripetuti viaggi a Barcellona, Valencia e Malaga ci hanno convinto che le statistiche spagnole non siano molto lontane dalla verità: l'incidenza di attacchi di cuore è davvero molto meno elevata rispetto a quella negli Stati Uniti.

Sebbene ad alto contenuto di colesterolo preformato, la loro dieta contiene una bassa percentuale di grassi saturi derivanti da carne e latticini. Le ricerche condotte su campioni di popolazione locale dai nostri amici, i dottori Rafael Carmena di Valencia, Belaguer Vintró e Augusto Corominas di Barcellona, dimostrano che là i livelli di colesterolo nel sangue sono molto più bassi che negli Stati Uniti. E anche noi, ogni volta che visitiamo quei luoghi, ci deliziamo a mangiare abbondanti quantità di frutti di mare cotti e crudi. Ma, nella località italiana in cui risiediamo, ahinoi, dobbiamo prestare più attenzione in quanto, fino a tempi molto recenti, i frutti di mare provenivano principalmente dalle acque contaminate del bellissimo golfo di Napoli.

RITORNO ALLE ORIGINI GRECHE

Riassumendo, un importante esito del confronto tra campioni della popolazione in epoca antecedente al 1957 potrebbe essere che il livello medio del colesterolo ematico tende a essere proporzionale al totale dei grassi contenuti nella dieta. A quel tempo, grazie a esperimenti controllati sull'alimentazione, conoscevamo l'importanza del tipo di acido grasso che compone i lipidi, importanza che non sarebbe stata smentita dalle ricerche sul campo. Queste, infatti, prendevano in esame popolazioni che seguivano diete in cui i grassi saturi erano più o meno proporzionali ai grassi totali, mentre i polinsaturi costituivano solo una piccolissima parte delle calorie totali. Tra l'altro, alcuni nostri colleghi sono sostenitori di diete in cui, con grande soddisfazione dei produttori di olio vegetale, la percentuale di calorie derivanti dall'acido linoleico oscilla tra il 10 e il 15 per cento. Dal canto nostro, ci limitiamo a dire che nessun popolo nel corso dei secoli è mai vissuto attenendosi a simili diete. Inoltre, il fatto che alcuni pazienti le seguano da qualche anno non costituisce una garanzia di sicurezza per una vita.

A ogni modo, per verificare che cosa succeda al grasso alimentare e al colesterolo nel sangue in condizioni naturali, in antitesi con il laboratorio sperimentale, occorreva effettuare studi su popolazioni che osservavano regimi alimentari in cui i grassi saturi costituivano solo una piccola percentuale dei grassi totali. Le popolazioni che seguivano una dieta in cui l'olio di oliva costituiva la componente principale dei grassi totali erano sicuramente adatte allo scopo, in quanto la percentuale di grassi saturi nell'olio di oliva è pari soltanto al 10 o, al massimo, al 15 per cento.

L'olio di oliva è diffuso ovunque nel Mediterraneo, ma la sua presenza è decisamente predominante in alcune aree, tra cui il profondo Sud dell'Italia e la maggior parte della Grecia. Ottenemmo la collaborazione di diverse équipe internazionali di medici e scienziati per approfondire lo stato delle cose, prima a Nicotera, un paesino situato in prossimità della punta dello Stivale, poi in una serie di paesi sull'isola di Creta in Grecia. Nicotera fu originariamente una colonia greca e così, per le nostre ricerche, il 1957 costituì un ritorno alle sue origini. Paul White fu dei nostri, assieme ad altri medici volontari provenienti da Gran Bretagna, Finlandia, Francia, Giappone, Paesi Bassi e Iugoslavia, oltre a équipe di base formate da italiani e greci. Prima della partenza da Roma, ci rubarono metà della nostra scorta di carta per gli elettrocardiografi, e a Nicotera fummo disturbati dalle mosche, i cui minuscoli escrementi impedivano le misurazioni del colesterolo. Poi, giunti a Creta, si ruppe la balestra della station wagon e fummo tormentati dai pidocchi. Ma, tutto considerato, fu un'esperienza felice e fruttuosa che favorì la cooperazione internazionale e ci consentì di acquisire preziose informazioni scientifiche.

A Nicotera, i valori di colesterolo nel sangue erano ancora più bassi che a Napoli o in Sardegna, ma il totale dei grassi contenuti nella dieta si rivelarono talmente bassi che, sebbene l'olio di oliva fosse quasi l'unico grasso adoperato, Nicotera non fu un buon banco di prova. A Creta la situazione era diversa: i grassi costituivano dal 30 al 40 per cento del totale delle calorie alimentari, quindi si trattava di una dieta ad alto contenuto di grassi, di cui l'olio di oliva rappresentava quasi l'80 per cento. In tutta la Grecia si fa abbondante uso di olio di oliva, forse anche troppo per alcuni turisti, ma la cucina cretese ne è completamente immersa, e lo è sempre stata, sin dai tempi della civiltà minoica, cinquemila anni fa.

Nel 1957, nei paesini compresi nella nostra ricerca, il burro era quasi del tutto sconosciuto, il latte era visto come qualcosa che usciva da una lattina, da usare solo ogni tanto per cucinare, la carne o il pollo erano consumati solo una o due volte a settimana e, infine, nonostante la vicinanza al mare, il pesce che si mangiava più spesso era il baccalà proveniente dalla Norvegia. Ma l'olio di oliva! Era l'unico grasso impiegato per cucinare; era usato per condire ogni pietanza e se ne riempivano ciotole da portare a tavola per inzupparvi il pane. Alcuni contadini iniziavano la loro giornata, prima di andare a lavorare nei campi, bevendo un calice di olio di oliva. Noi, personalmente, non siamo attratti da quest'usanza, tanto meno nelle gelide mattinate di novembre, quando bisogna scaldare l'olio per farlo scorrere!

Nel 1957, oltre alla curiosità nei confronti di popolazioni nelle cui diete solo una piccola parte era costituita da grassi saturi, esistevano altri motivi per proseguire le nostre ricerche a Nicotera e a Creta. I critici sostenevano che, nelle precedenti analisi globali, avevamo osservato soprattutto volontari e che forse questi non erano rappresentativi delle popolazioni in questione. Volevamo quindi evitare ogni pretesto per questo tipo di accuse. A Nicotera e a Creta, il primo compito fu quello di compilare elenchi di tutti gli uomini appartenenti a una determinata fascia di età in ogni area. I nostri studi si focalizzarono sulle aree rurali, in quanto eravamo ben consapevoli della difficoltà di individuare e tenere traccia degli abitanti delle città. Ma anche in zone rurali non è sempre agevole riuscire ad avere elenchi anagrafici dettagliati, e bisogna verificare archivi parrocchiali, anagrafi tributarie e archivi di polizia. Alla fine riuscimmo a compilare le liste necessarie e, con nostra grande soddisfazione, fummo in grado di esaminare più del 90 per cento degli uomini presenti in esse, nonché di farci almeno un'idea delle condizioni di salute di quasi tutti gli altri. A Nicotera, molti uomini che in passato erano stati ricoverati in un sanatorio per tubercolosi rifiutarono di incontrarci per paura di esservi riportati. A Creta era la stagione della caccia alla lepre, e due uomini del nostro elenco scapparono in montagna e non rientrarono al paese nel giorno fissato per la visita. Un altro isolano si trovava in carcere quando arrivammo ma, rilasciato su cauzione, scomparve immediatamente. Detto questo, il motivo più frequente per cui evitavano di incontrarci era, su per giù, «Guardate, sono sano come un cavallo e non mi piacciono i medici». A detta dei paesani, gli uomini che ci diedero questa risposta erano forti, grandi lavoratori e, in effetti, non avevano un aspetto malato. Ne deducemmo che gli uomini affetti da cardiopatia sfuggiti alla nostra osservazione dovevano essere davvero pochissimi.

A Nicotera, i livelli di colesterolo nel sangue erano bassi, circa 160, coerentemente con un'alimentazione a basso contenuto di grassi. Anche quelli registrati nei paesi di Creta erano bassi, inferiori a 200, sebbene i cretesi consumassero grandi quantità di grassi, che si avvicinavano a quelle contenute nell'abituale dieta americana. I grassi presenti nella dieta di Creta contenevano una bassa percentuale di saturi, quindi non si registrò alcuna discrepanza rispetto agli esiti degli esperimenti svolti sull'alimentazione. Per quanto riguarda la coronaropatia, era molto poco diffusa tra gli uomini esaminati, ma il lavoro svolto nel 1957 non aveva lo scopo di essere semplicemente uno studio di prevalenza. Si proponeva, inoltre, di verificare la fattibilità di un piano a raggio molto più ampio. E la scelta fu: procediamo pure!

IL SEVEN COUNTRIES STUDY

Il progetto consisteva nel determinare, nell'arco di cinque o più anni, la reale incidenza della coronaropatia all'interno di popolazioni contrapposte e, laddove fossero emerse differenze, valutare quali ulteriori diversità vi si potessero associare. Intendevamo concentrarci, alla prima visita, su uomini tra i 40 e i 59 anni, residenti in vari Paesi. Per aree geografiche circoscritte, volevamo fare esattamente quello che avevamo fatto a Creta, ossia compilare elenchi di tutti gli uomini che rientravano in questa categoria e fare del nostro meglio per arruolarli nelle "coorti" da esaminare. Ma il progetto prevedeva due importanti novità rispetto al lavoro svolto nel 1957. La valutazione dei regimi alimentari non doveva basarsi solo sulle risposte fornite dagli uomini coinvolti e dalle mogli ad alcune domande sulle loro abitudini alimentari. Bisognava anche collocare dietologi nelle case più rappresentative per misurare tutto quello che veniva consumato e raccogliere campioni da inviare in Minnesota per le analisi chimiche. Un monitoraggio di più anni doveva fare seguito alla prima visita, con controlli periodici della mortalità e ulteriori visite regolari.

Il progetto fu avviato nel 1958 con l'osservazione di uomini residenti in due aree rurali della Iugoslavia, in un paese agricolo del Sud del Giappone e negli Stati Uniti, dove ci sarebbero voluti due anni per completare le visite di una coorte di 2571 uomini. Il nostro collega di lungo corso, il dottor Henry L. Taylor, organizzò i lavori con gli americani. Per via delle grandi difficoltà legate al monitoraggio all'interno della nostra popolazione, mobile e irrequieta, in collaborazione con il Railroad Retirement Board (Commissione per la previdenza sociale dei ferrovieri), si scelse di seguire un campione statistico di dipendenti delle Ferrovie.

Negli anni successivi furono aggiunte altre coorti per un totale di quasi quattordicimila uomini in sette Paesi, il cui quinquennale percorso fu raccontato in una monografia pubblicata nel 1970 dall'Associazione cardiaca americana intitolata *Coronary Heart Disease in Seven Countries* (La cardiopatia coronarica in sette Paesi). Attualmente il programma interessa otto Paesi: inoltre, sono sotto osservazione gli uomini di tre paesi di campagna in Ungheria, ma i risultati non sono stati ancora comunicati. Al momento, è stato ultimato un monitoraggio lungo dieci anni su più di diecimila soggetti.

In tutte le coorti, risultò che il rischio dell'insorgenza di coronaropatia aumentava con l'età, la pressione sanguigna, il colesterolo ematico e il fumo. Poiché questi risultati concordano con quelli di altri studi condotti negli Stati Uniti, si può parlare di fattori di rischio coronarico universali. I confronti tra coorti e Paesi rivelarono marcate differenze quanto all'incidenza coronarica, ma sembrava che, tra i fattori di rischio, l'unico significativo fosse il colesterolo nel sangue. Le varie coorti differiscono troppo poco per quanto riguarda pressione sanguigna e fumo per poter garantire prove attendibili. Alla fine, si riuscì a dimostrare la correlazione per le coorti tra i valori medi del colesterolo nel sangue e le quantità di grasso saturo contenute nelle diete medie.

L'esperienza legata alla cardiopatia e alla mortalità tra gli uomini delle coorti mediterranee è stata estremamente positiva. Il tasso di incidenza di gravi malattie cardiache tra gli uomini americani fu quasi il doppio di quello degli italiani, quattro volte quello dei greci, dei giapponesi e degli iugoslavi. La propensione agli attacchi cardiaci di finlandesi e olandesi risultò più o meno uguale a quella degli americani. Il basso tasso di attacchi di cuore dei giapponesi coincide ovviamente con i bassi livelli di colesterolo nel sangue e le basse quantità di grassi saturi assunte. Tra l'altro, un quarto dei nostri uomini viveva sulla costa dalmata dell'Adriatico, praticamente un ramo del Mediterraneo. I risultati riportati per i dalmati furono i migliori tra la popolazione iugoslava e la loro alimentazione è assai simile a quella dei loro vicini greci. Il criterio definitivo per quanto riguarda la comparazione tra esperienze sanitarie è il tasso di mortalità generale e relativa all'età. Anche in questo caso, greci e italiani si trovavano in una posizione decisamente migliore rispetto agli americani. Insomma, l'esperienza del Seven Countries Study ci permette di dare maggiore credito alle statistiche demografiche pubblicate dai vari governi.

Una tabella in Appendice riporta quelle compilate dall'Organizzazione mondiale per la sanità (Oms). Oltre a indicare che gli uomini residenti negli Stati Uniti presentano tassi di mortalità da coronaropatia molto più elevati rispetto agli uomini greci, italiani, spagnoli e francesi, esse dimostrano che gli americani reggono malissimo il confronto per quanto riguarda la mortalità da qualunque causa. Per le donne, il divario è simile per quanto riguarda il tasso di mortalità da coronaropatia e in relazione alla mortalità generale. Per le donne americane, si registrano una differenza simile per quanto riguarda tassi di mortalità dovuta a cardiopatia coronarica e un deficit, seppure minore, quanto alla mortalità generale.

Riassumendo, senza poter attribuire tutto il merito all'alimentazione, la dieta mediterranea è – per usare una parola cara agli statistici – certamente compatibile con un eccellente livello di salute.

ESPERIMENTI SULL'ALIMENTAZIONE PER LA PREVENZIONE DI EVENTI CARDIOVASCOLARI

Anche i medici più scettici riconoscono ormai che le popolazioni sono dissimili quanto a propensione alla coronaropatia, e che le differenze riscontrate sono solitamente associate a diversi livelli di colesterolo nel sangue, senza più negare che questo possa essere rapidamente cambiato semplicemente modificando la dieta. Ciononostante, ogniqualvolta si suggerisce un cambiamento dietetico volto a ridurre il pericolo di attacchi di cuore, questo viene rifiutato sulla base del fatto che non esiste ancora una prova definitiva della reale efficacia di un simile approccio.

Esperimenti sul controllo del colesterolo nel sangue attraverso l'alimentazione sono stati condotti in molte nazioni negli ultimi venticinque anni. A eccezione di due condotti in Inghilterra, tutti hanno dato esiti favorevoli ma nessuno è stato accettato dagli scettici come risposta definitiva. Delle due relazioni negative, la prima non riuscì a dimostrare nulla perché fu troppo breve e i soggetti controllati furono troppo pochi, mentre la seconda produsse esiti inconcludenti. Una certa azione protettiva della dieta fu dimostrata, ma non in modo sufficientemente evidente da costituire una "prova" statistica, vale a dire una probabilità inferiore al 5 per cento che gli esiti non fossero dovuti semplicemente a una fortunata casualità.

Risultati estremamente positivi circa la protezione fornita da un'alimentazione controllata riguardo al contenuto di grassi furono prodotti da alcuni esperimenti condotti a Los Angeles, Seattle, Copenhagen, e in Ungheria, ma i critici li scartarono per via di una presunta assenza di dati e di controlli accettabili. Essi inoltre misero in dubbio i notevoli effetti protettivi indicati negli esperimenti dell'Anti-Coronary Club di New York e nel Programma di valutazione della prevenzione nei confronti delle patologie cardiovascolari, coordinato da Jeremiah Stamler a Chicago, poiché, a loro avviso, gli uomini con predisposizione alla coronaropatia, ai quali furono dati consigli alimentari, e i loro "controlli", uomini cui non furono dati questi consigli, non costituivano campioni veramente casuali della popolazione. I critici non riscontrarono alcun difetto tecnico in un esperimento condotto a Oslo e durato cinque anni, ma non ne reputavano l'esito favorevole come la grande impresa che, in realtà, era. Reagirono allo stesso modo di fronte ai risultati positivi di una sperimentazione a lungo termine sul controllo dell'alimentazione condotto in una casa per veterani a Los Angeles.

Agli esperti statistici non piacque uno studio settennale, condotto a Helsinki in due ospedali psichiatrici, che prevedeva un cambiamento dietetico solo in uno dei due. Erano d'accordo sul fatto che i risultati ottenuti nell'ospedale in cui la dieta era stata modificata fossero statisticamente migliori, ma ciò poteva dipendere da diversi fattori di rischio nei pazienti delle due strutture. Successivamente, gli ospedali furono invertiti: quello in cui per sette anni era stata adottata la dieta ordinaria passò alla modificata, mentre nell'altro veniva sospeso il programma straordinario e si ritornava alla dieta normale. Nell'arco di due anni circa, anche il tasso di attacco degli eventi coronarici risultò invertito. È probabile che le relazioni definitive saranno pubblicate solo tra un paio di anni, ma da quanto abbiamo appreso a Helsinki nel novembre 1973 riteniamo che, alla fine, sarà difficile negare la rilevanza di questo studio longitudinale.

"Prove" definitive sono difficili da riscontrare in tutti i campi, in particolare nella prevenzione di una malattia a evoluzione lenta come la coronaropatia. Agli inizi degli anni Sessanta, A.K. dedicò più tempo ed energie di quanto abbia voglia di ricordare al National Diet Heart Study (Studio nazionale su alimentazione e cuore). Lo studio si proponeva di determinare la fattibilità dell'organizzazione di un esperimento definitivo circa gli effetti delle modifiche dietetiche sull'incidenza della coronaropatia tra americani che fanno vita libera. Con alcuni colleghi di Baltimora, Boston, Chicago e Oakland, California, riuscimmo a dimostrare agli statistici non solo che le modifiche dell'alimentazione producevano cambiamenti prevedibili nel colesterolo nel sangue – questo lo sapevamo già – ma anche che l'esperimento "puro" preteso da loro non poteva funzionare. I puristi temevano quegli studi sulla dieta in cui la "suggestione" avrebbe potuto, forse, contribuire a un risultato positivo. Erano invece favorevoli a quelli "in doppio cieco" in cui la modifica della dieta avveniva senza che i soggetti o i medici fossero in grado di individuarla. Alcuni di noi replicarono che, sebbene i critici avessero potuto ipotizzare che la suggestione aveva in qualche modo persuaso le persone a dieta a non essere colpite da attacchi cardiaci, sarebbero stati felici di prevenire l'insorgenza di coronaropatia.

Alla fine, tutti concordarono che non è possibile alterare la dieta in modo significativo senza che nessuno se ne accorga, e oggi, a nove anni di distanza, sta per essere avviato un esperimento più realistico su scala nazionale. L'idea è di verificare come cambia l'incidenza coronarica se migliaia di persone imparano ad abbassare i livelli di colesterolo nel sangue controllando l'alimentazione, facendo più esercizio fisico e smettendo di fumare. Gli uomini selezionati per questo studio, condotto in venti centri medici, hanno una possibilità più alta della media di subire un attacco cardiaco per via di fattori quali gli elevati livelli di colesterolo nel sangue, individuati durante un esame di screening. Ci auguriamo di poter disporre di una relazione sui risultati negli anni Ottanta, ma è già lecito prevedere che, qualunque sia l'esito, a favore o contro simili sforzi preventivi nei confronti della popolazione intera, l'esperimento, che costerà cinquanta milioni di dollari, non metterà a tacere tutti i critici. Prevediamo, inoltre, che lo stesso accadrà per simili lavori in fase di avvio in Finlandia, Norvegia, Svezia e Gran Bretagna, poiché l'esperimento ideale, in cui persone abituate a fare vita libera vengono rigidamente separate in due gruppi corrispondenti di "soggetti" e "controlli" con regimi alimentari opposti, non è che una vana speranza. Molti soggetti non rispetteranno le prescrizioni mediche; i controlli non saranno statici; molti soggetti smetteranno di fumare, cominceranno a fare esercizio fisico e ridurranno l'apporto alla propria dieta di grassi da latticini e carne. Molte persone già fanno queste cose, spronate dall'American Heart Association (Associazione cardiaca americana) e da migliaia di medici e ricercatori. Anche l'industria alimentare non sta certo con le mani in mano. Il settore caseario spinge vigorosamente i prodotti a basso contenuto di grassi, i produttori di latticini si orientano sempre più verso prodotti a basso contenuto di grassi, i produttori di oli vegetali e margarine leggere esaltano i propri marchi, il settore della carne vanta i propri prodotti magri, sempre più gente fa attenzione al colesterolo e all'alimentazione. Tanto di guadagnato quindi, tranne che per i puristi che anelano a un mondo stabile e tranquillo dove i controlli rimarranno in vigore e i soggetti selezionati per gli esperimenti seguiranno tutte le regole stabilite a tempo indeterminato.

TROPPO TARDI?

L'indurimento delle arterie comincia in età giovanile e tende a progredire silenziosamente negli anni prima di costituire un problema clinico. È perciò evidente che gli sforzi di prevenzione hanno maggiori possibilità di successo se iniziano presto. I pessimisti si chiedono come si possa pensare di riparare un danno provocato da trenta o più anni di eccesso di colesterolo nel sangue. Passare a una dieta di tipo mediterraneo all'età di cinquant'anni e oltre non può sicuramente produrre gli stessi effetti di quelli che si riscontrano su chi una simile dieta l'ha seguita sin da bambino. È improbabile che arterie vecchie e danneggiate possano ringiovanirsi, ma ci sono buoni motivi di credere che, per ridurre la probabilità di eventi coronarici catastrofici, non sia mai troppo tardi.

Oltre all'incoraggiamento offerto dagli esperimenti sull'alimentazione discussi nei paragrafi precedenti, alcuni inaspettati effetti collaterali della guerra ci autorizzano a essere ottimisti. Durante la seconda guerra mondiale, infatti, alcune popolazioni furono obbligate a modificare in maniera radicale la propria alimentazione. Il consumo di carni, grassi e latticini fu bruscamente ridotto, prima in Finlandia, in seguito all'attacco dell'Unione Sovietica, poi nelle nazioni occupate dai tedeschi. Dopo sette anni di una simile "dieta" forzata, i medici finlandesi dichiararono che il tasso di mortalità da attacchi di cuore era diminuito e i patologi riferirono che le arterie dei loro pazienti erano più pulite di prima. In Norvegia si registrò un forte calo di morti da coronaropatia e il lavoro dei chirurghi fu agevolato da una minore presenza di coaguli nel sistema circolatorio. Sebbene la Svezia non avesse subito alcuna invasione, le forniture alimentari, soprattutto per quanto riguarda i grassi e il foraggio per le mucche, furono ugualmente ridotte e il tasso di morte coronarica diminuì. In Danimarca, gli invasori tedeschi spedirono in Germania il burro e il bacon che i danesi avevano precedentemente esportato altrove, ma la dieta danese non subì particolari modifiche, e anche l'incidenza di attacchi di cuore restò più o meno invariata. Nel 1950, Haqvin Malmros, professore di Medicina all'Università di Lund, ricostruì questo quadro in un'analisi che sbigottì e stimolò non solo noi ma anche molti altri scienziati della medicina. Successivamente, la stessa diminuzione di morti coronariche fu osservato nelle statistiche risalenti al periodo della guerra in Olanda e in Grecia, dove l'occupazione tedesca aveva causato una notevole diminuzione dell'approvvigionamento di carni e latticini.

Oltre alla dieta, la guerra causò altri cambiamenti nello stile di vita. Il riscaldamento e l'illuminazione delle case e dei luoghi di lavoro furono ridotti, molti lavoratori furono costretti a lavorare più ore al giorno, i servizi e le prestazioni sanitarie peggiorarono. Era un'epoca di ansia e di stress. In Gran Bretagna, il tasso di morte coronarica subì solo una lieve modifica, ma le condizioni generali non differivano da quelle della Norvegia e dell'Olanda, a eccezione del fatto che in Gran Bretagna il contenuto di grassi nella dieta restò pressoché uguale. Negli Stati Uniti, all'aumento del consumo pro capite di grassi, latticini e carni durante la guerra, seguì un aumento del tasso di morte coronarica. Le casistiche del periodo di guerra dimostrano che un sostanziale cambiamento dello stile di vita può rapidamente produrre un forte calo del tasso di morte coronarica. Non vi sono prove tangibili che tali rilevanti cambiamenti fossero causati unicamente dall'alimentazione, ma è altrettanto difficile continuare a negare la sua importanza.

Nella maggior parte dei Paesi europei, il benessere degli anni Sessanta e dei primi Settanta è in forte contrasto con gli anni magri della guerra e con gli anni Cinquanta. E i tassi di coronaropatia collimano. In Norvegia e in Olanda, da molto tempo ritenuti modelli esemplari in termini di salute, il tasso di morte da qualunque causa negli uomini sta effettivamente aumentando in seguito all'esplosione di un'epidemia di coronaropatia, invertendo la tendenza al miglioramento prevalsa sin dalle prime statistiche demografiche. E che cosa dire della dieta? Per il momento, sappiamo che i valori di colesterolo nel sangue sono aumentati al punto che quelli degli uomini di Oslo sono uguali a quelli dei residenti a Helsinki.

CAPITOLO II
Il mondo mediterraneo

Il Mar Mediterraneo bagna le coste di una dozzina di nazioni e di quattro unità politiche minori – Cipro, Malta, Monaco, Gibilterra – che insieme compongono il mondo mediterraneo. Queste terre sono divise sia da differenze religiose e linguistiche sia da confini politici. Ma sono anche unite da tremila anni di commercio e migrazione, da guerre che trascendevano le attuali frontiere nazionali e da un milione di miglia quadrate di acqua azzurra. Per molti aspetti culturali, compreso quello alimentare, la Grecia, l'Italia, il Sud della Francia e la costa mediterranea della Spagna appaiono in netto contrasto con i Paesi del Nord Africa. In queste pagine pertanto la parola "mediterraneo", riferita a popolazioni e cucina, merita una definizione *ad hoc*. Per garantire l'armonia culturale e culinaria, sarà necessario trascurare la cucina autoctona del Nord Africa e citare solo en passant le ricette di alcune specialità come il cuscus. La Turchia e il Libano sono Paesi più mediterranei nel senso che intendiamo noi, ma la loro cucina poco si addice al nostro modello alimentare e, il più delle volte, sembra soddisfare i gusti di un tipo di palato diverso. La cucina israeliana, che si sta evolvendo ancora come fusione di influenze varie, in cui predominano le tradizioni dei vecchi ghetti dell'Europa dell'Est, è ancora più lontana da quella che noi intendiamo come mediterranea.

I quattro Paesi mediterranei oggetto della nostra attenzione non sono affatto uniformi dal punto di vista culturale. Profondamente legati alle proprie lingue e letterature, alle proprie leggende e ai propri eroi, manifestano emozioni e comportamenti contrastanti. Lo spagnolo è troppo fiero, troppo spirituale per essere emotivo come il greco; il francese e l'italiano amano considerarsi popoli molto diversi, e basta osservarli un poco per avere conferma di questa tesi. Eppure, nel complesso, queste differenze sono solo variazioni di un comune modello culturale, diverso da quello dell'Europa centrale, dei Paesi scandinavi, della Gran Bretagna e degli Stati Uniti. Si tratta di un modello che saremmo tentati di definire "latino", se non fosse per il fatto che questa parola ha altre connotazioni, vedi America Latina, e che un simile epiteto farebbe imbestialire i greci. A dire il vero, in quanto fu nella Grecia classica che nacque il modello culturale comune, alla nostra definizione del Mediterraneo sarebbe più appropriato appiccicare l'etichetta "greco".

SULLA SCIA DI ODISSEO – OVVERO ULISSE – O DI ENEA

L'unità culturale del "nostro" mondo mediterraneo è il retaggio del continuo migrare dei Greci dalla loro terra natia due millenni e mezzo or sono. Gli storici viaggi di coloni greci furono proclamati nell'*Odissea*, che canta il lungo peregrinare di un eroe per il Mediterraneo nei dieci anni successivi alla caduta di Troia. Secondo alcune stime, Troia cadde nel 1194 a.C., vale a dire molti secoli prima che i Greci partissero per i loro viaggi di migrazione verso Ovest. Ma l'opera che ci è stata tramandata con il titolo *Odissea* fu composta molto dopo la caduta di Troia, e oggi la tesi secondo cui almeno alcune parti dell'*Odissea* raccontino un viaggio reale incontra un crescente consenso. Nel nostro viaggio alla scoperta della gastronomia italiana, partendo dalla cucina siciliana e risalendo lungo tutto lo Stivale, non ci sembra irragionevole immaginare che stiamo seguendo le orme di Ulisse nell'*Odissea*.

La storia ripresa da Virgilio nell'*Eneide*, incentrata sulla fondazione di Roma, è ancora più avvincente. E Virgilio fa un salto di qualità rispetto a Omero in quanto precisa le scene delle avventure raccontate, luoghi ancora facilmente riconoscibili oggi. Capo Palinuro, dieci miglia a sud della nostra casa italiana, “Minnelea”, è così chiamato perché fu lì che il timoniere di Enea, Palinuro, cadde in mare e scomparve per sempre. L'ingresso agli Inferi si trovava sulla riva del piccolo lago di Averno, a dieci miglia da Napoli, dove Virgilio scrisse il suo poema. Il Monte Circeo, situato più o meno a metà strada tra Roma e Napoli, è il luogo in cui Circe teneva il suo porcile di marinai trasformati in maiali, e Capri fu scelta dalle Sirene come loro dimora preferita.

Uno degli obiettivi principali di Virgilio era sicuramente creare un nesso tra i viaggi dei Greci e la fondazione di Roma. Virgilio nacque nel 70 a.C., ben sette secoli dopo i primi insediamenti dei migranti greci lungo le coste italiane, e molti anni prima della sua nascita le città fondate dai Greci erano state occupate dai Romani, perlopiù chiamati a proteggerle da tribù che non appartenevano alla loro stirpe. Visitare i luoghi evocati da Virgilio o quelli colonizzati dai Greci agli albori della storia d'Italia ci spronava a meditare sul viaggio di Enea. Mentre pranzavamo lungo la costa, godendo della vista di uno scintillante Mar Tirreno, romantici pensieri rivolti a un lontano passato affioravano con naturalezza nella nostra mente. Una palla di mozzarella fresca ancora gocciolante siero, pane nero campagnolo appena sfornato, caldo, una bottiglia di vino locale mai sentito nominare a New York, e nemmeno a Roma, un cesto di frutta. Ecco il menù ideale per rievocare la figura di Ulisse – o di Enea –, eretto sulla prua, e dei suoi uomini che tirano i remi della piccola imbarcazione, al largo, poco oltre i frangenti.

Sì, ripercorrendo la rotta dell'*Odissea* ci piace parlare di cibo. Molti banchetti sono citati sia nell'*Odissea* sia nell'*Eneide*. «I domestici apparecchiavano la tavola con magnifiche tovaglie di porpora e di lino, mescevano il vino brioso in coppe d'argento, riempivano i calici dorati e approntavano svariate pietanze». Ma quello che Greci e Romani mangiavano non è mai chiarito. Non ci sono menù, né nell'*Odissea* né nell'*Eneide*. Sappiamo per certo che alcuni cibi non li potevano mangiare perché non esistevano nel Mediterraneo a quell'epoca. Non disponevano sicuramente di patate, pomodori, fagioli comuni, fagioli di Lima, mais, riso, arachidi, tacchino o cioccolato, tutti alimenti che arrivarono dall'America meno di cinquecento anni fa. Lo zucchero e il riso giunsero nel Mediterraneo dall'Oriente ben millecinquecento anni dopo l'attraversamento del mare «scuro come il vino» raccontato nell'*Odissea* e, seguendo la stessa rotta, gli agrumi arrivarono ancora più tardi.

Sebbene sia Omero sia Virgilio ci offrano così pochi particolari sul cibo, la nostra conoscenza dei Greci e dei Romani permette alcune congetture abbastanza attendibili. Devono essersi alimentati in gran parte di pane azzimo, cereali arsi, pesce, carne secca, lenticchie e piselli secchi, olive e olio di oliva, cipolla, formaggio, miele. Raccoglievano verdure ed erbe spontanee, bacche e noci nelle zone a ridosso delle spiagge sabbiose sulle quali sbarcavano. Si trattava di cibi semplici e grezzi ma molto nutrienti. Quando, durante il viaggio, erano ospitati da potentati locali, banchettavano con carne di manzo alla brace e montone insaporito con aglio o salvia o rosmarino o alloro, e il vino scorreva, forse allungato con acqua secondo l'uso greco, poi adottato dai Romani. Il miele era impiegato come dolcificante e il dessert consisteva in frutta, sia secca – fichi secchi e uvetta – sia fresca, quindi, a seconda della stagione, fichi, uva, mele e melegrane.

IL CLIMA E IL PAESAGGIO MEDITERRANEI

Per noi il mondo mediterraneo si concentra in soli quattro Paesi e tendiamo addirittura a circoscriverlo alle loro zone costiere. La vicinanza del mare crea un ambiente comune di luce, vegetazione e clima: escursioni termiche e variazioni dell'umidità, diurne e stagionali, aumentano man mano che ci si allontana dalla costa. E la vastità del mare, che si estende verso orizzonti sterminati, genera nella popolazione una mentalità più "aperta". La montagna alle spalle, il mare davanti, il tutto immerso nel sole scintillante... ecco quello che significa il Mediterraneo per noi. Poi, quando le nuvole si addensano all'orizzonte e il mare increspato dalla tempesta assume istantaneamente colori diversi, la grandezza della scena è troppa per permettere pensieri piccoli. Il Mediterraneo è anche questo.

Così, senza allontanarsi troppo dalla costa, il nostro mondo mediterraneo si configura davvero come un'unità lunga quasi duemila miglia in linea d'aria e più lunga ancora seguendo appunto la costa, come facevano gli antichi coloni greci. D'inverno le cime delle montagne sono bianche ma la neve non scende quasi mai fino al mare. D'estate il sole di mezzogiorno brucia e la terra sembra scottare ma l'aria non è afosa e la serata è ideale per passeggiare pigramente, o per oziare su una terrazza all'aria aperta. Durante gran parte dell'anno la camminata serale di due ore è un appuntamento fisso ovunque, dalla Grecia alla Spagna.

Le terre in prossimità del mare sono aride da luglio a ottobre, specie in Italia e in Grecia, ma l'acqua accumulata nei bacini di montagna è sufficiente per garantire che gli orti producano un'abbondanza di verdura fresca tutto l'anno. Il nostro Mediterraneo costituisce un'unità climatica e ciò, assieme alla comune eredità culturale, si traduce in somiglianze tra coltivazioni, piatti e tecniche culinarie.

I PRODOTTI ALIMENTARI DEL MEDITERRANEO PIACERI CONDIVISI

All'inizio del nuovo anno gli alberi sono ingioiellati di limoni, arance a mandarini in tutto il Mediterraneo, e sulla via del mercato le carrette dei contadini e i carri moderni, che ora le stanno sostituendo, scricchiolano sotto vere e proprie montagne di cavolfiori, lattughe e carciofi. Già ai primi di febbraio i mandorli in fiore preannunciano l'arrivo della primavera. Marzo è il mese "folle" in cui il tempo cambia repentinamente. È il momento per coltivare l'orto e legare le viti, per gustare nuovi ortaggi stagionali poco comuni o quasi sconosciuti negli Stati Uniti: cime di rapa, finocchi, fave da mangiare crude, più di una decina di verdure spontanee raccolte a lato delle strade.

Poi ci sono gli spinaci e i fagiolini, le zucchine e i pisellini novelli, che si accompagnano al banchetto pasquale di agnello o capretto da latte (per una famiglia media viene arrostito l'animale intero, che sulla bilancia del macellaio pesa dalle dodici alle quindici libbre), i peschi sono carichi di fioriture rosa, le colline brulicano del giallo dorato delle ginestre spinose e del giallo vivace di quelle comuni.

E così per tutto l'anno si susseguono coltivazioni e cibi comuni a tutte queste terre, prima in Grecia e nell'Italia meridionale, poi su per lo Stivale italiano e attraverso le sponde settentrionali del Mediterraneo, dalla riviera allo stretto di Gibilterra. La tarda primavera è la stagione delle ciliegie, delle nespole, dei funghi selvatici (anche se questi sono portati giù dalle montagne per buona parte dell'anno). Luglio e agosto sono il periodo di pesche di una bontà impareggiabile che si sovrappone a quello, consistente, dei fichi che sono consumati freschi per tutto il mese di settembre, poi secchi fino al raccolto successivo. Per tutta l'estate fino all'inizio dell'autunno c'è un'abbondanza, più di quanto venga effettivamente consumato, di pomodori e melanzane, di peperoni e cipolle; fili colorati di pomodori e peperoni rossi sono messi a essiccare all'ombra dei balconi, si riempiono bottiglie di passata di pomodoro e vasetti di peperoni, nei ripostigli si appendono festoni di cipolle e di aglio. In campagna, alla fine dell'estate inizia il duro ma gioioso lavoro della produzione di vino; per qualche giorno non si fa altro che raccogliere e pigiare uva per poi travasare il mosto nelle botti. Intanto sono maturati i meloni, di colore giallo e di tutte le dimensioni – il cantalupo, così chiamato perché, in Europa, fu coltivato dapprima presso una ex villa papale, Cantalupo nei pressi di Roma –, le angurie e i meloni dalla rugosa buccia verde scuro e dalla fragrante polpa bianca, che possono essere conservati per mesi esposti sulla parete ombreggiata della casa ma rimanere succosi e profumati fino all'inizio dell'inverno. Dopo l'arrivo e la partenza di cachi e melagrane, inizia la raccolta delle olive che può prolungarsi anche fino a gennaio.

LA TERRA DELLE OLIVE

La prima pigiatura delle olive, che dà vita all'olio "vergine", inizia poco dopo il raccolto. L'olio è al suo meglio appena pigiato ma, all'interno di contenitori sigillati, protetto dalla luce e da calore eccessivo, si conserva per anni con deterioramento minimo. Solo una minuscola frazione del raccolto è destinata all'impiego come olive da tavola: quelle preparate in casa non saranno pronte per il consumo per mesi, anche per un anno se trattate con i metodi più antichi. Noi abbiamo avuto successo grazie a questi metodi: le olive sono lavate con acqua fredda del rubinetto, scolate e messe in barattoli non sterilizzati; un secchio d'acqua è portato dal mare, messo a bollire per pochi minuti e fatto raffreddare, dopodiché l'acqua è versata nei barattoli per coprire le olive. Dopo un paio di mesi, l'acqua di mare è cambiata con altra acqua, fatta bollire e raffreddare come prima. Questo processo viene ripetuto a intervalli di pochi mesi finché le olive non siano "dolci", come sono definite una volta perso il gusto amaro. L'intero procedimento può durare da otto mesi a un anno, e le olive si conservano bene per un anno e anche più dall'ultimo cambio di acqua di mare.

L'intero bacino del Mediterraneo è terra di olive, ma le olive come tali non costituiscono una parte rilevante della dieta, anche se sia quelle verdi sia quelle nere (varietà greca) compaiono sui vassoi degli antipasti nelle ville lussuose come nelle piccole masserie, e sono impiegate in alcune ricette di piatti cucinati. A Creta, dove la dipendenza dall'olivo è maggiore e dove la cultura olivicola risale a più di quattromila anni fa, conducemmo studi sull'alimentazione in tre anni diversi, documentando con precisione tutti i prodotti alimentari consumati in case rappresentative di vari paesi di campagna. L'utilizzo medio per adulto fu di sei piccole olive al giorno, comprese quelle adoperate in cucina. Negli stessi studi scoprimmo che un terzo delle calorie complessive fornite dalla dieta era apportato dall'olio di oliva. Il suo impiego entusiastico nella regione mantiene vive le usanze della civiltà minoica, che fioriva molto prima dell'arrivo dei Dorici dalla Grecia continentale. Gli scavi archeologici eseguiti nel palazzo di Minosse, a pochi chilometri da uno dei paesi in cui abbiamo condotto le nostre ricerche, e a Festo, dall'altra parte dell'isola, hanno portato alla luce numerose anfore in terracotta dalle dimensioni enormi, con un diametro fino a quattro piedi e altezza altezza di sei e più piedi, che servivano per conservare l'olio. Questi regali "serbatoi" sono rimasti inutilizzati per più di tremila anni, ma anfore più piccole dalla forma identica sono spesso usate per conservare l'olio nelle zone rurali della Grecia e nell'Italia meridionale.

Oggi i cretesi arrivano a consumare una media di tre o quattro once di olio di oliva al giorno, a persona, non a famiglia. Ciò si spiega in parte con l'uso generoso che ne fanno per condire l'insalata e per cucinare, ma anche per inzuppare il pane o insaporire le patate e quasi tutti i piatti serviti a tavola: si pensi al modo in cui alcuni teenager americani fanno uso del ketchup. Alcuni contadini addirittura bevono un bicchiere di olio a colazione prima di andare a lavorare nei campi.

I cretesi sono campioni per quanto riguarda l'impiego di olio di oliva, ma anche la popolazione greca in generale ne ricava una media di quasi un quinto dell'apporto calorico complessivo. Gli ateniesi benestanti inoltre adorano l'olio di oliva come condimento per le insalate e come ingrediente della maionese, ma tendono a sostituirlo con il burro nella loro interpretazione della cucina francese internazionale. Pur senza alcun intento dimostrativo, non possiamo non citare il fatto che ai nostri colleghi cardiologi di Atene non mancano i pazienti affetti da coronaropatia. Per contro, a Creta e sull'isola di Corfù, dove lavoriamo da molti anni, gli stessi cardiologi visitano i soggetti inclusi nei nostri studi di follow-up e concordano con i medici locali che la cardiopatia sia diffusa pochissimo. I contadini greci che preferiscono le vecchie maniere, o che semplicemente non possono permettersi di mangiare come i loro connazionali ricchi e internazionalizzati, sono estremamente sani.

Sebbene negli altri Paesi mediterranei il consumo di olio sia inferiore rispetto a quello cretese, rappresenta comunque il 15-20 per cento dell'apporto complessivo di calorie nell'alimentazione, a eccezione dell'estremità settentrionale dell'Italia e di quelle regioni della Francia e della Spagna che non affacciano sul Mediterraneo. Grazie alla presenza di burro, margarina, sugna, strutto e degli ora diffusi oli di semi, il totale dei grassi visibili nell'abituale dieta mediterranea è comparabile a quello dell'abituale dieta americana, anche se la proporzione di grassi saturi è nettamente inferiore. Come gli oli vegetali impiegati negli Stati Uniti, gli oli di semi sono a basso contenuto di grassi saturi. La peculiarità importante dell'abituale dieta americana rispetto alla mediterranea è costituita dalla grande quantità di grassi invisibili di tipo saturo nelle carni, nel latte e nei latticini.

IL PANE È IL SOSTEGNO DELLA VITA

Oltre all'olio di oliva, un altro elemento comune dell'alimentazione in tutta l'area mediterranea – in contrasto con quella americana – è il pane, al quale è attribuita grande importanza. È disponibile in molti formati di varie grandezze, ma è quasi sempre a basso contenuto di grassi rispetto a quello comune americano. In alcune località – tra cui Bologna – è preparato invece con l'aggiunta di lardo e olio di oliva. Si tratta di un pane molto bianco a grana fine che, a nostro avviso, è paragonabile al peggior pane americano. Una tipologia che noi definiamo "francese", ma più crostosa e masticabile dell'abituale versione americana, è popolare in tutto il Mediterraneo. Oltre che sotto forma di filoni, si trova in svariate altre fogge: panini, pagnotte, mezzelune e perfino ciambelle. Nelle zone rurali in particolare, è diffuso un prodotto più scuro, più compatto, spesso modellato in grandi pagnotte tonde dal peso di quasi cinque libbre. Poi esiste un tipo di pane bianco impastato senza latte, ma per altri versi non così diverso da quello che un tempo negli Stati Uniti era chiamato Vienna bread. Si tratta di una pagnotta gonfia dalla crosta masticabile, piuttosto buona, anche se, quanto a carattere, la mollica ne dimostra poco più del solito pane bianco americano.

Tutti questi pani sono infornati di notte in modo che arrivino in panetteria ancora caldi e meravigliosamente fragranti entro le otto del mattino, domenica esclusa. Ai panettieri, infatti, è vietato per legge di lavorare sette notti la settimana, quindi non producono il pane per la domenica. Due terzi del pane acquistato al mattino sono consumati a pranzo nei giorni feriali, una parte accompagna la cena e il poco che avanza viene tostato oppure inzuppato nel caffelatte a colazione il mattino successivo, ammesso e non concesso che si mangi qualcosa. Una proporzione cospicua degli abitanti dell'area mediterranea si accontenta, infatti, di un caffè a colazione o addirittura non assaggia nulla. Secondo uno studio recente, più di un adulto su quattro non assume cibo solido a colazione. Entro le dieci o le undici del mattino però, cominciando ad avvertire la fame, molti fanno uno spuntino. L'uomo d'affari in genere beve soltanto un caffè, mentre lo spuntino dell'operaio spesso può prevedere, tra l'altro, un quarto di libbra di pane fresco.

Da alcuni studi condotti dal Dipartimento dell'Agricoltura statunitense risulta che l'americano medio mangia meno di tre once di pane al giorno; in Spagna la quantità riportata in studi analoghi è di tredici once, un po' più del 30 per cento di tutte le calorie consumate ogni giorno. I nostri studi su uomini di mezz'età in Grecia hanno indicato che una media del 38 per cento di calorie sul totale derivava dal consumo di pane. Gli italiani, dato che mangiano tanta pastasciutta, non sono allo stesso livello dei greci o degli spagnoli, ma anch'essi, come i francesi meridionali, consumano almeno tre volte la quantità di pane dell'americano medio.

IL VINO A CENA

Un terzo elemento che accomuna le diete di tutti i Paesi del "nostro" Mediterraneo è il vino. La birra è buona ed è molto apprezzata nella bella stagione, ma il vino è la bevanda che solitamente si abbina ai pasti. Nel corso del pasto principale della giornata, l'uomo beve, tipicamente, circa una pinta di vino da tavola – che ha un grado alcolico di 11-14 per cento –, mentre la moglie solitamente la metà. La domenica e durante le feste il vino scorre molto più liberamente, e non è un fatto insolito che una compagnia di otto persone demolisca una dozzina di bottiglie in un paio d'ore. Ma anche in occasione di banchetti non sono previsti né cocktail prima né liquori dopo. Prima di sedersi a tavola per una cena importante, si beve al massimo un bicchiere di vermut o di un altro aperitivo. I liquori forti sono in gran parte limitati ai ceti alti, tra i quali vanno di moda il whisky scozzese e il brandy francese. L'ubriachezza è molto poco diffusa nei Paesi del Mediterraneo, eppure il consumo di vino a ogni pasto principale e dell'occasionale aperitivo fa sì che il maschio medio ricavi quasi il 10 per cento del proprio fabbisogno giornaliero di calorie dall'alcol. Ma non sono pochi gli uomini d'affari americani che ricavano più del 20 per cento delle calorie giornaliere dall'alcol, anche molto di più nel corso di viaggi di lavoro e durante i convegni.

LA FRUTTA COME DESSERT

Il consumo universale di frutta fresca come dessert è un'altra pratica alimentare comune ai "nostri" Paesi mediterranei. Il gelato è uno sfizio che ci si toglie tra i pasti o nel tardo pomeriggio, amato in particolare da donne e bambini, mentre altri dessert dolci sono riservati alle ricorrenze e alle feste, nonché ai turisti. Nei ristoranti più ricercati del Mediterraneo, i camerieri spingono gli stranieri a ordinare eleganti dolci e paste, offrendoli anche – ma con minor successo – a persone del luogo benestanti, solite frequentare questo genere di locali. I dolci – *entremets sucrés* in francese – sono invariabilmente belli da vedere e di solito deliziosi da mangiare, ma fanno anche ingrassare e aumentano il colesterolo nel sangue. Non fanno parte della dieta quotidiana della gente comune nel Mediterraneo e, se non in qualche caso di rara e circospetta indulgenza, non sono proposti in questo volume.

Gli abitanti del Mediterraneo mangiano molta più frutta degli americani e degli altri europei. Il consumo pro capite di quella fresca nelle aree mediterranee della Spagna e della Francia è quasi il doppio che negli Stati Uniti, mentre italiani e greci ne mangiano addirittura più della metà ancora rispetto agli altri mediterranei. Anche tenendo conto di prodotti in scatola e surgelati, gli americani sono decisamente surclassati quanto a consumo di frutta. La differenza si spiega in parte con i prezzi alti e, spesso, con la bassa qualità della frutta negli Stati Uniti, in parte con il fatto che il modello culturale – e alimentare – di riferimento negli Stati Uniti è stato istituito da popoli che affondano radici ancestrali in regioni d'Europa meno adatte delle mediterranee a una cultura frutticola.

Fino a tempi relativamente recenti, a eccezione delle mele e di alcuni piccoli frutti disponibili solo in brevissimi periodi dell'anno, negli Stati Uniti la parola "frutta" si riferiva soprattutto a conserve casalinghe o a inscatolati industriali. Anche nel Mediterraneo la frutta in scatola si trova sugli scaffali delle drogherie, ma il consumo è molto minore rispetto a quello americano. Ora, naturalmente, le cose stanno cambiando. Negli Stati Uniti ormai la frutta fresca è disponibile ovunque e la stagione per le diverse varietà è più lunga che in Europa, dove spesso sono reperibili solo presso eleganti negozi di primizie. Purtroppo, la filiera americana normalmente prevede tempi di immagazzinamento e di trasporto prolungati: ciò spesso si traduce in risultati disastrosi a livello di qualità. Eppure gli americani possono gustare eccellenti agrumi e mele tutto l'anno, e la stagione per meloni e fragole a prezzi modici diventa più lunga ogni anno che passa. Se si vuole seguire l'abitudine mediterranea di mangiare molta frutta fresca tutti i giorni, la reperibilità non costituisce un ostacolo nella maggior parte delle località statunitensi.

CAFFÈ, TÈ E ALTRE BEVANDE ANALCOLICHE

Il Mediterraneo è unito dall'amore per il caffè. Questo è sempre forte, preparato al momento con chicchi tostati scuri e macinati di fresco. Le macchine espresso italiane si trovano in tutti i bar e ristoranti e ne esistono versioni più piccole per uso domestico, anche se nelle case private sono più diffusi i vari modelli di caffettiere a filtro. Il caffè alla turca, messo in infusione direttamente nella tazza, è più diffuso in Grecia, dove sta riscuotendo sempre maggiore successo quello solubile ricavato da una speciale tostatura scura. Quest'ultimo non è affatto male e ci auguriamo che diventi facilmente reperibile negli Stati Uniti per coloro che amano il caffè dal tocco mediterraneo o latinoamericano. Saremo anche parziali ma siamo d'accordo con gli abitanti del Mediterraneo, i quali trovano particolarmente sgradevole il sapore di quel caffè che, una volta bollito nella macchinetta, è tenuto sul fornello caldo per diversi minuti, o di quello servito annacquato, come spesso accade negli Stati Uniti.

Per molti mediterranei, la prima colazione è costituita dal caffelatte. Il caffè nero, versato di solito in una piccolissima tazzina con l'aggiunta di molto zucchero, è spesso bevuto dopo e tra i pasti, ma nessun tipo di caffè – o tè – è sorseggiato durante il pasto. Bere il tè a colazione è considerato una curiosa usanza straniera, ma c'è chi prende una tazza di tè al limone nel tardo pomeriggio o prima di coricarsi la sera. La panna non è mai aggiunta né al caffè né al tè. Nelle fredde mattinate invernali, c'è chi corregge il caffè nero con un goccetto di brandy o di anisette.

Una peculiarità della Spagna è la popolarità come bevanda della cioccolata calda. Si dice che, dopo la scoperta dell'America, la Spagna avesse importato il cacao dal Messico per cento anni prima di consentire che giungesse in altri Paesi europei. Tranne che in Spagna, la cioccolata calda è una bevanda poco diffusa nel Mediterraneo, ma la superficie di una tazza di caffè o di latte caldo può essere spolverata con un pizzico di cacao in polvere. Alla stessa maniera, ma meno di frequente, si aggiunge una spruzzata di noce moscata sul caffelatte o sul *café au lait*.

Nel Mediterraneo fa caldo d'estate e le bibite analcoliche sono sempre state diffuse. L'aranciata e la gazzosa in bottiglia sono popolari ovunque. Anche la Coca-Cola e altre bibite simili registrano grosse vendite, ma il consumo pro capite non si avvicina a quello negli Stati Uniti. Si consumano quantità industriali di acqua minerale, naturale o gassata, ma non perché, come ama dire qualche americano compiaciuto, l'acqua del rubinetto sia rischiosa o cattiva. Il fatto è che, a differenza di quanto accade negli Stati Uniti, sono in commercio molte splendide acque minerali naturali, specie in Francia e in Italia, e la gente *ama* berle.

AGLIO E CIPOLLE

L'aglio e la cipolla danno fragranza e sapore a tutte le cucine dei Paesi mediterranei. Le cipolle e gli scalogni sono consumati crudi solo in insalata, essendo impiegati generalmente in cucina, specie nei piatti misti. Le cipolle lesse scondite sono meno popolari che nell'Europa settentrionale e tra molte famiglie americane. Il fegato alla veneziana somiglia poco al fegato con le cipolle all'americana o all'inglese: il rapporto di peso tra cipolla cruda e fegato crudo è di almeno 3:1 e talvolta sale a 5:1. Un piatto popolare in Sicilia è la cipolla ripiena. Lo spezzatino di manzo greco, lo *stifado*, è preparato con più cipolle che carne. La zuppa di cipolle francese ha cugini in tutti i Paesi mediterranei: in ogni versionr si tratta di una potente miscela. Gli spagnoli adoperano le cipolle in abbondanza in molti piatti, per esempio nelle frittate campagnole (*tortillas*) e nel *gazpacho*, una zuppa fredda straordinariamente rinfrescante.

Tra i Paesi mediterranei, l'aglio è presente in particolare nella cucina del Sud della Spagna e della Francia. Aromatizza tutta la cucina provenzale – anche troppo, direbbero alcuni – ma, viaggiando verso Ovest, dalla Provenza verso la Languedoc, l'entusiasmo nei suoi confronti cresce ancora. Scrive Samuel Chamberlain nel suo *Bouquet de France*: «La Languedoc è innegabilmente, gloriosamente, languorosamente profumata di aglio». "Languoroso" non sarà forse il termine giusto per descriverlo, ma concordiamo con gli appassionati che trovano glorioso il suo aroma in cucina. Dall'altra parte del confine, in Spagna, l'apprezzamento nei confronti dell'aglio non diminuisce. Una specialità da quelle parti è la zuppa di aglio. Tranne che in alcuni piatti speciali, in Italia e Grecia l'aglio è usato in quantità moderate. Gli italiani preparano la bruschetta[1], una semplice fetta di pane tostato spennellata con olio di oliva e strofinata con aglio fresco. Oppure, gli spicchi sono spremuti nell'olio con uno spremiaglio e l'olio aromatizzato viene spalmato sul pane abbrustolito. I greci invece preparano vari tipi di salsa in cui l'ingrediente principe è l'aglio in abbondanza.

Sin dall'antichità, nel mondo mediterraneo si dice che l'aglio sia particolarmente salubre, che faccia bene al sangue, alla pelle e alla carnagione, agli occhi e alla vita sessuale. Queste idee non vengono prese troppo sul serio ormai e, quando la gente dice che l'aglio possiede proprietà benefiche per la salute, lo fa in maniera talmente scherzosa che è difficile capire se ci crede veramente. Le antiche superstizioni sono dure a morire nel Mediterraneo, specie nelle zone rurali. Gli abitanti del paese dove risiediamo nel Sud d'Italia ridono quando raccontano che gli innesti sugli alberi da frutto non "prendono" negli anni dispari. Eppure non ci sfuggì che, nel 1972, i nostri peri non vennero innestati come avevamo chiesto.

POMODORI

In cucina, l'aglio si sposa molto bene con il pomodoro. L'impiego dell'aglio nel Mediterraneo risale a tempi assai remoti, prima degli inizi della storia scritta, mentre il pomodoro, arrivato dall'America come oggetto di curiosità, è coltivato su larga scala in Europa da poco più di cento anni. Oggi, in ogni parte del Mediterraneo, non si può immaginare la cucina senza pomodoro. In stagione, i pomodori crudi affettati, conditi con olio di oliva e aceto, o succo di limone, sono un prediletto piatto quotidiano, ma la maggior parte del raccolto finisce in scatola o in bottiglia sotto forma di pelati o passata. Tra fine luglio e agosto, chiunque possieda un piccolo orto prepara la salsa di

1. Nell'originale i Keys scrivono erroneamente bruschetto [*ndt*].

pomodoro, costituita semplicemente da succo e polpa privati dei semi e della buccia, messi in bottiglia, qualche volta con una fogliolina di basilico fresco. Le bottiglie – quelle da birra sono le preferite – sono sigillate con tappi a corona e tenute in acqua bollente per un'ora e più. Noi ci sentiamo orgogliosi quando riusciamo a confezionare cinquanta bottiglie, eppure i nostri vicini ne preparano da duecento a quattrocento tutti gli anni.

Tutti i cuochi del Mediterraneo sanno che i pomodori cotti e il concentrato o la salsa di pomodoro mettono ottimamente in risalto i sapori forti, come quelli delle cipolle, delle acciughe e dell'aglio. Prodotti di mare saporiti come il polpo e lo sgombro sono solitamente cucinati con una salsa di pomodoro, aglio e cipolla. Al proposito, la regola per cui il vino bianco andrebbe abbinato ai pesci e ai frutti di mare non regge quando questi sono cotti con una ricca salsa al pomodoro: è probabile che un robusto vino rosso vada meglio.

ALTRE DELIZIE COMUNI AI PAESI MEDITERRANEI

Molti altri prodotti sono compresi tra le delizie condivise dai Paesi mediterranei: grandi quantità di verdure a foglia larga appena colte dall'orto, consumate tutto l'anno; piccole salsicce, dure e piccanti, prodotte in versioni che variano da regione a regione, ma tutte simili per consistenza disomogenea e gusto saporito; merluzzo secco (baccalà o stoccafisso), bagnato sotto l'acqua del rubinetto per un giorno e anche più, poi impiegato in una miriade di ricette, più di cento in un solo ricettario italiano; tanto succo di limone per condire quasi tutti i pesci e frutti di mare e molte carni; varietà di sedano e prezzemolo coltivate per il sapore piuttosto che per l'aspetto e la consistenza; minuscole fragoline selvatiche in stagione, ora prodotte a livello industriale senza che perdano la speciale fragranza naturale; molte erbe aromatiche spontanee raccolte ai lati delle strade. È d'obbligo inoltre citare l'entusiasmo condiviso per il formaggio, di cui esistono tantissime varietà, fatta eccezione per la Spagna, dove il formaggio suscita poco interesse.

VARIAZIONI SU UN TEMA COMUNE

Eppure sarebbe sbagliato insistere troppo sull'uniformità della dieta mediterranea. Nonostante i tanti punti in comune o, quanto meno, la similarità dei prodotti e della cucina in tutta l'area, esistono sostanziali differenze tra e all'interno dei vari Paesi. Le peculiarità più importanti riguardano le quantità di elementi all'interno della dieta complessiva, anche se sono gli aspetti qualitativi a essere divulgati nei libri. Quelli scritti per stranieri sulla cucina di questi Paesi si soffermano sulle specialità nazionali: le salse in Francia, le paste in Italia, la paella in Spagna, la moussaka in Grecia. Una moda recente è mettere in rilievo le specialità locali e indicare con orgoglio piatti realmente autoctoni identificati con particolari province o città. È bello, naturalmente, conoscere l'autentica cucina tradizionale locale, ma i gastronomi e i viaggiatori amanti del cibo che affettuosamente descrivono questi piatti raramente sembrano interessati alla reale alimentazione delle aree da loro esplorate.

Il nutrimento non consiste solo in pochi piatti, tanto meno in qualche ricetta per occasioni speciali. Si tratta invece di tutto il consumo quantitativo di cibo misurato su un arco di tempo abbastanza lungo da poter indicare le quantità medie dei cibi mangiati. È meno divertente, e molto più laborioso, raccogliere informazioni utili sull'alimentazione di una regione che valutarne i principali ristoranti. Ma quando, come in questa sede, cerchiamo di imitare il modello alimentare di una regione, un requisito per farlo è dato dalle informazioni precise sulla dieta intesa proprio in questo senso. Con questo approccio, dalla comparazione tra Paesi, regioni, habitat e ceti socioeconomici emergono importanti similarità e differenze.

Primo, i Paesi. Considerando insieme i quattro del Mediterraneo, si notano alcune differenze singolari rispetto agli Stati Uniti. Abbiamo già constatato il consumo minore di pane, frutta, verdure e la presenza maggiore nell'abituale dieta americana di carne e latticini. Ma esistono anche grandi diversità tra singoli Paesi mediterranei. E, nel caso di Spagna e Francia, è necessario concentrarsi sulle zone mediterranee di questi Paesi. Per esempio, nella Francia mediterranea il consumo pro capite di montone e agnello è due volte quello della Francia nel complesso, rispetto alla quale si mangia solo la metà del burro.

Per quanto riguarda la quantità di frutta e verdura fresca contenuta nella dieta, tutti i Paesi mediterranei superano di gran lunga gli Stati Uniti, ma i greci mangiano quasi due volte la frutta dei francesi, mentre la dieta italiana brilla per sovrabbondanza di verdure fresche. L'Italia e la Grecia si avvicinano agli Stati Uniti per consumo di patate, mentre in Francia e Spagna il peso è quasi il doppio. La quantità di legumi (fagioli, piselli, lenticchie) è quasi uguale in Francia e negli Stati Uniti, ma nella dieta degli italiani e degli spagnoli è solo la metà. In testa alla classifica il greco medio, che mangia più legumi di tre americani medi messi insieme.

Le diete dei Paesi mediterranei differiscono poco l'una dall'altra per quanto riguarda il consumo di uova e di latte in tutte le sue forme, con una media che è quasi la metà di quella degli Stati Uniti. Però ci sono notevoli distinzioni per quanto riguarda l'impiego di burro. La dieta media francese è a più alto contenuto di burro di quella americana. Nell'area mediterranea della Francia, il consumo pro capite di burro è meno della metà di quello nazionale ma è sempre più elevato di quello americano. Un altro dato notevole è che negli Stati Uniti il consumo di burro è meno di due terzi di quello della margarina, mentre, sebbene in aumento, in tutti i Paesi mediterranei la margarina costituisce ancora solo una minima parte della dieta. Nel Mediterraneo il burro è usato come grasso per la cottura, non spalmato sul pane.

Tali raffronti risentono ancora dall'assunto, ingiustificato, che esista un'uniformità regionale. Anche nella Spagna mediterranea ci sono importanti differenze tra regioni. La dieta di Barcellona e della Catalogna in generale tende a essere più ricca di quella di altre aree della Spagna mediterranea. È a più alto contenuto di carne, selvaggina, frutti di mare, latte, verdure e frutta, ma più povera di pane e legumi. In Italia, i regimi alimentari delle varie regioni tendono a rispecchiare le condizioni economiche. Nel 1969 la spesa settimanale media per cibo per famiglia era di 26-30 dollari in Lombardia e in altre regioni del Nord (Trentino, Veneto). A Napoli e in Campania in generale non superava i 21 dollari, mentre in Calabria e in altre regioni del profondo Sud non arrivava a 19 dollari. Queste disparità economiche si rispecchiano nella distribuzione di prodotti alimentari diversi nelle scelte di acquisto delle famiglie. La quantità di carne consumata in Lombardia è quasi doppia rispetto al profondo Sud. In Italia, esistono sostanziali differenze regionali anche all'interno dello stesso ceto socioeconomico. Rispetto all'Italia nordoccidentale, gli italiani meridionali dello stesso ceto consumano solo due terzi della carne di manzo e di vitello, metà del vino e di altre bevande alcoliche, meno della metà di pollo e un quinto del burro. Ma mangiano il 20% in più di pane, pasta, verdura, frutta e il doppio del pesce.

Poi si registrano variazioni nel corso del tempo. In tutti i Paesi mediterranei, la dieta media sta cambiando – non necessariamente in meglio – dopo le amare privazioni della seconda guerra mondiale. A partire dal 1951, in Italia il consumo pro capite di carne di manzo e di vitello è quasi quadruplicato e quello del maiale quasi raddoppiato, mentre nel 1971 il consumo di pollo superava di sei volte e mezzo quello del 1951. Il consumo di olio di oliva è raddoppiato, quello di altri oli vegetali è quintuplicato. In Grecia, i cambiamenti alimentari si rispecchiano nei valori di colesterolo nel sangue rilevati dai nostri studi condotti su uomini di mezz'età nel corso degli anni. Partendo da una media di meno di 200 nel 1957, il livello di colesterolo era salito a quasi 220 nel 1971. E, in tutta l'area mediterranea, l'obesità è un problema di sempre maggiore rilevanza.

CAPITOLO III
Salute e dieta

La cucina mediterranea ci regala una tale ricchezza di delizie gustative, tante felici sorprese a tavola, tanto piacere per la gola in piatti che sono per la maggior parte economici e facili da preparare, che meriterebbe di essere esaltata comunque, anche se non esistessero prove della sua straordinaria salubrità. Il modello mediterraneo di cucinare e mangiare non somiglia per nulla a una "dieta" nell'attuale accezione americana della parola, come prescrizione obbligata da circostanze infelici (malattie, ordini del medico, brutta obesità) che portano alla perdita del piacere di mangiare. Viene in mente *Compensazione*, il noto saggio di Ralph Waldo Emerson, e il punto di vista per cui se un determinato aspetto di una cosa è buono sarà contrapposto da un altro che è cattivo. «Per tutto quello che guadagni, qualcosa perdi». Chi accettasse ancora questa filosofia ormai screditata riterrebbe che elogiare il modo mediterraneo di amare il cibo perché "fa bene" significhi che, allo stesso cibo, manca qualche altra qualità desiderabile. Questo lo escludiamo, ma esitiamo a parlare troppo della dieta mediterranea come salubre per paura di allontanare i più interessati al piacere di mangiare. Eppure, mentre la nostra storia d'amore con la cucina dell'area che spazia dalle isole greche fino allo stretto di Gibilterra costituisce già una buona ragione per scrivere questo libro, l'urgenza del nostro messaggio nasce da considerazioni legate alla salute.

La gente del Mediterraneo usufruisce di strutture sanitarie di scarsa qualità, i servizi igienici sono spesso mediocri, la spesa sanitaria pro capite è irrisoria rispetto a quella degli Stati

Uniti. Ma, come abbiamo già segnalato nel capitolo I, il quadro complessivo della salute e delle aspettative di vita è notevole, sia a livello di statistiche demografiche sia visto nell'ottica dei nostri tanti anni di osservazione scientifica. L'aspetto più sorprendente è che, seppure non propriamente rara, la cardiopatia coronarica è lungi da essere una piaga sociale come negli Stati Uniti e nelle altre aree avanzate in cui l'alimentazione rientra nella tradizione britannico-teutonica. Non è questione di clima (in questo senso la California assomiglia al Mediterraneo) o di geni (gli americani di origine mediterranea non sono particolarmente protetti). Né c'è di mezzo una differenza per quanto riguarda le consuetudini diagnostiche. Ciò è confermato dai nostri studi condotti sul lungo periodo in collaborazione con équipe di medici internazionali. L'accertamento, inoltre, non è in grado di spiegare come mai, nei "nostri" Paesi mediterranei – Grecia, Italia, Francia meridionale e Spagna –, il tasso di mortalità per età e da qualunque causa è più favorevole.

Nessuno sosterrebbe che, da sola, l'alimentazione possa spiegare il sorprendente stato di salute della gente comune del Mediterraneo ma, per quanto riguarda la frequenza di attacchi cardiaci, la differenza osservata nella concentrazione media di colesterolo nel sangue spiegherebbe gran parte della differenza, se non tutta, rispetto agli americani. A sua volta, la diversità in base alle caratteristiche delle due diete per quanto riguarda i livelli di colesterolo è quella che ci si aspetterebbe comunque. All'approccio mediterraneo quindi va attribuito almeno un po' del merito per la protezione dall'insorgenza di coronaropatia. Ma, quando cominciammo a segnalare la relativa rarità di attacchi cardiaci tra gli uomini osservati nell'area mediterranea, alcuni critici insinuarono che, probabilmente, ciò fosse più che controbilanciato da altri disturbi ancora più spaventosi. Ancora una volta però la "legge della compensazione" non funziona: negli anni di controllo, infatti, i tassi di mortalità globale e da qualunque causa si rivelarono notevolmente più bassi rispetto a uomini della stessa età negli Stati Uniti. Le statistiche demografiche, presentate in Appendice, dimostrano il deficit americano per quanto riguarda il tasso di mortalità di uomini di mezz'età o nei primi anni della vecchiaia.

DIETE

Siamo tutti letteralmente "a dieta" e quello che mangi abitualmente è la *tua* dieta. Ma ora che molte persone cambiano o dicono di voler cambiare abitudini alimentari, una dieta è vista comunemente come un modello alimentare innaturale, un modo di vivere con limitazioni del tipo e/o della quantità di ciò che si mangia. Così cambiare dieta equivale a "mettersi a dieta", e chi segue un regime particolare è un poveraccio che rinuncia al piacere di farsi guidare nel mangiare dall'appetito, dalle preferenze di gusto, dall'opportunità. La maggioranza di coloro che osservano una dieta oggi desidera semplicemente perdere peso per motivi estetici e, solo in un secondo tempo, pensa al possibile premio di migliori prospettive di salute. Ma alcuni seguono indicazioni prescritte per buoni motivi medici, altri privilegiano una dieta o un'altra nella convinzione che sia "salutare".

Le convinzioni su cibi che "fanno bene" e che "fanno male" devono essere nate al momento in cui le persone avevano abbastanza cibi da potersi permettere di scegliere tra essi. Nei primissimi scritti di medicina si trovano già consigli dietetici, perlopiù sotto forma di prescrizioni e divieti di certi cibi per pazienti affetti da determinate malattie, ma senza molte proposte per le persone in generale. I testi sacri delle grandi religioni contengono molte conclusioni negative sull'alimentazione: i fedeli non devono mangiare questo, i fedeli non devono mangiare quello. Ebrei e musulmani non possono mangiare carne di maiale, agli indù è negata quella di manzo, fino a poco tempo fa ai cattolici era vietato mangiare nutrirsi di carne il venerdì, agli adepti di alcune sette di diverse religioni non è permesso assumere carne di alcun tipo. La maggior parte delle religioni pretende periodi di digiuno o almeno rigorose restrizioni alimentari in base all'idea che il sacrificio di per sé sia necessario per dimostrare la propria fede, ma spesso c'è dietro l'idea secondaria che porti benefici alla salute fisica e spirituale.

Per lungo tempo i dettami religiosi sull'alimentazione furono accettati come dottrina sulla quale sarebbe stato irriverente porre domande. Oggi questo tipo di fede cieca è troppo spesso comparabile con l'accettazione di mode dietetiche, e il numero di seguaci di queste è proporzionale alla stravaganza delle rivendicazioni in tema di salute, bellezza, forza e giovinezza, con rinunce minime per la gola. Il più grande entusiasmo si esprime nei confronti di regimi alimentari per dimagrire. La nostra sarà pure l'era della scienza, ma milioni di persone sono pronti a credere ai miracoli. Ogni volta che di una nuova dieta si dice che permette i piaceri della gola ma, allo stesso tempo, consente di perdere libbre di peso indesiderate, le domande degli scettici annegano in un coro di urrà.

MANGIARE GRASSI PER DIMAGRIRE

Nel momento in cui scriviamo, l'ultima moda è la "rivoluzione dietetica" del dottor Atkins; intorno al 1960 era "Le calorie che non contano" del dottor Tiller; una dozzina di anni prima era stata "La dieta per manager Dupont" del dottor Pennington. L'ultima "rivoluzione" è una rimasticatura della fiaba propinata dal dottor Tiller, ma senza la vendita abbinata di capsule che ha permesso al governo statunitense di fermare lo stesso Tiller che, a sua volta, proponeva nient'altro che una versione della dieta di Pennington con in più, come detto, la capsula fatale (per lui!) di olio di semi di girasole. Nel promuovere il mito del dimagrimento attraverso il consumo di grassi non era stato originale nemmeno Pennington.

Atkins, Tiller, Pennington e i loro predecessori erano a favore dell'eliminazione dalla dieta dei carboidrati, ovvero gli amidi e gli zuccheri. Ciò sembrerebbe sensato dal momento in cui, nelle diete comuni, i carboidrati forniscono, di norma, quasi la metà delle calorie totali. Dimezzando le calorie, il grasso corporeo dovrebbe sciogliersi. Inoltre, quando vengono ridotti i carboidrati e, nella dieta, il grasso prevale per default, il corpo perde acqua rapidamente con una possibile perdita di 5-10 libbre nel giro di pochi giorni. Ovviamente, la persona a dieta è felicissima di riscontrare una reazione così immediata sulla bilancia del proprio bagno, senza tuttavia rendersi conto che si tratta solo di acqua e che il livello di perdita di peso raggiunto è solo temporaneo.

L'improvvisa perdita di una parte dell'acqua corporea, allorché il grasso diventa il principale carburante della dieta, è associata a una malfunzione del metabolismo corporeo che si manifesta nel momento in cui la proporzione tra carboidrati e grassi è troppo bassa all'interno della miscela energetica. I biochimici spiegano che «il grasso si brucia sul fuoco dei carboidrati»: senza un rifornimento sufficiente di "fuoco" dai carboidrati, il grasso brucia con una fiamma che "fa fumo". Il fumo è costituito da corpi chetonici, alcuni dei quali composti di grasso non completamente bruciato, la cui presenza crea uno stato di acidosi all'interno del corpo. Vengono in soccorso i reni, che eliminano i chetoni attraverso un incremento nella produzione di urina. Ciò somiglia a una parte del malfunzionamento del diabetico quando si trova nei guai per la sua incapacità di controllare i propri livelli ematici di glucosio, non esattamente il genere di modifica del funzionamento del corpo che rende felici. Atkins dice che la produzione e l'escrezione di chetoni portano a una perdita di calorie nell'urina atta ad aiutare la persona che vuole perdere peso. Purtroppo, la massima perdita di calorie ottenuta dall'escrezione di chetoni è insignificante e, quando raggiunge il massimo, ci si trova con un paziente malato sulla coscienza. Nel paziente in stato di chetosi, la perdita di appetito e un senso di nausea incipiente costituiscono in realtà un segnale, il modo in cui il corpo ci avvisa che la miscela energetica non è quella giusta per la salute.

Tra i medici sostenitori della formula «mangiamo grassi per essere magri», il compianto dottor Pennington propose il regime migliore. Chiese ai suoi dirigenti di mangiare succulente bistecche spesse a volontà, a condizione che fossero veramente grasse, che le consumassero senza condirle nemmeno con un grano di sale, e che non fossero servite con pane, patate o verdure. Seguendo il programma, i dirigenti presto riuscivano a consumare solo microporzioni di questo piatto a base di carne grassa senza sale. Di conseguenza, o andavano in giro mezzo nauseati e perdevano peso oppure abbandonavano la dieta, dando la colpa del fallimento non al dottor Pennington bensì alla propria debole volontà.

PROGRAMMI PER DIMAGRIRE

È possibile dimagrire seguendo quasi ogni tipo di dieta: occorre solo assicurarsi che essa fornisca una quantità notevolmente inferiore di calorie rispetto a quelle consumate dal corpo. Anche senza modificare l'alimentazione, una più intensa attività fisica è in grado di bruciare il grasso corporeo. Dal punto di vista estetico, questo è sicuramente un buon metodo per perdere peso: di solito, le calorie perdute grazie a un aumento dell'attività fisica combattono meglio il rilassamento della pancia e la mascella flaccida rispetto all'equivalente sbilanciamento calorico prodotto da una dieta dimagrante. Ma il solo esercizio fisico è di rado una soluzione pratica. Pochi possono permettersi di dedicare le ore necessarie a esercizi pesanti tutti i giorni e, nel caso delle persone grasse, sarebbe sconsigliabile anche solo provarci. Oltre a produrre muscoli doloranti e un grande senso di spossatezza, un'improvvisa transizione dalla vita sedentaria a un programma così strenuo farebbe cedere piedi e articolazioni, e ci sarebbe anche il rischio di provocare uno stress pericoloso al cuore, non abituato a sforzi simili.

Il programma corretto è una dieta ridotta abbinata a un'intensificazione del moto. Per quanto riguarda l'alimentazione, molte persone che aspirano a dimagrire provano a saltare i pasti, ma la nostra esperienza sconsiglia questa soluzione: di solito, le calorie evitate nel pasto saltato vengono più che reintegrate dal pasto successivo, mentre nell'intervallo di parecchie ore tra un pasto e l'altro ci si sente giù di tono. Anziché tre pasti al giorno, alcune persone si sentono meglio e dimagriscono con più efficacia osservando una dieta che prevede cinque o più pasti leggeri al giorno, sebbene da accurati test sia emerso che ciò che conta è il totale delle calorie consumate nel corso della giornata, a prescindere dal numero di porzioni in cui sono suddivise. Il modo in cui le calorie sono distribuite tra proteine, carboidrati e grassi non ha importanza, a condizione che la dieta fornisca almeno un'oncia di proteine al giorno o un numero equivalente di calorie derivanti da carboidrati e da grassi. Nella scelta dei singoli alimenti, occorre naturalmente evitare di concentrare le fonti di calorie; sono da escludere, se non in quantità minime, prodotti spalmabili (burro e margarina, marmellate e gelatine), sughi, formaggi grassi, fritti, pasticcini, ricchi dessert, zucchero e caramelle. In quanto danno una sensazione di sazietà, abbondanti porzioni di alimenti ricchi di fibre ma privi di calorie (verdure a foglia larga e a gambo lungo, pomodori, mele e così via) sono molte indicate.

Questo non è un libro che insegna e dimagrire e, comunque, precisare una dieta nei minimi dettagli è lungi dall'essere la chiave per perdere peso. La maggior parte dei bambini obesi e, probabilmente, anche degli adulti grassi non sono, infatti, grandi mangioni: il problema principale è solitamente costituito da un'insufficiente attività fisica. La soluzione perciò consiste nel ridurre l'apporto di calorie derivante dall'alimentazione, scegliendo la dieta e gli alimenti più adatti a ciascun individuo, *e* nel promuovere l'esercizio fisico. Gran parte del problema dell'obesità che affligge la nostra società è legata a difficoltà emotive e comportamentali, ed è giusto quindi che se ne occupino maggiormente psicologi e psichiatri, sebbene fino a oggi non siano riusciti a fornire risposte adeguate. Può darsi che l'attenzione agli stati emotivi non sia in grado di "curare" molti casi di obesità, ma può darsi anche che, trattate in questo modo, le persone in sovrappeso riescano a sentirsi meno infelici di quanto non siano ora.

Alcune vecchie idee sulle persone grasse sono state sfatate, o perlomeno ridimensionate. Non è detto che le persone grasse che continuano a dichiarare di mangiare poco siano necessariamente bugiarde. Per contro, non si può attribuire ogni colpa alle "ghiandole". Forse la più interessante novità in questo campo è la scoperta che il numero di cellule adipose nel corpo è stabilito durante l'infanzia e che le persone grasse spesso ne presentano un numero sopra la media. È sottinteso che mangiare troppo nei primi anni di crescita possa costituire un'importante concausa di obesità da combattere per tutta la vita. Poiché non è soltanto un problema associato alle cellule adipose che vanno riempite, è ugualmente importante capire quante siano le cellule disponibili in cui depositare i grassi. Molti anni fa, se una persona mangiava troppo, si dava la colpa al suo stomaco ingordo, mentre oggi l'attenzione è rivolta alle cellule adipose che chiedono di essere riempite.

L'obesità estrema, intrattabile, richiede azioni estreme. Come ultima risorsa si ricorre all'intervento chirurgico ma, in alternativa, qualche successo è raggiungibile attraverso il digiuno totale per lunghi periodi, ovvero per molte settimane. Quest'ultima soluzione non va mai sperimentata senza l'attenta supervisione di un medico esperto. La maggior parte dei medici, infatti, sostiene che il digiuno totale è rischioso, se non è seguito in ospedale. Per le persone grasse comuni, ci piace il consiglio offerto da Ippocrate venticinque secoli fa. «Coloro che desiderano dimagrire – ci dice –, dovrebbero andare in giro indossando il minor numero di vestiti possibile, fare esercizi, sedersi a mangiare quando sono ancora senza fiato, e dormire su un letto duro». Questa curiosa prescrizione ha senso da un punto di vista fisiologico. «Il minor numero di vestiti possibile» significa indossare pochissimi indumenti in modo da indurre la voglia di muoversi per tenersi caldi. Il «letto duro» dovrebbe evitare che la gente trascorra troppo tempo stesa sul letto, inattiva. Infine, è un dato di fatto fisiologico che l'appetito si riduce al minimo quando si è senza fiato. Noi aggiungiamo che la tavola deve proporre solo cibi con una densità calorica relativamente bassa, non cibi ricchi.

ORGANIZZAZIONI DEDICATE AL DIMAGRIMENTO

«Mal comune mezzo gaudio», come si suol dire. Ecco forse uno dei motivi per cui, per molte persone grasse, è più facile seguire un programma dimagrante di gruppo. Da molto tempo Tops (Take Off Pounds Sensibly-Perdere libbre con accortezza) dichiara di ottenere successi incoraggiando persone che aspirano a dimagrire a confrontare esperienze, condividere idee e, in generale, aiutarsi a vicenda. Le pagine promozionali, pubblicate annualmente con immagini "prima e dopo" di campioni del dimagrimento, sono di grande effetto, ma è molto difficile ottenere dati sulla media delle perdite di peso o sulla percentuale dei successi raggiunti dagli iscritti.

Come Alcolisti Anonimi, Tops non ha fini commerciali, ma ultimamente sono in rapida crescita nuovi programmi di gruppo di tipo commerciale. La Weight Watchers dichiara di accogliere molte centinaia di migliaia di iscritti ogni anno, ma non sono stati resi pubblici i dati di coloro che si iscrivono, abbandonano, si iscrivono di nuovo, e tanto meno, almeno finora, il volume di affari e gli utili dell'impresa. La Counterweight, un'organizzazione simile, dichiara anch'essa di crescere rapidamente e, come la Weight Watchers, sembra essere un'attività a norma di legge che si avvale di consulenti medici qualificati.

Le organizzazioni per dimagrire di tipo commerciale affermano di dover per forza avere un certo successo nel convincere i clienti a perdere peso in quanto, quando pagano per fare qualcosa, le persone hanno un motivo in più per riuscirci: vogliono spendere bene il proprio denaro, insomma. A ogni modo, gli utili guadagnati da queste organizzazioni permettono loro di ingaggiare personale altamente qualificato e di elaborare e collaudare metodi per convincere le persone a mangiare di meno. L'aspetto prettamente scientifico – calorie e bilancio energetico – non è un segreto, ma questo tipo di conoscenza non basta per molti soggetti in sovrappeso. Serve anche una "stampella" psicologica o di altra natura, ed è questa che un programma di gruppo cerca di offrire.

SOVRAPPESO E OBESITÀ

Obesità significa un eccesso di grasso. "Sovrappeso" e "obesità" sono spesso, ed erroneamente, considerati sinonimi:

si dice che un soggetto con 20 libbre di sovrappeso ha 20 libbre di grasso di troppo. È vero che le persone esageratamente sovrappeso sono eccessivamente grasse, mentre quelle molto leggere sono troppo magre. Tuttavia, a eccezione dei casi estremi, il peso corporeo non è un buon parametro per misurare il grasso relativo. È necessario dunque definire la parola "sovrappeso".

In sostanza, essere sovrappeso significa essere più pesante di un individuo medio della stessa altezza, età e sesso. Negli Stati Uniti, la "media" è indicata nelle tabelle pubblicate dalle compagnie di assicurazione sulla vita. Sino alla fine dell'Ottocento, le persone si pesavano raramente e non era comune conoscere il proprio peso. Poi si diffusero le bilance e, negli anni Ottanta dell'Ottocento, alcune compagnie di assicurazione iniziarono a registrare il peso e l'altezza di coloro che chiedevano di sottoscrivere una polizza sulla vita. Esse avevano interesse a rilevare pesi corporei *bassi* in quanto, all'epoca, la tubercolosi costituiva una delle principali cause di richieste di indennizzo per morte, e si pensava che le persone magre fossero particolarmente predisposte alla malattia. Per misurare l'altezza, non si toglievano le scarpe e il peso corporeo includeva gli «abiti di casa abituali». Questo sistema, comodo ma chiaramente soggetto a errori, prevale ancora nel settore assicurativo.

All'inizio del secolo le compagnie di assicurazione avevano accumulato una notevole mole di dati relativi ad altezza e peso. Nel 1912, furono pubblicate tabelle che riportavano il peso medio di uomini e donne di una determinata altezza ed età, i quali, nel corso dei precedenti vent'anni, avevano chiesto di sottoscrivere un'assicurazione sulla vita. Allora il sovrappeso fu definito semplicemente come un peso superiore alle media "standard" pubblicata in quelle tabelle.

La definizione è tuttora in vigore, anche se le tabelle del 1912 sono state spesso aggiornate, per l'ultima volta nel 1957, per rispecchiare l'evoluzione del peso medio nel corso del tempo. Le differenze tra le prime tabelle e le ultime sono minime, la più significativa riflette un'apparente tendenza delle giovani donne a pesare meno rispetto alle loro omologhe della stessa altezza degli inizi del secolo. O forse sarà semplicemente perché le giovani donne ora indossano meno vestiti e portano tacchi più alti?

Se non si tratta di caricare un aeroplano o lanciarsi per un campo di football, il peso corporeo è di interesse relativo: quello che conta sono soprattutto le sue componenti. Quella del peso lordo più variabile è il grasso semplice, che costituisce meno del 15 per cento in un giovane attivo e più del 50 per cento in un soggetto estremamente grasso. La percentuale di grasso puro in una giovane donna americana media oscilla dal 20 al 25 per cento circa – in ogni fascia di età, la donna tende a essere più grassa dell'uomo –, l'uomo d'affari medio di mezz'età è ancora più grasso, mentre la moglie può raggiungere in media una percentuale di grasso puro che oscilla dal 35 al 40 per cento. Il resto del peso corporeo è costituito in gran parte dallo scheletro e dai muscoli. Muscolo e grasso, infatti, tendono a essere opposti: il lavoro fisico promuove la crescita muscolare aiutando a eliminare grasso, mentre in una vita sedentaria i muscoli si atrofizzano e il grasso si accumula. Non sorprende quindi che in base alle tabelle delle compagnie di assicurazione molti atleti, compresa la maggior parte dei giocatori di football, siano esageratamente sovrappeso, ma non sono tutti obesi. Per contro, le persone che conducono una vita sedentaria si vantano di non essere in sovrappeso, ma sono comunque eccessivamente grassi, con pochi muscoli e un terzo del peso corporeo costituito da "lardo".

Una stima precisa dell'obesità relativa, quella parte dell'organismo occupata da grasso, è molto difficile da effettuare, ma regole utili per farlo sono fornite da due semplici procedure. Circa la metà del grasso totale presente nel corpo è di tipo sottocutaneo, vale a dire che si trova direttamente sotto la pelle. Lo spessore di questo strato adiposo può essere misurato con delle pinze oppure con dei giudiziosi pizzicotti. La parte sollevata tra le dita, che assume la forma di una piegatura della pelle, è costituita quasi interamente da grasso, mentre lo spessore della pelle vera e propria è solo di 0,16 centimetri. Il secondo metodo è ancora più approssimativo ma basterà e avanzerà per tutti coloro che vogliano sapere quanto sono grassi. Si tratta semplicemente di guardarsi allo specchio completamente nudi: ciò basta, se non altro, per avere una risposta di tipo estetico.

Anche la bilancia del bagno ha una sua utilità. Sebbene fornisca una stima poco attendibile del grasso corporeo, è preziosa per chiunque desideri tenere sotto controllo sia l'obesità sia una magrezza ingiustificata. In soggetti per altri versi sani, cambiamenti del grasso corporeo si riflettono nei cambiamenti del peso. Tuttavia, anche normali variazioni del livello di idratazione, vale a dire della quantità di acqua nel corpo, possono spiegare la perdita o l'acquisizione di diverse libbre. Quello che conta per la persona che vorrebbe dimagrire è il tasso di idratazione tendenziale a lungo termine. Occorre aggiungere che, già nei primi giorni di una dieta molto rigida, si registra spesso una perdita di peso, ma ciò che si elimina è perlopiù acqua e non grasso.

MORTALITÀ E SOVRAPPESO

Le compagnie di assicurazione si preoccupano giustamente del rapporto tra premi versati ed eventuali richieste di indennizzo in caso di morte. Dal momento in cui i dati relativi a peso e statura sono stati inseriti nelle domande per la sottoscrizione di polizze, gli attuari hanno cominciato a mettere a confronto la frequenza delle richieste di indennizzo in caso di morte degli assicurati da un lato e le significative variazioni dei relativi pesi corporei dall'altro. Da questa prima esperienza ben presto risultò che titolari di polizze in sovrappeso in modo esagerato comportavano elevati costi per le compagnie, di conseguenza gli attuari chiesero loro di versare dei premi supplementari. Alcune compagnie stabilirono che ogni peso fino al 30 per cento al di sopra del peso medio sarebbe stato ritenuto un "rischio standard", mentre un peso maggiore avrebbe comportato il versamento di un premio più alto da parte del titolare della polizza. Altre insistettero per imporre premi aggiuntivi a individui con peso superiore del 25 e anche solo del 20 per cento alle medie pubblicate nelle tabelle riportanti il rapporto altezza/peso. La pratica odierna è rimasta pressoché invariata, ma occorre notare che le visite mediche, compresa la misurazione di altezza e peso, sono sempre più riservate a richieste di polizze di grande valore, dai 25 000 dollari in su.

Gli attuari sostengono che, in generale, in base alla loro esperienza di casi di richiesta di indennizzo per morte osservati nel corso degli anni, è giustificata l'imposizione del pagamento di un premio aggiuntivo ad assicurati in sovrappeso. Può darsi, ma c'è motivo di credere che i casi di assicurati con sovrappeso costretti a versare premi extra non siano rappresentativi di individui con lo stesso peso relativo nella popolazione generale. Tra coloro che richiedono la copertura assicurativa, gli individui in sovrappeso che dovrebbero versare un premio aggiuntivo costituiscono una percentuale molto inferiore rispetto alla prevalenza di individui dello stesso peso nella popolazione generale. È evidente che molti individui in sovrappeso non richiedono alcuna copertura assicurativa se sanno di dover sborsare denaro per versare premi punitivi. Esiste il sospetto pertanto che individui in sovrappeso siano disposti a una polizza sulla vita con una maggiorazione del premio, avvalorando un vecchio adagio del settore assicurativo: quando può l'assicurando sceglie con quale società stipulare il suo contratto. In altre parole, per motivi sconosciuti alla compagnia, i soggetti in sovrappeso propensi a versare cospicui premi aggiuntivi potrebbero esserne indotti dal timore di avere particolare necessità di sottoscrivere un'assicurazione sulla vita.

Migliaia di uomini americani dai quaranta ai sessant'anni, inclusi nei programmi di ricerca scientifica, sono stati sottoposti a esami molto più approfonditi rispetto a quelli a carico delle compagnie assicurative, con un follow-up della durata di venti o più anni. Tali casi studio hanno dimostrato che il sovrappeso di per sé costituisce un fattore di rischio molto minore rispetto a quanto sostenuto dal settore assicurativo. In realtà, infatti, dal confronto tra uomini con gli stessi valori di pressione sanguigna non sembra emergere alcun aumento significativo del tasso di mortalità a causa del sovrappeso, perlomeno in individui con livelli di obesità lievi, che non sfiorano il grottesco.

D'altra parte, le stesse ricerche dimostrano che l'alta pressione sanguigna è diffusa in modo eccessivo tra persone grasse e che costituisce un grave fattore di rischio per qualsiasi peso corporeo, anche se non si conosce ancora il motivo della sua maggiore frequenza negli individui grassi rispetto ai magri. Tuttavia, persino quelli che pesano centotrenta chili e oltre possono avere una pressione normale, e il fatto di essere magri non costituisce una garanzia contro l'insorgenza dell'ipertensione. In ogni caso, il soggetto grasso che ne denuncia valori alti è relativamente fortunato, dal momento che una rigida dieta dimagrante può essere sufficiente a riportare la sua pressione a valori normali, che non destano alcuna preoccupazione. Persino nel caso degli ipertesi non in sovrappeso, la terapia farmacologica risulta generalmente più efficace se associata a una dieta che consenta di mantenere il peso ideale.

PESO IDEALE O DESIDERABILE

Per molti anni, lo spirito guida del settore assicurativo, preoccupato del peso corporeo dei loro futuri clienti, fu il nostro vecchio amico, il compianto dottor Louis Dublin, attuario responsabile della Metropolitan Life Insurance Company. Studiando i dati degli assicurandi, Dublin si era accorto che, a parità di altezza, il peso medio aumentava stabilmente con l'età, nella fascia dai venti ai cinquant'anni. Riteneva che, esaurite la crescita in altezza e la calcificazione delle ossa, un aumento di peso non avesse alcuna utilità fisiologica, e ipotizzò, correttamente, che ogni aumento di peso nella vita adulta fosse dovuto semplicemente a un accumulo di grasso. Poiché credeva che il grasso in eccesso fosse dannoso per la salute, propose come "ideale" il peso medio all'età di venticinque anni circa, vale a dire al compimento della crescita lineare. Di conseguenza, negli anni Quaranta la sua compagnia, la Met, provvide a pubblicare una tabella dei pesi ideali. La tabella non teneva conto dell'età, limitandosi a riportare i pesi medi corrispondenti a determinate altezze di uomini sulla ventina che facevano richiesta di assicurazione sulla vita. Successivamente, fu pubblicata una tabella analoga relativa alle donne.

Dublin era perplesso per il fatto che, anche all'età di venticinque anni, uomini "sani" di una determinata altezza esibissero un'ampia gamma di pesi corporei. Suggerì che gran parte di quella variazione fosse legata a differenze di conformazione o tipo di scheletro, che gli uomini con ossa robuste, spalle larghe e gambe corte avessero sicuramente un peso maggiore rispetto a uomini della stessa altezza ma con spalle strette, ossa sottili e gambe lunghe. Purtroppo, la documentazione assicurativa non forniva alcuna informazione al riguardo, riportando solo i dati relativi ad altezza e peso, senza alcun accenno all'adiposità, alla conformazione o all'aspetto esteriore.

Eppure il ragionamento sembrava ineccepibile e, ahinoi, in mancanza di fatti concreti si fece ricorso all'inventiva. Per ogni altezza, i pesi degli assicurandi furono divisi in tre gruppi. Quelli con il peso più basso furono arbitrariamente indicati come caratterizzati da una "corporatura leggera", a quelli con il peso più alto fu attribuita l'etichetta di "corporatura pesante", e il terzo gruppo intermedio fu giudicato di "corporatura media". Il peso medio di tali gruppi arbitrari divenne quindi il cosiddetto peso ideale di uomini dalla corporatura leggera, media e robusta. Definite con il termine più discreto di peso "desiderabile", queste medie furono messe a disposizione della professione medica e del pubblico generale come valori di riferimento, estremamente attendibili sebbene prive di evidenze scientifiche. Il fatto è che, naturalmente, non esiste alcuna classificazione di tali ipotetiche tipologie di corporatura e, a oggi, il settore assicurativo non è stato in grado di misurarle.

Il termine sovrappeso, inteso come una percentuale del valore indicato nelle tabelle dei pesi desiderabili, genera molta confusione. In media, con questo sistema il sovrappeso aumenta con l'età, sicché i rischi per la salute collegati all'invecchiamento tendono a essere attribuiti erroneamente al sovrappeso. Le tabelle del peso medio a una determinata altezza ed età sono piuttosto lacunose in quanto non distinguono in alcun modo tra muscolo, grasso, ossa e acqua. Ma le tabelle di peso desiderabile sono anche peggiori, in quanto hanno la presunzione di fornire informazioni che, in realtà, non esistono. Sarebbe forse preferibile una semplice valutazione estetica, se non fosse per il fatto che la percezione del grasso corporeo desiderabile cambia nel corso del tempo. Le prosperose bellezze dipinte da Peter Paul Rubens nel Seicento erano tutt'altra cosa rispetto alle modelle emaciate che vanno di moda ora.

MALATTIE CARDIACHE E SOVRAPPESO O OBESITÀ

Le prime relazioni su mortalità e sovrappeso pubblicate dal settore assicurativo sostenevano che la probabilità di avere un infarto aumenta con l'aumento dell'obesità. Questa ipotesi è smentita da nuovi dati e analisi più approfondite: pressione sanguigna alta, colesterolo sanguigno alto, fumo. Inoltre, da uno studio della mortalità precoce (a distanza di trenta giorni) di soggetti colpiti da infarto è emerso che il tasso di mortalità era più basso tra i pazienti più obesi. Nei nostri studi condotti su migliaia di uomini di mezz'età in sette Paesi, non si riscontrò alcun rapporto tra peso corporeo relativo *o* grasso corporeo (spessore delle pieghe cutanee) e l'incidenza di coronaropatia o attacco di cuore fulminante. Si possono avere molte obiezioni nei confronti dell'obesità e per una varietà di motivi, ma non pare che essa da sola sia tra i più importanti promotori di attacchi cardiaci.

L'obesità estrema, rappresentata da quelle rare persone che pesano dalle trecento alle seicento libbre e oltre, è in grado di provocare disturbi del miocardio con conseguenze piuttosto gravi, ma esistono poche prove per affermare che un'obesità di grado inferiore possa causare cardiopatia direttamente. D'altra parte, il sovrappeso in presenza di cardiopatia può aggravare la situazione notevolmente. Le malattie cardiache, di natura congenita, valvolare (riconducibile a febbre reumatica), coronarica, ipertensiva o legate a qualsiasi altra causa, comportano una ridotta capacità funzionale del cuore. Ma un corpo in sovrappeso implica un maggiore lavoro del cuore: ci vuole, infatti, più energia per muovere un corpo più pesante, e ogni singolo movimento necessita di un maggiore flusso di sangue da pompare ai muscoli.

In presenza di cardiopatie di qualsiasi tipo, quindi, occorre richiamare l'attenzione al controllo del peso corporeo. L'eccessivo sovrappeso va corretto, naturalmente, e occorre anche capire che più basso è il peso corporeo, meno soffre il cuore malato. La conservazione dell'energia, anche in relazione al mantenimento del sottopeso, dovrebbe essere l'obiettivo del paziente maggiormente predisposto al rischio di insufficienza cardiaca. Purtroppo, tali pazienti tendono a trovarsi intrappolati in un circolo vizioso. In presenza di insufficienza cardiaca, nell'organismo si accumula acqua e, anche prima della comparsa di segnali manifesti dell'insufficienza – edema ed evidente gonfiore alle caviglie –, il corpo del paziente potrebbe contenere un eccesso di liquidi pari a un gallone e più. Ciò significa un aumento di peso che oscilla dalle dodici alle quindici libbre, un maggior dispendio energetico per ogni movimento, maggiori sforzi da parte del cuore, un aumento dell'insufficienza cardiaca e un ulteriore accumulo di liquidi. Si tratta davvero di un circolo vizioso.

Il lavoro supplementare richiesto al cuore per via dell'aumento del peso corporeo spiega anche perché i pazienti affetti da coronaropatia siano più soggetti ad attacchi di angina pectoris quando prendono peso. Ciò potrebbe chiarire inoltre il curioso esito di uno studio longitudinale condotto presso la Mayo Clinic. I dati dimostravano che il tasso di mortalità era più basso in pazienti che erano già in sovrappeso al momento in cui veniva diagnostica l'angina. Si presumeva quindi che i soggetti in sovrappeso potessero ridurre il carico sul cuore perdendo peso, mentre per quelli più magri non esisteva un'opzione protettiva simile.

PROTEINE

L'importanza delle proteine nell'alimentazione è stata così pubblicizzata dall'industria alimentare che ora molti americani hanno iniziato a darvi un peso eccessivo. Nonostante lo spaventoso aumento dei prezzi, le casalinghe temono che, comprando meno carne, rischierebbero di provocare una carenza di proteine nelle proprie famiglie. Per chi crede ciecamente alla propaganda dell'industria alimentare, la consueta dieta mediterranea, molto più povera di carne rispetto alla media americana, potrebbe suscitare preoccupazioni ancora maggiori. Ma il fatto è che la carenza di proteine è molto poco diffusa nel Mediterraneo rispetto agli Stati Uniti e, laddove è presente, si tratta quasi sempre del riflesso di una malattia o di un infortunio importante che compromette l'assorbimento di proteine o ne favorisce la perdita.

Gli esperimenti dimostrano che i giovani uomini si mantengono facilmente "in equilibrio" consumando solo un'oncia circa di proteine al giorno nella loro dieta, ma il Consiglio nazionale della ricerca degli Stati Uniti consiglia un apporto di circa il doppio per garantire un buon "margine di sicurezza", mentre il Consiglio per la nutrizione canadese si accontenterebbe di quantità alquanto più basse. Generalmente, dagli studi sull'alimentazione condotti negli Stati Uniti, risulta che l'apporto proteico medio superi del 50% circa quello consigliato dal Consiglio nazionale della ricerca. Di solito, anche le normali diete mediterranee forniscono un apporto proteico superiore al minimo stabilito dal Consiglio.

Gli amanti della carne e dei latticini si affrettano a ribattere che non tutto si spiega con le quantità, che anche la qualità delle proteine è importante. È vero che le proteine contenute nella carne, nei latticini, nelle uova e nel pesce sono "migliori" di quelle delle singole verdure, che potrebbero non contenere tutti gli aminoacidi essenziali. Ma anche miscele di diverse proteine vegetali potrebbero contribuire al miglioramento della qualità. Tuttavia, per essere sicuri, sarebbe saggio stabilire che un terzo delle proteine totali della dieta debba essere di origine animale. Studi condotti sull'alimentazione negli Stati Uniti indicano che oggi l'americano medio ottiene circa due terzi delle proteine da prodotti di origine animale. Nell'area mediterranea, nel rapporto tra proteine animali e vegetali, un apporto tra un terzo e la metà del totale è fornito da fonti animali.

Un tempo, i nutrizionisti temevano che una dieta a elevato contenuto proteico potesse gravare troppo sui reni. E, per alcuni anni, è invalsa l'opinione che i "carnivori" avessero una scarsa resistenza fisica rispetto ai vegetariani. J. H. Kellog, il cui cognome sopravvive nei cereali per la prima colazione Kellog e nella Kellog Foundation, fu un pioniere della condanna del consumo di carne. Per anni non se n'è più parlato, ma è probabile che nell'alternarsi delle opinioni sulla carne e sulle proteine sia prevalsa la posizione opposta. Non sosteniamo una dieta a basso contenuto proteico ma insistiamo sul fatto che non esiste motivo medico alcuno per opporsi a una sostanziale riduzione del consumo di carne, portandolo al di sotto della quantità media contenuta nella dieta degli americani in questi ultimi anni.

Come preciseremo nel capitolo XI, negli Stati Uniti la maggior parte della carne è molto più ricca di grassi che di proteine. Dopo averlo cotto e avere scartato il grasso, un arrosto di costata di manzo di prima scelta procura il 19 per cento delle sue calorie da proteine e l'81 per cento da grassi. In una bistecca porterhouse di qualità simile, cotta alla griglia, il 17 per cento delle calorie è fornito da proteine e l'83 per cento da grassi. Per alzare il livello delle proteine nella dieta con una quantità minima di grassi, occorre aggiungervi latte scremato, anche in polvere, fiocchi di latte, yogurt, qualsiasi tipo di pesce, con l'eccezione di anguilla, sgombro e salmone, e tutti i legumi (fagioli, piselli, lenticchie...).

Le popolazioni che seguono diete povere di proteine animali sono spesso – si è tentati di dire sempre – relativamente immuni da gravi indurimenti delle arterie e dalle loro complicanze cliniche. Naturalmente questo fatto ha indotto a pensare che le proteine animali siano il fattore responsabile del diffondersi di epidemie coronariche. Tuttavia questa idea non è giustificata né da studi comparativi tra popolazioni diverse né da esperimenti di laboratorio. La verità è che le naturali diete umane a basso contenuto di proteine animali tendono ad avere un contenuto altrettanto basso dei grassi che le accompagnano. Il ruolo cruciale svolto dal grasso, e non dalle proteine, è facilmente dimostrabile tramite esperimenti su animali da laboratorio.

VITAMINE

Sono passati i giorni in cui il dibattito sulle vitamine era all'ordine del giorno, ma l'argomento non può non essere trattato ogniqualvolta si discuta di dieta e di salute.

Ancora oggi, gli americani spendono centinaia di milioni di dollari all'anno in pillole e concentrati di vitamine. Sono perlopiù soldi sprecati ma, d'altro canto, tale spesa non provoca alcun danno, tranne nel caso di dosaggi sconsiderati di vitamina A o D. Queste vitamine liposolubili sono talmente pericolose (hanno causato la morte di molti bambini) che, grazie a una recente normativa del governo americano, sarà vietato venderne la forma più concentrata.

Uno dei vantaggi delle vitamine è il benessere psicologico generato dalla loro assunzione, sebbene soggetti con cattive abitudini alimentari o con un particolare metabolismo raramente possano trarne un reale giovamento. A pazienti con alcuni tipi di disturbi digestivi o debilitati da una malattia o, ancora, affetti da nevrosi associate allo stato di salute, che potrebbero essere sollevati da un'innocua prescrizione, i medici consigliano, a ragione, di assumere complessi vitaminici.

I ricercatori concordano che, seguendo la loro dieta abituale, la maggior parte degli americani assimilano tutte le vitamine di cui hanno bisogno. Una carenza può essere causata da alcune malattie che turbano gravemente le funzioni gastrointestinali ma, a eccezione di questi casi, negli Stati Uniti i sintomi di carenza sono piuttosto rari, tranne che negli alcolisti o in individui che seguano diete strane. Nell'area mediterranea, le malattie da carenza vitaminica sono rarissime, e la dieta di tipo mediterraneo proposta da noi fornisce vitamine in maggiore quantità rispetto a quella americana. Questo dato, assieme alla relativa rarità di alcolismo nell'area, spiega perché le malattie legate alla carenza di vitamine siano così rare da quelle parti. Tra l'altro, gli abitanti del Mediterraneo non mangiano pane arricchito, e la vendita di vitamine in questi Paesi è microscopica rispetto a quella in America.

È stata avanzata l'ipotesi per cui, oltre alle loro caratteristiche proprietà, le vitamine produrrebbero diversi effetti benefici sulla salute. Secondo il professor Linus Pauling, elevate dosi di acido ascorbico, vitamina C, sono in grado di allontanare il raffreddore comune. Molti anni fa, tale ipotesi fu oggetto di uno studio su larga scala condotto presso l'Università del Minnesota. A metà degli studenti fu somministrata una dose di acido ascorbico, sotto forma di pillole, sei volte superiore a quella necessaria per prevenire lo scorbuto e la carenza di vitamina C, mentre all'altra metà furono somministrati placebo. Gli studenti ai quali erano state somministrate le pillole mostravano una minore frequenza di raffreddore rispetto a quando non le assumevano, ma i placebo producevano un grado di "protezione" simile. Quando si dice la potenza della suggestione! E la tesi di Pauling, secondo il quale dosi ancora più elevate di acido ascorbico avrebbero fatto miracoli, lasciò indifferenti noi, assieme a tanti altri ricercatori. Per quanto riguarda il raffreddore, secondo uno studio molto recente condotto a Toronto i risultati sono sicuramente migliori nei soggetti che seguivano il regime di Pauling rispetto ai loro "controlli", che assumevano solo i placebo. Noi serbiamo qualche dubbio al riguardo, in quanto nessuna dieta è in grado di fornire l'enorme quantità di vitamina C proposta da Pauling, anche se, sorro questo aspetto, la dieta mediterranea, con la sua abbondanza di pomodori, agrumi e altri alimenti incredibilmente ricchi di acido ascorbico, è eccezionale.

A proposito di vitamina C, ci piace ricordare l'aneddoto raccontato da Paolo Monelli nel suo divertente libro *O.P. ossia Il vero bevitore*. Pare che, una volta, la città di Roma fosse colpita da una febbre asiatica particolarmente virulenta: la vitamina C fu pubblicizzata come profilattico e presto le scorte delle farmacie si esaurirono. Messo al corrente della situazione e invitato a esprimere un parere, un medico famoso quanto saggio sentenziò: «Bene, allora prendete la vitamina F!». Invitato a spiegarsi meglio, disse: «F sta per Frascati, Falerno, o Freisa»[1],

1. Nomi di famosi vini italiani [*ndt*].

aggiungendo: «O meglio, prendete la vitamina V, vale a dire vino di ogni marchio o qualità purché sia genuino e corposo».

Quanto detto sulle vitamine basterebbe già, se non fosse per la necessità di commentare la propaganda a favore della vitamina E, o alfa tocoferolo, per usare il nome chimico della sua forma più comune. Quando gli animali sono alimentati per lunghi periodi con una dieta concepita per essere sostanzialmente priva di vitamina E, cominciano a manifestare disturbi di tipo muscolare e non riescono a riprodursi. Pertanto, non si può non convenire che la E svolga un ruolo essenziale e, se nell'uomo non è mai stata osservata una sua carenza, ciò è dovuto al fatto che ogni normale dieta di tipo misto deve per forza fornirne una grande quantità. La speranza di poter trattare molti pazienti affetti da disturbi muscolari e da problemi riproduttivi mediante somministrazione di vitamina E è risultata sempre vana. L'alfa tocoferolo, sintetizzato nella sua forma pura in laboratorio, viene utilizzato nell'industria alimentare come antiossidante e contribuisce a eliminare la rancidezza dal grasso alimentare. Tuttavia, sia per gli uomini sia per gli animali, la E è talvolta definita una vitamina ancora in cerca di un possibile impiego, il che potrebbe cogliere di sorpresa il lettore abituato a sentirne parlare come una panacea incredibile per via dei suoi effetti preventivi e curativi di ogni tipo di disturbo cardiaco e vascolare, della sua capacità di stimolare l'energia muscolare e sessuale, di facilitare la cicatrizzazione... La vitamina E viene somministrata agli atleti per migliorare le loro performance e ai cavalli per vincere le corse! Nessuno di questi effetti miracolosi è stato comprovato da studi adeguatamente controllati e simili dichiarazioni non sono consentite dove vige una normativa rigida in materia di pubblicità di medicinali, sebbene alcuni dottori continuino a prescrivere preparati di vitamina E ai cardiopatici. In una clinica canadese specializzata in trattamenti a base di alfa tocoferolo per ogni genere di disturbo, si fa leva sull'ingenuità di numerosi pazienti.

Le autorità mediche competenti condannano la propaganda della vitamina E ma, confezionata in scatole dalle quali è stata eliminata ogni dichiarazione enfatica, è molto venduta nelle farmacie, nei negozi di prodotti naturali e in alcuni supermarket. Tuttavia, coloro che desiderano sperimentarne alcuni degli effetti tanto decantati possono trovarla anche in un'altra forma. Gli oli vegetali di uso più comune, per esempio, ne sono ricchi e un cucchiaino di olio di soia contiene la stessa quantità della maggior parte dei preparati venduti in farmacia.

LO ZUCCHERO NELLA DIETA

Lo zucchero costituisce una fonte di energia (calorie!) poco costosa, che non crea problemi di digestione, non ha scadenza ed è dotato di un sapore dolce apprezzato soprattutto nella pasticceria. È difficile concepire che, fino a circa duecento anni, fa il miele fosse l'unico dolcificante disponibile. Ma, a parte le calorie – indesiderate da molte persone nella nostra ipernutrita società –, lo zucchero non ha alcun valore nutrizionale. Esso fornisce solo calorie "vuote" e nessun tipo di vitamine, minerali e proteine. Dal punto di vista nutrizionale, faremmo meglio a consumare più alimenti naturali in grado di fornire la maggior parte delle calorie che, attualmente, ricaviamo dallo zucchero, ovvero saccarosio, una sostanza chimica raffinata.

Lo zucchero è criticabile per altri motivi. Quello di caramelle, cereali addolciti o altri tipi di dolciumi si deposita in bocca, favorendo così la formazione di carie. Si tratta, inoltre, di un alimento al quale i diabetici devono fare molta attenzione. Infatti, se non esistono prove convincenti per dimostrare che il suo consumo possa causare il diabete, è pur vero che costituisce un rischio. Infine, i buongustai concordano che un difetto diffuso della cucina americana è l'eccesso di zucchero, la cui dolcezza stucchevole annega altri sapori più delicati.

Tali motivi bastano e avanzano per raccomandare di ridurre la quantità di zucchero nella dieta, ma ultimamente al saccarosio è stata rivolta un'altra grave accusa, seppure infondata. Un professore londinese, ora in pensione, ritiene che sia una delle principali cause di malattia coronarica. La sua tesi è stata divulgata ovunque e con grande entusiasmo da alcuni gruppi operanti nell'industria casearia e della carne, i quali ovviamente sperano di distogliere l'attenzione dagli effetti dei grassi della carne e dei latticini sul livello di colesterolo nel sangue, sullo sviluppo di arteriopatie, sulle conseguenze cliniche di attacchi di cuore e come causa di casi di morte improvvisa.

Nel suo attacco allo zucchero, che definiva una sostanza «dolce, bianca, e letale», il dottor John Yudkin – è questo il nome del professore londinese – citava tre tipi di "prove": le abitudini alimentari dei pazienti coronarici, l'evoluzione storica della moderna "epidemia coronarica", gli studi comparativi tra popolazioni. Yudkin è l'unico medico a sostenere questa tesi, e gli errori relativi alle sue prove sono ampiamente documentati in due recensioni pubblicate nella rivista medica *Atherosclerosis*, volume 14, 1971. Ma, poiché Yudkin e i suoi sostenitori commerciali non sembrano dissuasi dai dati reali e continuano a cantare lo stesso motivo screditato, occorre cercare di rispondere brevemente alle loro argomentazioni.

Yudkin chiese ad alcuni pazienti coronarici ricoverati in ospedale quali fossero le loro abitudini alimentari, deducendone che il loro consumo di zucchero fosse superiore a quello del resto della popolazione. Le brevi conversazioni avute con tali pazienti non sono mai state riportate nei dettagli, ma sembra che il loro elevato impiego del dolcificante fosse giustificato dal fatto che dicevano di bere una grande quantità di caffè e tè zuccherati. A parte il fatto che un'indagine condotta in maniera così affrettata non potrebbe neanche essere accettata come elaborato in un corso universitario di economia domestica, la vera risposta alle affermazioni di Yudkin sta nel fatto che la sua tesi non è stata confermata da nessuno dei successivi sette studi comparativi tra le abitudini alimentari di pazienti coronarici e i corrispondenti "controlli" sani. Tali studi, condotti sia in Inghilterra sia in altri Paesi, sono stati caratterizzati dalla scelta di metodi più efficaci e da un numero molto più elevato di pazienti inclusi.

Secondo Yudkin, l'evoluzione storica della coronaropatia come principale causa di morte in molti Paesi "sviluppati" era una diretta conseguenza del grande aumento dell'utilizzo di zucchero registrato in questi Paesi. Sciocchezze! Il grande aumento è iniziato più di un secolo e mezzo fa – sia in Inghilterra sia negli Stati Uniti – e già all'inizio del Novecento il consumo pro capite aveva sostanzialmente raggiunto il livello attuale. Sin dalle prime stime del 1911, negli Stati Uniti non era stato rilevato alcun aumento. Ma fino al secondo quarto del secolo nelle statistiche demografiche la coronaropatia non veniva nemmeno nominata. Ciò non vuol dire che si tratti di una malattia nuova, ma semplicemente che la sua diagnosi e la sua identificazione sono più recenti. Nessuno è a conoscenza dell'incidenza della malattia uno o più secoli fa, quindi è evidente che non esiste alcuna prova concreta per affermare che la malattia sia causata da un aumento dell'uso di zucchero.

La terza argomentazione è imperniata su una comparazione tra vari Paesi in base al tasso di mortalità da coronaropatia riportato e la "scomparsa" di consumo di zucchero pro capite. Yudkin sosteneva che queste due variabili sono direttamente correlate e che, di conseguenza, il consumo di zucchero spiega i diversi tassi di mortalità coronarica tra i Paesi, ma sceglieva i Paesi apposta per corroborare la propria tesi. Ecco perché gli faceva comodo omettere nazioni come Cuba e Venezuela, dove la dieta è la più ricca di zucchero ma l'incidenza di attacchi cardiaci è notevolmente bassa, senza tra l'altro menzionare che, nei Paesi citati a sostegno della sua tesi, esisteva una stretta correlazione tra la quantità di zucchero e la quantità di grassi saturi presenti nella dieta. Infatti, da un'analisi più accurata dei dati risulta che l'apparente correlazione tra lo zucchero nella dieta e la morte coronarica si spiega ampiamente con la correlazione tra zucchero e grassi saturi. Quando il livello di grassi saturi è costante, non si evidenzia *alcuna* correlazione significativa tra zucchero nella dieta e tasso di mortalità da coronaropatia. Ma, invertendo i termini dell'analisi, quando il livello di zucchero è costante il livello di grassi saturi resta alto.

Concludendo, deploriamo il comportamento di molti americani, che assumono il 20 per cento o più delle calorie dal saccarosio, nonché il consumo di zucchero ancora più elevato in Inghilterra. Ma il nostro parere sull'alto impiego di zucchero non ha nulla a che vedere con il problema della malattia coronarica, e non c'è alcun motivo di ipotizzare che una dieta povera di zucchero possa ridurre la frequenza di attacchi cardiaci.

IL SALE

Diversi sono i motivi per cui si raccomanda un consumo moderato di sale. Il nome chimico è cloruro di sodio e il dito è puntato contro il sodio della molecola. Quando elevate quantità di sale o di composti di sodio sono somministrate ai topi, la loro pressione sanguigna aumenta notevolmente. Sebbene alcuni critici obiettino che la quantità di sodio necessaria a produrre un simile effetto negativo sia di solito molto più elevata di quella contenuta in qualsiasi dieta umana, esistono alcune specie di topi molto più sensibili al sale e così potrebbero esserlo alcuni esseri umani.

Affascinanti sono le comparazioni tra popolazioni. Alcune relativamente primitive vivono in regioni interne, dove il sale è una vera e propria rarità, e si dice che l'alta pressione sanguigna sia sconosciuta tra loro. I dati relativi al Giappone risultano ancora più istruttivi: sembrerebbe, infatti, che in questo Paese l'assunzione di sale – o sodio – pro capite sia praticamente la più elevata del mondo, e che l'incidenza di pressione alta e ictus, spesso associato all'ipertensione, sia particolarmente alta. Inoltre, è stato osservato che la frequenza di ictus è maggiore in quelle zone del Giappone caratterizzate da una dieta ad altissimo contenuto di sodio. Oltre al sale comune, che costituisce la maggior parte del sodio contenuto nella dieta, i giapponesi consumano grandi quantità di salsa di soia – le casalinghe la comprano in confezioni da un quarto di gallone –, composta essenzialmente da una soluzione concentrata di glutammato di sodio greggio. La cucina giapponese fa inoltre largo uso di glutammato di sodio purificato. Si tratta dello stesso prodotto venduto in America sotto etichette come Ac'cent e Msg.

Un terzo collegamento tra il consumo di sodio e la pressione alta si evince dal fatto che, talvolta, anche una grave ipertensione può essere tenuta sotto controllo semplicemente seguendo un'alimentazione quasi del tutto priva di sale. Ciò non significa che concepire una dieta con un contenuto di sodio sufficientemente basso da garantire tale effetto sia semplice. Senza contare poi che, oltre a essere difficile da praticare, per la maggior parte delle persone risulterebbe terribilmente insipida. Con l'avvento di farmaci mirati al trattamento dell'ipertensione, furono abbandonate le terapie basate sulla dieta iposodica.

Sebbene le opinioni circa il ruolo del sale nell'insorgenza della pressione alta siano alquanto discordanti, si raccomanda unanimemente ai pazienti cardiaci di consumare sale con parsimonia, in particolare a quelli più predisposti a edema o a insufficienza cardiaca. Poiché il fluido che si accumula nell'organismo è una soluzione salina, quanto più la dieta è ricca di sodio, tanto più il fluido tenderà a essere trattenuto nell'organismo.

VEGETARIANI

I nutrizionisti sarebbero in grado di studiare adeguate diete rigidamente limitate ai prodotti vegetali per mantenere in buona salute gli adulti, se non addirittura i bambini, ma la maggior parte dei vegani sottoposti a controlli medici sono risultati gravemente denutriti. I cosiddetti vegani sono piuttosto rari, ma i vegetariani – ovvero coloro che consumano anche latte o latte e uova ma nessun tipo di carne – sono numerosi. Oltre ai milioni che vivono in India, in ogni Paese ne ritroviamo alcuni: pochissimi nel Mediterraneo ma, probabilmente, più di mezzo milione negli Stati Uniti. Nel 1973 la Chiesa avventista del settimo giorno contava circa 434 000 membri, ma non tutti gli aderenti osservano fedelmente il divieto di mangiare carne.

Pochi sono convinti degli effetti negativi della carne sulla salute: la maggior parte dei vegetariani scelgono di seguire questo regime dietetico per motivi religiosi. Spesso, però, alle motivazioni religiose segue l'affermazione: «Inoltre, fa bene alla salute». In passato, i non credenti avrebbero reagito con una fragorosa risata, ma recenti e accurati studi sulle condizioni fisiche degli Avventisti del settimo giorno hanno ampiamente dimostrato l'attendibilità delle indicazioni relative alla salute. Il fatto che i membri di questa Chiesa possano vivere un po' più a lungo dell'americano medio non è forse particolarmente degno di nota, poiché questi fedeli non includono alcune fasce della popolazione generale caratterizzate da un alto tasso di mortalità: barboni, delinquenti, persone in condizioni economiche precarie. Ma le migliori condizioni di salute degli Avventisti sembrano andare oltre questa semplice constatazione, e l'analisi delle cause di morte è, a questo proposito, significativa.

La longevità si spiega, infatti, con una incidenza di coronaropatia decisamente più bassa rispetto alla popolazione generale, un dato piuttosto prevedibile considerato che, da studi condotti su larga scala, è emerso che gli Avventisti presentano livelli di colesterolo nel sangue più bassi rispetto ad altri campioni della popolazione statunitense. Quest'ultimo dato, a sua volta, non sorprende poiché, sebbene consumino latte e latticini senza restrizioni, l'assenza di altri alimenti di origine animale nella dieta fa sì che l'assunzione totale di grassi saturi sia notevolmente al di sotto della media nazionale. Pertanto, la loro esperienza fornisce ulteriori prove circa il controllo alimentare del colesterolo nel sangue. Ma, prima di attribuire tutti i meriti all'alimentazione per le loro ottime condizioni di salute, occorre notare che gli Avventisti non dovrebbero né fumare né bere: in effetti, la maggior parte di loro non fuma ed è astemia. In ogni caso, il minimo che si può dire è che una dieta senza carne è compatibile con un eccellente stato di salute.

AUTOINTOSSICAZIONE, INVECCHIAMENTO E YOGURT

Verso la fine dell'Ottocento, Élie Metchnikoff avanzò l'ipotesi che la presenza di yogurt nella dieta potesse aiutare a prevenire l'indurimento delle arterie. Metchnikoff, successore di Louis Pasteur come direttore dell'Istituto Pasteur, fu autore di numerose e importanti scoperte in campo medico, tra cui la fagocitosi, ossia il modo in cui i globuli bianchi ci proteggono dalle infezioni. Tuttavia, nell'ambito delle nostre riflessioni, lo scienziato si distingue per la sua teoria secondo cui l'invecchiamento, ivi compresa l'aterosclerosi, sarebbe causato da una sorta di "autointossicazione", e che lo yogurt nella dieta potrebbe contrastare questo processo.

Metchnikoff era affascinato dalla longevità e fu tra i primi a porsi quesiti scientifici circa la durata "naturale" della vita. Oltre a setacciare e documentare in maniera esauriente le testimonianze di personaggi che avevano vissuto fino a età molto avanzata, egli intraprese numerosi viaggi verso regioni note per la particolare longevità dei loro abitanti. Il suo provocatorio ed erudito libro *Il prolungamento della vita* fu pubblicato nel 1907 e suscitò vivo interesse. Metchnikoff non diede importanza a quanto narrato nel Vecchio Testamento a proposito di Matusalemme, che morì all'età di 969 anni («un errore di calcolo»), o alle leggende di Nestore, Dandone l'Illirico o altri personaggi che avrebbero vissuto per tre o più secoli, ma giunse alla conclusione che «i casi di uomini centenari non sono affatto infrequenti». E osservò che «la maggior parte dei centenari hanno condotto una vita povera, modesta e oltremodo semplice... si può dire che le grandi ricchezze non portino a una lunga vita». Non si limitava a consigliare un'esistenza sobria e scriveva: «La sobrietà contribuisce sicuramente ad allungare la vita ma non è necessaria perché numerosi centenari bevevano liberamente». Aggiunse anche che l'abitudine di bere grandi quantità di caffè non impediva necessariamente di vivere fino a tarda età; inoltre, mentre la maggior parte delle persone molto anziane non fumavano, alcuni centenari erano inveterati fumatori di pipa. In sintesi, Metchnikoff non si limitava a dare consigli su come vivere più a lungo e non attribuiva il processo di invecchiamento a un'unica causa. E allo scopo, appunto, di prolungare la vita non faceva altro – per dirla con i moderni studiosi di statistica – che suggerire un metodo per aumentare le probabilità di successo.

Secondo Metchnikoff, un modo per aumentare la possibilità di ritardare l'insorgenza dell'aterosclerosi e della morte consisterebbe nel combattere l'autointossicazione, letteralmente "l'auto-avvelenamento" proveniente dall'intestino crasso, la cui principale causa è la putrefazione prodotta dalla presenza di batteri nocivi. In assenza di metodi fattibili volti a preservare la sterilità intestinale, perché non favorire, dedusse Metchnikoff, la presenza di specie microbiche più benefiche in grado di contrastare quelle più nocive? Perché non introdurre nella dieta batteri che producono acido lattico invece di putrefazione? «Il latte fermentato, che contiene acido lattico, può contrastare la putrefazione della carne» scrisse, prima di raccontare esperimenti condotti all'Istituto Pasteur che dimostravano l'effetto positivo provocato sui batteri intestinali di topi alimentati con una coltura batterica utilizzata per produrre lo yogurt.

All'epoca, lo yogurt era del tutto sconosciuto a ovest e a nord dei Balcani, e la coltura osservata da Metchnikoff era di origine bulgara. Nelle terre in cui lo yogurt costituiva parte integrale della dieta, si diceva che il numero di anziani fosse relativamente alto. Secondo i censimenti dell'epoca, pur approssimativi, la percentuale di centenari nella popolazione greca era nove volte maggiore quella della Francia. Si diceva anche che in Bulgaria, dove non esistevano censimenti attendibili, la longevità fosse ancora più rilevante.

La teoria di Metchenikoff sull'autointossicazione e sulla possibilità di prolungare la vita mediante la creazione di una flora batterica intestinale più benefica fu accolta all'epoca con grande entusiasmo, ma fu posta ben presto nel dimenticatoio, non tanto perché si era rivelata sbagliata ma perché non erano state prodotte prove fondate a suo favore. L'ultima opera importante sull'argomento fu pubblicata negli anni Quaranta da tre eminenti scienziati danesi i quali dedussero che le prove, sia favorevoli sia contrarie, non fossero decisive. Ma forse la storia non finisce qui.

I MASAI, GRANDI BEVITORI DI LATTE

In questi ultimi anni i Masai, popolo di allevatori di bestiame e guerrieri dell'Africa orientale, hanno destato molto interesse: essi vivono perlopiù di latte – ne bevono da sei a otto quarti di gallone al giorno quando il pascolo è buono – ma sono ritenuti relativamente immuni da attacchi di cuore. Tra le varie notizie diffuse sul popolo, non si è prestata molta attenzione ai livelli di colesterolo nel sangue, i quali risultano talmente bassi da indurci, in assenza di altre evidenze, a presumere con una certa sicurezza che i casi di coronaropatia in questa popolazione siano piuttosto infrequenti. Pertanto, la domanda da porsi è la seguente: come mai i livelli di colesterolo nel sangue dei Masai sono così bassi, nonostante il latte sia alla base della loro alimentazione? Gli interessi commerciali che hanno portato alla pubblicizzazione dei dati non citano però alcuni fatti chiave.

Da alcuni esperimenti attentamente controllati sull'alimentazione di giovani uomini masai, è emerso che il loro organismo reagisce al colesterolo in maniera molto diversa dal nostro e che il loro metabolismo del colesterolo è particolare. Ciò potrebbe essere dovuto a una peculiarità molto simile, in senso inverso, a una caratteristica genetica di altre tribù africane, che non sono in grado di assimilare *alcun* tipo di latte nella dieta. È altresì possibile che la spiegazione vada cercata negli effetti prodotti da un regime dietetico basato sul *latte fermentato* e seguito per tutta la vita, che li porta a bere ogni giorno una ricca coltura di batteri produttori di acido lattico. Quasi tutto il latte presente nella dieta dei Masai è, infatti, fermentato, una naturale conseguenza del clima tropicale e della mancanza di sistemi di refrigerazione. Gli amanti dello yogurt non apprezzerebbero il loro "menù" tipo ma, da un punto di vista chimico, lo yogurt è molto simile al latte non trattato e rapidamente fermentato a causa del caldo tropicale.

Comunque si interpreti il caso dei Masai, niente ci autorizza ad asserire che è possibile ingozzarsi di latticello senza correre alcun rischio, solo perché la loro dieta ne contiene molto e, nel corso della loro vita relativamente breve, essi riescono a evitare attacchi di cuore. Un loquace ricercatore ha diffuso la voce che la tribù si "difenderebbe" con l'esercizio fisico. In realtà, se è vero che i mandriani masai camminano molto per seguire il bestiame, essi non praticano un'attività fisica particolarmente intensa. La vita attiva assai più pesante dei boscaioli della Finlandia non impedisce loro di presentare la più alta incidenza di coronaropatia del mondo. Gli stessi finlandesi consumano grandi quantità di latticello con corrispondenti valori di colesterolo nel sangue. Ogni uomo consuma in media una libbra di latticello a settimana, ma – ed è questa la differenza significativa – non sotto forma di latte fermentato o di yogurt.

CIBI NATURALI

Da quando è iniziata la produzione di fertilizzanti chimici per l'agricoltura, è scattato l'allarme sulla carenza di sostanze naturali negli alimenti che, essendo prodotti con l'ausilio di questi concimi, non possono essere naturali. La mancanza di fiducia nell'innovazione è un fenomeno molto diffuso a livello istintivo, soprattutto quando si tratta di questioni fondamentali quali la nostra alimentazione, e molti sono affascinati dalle idee diffuse dai fanatici dei "cibi naturali". Secondo un recente sondaggio d'opinione, solo il 44 per cento degli intervistati crede che il cibo prodotto con fertilizzanti chimici sia salubre come quello dovuto a fertilizzanti naturali, e due terzi degli intervistati più anziani considerano inferiore quello ricavato con l'impiego di agenti chimici. A dire il vero, da prove effettuate con i mangimi degli animali e da analisi di prodotti alimentari condotte molto tempo fa, era risultato che i fertilizzanti chimici non producono cibi meno salubri. Ma si tratta solo di uno dei tanti esempi a riprova del fatto che spesso le opinioni in materia di cibo e di salute non sono sostenute da evidenze scientifiche.

I timori legati agli esiti di manipolazioni chimiche della natura poggiano su basi più solide. Senza dubbio, in passato, l'ipotesi che la presenza di residui di pesticidi negli alimenti potesse nuocere alla salute non fu mai ventilata e, attualmente, il livello dei controlli lascia molto a desiderare. Il dibattito ferve ancora, ma non è stato fissato alcun tetto massimo per la presenza nel cibo di residui degli innumerevoli agenti chimici utilizzati per proteggere la frutta e gli ortaggi da parassiti. L'industria dei pesticidi avverte che un'eccessiva prudenza potrebbe nuocere gravemente alla produzione alimentare – oltre a privare la stessa industria di un bel po' di affari, aggiungiamo noi –, mentre i sostenitori dei consumatori ritengono che sarebbe meglio ridurre la produzione piuttosto che rischiare un lento avvelenamento causato da agenti chimici con effetti sconosciuti e a lungo termine. Il Ddt è un esempio di pesticida che in un primo momento è stato dichiarato "sicuro" dalle industrie ma, successivamente, quando la sua tossicità è diventata fin troppo evidente, è stato vietato. Le idee anti agenti chimici che ultimamente hanno conquistato i giovani americani più istruiti sono condivise da molti abitanti del Mediterraneo, soprattutto da quelli più anziani e con un livello di istruzione di gran lunga inferiore. Una battuta che si sente spesso nella stessa area sui nuovi generi alimentari "migliorati", compresi i vini industriali, è che «non sono genuini», ossia non sono naturali. Battuta che costituisce già di per sé una condanna, nonostante non dica nulla sul valore nutrizionale o sulla tossicità.

A prescindere dall'eventuale attendibilità o meno delle argomentazioni contrarie ad apportare "miglioramenti" alla natura, è un dato di fatto che la dieta tipo degli abitanti del Mediterraneo contiene una percentuale molto più elevata di prodotti naturali rispetto a quella che sono soliti seguire gli americani e i canadesi. I cibi in scatola, i cibi "pronti" e quelli trattati in vario modo sono molto meno presenti nel mix complessivo degli alimenti, e secondo gli esponenti dell'industria alimentare americana i mediterranei sarebbero semplicemente indietro con i tempi. Magari è anche vero ma, dal canto suo, l'industria alimentare statunitense tende a propinare nuovi metodi e prodotti spinta dalla prospettiva di ulteriori profitti piuttosto che dalla prudenza e dall'attenzione al benessere presente e futuro dei consumatori. Di conseguenza, la retribuzione del primo produttore di generi alimentari, l'agricoltore, è in continua diminuzione e, oltre agli stessi agricoltori, sono in molti a opporvisi. I produttori alimentari replicano asserendo che essi si limitano a soddisfare la domanda; gli articoli scelti e acquistati dalle casalinghe mostrano la loro preferenza per i generi alimentari industriali conservati e confezionati in modo più sofisticato. Ovviamente, ciò comporta un cospicuo aumento della spesa destinata all'alimentazione delle famiglie americane, ma si tratta di una decisione autonoma degli acquirenti.

I moderni processi di lavorazione alimentare agevolano la produzione di cibi pronti e a lunga conservazione con confezioni e marchi che riducono i tempi della spesa e danno manforte alla pubblicità, ampliando altresì la scelta del menù, non più soggetto alla stagionalità dei prodotti. Tuttavia, gli effetti di tali processi industriali sulla qualità del cibo, in relazione sia alle sue sostanze nutritive sia al piacere di gustarlo a tavola, sono ancora oggetto di dibattito. Si pensi, per esempio, alla farina di frumento: la moderna molitura, che è nata alla fine dell'Ottocento e quindi non è poi così "moderna", produce una farina il cui valore nutritivo è notevolmente inferiore a quello dei chicchi di frumento immessi nel mulino. Solo alcune delle sostanze nutritive perse sono compensate dall'integrazione di vitamine vendute dalle aziende chimiche – che, ovviamente, fanno aumentare il costo della farina.

Come per l'attuale "pane industriale", talvolta considerato deleterio, la convenienza economica, la lunga conservazione e la praticità sono i principali vantaggi degli alimenti lavorati. I cibi in scatola di solito sono utili per ovviare al problema della stagionalità dell'offerta quando i prodotti freschi sono introvabili o incredibilmente costosi, ma la loro qualità in termini di sapore e nutrimento è ovviamente inferiore. In generale, gli alimenti congelati sono decisamente migliori – e più cari – di quelli in scatola ma, ripetiamo, per tutti, a eccezione dei loro venditori, non sono altro che accettabili surrogati dei prodotti freschi. Per chi non ha alcuna intenzione di cucinare pasti genuini a casa, i pasti completi confezionati in scatole o in vaschette e pronti da riscaldare sono sicuramente vantaggiosi in casi di emergenza, ma non hanno né molto sapore né un particolare gusto e valore nutritivo. Siamo quindi lieti di costatare il grande ritardo dei Paesi mediterranei nella produzione e nell'utilizzo di tali alimenti moderni.

L'atteggiamento attuale degli americani nei confronti della produzione alimentare moderna è eterogeneo. I cibi molto trattati sono messi bene in mostra nelle esposizioni dei negozi di alimentari poiché, come dimostra il volume delle vendite, godendo dell'approvazione generale sono sicuramente redditizi. D'altro canto, dai sondaggi di opinione sembrano emergere molti dubbi al riguardo. In uno dei più recenti, il 60 per cento degli intervistati dichiarava di essere d'accordo che «molti alimenti sono talmente trattati e/o raffinati da perdere i loro effetti benefici sulla salute». E una percentuale anche più elevata concordava sul fatto che «molti alimenti perdono i loro benefici per la salute poiché vengono spediti lontano e conservati a lungo». Probabilmente tali considerazioni sarebbero condivise da una percentuale ancora più elevata della popolazione mediterranea.

Non esistono solide evidenze scientifiche a sostegno di tali opinioni, che riflettono semplicemente una grande diffidenza nei confronti dell'industria alimentare e una certa confusione tra "valore per la salute" e qualità del cibo, intesa in termini di piacere. Sulla questione della qualità siamo d'accordo: tecniche culinarie a parte, è preferibile disporre di cibi freschi con un minimo di additivi e "perfezionamenti". Ciò non significa che siamo assolutamente contrari ai prodotti congelati o a un uso responsabile degli agenti chimici in agricoltura, né tantomeno che condividiamo le eccentriche idee sulle virtù di alcuni cibi "naturali" o "freschi" e le rivendicazioni assurde associate a essi. A questo proposito, la tanto pubblicizzata "dieta basata su cibi freschi" in grado di «pulire le arterie di tutto il corpo» rappresenta un'enorme baggianata. Sfortunatamente, non esiste un metodo per mettere in guardia da questa grossolana bugia che circola sulle diete salutari.

LA LECITINA

Spesso durante i cocktail party e simili incontri "scientifici" aleggia la domanda: «Dottore, che cosa pensa dell'effetto della lecitina sul cuore?». Il che ci obbliga, volenti o nolenti, ad aprire una breve parentesi su questa sostanza al fine di mettere in chiaro che non esiste alcuna evidenza scientifica a sostegno dell'azione preventiva o curativa della lecitina in caso di coronaropatia o altre malattie cardiache.

La lecitina è un composto chimico grasso presente in tutti i tessuti animali e vegetali. Nella sua forma commerciale, è ricavata da semi di soia e, talvolta, è usata nell'industria della carta e in altri settori. Nel 1950 circa, uno stimato cardiologo di Los Angeles, il dottor Lester Morrison, nostro vecchio amico, raccomandò, sulla base di una teoria abbandonata già da molti anni, di aggiungere la lecitina alla dieta di pazienti coronarici. Ulteriori esperimenti, compresi i nostri, non sono riusciti a riscontrare alcun ruolo significativo della lecitina né come integratore né come farmaco. Quando la lecitina veniva aggiunta a un regime dietetico controllato, non produceva alcun effetto sui valori di colesterolo nel sangue. Nel mondo della medicina, l'idea di aggiungere lecitina alla dieta è stata seppellita ma, di tanto in tanto, i commercianti si inventano nuovi metodi per pubblicizzarla.

Un'ultima assurdità diffusa a proposito della lecitina è la sua promozione nell'ambito delle diete dimagranti. Si consiglia vivamente di integrare la propria dieta con le cosiddette «fantastiche quattro scoperte»: la lecitina, capsule di alghe marine (simili a quelle che creano tanti problemi nelle acque della costa meridionale della California), l'aceto di sidro e la vitamina B6. Sul serio! Basta leggerne in un libro o meglio, per fare prima, nel numero di gennaio 1974 della rivista *Family Circle*. Queste quattro scoperte sono fantastiche davvero, in quanto prive di ogni fondamento o metodo scientifico, di controlli, misurazioni relative al metabolismo o agli alimenti della dieta: niente di niente, a eccezione di una fervida e sbrigliata fantasia, avulsa da qualsiasi conoscenza in materia di nutrizione o fisiologia.

UN'INFINITÀ DI DIETE ECCENTRICHE E ALLA MODA

Per esaminare tutte le diete stravaganti e alla moda diffuse negli ultimi anni, non basterebbero le pagine di questo libro. Molte sono semplici versioni aggiornate di vecchie insulsaggini. La dieta dell'Aeronautica Militare, che non aveva niente a che fare con le forze aeree né degli Stati Uniti né di altri Paesi, era una rielaborazione della dieta a basso contenuto di carboidrati, recentemente caldeggiata dal dottor Atkins. La dieta del bevitore era più o meno simile, e inoltre prevedeva, se abbiamo ben capito, la curiosa idea di sostituire i carboidrati – amido e zucchero – con l'alcol. Di fronte a un quadro generale così avvilente, esprimiamo a gran voce il nostro dissenso, «Stupidaggini!», a chiunque cerchi di vendere regimi alimentari speciali e unici capaci di fare dimagrire, stare bene, riprendere le forze e la gioventù, vivere per sempre.

È probabile che la maggior parte di queste diete alla moda non siano particolarmente nocive, poiché, di solito, i più ingenui che si affrettano a sperimentarle non le seguono quasi mai con costanza. Alla fine, o tornano velocemente con i piedi per terra, o passano a una nuova e diversissima variante. Di conseguenza, gli accaniti seguaci di diete all'ultima moda si attengono, in realtà, a un'alimentazione varia, almeno per qualche mese, e difficilmente sviluppano una grave carenza o un sovradosaggio di un unico nutriente. Naturalmente, non serve obbedire a rituali basati sul consumo di melassa nera, olio di germi di grano, "autentico sale marino", capsule di alghe marine o di erba medica, olio di cartamo, granuli di lievito o lecitina... Tali follie non sono in genere nocive e non creano alcuno scompiglio, tranne che nel portafoglio. Ma le diete che contemplano un programma alimentare ben definito vanno considerate molto seriamente, poiché possono essere davvero pericolose.

Tra queste va ricordata la "rivoluzione dietetica" del dottor Atkins, dalla quale ha messo in guardia ogni istituto di medicina e di nutrizione che l'abbia presa in considerazione.

Peggio ancora la dieta macrobiotica Zen, condannata violentemente da chiunque abbia qualche minima nozione di scienza dell'alimentazione in quanto, se seguita, può rivelarsi davvero pericolosa. Tuttavia, in materia di diete, moltissima gente non è in grado di riconoscere la follia anche quando se la trova di fronte, ed ecco dunque che molti medici riportano casi di pazienti che si sono gravemente ammalati dopo avere provato a diventare macrobiotici. La versione originale della dieta macrobiotica, inventata da un americano di origine giapponese e pubblicata a Los Angeles dalla Ignoramus Press (nome appropriato, no?), è rigorosamente vegetariana e contiene in media circa l'80 per cento di riso integrale, il 15 per cento di verdure – patate, pomodori e melanzane sono vietate – e il 5 per cento di minestra vegetale, soprattutto sotto forma di quel disastro culinario giapponese fatto di semi di soia fermentati in salamoia che va sotto il nome di miso o misutake. Un ebreo marocchino, che non conosceva affatto il Giappone ma cercò di spacciare la dieta macrobiotica nei Paesi anglofoni, accettò un compromesso: acconsentì a qualche uovo, con riluttanza a un po' di pesce e, con più riluttanza ancora, a un po' di carne bianca. L'idea è interessante per chiunque sia incuriosito da certi aspetti della teologia, della numerologia, dell'astrologia e delle arti mistiche. Tutto risale alla teoria dello yin e dello yang, i due opposti dell'antica filosofia cinese; per cui gli alimenti sono, a diversi livelli, o yin o yang. Oltre a spiegare come creare un equilibrio tra lo yin e lo yang, la macrobiotica vieta drasticamente l'assunzione di liquidi al punto che alcuni macrobiotici sono finiti in ospedale quasi morti disidratati. Fortunatamente, sembra che sia ormai quasi scomparsa dalla "vita comunitaria" del Paese dove fiorì così pericolosamente.

Fa davvero rabbia pensare che il concetto di dieta, intesa come parte integrante della nostra vita, debba essere sminuito da tanta robaccia scritta a favore di questa o di quella stravagante idea sull'alimentazione e sulla salute. È altresì irritante constatare l'enorme popolarità di libri dal contenuto iperbolico e parascientifico disposti sugli scaffali dedicati "alla dieta e alla salute", della collana Adelle Davis, delle varie promesse di salute e bellezza, delle stupidaggini scritte sui bassi livelli di zucchero nel sangue. Anche nei Paesi mediterranei circolano alcune strane idee sulla dieta – ne abbiamo sentite alcune dagli abitanti dei paesini oggetto del nostro studio –, ma non siamo mai venuti a conoscenza di mode alimentari capaci di attirare la benché minima percentuale di queste popolazioni. Se si tratta di un'ulteriore prova del fatto che gli abitanti del Mediterraneo siano indietro con i tempi, ci auguriamo che continuino a esserlo.

CAPITOLO IV
Ingredienti

Tra gli appassionati della cucina mediterranea, c'è chi sostiene, con un sospiro, che a causa dell'assenza delle autentiche materie prime alla base delle sue ricette, è impossibile ottenere lo stesso effetto culinario in altre aree geografiche. Invero, alcune creature che popolano le acque azzurre del Mediterraneo sono tipiche della regione e, senza di esse, è impensabile cucinare esatti duplicati di piatti in questione. La vera bouillabaisse marsigliese, per esempio, non potrà essere cucinata in Europa settentrionale o in America. Per le carni gli ostacoli sono minori, ma l'età e la grassezza degli animali che forniscono le macellerie americane non sono le stesse, e certi prodotti come, per esempio, il capretto e la lepre sono introvabili negli Stati Uniti. Alcuni formaggi freschi tipici del Mediterraneo sono esclusi dal mercato americano a causa di una normativa che vieta l'ingresso di formaggi a latte crudo, se non è trascorso almeno un mese dalla produzione. Ci dispiace davvero non poter gustare la vera mozzarella di latte di bufala o la ricotta di latte di capra, soprattutto perché le imitazioni americane sono molto lontane dall'originale. Sul mercato americano e su quello mediterraneo si possono trovare varietà diverse di alcune verdure, ma le proprietà in cucina e i sapori non sono identici.

Nonostante queste differenze tra gli ingredienti, è possibile realizzare una buona cucina mediterranea anche in America. Sebbene critici esperti possano distinguere il risultato finale presentato sulla tavola degli americani dal "prodotto originale", è possibile cogliere lo spirito dell'originale e riprodurne la composizione nutritiva in modo che l'imitazione sia una delizia anche per i nativi del Mediterraneo. A che serve lamentarsi se non si riesce a preparare un'autentica bouillabaisse, quando si possono cucinare ottime zuppe di pesce altrettanto buone utilizzando i prodotti provenienti dal Mare del Nord, dall'Oceano Atlantico e dal Pacifico? La maggior parte delle carni americane sono troppo grasse, ma nelle macellerie è possibile trovare anche carni magre paragonabili a quelle solitamente consumate nei Paesi mediterranei.

Alcuni prodotti alimentari tipici del Mediterraneo si stanno rapidamente diffondendo in America e viceversa: zucchine, finocchi e yogurt non sono più rarità negli Stati Uniti, mentre cracker, arachidi, ketchup e fagioli in scatola all'americana spuntano ormai su molti scaffali dei supermercati mediterranei, da Atene a Barcellona, pur non essendo tra i prodotti più venduti. In ogni angolo degli Stati Uniti, le pizzerie sono diventate una vera istituzione, mentre i locali fast food in puro stile americano, che vendono hamburger e Coca-Cola, stanno invadendo le città mediterranee. L'usanza di bere vino secco a cena sta riscontrando un successo fenomenale in America e ogni negozio di alimentari tiene una varietà di spaghetti e altri formati di pasta prodotta negli Stati Uniti ma del tutto simile all'autentica pasta italiana. Per chiunque sia disposto a cercarli, infine, ottimo formaggio feta e olive nere greche sono reperibili anche nelle città americane.

Nuove tecnologie e benessere crescente favoriscono l'abbandono di vecchie usanze: la televisione e la fantastica esplosione dei viaggi all'estero superano ogni provincialismo e spingono a sperimentare novità in molti ambiti, compreso quello della cucina. L'industria alimentare sta modificando la disponibilità e la natura di molti alimenti. Innovazioni nel campo dell'avicoltura hanno trasformato pollo e tacchino in cibi economici, i formaggi di ultima produzione, appetitosi ma anche molto grassi, riscuotono un enorme successo sia in Europa sia negli Usa. I cibi pronti in scatola e i prodotti surgelati sono presenti ovunque, a eccezione dei paesini mediterranei più legati alle tradizioni, dov'è difficile che un negozio abbia una vetrina frigorifero e i locali tendono a disprezzare novità simili. D'altro canto, non essendo così interessati a preservare le antiche tradizioni, ma piuttosto a risparmiare tempo, gli abitanti delle piccole e grandi città mediterranee tendono a comprare sempre più spesso cibi pronti, sebbene in misura minore rispetto all'attuale tendenza americana.

I produttori di cibi pronti sono consapevoli che, per ricavare utili, occorre puntare su grossi volumi e cercano di raggiungere il più ampio mercato possibile per i loro prodotti. Aziende di Marsiglia o di Milano non possono ottenere un grande successo se i loro prodotti non sono apprezzati e richiesti al di fuori della Provenza o della Lombardia. Così si rivolgono sempre più non solo a tutta l'Italia e a tutta la Francia, ma anche al mercato comune interno, e anche oltre. Perché quindi non adattare i loro prodotti anche al mercato americano? Inevitabilmente, le peculiarità locali e provinciali delle varie pietanze cedono il posto a una "giusta via di mezzo". I piatti classici di alcune località attraggono un numero limitato di intenditori e non sono quindi in grado di sostenere grossi volumi di vendite.

Per tutti i motivi citati, le differenze tra regioni e Paesi stanno via via scomparendo mentre, sia in Europa sia in America, i generi alimentari, le ricette e la dieta tendono ad assumere un carattere internazionale. Tuttavia, dal momento che ricette e metodi culinari vanno adattati in base alle materie prime disponibili, tra gli alimenti più diffusi in America, da un lato, e nei Paesi mediterranei, dall'altro, persistono ancora alcune differenze da non sottovalutare.

CARNI

Le carni mediterranee si distinguono da quelle normalmente vendute nelle macellerie americane soprattutto per la loro magrezza. La carne più diffusa in America è quella di manzo. Sebbene quest'ultima sia, da tempo, sempre più richiesta anche nel Mediterraneo, quella marezzata "di prima scelta" di tipo americano è piuttosto rara. In quest'area, la bistecca assomiglia perlopiù alle fettine sottile e magre che in America si vendono per essere cucinate velocemente o all'istante. Il grande bisteccone grasso e l'arrosto di manzo, così popolari in America, sono pressoché circoscritti ai ristoranti che si rivolgono a una ricca clientela internazionale.

Tranne che in Francia, le famiglie mediterranee consumano poco manzo e più vitello. Il vitellino "da latte" è molto apprezzato, ma la carne dell'animale oltre l'anno di età si mangia molto più spesso. Il vitello adulto, che gli italiani chiamano vitellone, è di solito l'unica carne bovina facilmente reperibile in questi Paesi, soprattutto in Italia meridionale e in Grecia. Infatti, là dove il foraggio verde scarseggia e, nella lunga stagione estiva, la pioggia è rara o inesistente, è molto più conveniente, da un punto di vista economico, allevare una libbra di vitellone che non lo stesso peso di vitellino oppure di carne rossa di manzo. La prevalenza del vitello ha una considerevole influenza sulla dieta; ogni tipo di carne di vitello è molto più magro rispetto alla carne di animali più adulti, di conseguenza la consueta dieta mediterranea ha un contenuto di grasso bovino molto più basso rispetto a quella della maggior parte degli americani.

La carne suina è la seconda carne più consumata dopo il vitello, tranne che in Grecia, dove si mangiano, per ordine di importanza, l'agnello (montone), il vitello (e manzo), il maiale. Nei Paesi mediterranei la carne di maiale fresca è relativamente magra. Gli animali grassi sono usati per la preparazione degli insaccati, mentre il grasso di maiale è usato in cucina, così com'è oppure sciolto sotto forma di strutto. Non esiste domanda per il bacon grasso e striato, che si vede raramente in giro. In tutti i Paesi mediterranei si consumano piccole quantità di prosciutto cotto simile a quello venduto negli Stati Uniti, ma il prosciutto arrosto all'americana è poco diffuso. A questo proposito, è importante ricordare che la maggior parte delle famiglie mediterranee non dispone di un grande forno in cucina. Il prosciutto italiano, magrissimo, crudo ma affumicato al punto giusto, è il più apprezzato e più costoso. Un tipo di prosciutto alquanto simile – che non ha un vero e proprio equivalente in America – è prodotto in Spagna: si tratta un prodotto estremamente magro, ma dal sapore più forte. Nei negozi americani che importano e vendono prelibatezze gastronomiche, il prosciutto è sempre disponibile. Il prezzo può far paura ma, del resto, è piuttosto costoso anche in Italia, ed è sufficiente acquistarne una piccolissima quantità. Tagliato a fette sottilissime, è ottimo con gli antipasti, nonché come guarnizione di numerosi altri piatti. Una fettina di prosciutto mette elegantemente in risalto il sapore del cantalupo, del melone persiano e dei fichi freschi, abbinamento ben noto agli antichi Romani.

Non molti anni fa, quando le nuove tecnologie di avicoltura erano già nate in America ma non erano state ancora adottate nel Mediterraneo, esisteva una grande differenza tra il pollo mediterraneo e quello americano. Oggi, il pollo venduto nei nuovi supermercati europei è piuttosto simile all'americano, un po' più sodo e meno acquoso nel migliore dei casi, e molto più costoso. Tuttavia, non sono ancora molti i consumatori mediterranei che fanno la spesa al supermercato, e il pollo che comprano di solito è quello tradizionale, un volatile relativamente ossuto, dalla carne più densa e più compatta, con intense striature di giallo sulla pelle e su quel poco di grasso presente, dovute al carotene contenuto nel foraggio naturale che costituisce buona parte del suo pasto. Questo pollo classico costa notevolmente di più per libbra e, dal momento che tende ad avere grosse ossa pesanti, ancora di più per libbra di carne. Inoltre, è più difficile prepararlo, poiché raramente si vende già pulito e, anche quando lo è, di solito ha bisogno di essere spennato ancora un po'. Poi sorge il problema delle zampe e della testa. In ogni caso, nei Paesi mediterranei, tutti, anche quelli che sono soliti comprare il nuovo pollo "americano", convengono che è meglio mangiare la razza tradizionale, sicuramente più saporita; inoltre la sua consistenza piace molto a coloro che non amano le carni tenere, quasi molli.

PESCE E FRUTTI DI MARE

I pesci e i frutti di mare del Mediterraneo sono prevalentemente caratteristici dell'area e molte specie sono introvabili oltre lo stretto di Gibilterra. Ma tanti surrogati di molte varietà sono facilmente reperibili nelle città americane, soprattutto lungo la costa orientale, occidentale e del Golfo [del Messico]. Anche nelle aree interne del Paese è sempre più facile trovare i prodotti del mare, ma gli abitanti del Mediterraneo guardano con sospetto al pesce se non è freschissimo. Il consumo di frutti di mare in questi Paesi diminuisce man mano che ci si allontana dalle acque marine. Ultimamente sono sorte pescherie che vendono pesce congelato, ma i mediterranei, che si considerano grandi esperti di alimentazione, ne parlano con un certo disprezzo. Tuttavia, sospettiamo che alcuni di questi critici non lo abbiano mai realmente assaggiato. Ovviamente non tutti i pesci si congelano bene e il miglior prodotto congelato può risultare deludente quando si prova a cuocerlo a fuoco lento o a bollirlo per pochi minuti, seguendo il metodo più semplice che funziona a meraviglia con alcuni esemplari freschi. In ogni caso, il pesce congelato va bene per la preparazione di molte ricette mediterranee.

Il baccalà è utilizzato per cucinare svariati piatti popolari del Mediterraneo, dove ci sono botteghe specializzate, ventiquattro ore su ventiquattro, nel lavoro di dissalare e reidratare il pesce per la cottura, anche se molti comprano il prodotto essiccato e lo preparano in casa. Purtroppo facciamo sempre più fatica a trovare il semplice merluzzo secco e salato negli Stati Uniti. In genere, i negozi per stranieri che servono greci, italiani, spagnoli e portoricani ne hanno una scorta. Molti di questi sono anche in grado di soddisfare il gusto di chi è alla ricerca del tonno mediterraneo, scuro, conservato sott'olio, molto diverso da quello tonno in scatola americano.

Ai fini di questo volume, il pesce d'acqua dolce può essere trascurato o addirittura ignorato, precisando però che se i pesci d'acqua dolce americani presentano una polpa consistente possono essere utilmente impiegati in alcune ricette mediterranee. Pur non essendo specie caratteristiche della regione, le trote di allevamento sono disponibili nelle più grandi città del Mediterraneo. In seguito a qualche piccolo confronto, ci sembra che quelle americane siano le migliori, probabilmente perché vivono in acque più fredde. In Francia, e in qualche ristorante di altre zone del Mediterraneo, le carpe blu allevate negli stagni sono tenute vive in acquari in attesa di essere cotte, ma in America questi pesci non sono reperibili (e non sono comunque tipici del Mediterraneo).

ERBE AROMATICHE E CONDIMENTI

Una scorta di erbe aromatiche fresche è sempre disponibile presso i fruttivendoli mediterranei, e nei mercatini rionali di frutta e verdura c'è sempre un venditore specializzato con un apposito carretto di foglioline fresche di basilico (di svariati tipi), menta, cerfoglio, dragoncello, di mazzetti di prezzemolo e sedano, molto diversi dalle varietà americane, di rametti di rosmarino – tranne nelle zone in cui ne cresce talmente tanto che nessuno penserebbe mai di comprarlo –, di molte altre erbe spontanee i cui nomi non appaiono nemmeno nel dizionario. Tutte insieme, queste erbe sono chiamate "odori" in italiano, e molti dei sapori caratteristici dei piatti mediterranei si devono al loro impiego durante la preparazione.

Da sempre gli abitanti delle città mediterranee fanno grande richiesta di erbe aromatiche: di conseguenza, sono sempre state e sono facilmente reperibili, mentre la loro quasi totale assenza dai mercati americani riflette semplicemente l'assenza di una simile ininterrotta domanda. Prezzemolo e sedano sono invece sempre disponibili in America, ma ne parleremo più diffusamente in seguito. Molti americani quindi dovranno fare a meno, purtroppo, degli odori freschi. Tuttavia, è confortante constatare che i prodotti essiccati conservano buona parte delle migliori proprietà di quelli freschi, tranne forse il basilico. L'effetto di una spolverata di basilico essiccato sull'insalata non è paragonabile a quello delle foglie fresche.

Per quanto riguarda altre erbe aromatiche, oltre alle citate, non sussistono grandi differenze tra le nostre due regioni del mondo, dove di solito si usano in forma essiccata. Timo, origano, salvia, maggiorana, coriandolo e alloro perdono lentamente sapore con il passare del tempo ma, in realtà, si tratta di una semplice riduzione dell'intensità piuttosto che di una variazione nel gusto. Ogni anno le famiglie mediterranee appendono mazzetti di timo e origano, spesso anche di maggiorana e salvia, in luoghi asciutti e riparati, assieme a grappoli di cipolle e trecce di aglio, che saranno conservati fino alla stagione seguente. Il basilico fresco è sempre disponibile. Peraltro, la "salvia" dell'Ovest americano è una pianta diversa dalla mediterranea e, fortunatamente, quella esposta sugli scaffali delle erbe nei negozi di alimentari americani proviene principalmente dalla Grecia.

BOUQUET GARNI

Molte ricette francesi prevedono l'uso durante la cottura di un *bouquet garni*, che poi viene scartato. Il grande libro definitivo sulla cucina francese, il *Larousse Gastronomique*, lo definisce come «un insieme di erbe e piante aromatiche legate in un fascetto». Qualora utilizzate, le erbe essiccate sono di solito racchiuse in un sacchettino di garza. Le fondamentali del *bouquet garni* sono timo, prezzemolo e alloro, ma se ne possono usare tante altre in base alla disponibilità e ai gusti preferiti. Si possono aggiungere basilico, sedano, dragoncello, rosmarino, santoreggia e altre, comprese alcune selvatiche che sono la delizia di molti cuochi mediterranei. In Provenza, si aggiunge spesso un pezzetto di scorza di arancia.

Questo pratico modo di aggiungere ai piatti l'aroma delle erbe legate in un fascio o in un sacchettino non ha alcun senso per quei cuochi che continuano a usare varietà di "erbe" essiccate e macinate, contenute in un apposito vasetto senza data di scadenza, sebbene esse non siano minimamente paragonabili al prodotto fresco e nemmeno alla pianta intera secca, conservata nel Mediterraneo soltanto per un periodo di tempo che va dalla fine di un raccolto all'inizio del successivo.

MENTA

In America la menta si consuma talvolta come gelatina in accompagnamento all'agnello. Per il resto, il suo impiego si limita quasi esclusivamente alle bevande: tè freddo, limonata, sciroppi e simili. In Gran Bretagna la tendenza è la stessa, ma la menta è altresì utilizzata per condire i piselli. Quando, fresca, è aggiunta ai piselli appena sgusciati o, nel peggiore dei casi, surgelati, il risultato può essere positivo, ma se invece viene unita ai legumi durante il processo di inscatolamento il risultato può essere davvero pessimo.

Sebbene raramente menzionata nei ricettari, nei Paesi mediterranei la menta trova la sua collocazione in numerose pietanze con splendidi risultati. Tuttavia va usata con moderazione e ne basta poca per dare molto sapore. Aggiunge gusto alle marinate, ai ripieni per carne, pollame, pesce e si sposa bene con le zucchine calde o fredde e con altre verdure cotte. Un po' di menta con la macedonia o con le fragole conferisce un tocco rinfrescante. Un altro possibile impiego consiste nel tagliuzzarne una fogliolina nello yogurt al naturale.

Quando decidemmo di aromatizzare il pesce, catturato nel mare sottostante la nostra casa italiana, con un po' di menta, il nostro apprezzamento per l'aiuola dietro la porta della cucina, dove questa erba fiorisce tutto l'anno, aumentò considerevolmente. Delia, la donna che ci dà una mano la mattina, cucinò un ottimo piatto con il pescato della notte precedente e vi mise qualche fogliolina di menta, prima di conservarlo in frigorifero, pronto per la cena. Infornato per pochi minuti fino a diventare tenero, irrorato più volte con l'ottimo olio di oliva prodotto dai nostri alberi e servito con abbondante succo di limone, risultò divino.

PREZZEMOLO

Negli Stati Uniti e in Europa settentrionale il prezzemolo è usato prevalentemente come guarnizione e sarebbe considerato un po' eccentrico mangiare le foglioline verdi che ornano i piatti di pesce e di carne. Forse il diverso modo di concepire l'impiego del prezzemolo spiega perché, in America, si preferisca una varietà diversa da quella maggiormente diffusa nei Paesi mediterranei. Il prezzemolo riccio americano ha un bell'aspetto e il suo impatto estetico sui piatti è più evidente rispetto alla varietà a foglie larghe e schiacciate che talvolta gli italoamericani chiamano "prezzemolo italiano" per evocare la madrepatria. Quello riccio e crespo ha quindi un aspetto migliore, ma probabilmente non è stato coltivato per essere mangiato ed è alquanto insipido. Anche nell'area mediterranea il prezzemolo è usato per abbellire i piatti e in tal caso, un po' come gli americani, la gente non mangia ciò che è chiaramente un elemento decorativo. Tuttavia, in molti piatti locali, una grande quantità di prezzemolo è parte integrante della ricetta.

Di conseguenza, le ricette vanno adattate in base alla diversa varietà di prezzemolo. La salsa verde preparata con il prezzemolo americano comune può rivelarsi una delusione. Ci auguriamo che, negli anni a venire, i nostri fruttivendoli venderanno stabilmente quello che molti di loro conoscono come prezzemolo italiano. Al momento non ci resta che aumentare la quantità di prezzemolo comune nelle nostre ricette fino a quando non raggiungano il giusto grado di aroma.

SEDANO

Il sedano americano si differenzia da quello diffuso nei Paesi mediterranei più o meno nello stesso modo. I nostri gambi di sedano, grossi e pallidi, particolarmente adatti a spalmarvi sopra formaggio e altre salsine per gli stuzzichini all'ora dei cocktail, sono alquanto rari nei mercati di frutta e verdura mediterranei, sebbene li si possa trovare in alcuni ristoranti per turisti. Molti abitanti del Mediterraneo si meravigliano al cospetto di chi mangia il sedano crudo (e sono diffidenti anche nei confronti dell'idea di mangiare carote crude), dubitando della sua digeribilità. La varietà di sedano più diffusa in questi Paesi ha un gambo piccolo, sottile, quasi raggrinzito, è verdissimo e sia i gambi sia le foglie hanno un sapore intenso che può essere valorizzato in cucina con ottimi risultati. Tre o quattro piccoli gambi, che equivalgono a stento a un gambo gigante americano, e il loro carico di foglie verde scuro sono sufficienti per preparare una bella zuppa per due o anche quattro persone, che ancora devono scoprire tutto il sapore di quest'erba. Nell'area mediterranea il sedano è considerato più come un aroma, ovvero come uno degli odori, che come una verdura normale. Il sedano brasato, un ottimo piatto americano, rischia di assumere un sapore un po' troppo intenso se si usa la varietà mediterranea. Speriamo venga il giorno in cui entrambe le varietà di sedano saranno normalmente disponibili e vendute nei negozi di frutta e verdura americani. Forse il nostro non è un desiderio vano se si pensa che a volte, negli ultimi anni, abbiamo assistito alla comparsa in questi negozi di una qualità di sedano verde scuro, decisamente più gustoso.

SPEZIE

Le spezie per la maggior parte si mantengono bene e, frequenza e modo in cui si impiegano a parte, sono più o meno uguali ovunque. I cuochi mediterranei di vecchia scuola, così come coloro i quali vantano la cura e le finezze della loro cucina, grattugiano la noce moscata a regola d'arte, e usano sempre bastoncini di cannella e chiodi di garofano interi anziché macinati. Al proposito, aggiungono un pizzico di noce moscata anche a molti piatti di carne e verdure, non solo a preparazioni dolci come si usa fare negli Stati Uniti.

I libri di ricette consigliano di utilizzare solo pepe appena macinato, ma il più delle volte tale consiglio è ignorato sia nei Paesi mediterranei sia in America. La tipica cucina mediterranea, dove i grani sono sempre macinati di fresco, è provvista di due tipi di sale: il fino da tavola, identico all'americano, e il grosso, che non contiene nessuno degli additivi che mantengono il sale da tavola relativamente asciutto anche quando il tempo è umido. A livello di gusto non si percepisce alcuna differenza, ma vero è che i brodi più trasparenti si fanno con il sale grosso. La senape, il pepe di Caienna e la paprica macinata non sono spezie molto diffuse nelle case mediterranee, ma i peperoncini dolci – i frutti della paprica – sono molto apprezzati, freschi in stagione e conservati in bottiglia per il resto dell'anno. Alcuni salumi alla campagnola sono rotolati in pepe di Caienna per meglio conservarli senza ricorso alla refrigerazione, e grani di pepe nero sono talvolta aggiunti a certi tipi di salsicce, almeno in parte allo stesso scopo.

FUNGHI

I funghi sono molto graditi in tutto il Mediterraneo ma il loro consumo è prevalentemente stagionale, secondo la disponibilità delle varietà selvatiche in primavera e in autunno. Nelle grandi città, i consueti funghi coltivati e venduti negli Stati Uniti sono quasi sempre disponibili ma, a ragione, sono molto meno ricercati rispetto alle varietà selvatiche, considerate migliori. L'origine di queste varietà resta un mistero. Camminando per i boschi italiani nel giusto periodo dell'anno, non le vediamo quasi mai, ma compaiono, periodicamente, nei mercati rionali, talvolta in grande abbondanza, quindi a prezzi proporzionalmente bassi. Solitamente la sicurezza dei funghi selvatici in vendita presso i mercati è garantita da controlli governativi. Non manca qualche caso sporadico di avvelenamento che, a nostro avviso, non è mai causato da funghi acquistati in negozi o sui banchi dei mercati. Le vittime, piuttosto, sono imprudenti collezionisti che non resistono alla tentazione di raccogliere funghi bellissimi ma scarsamente conosciuti.

Diverse varietà di funghi secchi, confezionati soprattutto in Svizzera e Germania occidentale, sono consumate in piccole quantità durante tutto l'anno. Il prezzo di una piccola confezione in cellophane può sembrare elevato, ma basta una minima quantità di prodotto per produrre un ottimo effetto. Il fungo secco più diffuso, il boleto giallo, dal fondo spugnoso, è chiamato *cèpe* in francese, porcino in italiano e *robellón*[1] in spagnolo. A parte l'acqua, nel processo di essiccazione perde molte proprietà ma, una volta ricostituito con l'aggiunta di un po' d'acqua, è più saporito del comune prodotto coltivato, ed è decisamente migliore dei funghi in scatola o conservati in vasetti di vetro, compresi quelli in agrodolce che gli italiani amano servire sul vassoio degli antipasti. Il boleto secco e qualche altra varietà europea di funghi selvatici, secchi o in scatola, si possono trovare nei negozi americani specializzati nell'importazione di generi alimentari di lusso. In alcune città americane è più facile reperire funghi secchi importati dall'Estremo Oriente. Il loro sapore è identico a quello degli europei, per cui si consiglia di utilizzarli in molte delle ricette che prevedono, tra gli ingredienti, appunto i funghi.

GRASSI E OLI

Alcune ricette mediterranee prevedono l'impiego di burro e, talvolta, anche di strutto, ma in realtà il grasso normalmente utilizzato in questi Paesi è l'olio di oliva. Per fortuna, olio di oliva di buona qualità si può trovare ovunque negli Stati Uniti. Il prezzo sembra esagerato se ne compriamo una minuscola bottiglia ma, acquistato in lattine da mezzo o da un gallone, non è poi così costoso. Da notare che, poiché si mantiene molto bene, molto meglio dell'olio di semi, conviene comprarne grandi quantità. A temperatura ambiente, ben sigillato e al riparo dalla luce, si conserva perfettamente per anni, mentre in frigorifero potrebbe benissimo sopravvivere allo stesso frigorifero!

L'olio di oliva differisce da regione a regione e cambia anche in base al metodo di estrazione. Quello prodotto in Spa-

1. Il *robellón* (*Lactarius deliciosus*) in realtà non è un porcino ma un sanguinello [*ndt*].

gna ha un sapore molto più forte di quanto potrebbe piacere alla maggior parte degli americani, come pure a francesi o italiani. Ma gli oli francesi, italiani e greci sono disponibili in una vasta gamma di sapori che va dal delicato al forte. Gli esperti sarebbero capaci di dissertare all'infinito sulle proprietà culinarie e sugli effetti presunti sulla salute delle centinaia di varietà e qualità commercializzate sul mercato mondiale, ma non è necessaria alcuna competenza specifica per ottenere un buon olio leggero che consenta di seguire il modello mediterraneo di cucina in America. Basta, infatti, che si tratti di olio di oliva vergine nel suo contenitore originale. Di solito piace anche a chi non l'ha mai usato prima e decide di provarlo magari qualche volta. Questo è un aspetto importante in quanto molti piatti mediterranei perdono la loro vera essenza senza almeno un po' di olio di oliva. Se, in un primo momento, il suo sapore può sembrare un po' strano, durante la fase di educazione al gusto si può anche miscelare con olio di mais o uno degli altri oli di semi vegetali.

Un filo di olio di oliva è fondamentale per conferire il giusto aroma alle insalate dell'area e il vero carattere di alcuni piatti è valorizzato dall'aggiunta di qualche goccio all'ultimo momento. Non va dimenticato che, in tutti questi casi, quando si desidera conservare il sapore dell'olio, si usa a crudo, poiché buona parte del suo sapore si perde in cottura. In un piatto cucinato, un sapore forte dovuto all'olio significa che questo è di scarsa qualità o che è addirittura deteriorato.

L'olio di oliva è apprezzato soprattutto per le sue proprietà culinarie. Esso, infatti, può essere utilizzato senza correre rischi anche a temperature più elevate, con conseguente riduzione dei tempi di cottura rispetto a quelli di semi o al burro. L'olio di semi comune bolle a una temperatura di gran lunga inferiore e il burro, sciogliendosi a temperature elevate, sprigiona odori sgradevoli. Da questo punto di vista, tra gli oli di semi più diffusi, quello di arachidi e quello di colza – divenuto da tempo popolare in Estremo Oriente, ma ancora poco richiesto in America – sono i più vicini all'olio di oliva. Presente sul mercato francese e in qualche altro Paese europeo, quello di colza attualmente è malvisto in quanto è stato osservato che, se somministrato in grandi quantità ad animali da esperimento, questi denunciano danni al muscolo cardiaco.

L'industria alimentare è talmente attiva nel cercare di modificare i grassi e gli oli alimentari che semplici dichiarazioni sui suoi attuali prodotti potrebbero presto apparire desuete. Tuttavia non è escluso che, mediante la manipolazione chimica degli oli di semi, sarà presto possibile imitare con successo le tipiche proprietà culinarie dell'olio di oliva. A tal fine ci si potrà avvalere dell'idrogenazione selettiva, sebbene molti nutrizionisti non siano convinti che un consumo a lungo termine degli acidi grassi cosiddetti "artificiali" prodotti con questa tecnica sia davvero auspicabile.

Nei Paesi mediterranei, il burro da spalmare è usato molto raramente, ma si tratta di un grasso che ha un ruolo importante nella preparazione di vari piatti. Di solito, il burro migliore è senza sale e non viene mai aromatizzato o colorato in modo artificiale come si fa normalmente negli Stati Uniti. Questo burro freschissimo e senza sale ha un gusto molto leggero e delicato che si perde in presenza di aromi più forti, ma il suo contributo alla riuscita di alcuni piatti è indiscutibile. A questo proposito, le migliori margarine in commercio, sia in Europa sia oltreoceano, non possono essere paragonate al burro di qualità, nonostante il sapore sia piuttosto simile, in quanto derivante dallo stesso agente chimico usato per correggere buona parte del burro, anche se non tutto, venduto nei nostri negozi. Nei Paesi mediterranei l'uso della margarina è ancora molto circoscritto; questa materia grassa non è mai indicata nelle ricette locali, a eccezione di quelle presentate a scopo pubblicitario. Tuttavia, controllando gli scaffali dei negozi di alimentari e interrogando qua e là diverse persone, è evidente che la margarina è sempre più presente nella cucina, se non sulla tavola, delle famiglie mediterranee.

La maggior parte della margarina attualmente reperibile nell'area mediterranea è ancora del tipo duro, ma le nuove margarine spalmabili in vaschette di plastica già s'intravvedono nelle vetrine frigorifero dei negozi, anche in paesi piccoli. Durante le nostre degustazioni, le margarine dure hanno evidenziato il sapore più buono, ma quelle morbide hanno certamente il merito di essere a contenuto più basso di acidi grassi saturi e "artificiali". Sia nei Paesi mediterranei sia in America, le etichette apposte sulla margarina, nonché su oli e materie grasse in genere, non danno alcuna informazione sulla composizione chimica quantitativa dei prodotti. In realtà, sulla maggior parte delle etichette degli oli vegetali in commercio è scritto soltanto "olio di semi", ma non è indicato il tipo di semi impiegato.

L'industria lattiero-casearia non ha un forte potere politico nei Paesi mediterranei tranne che, forse, in alcune regioni della Francia, e non vige alcuna rigida normativa per proteggere i prodotti da una concorrenza ragionevole. Una conseguenza di ciò è che miscele di altri grassi non sono vietate, a condizione che gli ingredienti siano chiaramente individuati senza dichiarazioni inesatte. Alcuni anni fa, in Grecia, è stata introdotta una miscela composta dal 5 per cento di burro e dal 95 per cento di olio di oliva idrogenato, chiamata Puthini, attualmente venduta diffusamente come grasso alimentare. Si mantiene per mesi senza refrigerazione, a temperatura ambiente, è un po' più dura del burro e, dopo essere rimasta per qualche giorno nel barattolo aperto, assume una consistenza ruvida e granulosa. Non ci attira, soprattutto perché costa il doppio di un olio di oliva di buona qualità e non molto meno del burro, ma si vede che l'industria olearia greca la considera una risposta alla crescente minaccia della concorrenza di margarine prodotte con oli di semi vegetali, come quelle che dominano il mercato americano e dell'Europa settentrionale.

BURRO E OLIO NELLE RICETTE

Non è stato facile decidere quali grassi e oli inserire nelle ricette del nostro libro. Secondo alcuni nutrizionisti, convinti che bisognerebbe a ogni costo ridurre al massimo il livello di colesterolo nel sangue, il burro andrebbe eliminato in toto e bisognerebbe utilizzare soltanto gli oli di semi con il più elevato contenuto di acidi grassi polinsaturi: olio di semi di mais, di cartamo, di girasole. Nel caso in cui si acconsentisse all'uso della margarina, le nuove varietà spalmabili in vaschetta sarebbero preferite. D'altro canto, il classico buongustaio, il cui ideale gastronomico è sempre in linea con la massima del «cibo più ricco per le persone più ricche», è scandalizzato dall'idea che nella cucina mediterranea si possa impiegare qualcosa che non sia burro o olio vergine di oliva.

Nel decidere quali grassi e oli suggerire, siamo stati guidati dall'obiettivo di abbinare la migliore cucina quotidiana della gente comune del Mediterraneo alle nostre conoscenze in materia di grassi, oli alimentari e del loro effetto sul sangue. Inoltre, siamo pienamente consapevoli del fatto che il quadro ematologico "naturale" differisce da individuo a individuo come anche, di conseguenza, l'esigenza di sorveglianza della dieta. Pertanto, spesso nelle ricette il termine "burro", virgolettato, sta a indicare che le persone con un lieve o nessun problema di colesterolo possono, se vogliono, consumare il vero burro, mentre gli altri dovrebbero usare una margarina morbida povera di grassi saturi. Per quanto riguarda il "burro", abbiamo considerato che chi deve fare attenzione alla composizione del grasso che mangia dovrà consumare una margarina leggera ogniqualvolta la ricetta preveda il burro. Infatti, è stato stimato che, presumibilmente, una normale margarina leggera e di buona qualità sia composta dall'81 per cento di grassi totali (di cui 14 per cento saturi, 21 per cento polinsaturi, 46 per cento monoene "neutro") e dal restante 19 per cento di acqua.

Anche l'"olio" ha posto qualche problema di interpretazione. Per i mediterranei che si occupano di alimentazione, l'olio sarà sempre e unicamente olio di oliva. D'altra parte, molti americani, non essendo abituati all'olio di oliva, potrebbero preferire l'olio di mais, di semi di lino, di arachide o una loro miscela. A eccezione delle insalate e di altri piatti che prevedono l'uso di olio crudo per farne risaltare l'aroma, non c'è una grande differenza di gusto tra i piatti cucinati con una *buona* varietà di uno di questi oli. Inoltre, anche l'effetto prodotto sul sangue da questi vari tipi di olio alimentare non è molto diverso nella maggior parte delle persone che seguono un'alimentazione di tipo misto come quella raccomandata nel libro. Nelle ricette, le proporzioni sono state calcolate con riferimento all'olio di oliva, a meno che non sia chiaramente indicato un altro tipo di olio. Nel caso in cui vengano utilizzati altri oli, i dati relativi al grasso totale e alle calorie saranno identiche, e quelli relativi agli acidi grassi saturi leggermente diversi.

LATTE

Occorre segnalare alcune differenze relative al latte. Oltre al fatto che il consumo medio negli Stati Uniti è doppio rispetto a quello dei Paesi mediterranei, anche il tipo consumato è diverso. Nel Mediterraneo, la vacca non è l'unico animale da latte; quelli di pecora e di bufala sono utilizzati quasi esclusivamente per la trasformazione in formaggi, ma nelle campagne dell'Italia meridionale e in alcune aree della Grecia si trova anche il latte prodotto dalla capra, spesso munta sotto gli occhi del compratore, sulla soglia di casa. Le autorità sanitarie pubbliche che non condividono questa modalità di consegna del latte di capra allo stato grezzo, soprattutto nelle zone in cui la brucellosi, o febbre maltese, potrebbe essere endemica, saranno rabbonite una volta informate che questo, così come quello vaccino, prima di essere consumato è sempre bollito in casa.

Il consumo totale di latte di capra – destinato prevalentemente alla produzione di formaggi – è modesto, ma anche il latte vaccino prodotto nel Mediterraneo è solitamente diverso. Negli ultimi anni, quello sterilizzato e spedito in piccole confezioni di cartone cerato dalle regioni lattiero-casearie, comprese la Svizzera e l'Olanda, ha rappresentato una notevole percentuale del consumo di latte vaccino nell'area. Attualmente, la maggior parte dei negozi di alimentari vendono tre tipi di latte sterilizzato: intero, parzialmente scremato (da 1,5 a 2 per cento di materia grassa) e scremato. Questi, soprattutto i più magri, si mantengono bene per mesi senza refrigerazione e sono giustamente apprezzati nel caffè al mattino, come bevanda calda e per i vari impieghi in cucina. La diffusione di questo latte proveniente da lontano è dovuta a un aumento della domanda generato da un maggior benessere e dagli effetti della propaganda sull'importanza del latte per la salute. Per fortuna, il latte condensato e il latte evaporato, che occupavano un posto alquanto importante in molte cucine mediterranee, stanno passando rapidamente di moda, sebbene siano ancora diffusi in alcune località della Spagna e della Grecia. Il latte scremato in polvere è difficilmente reperibile, se non nei negozi specializzati e nei supermercati delle grandi città.

Molte delle ricette contenute in questo libro che prevedono il latte sono state sperimentate con uguale successo in Italia, utilizzando latte sterilizzato parzialmente scremato, e nel Minnesota, utilizzando un latte pastorizzato con un contenuto di grasso pari al 2 per cento. Chi è particolarmente ansioso di controllare il livello di colesterolo nel sangue farebbe meglio a consumare latte magro, aggiungendo a piacere un pizzico di latte scremato in polvere per dargli più corpo.

YOGURT

Lo yogurt – ormai diffuso ovunque sia in Europa sia in America – è stato per secoli un alimento abituale della dieta giornaliera delle popolazioni balcaniche, greci compresi. Il *koumiss*, un prodotto fermentato simile ricavato dal latte di cavalla, ha anch'esso origini molto antiche in Asia centrale. Secondo diverse leggende, lo yogurt sarebbe nato in Armenia o Turchia o Grecia. Un'idea che persiste ancora è che sarebbe stato prodotto per la prima volta in Bulgaria, idea tramandata dal nome attribuito a uno dei principali bacilli utilizzati per la sua produzione, *Lactobacillus bulgaricus*. Una settantina di anni fa, l'allora direttore dell'Istituto Pasteur di Parigi, il dottor Élie Metchnikoff, stimolò l'interesse per lo yogurt nell'Europa occidentale e settentrionale avanzando l'ipotesi che l'invecchiamento e le malattie associate alla vecchiaia siano in gran parte dovute ad "autointossicazione", ovvero un avvelenamento dell'organismo causato dalla presenza di batteri nocivi nel tratto intestinale. In base alla sua teoria, si potrebbe ritardare l'invecchiamento e vivere più a lungo creando nell'intestino una coltura batterica "benefica". Qualche anno dopo, giunse alla conclusione che, per ottenere tale obiettivo, bisognava mangiare yogurt. Metchnikoff fu uno dei più importanti ricercatori del suo tempo e meritò pienamente il Premio Nobel assegnatogli nel 1908 per il suo lavoro fondamentale nel campo della batteriologia, grazie al quale alle sue opinioni fu data ampia visibilità. Colpito dalle storie secondo cui molti bulgari vivevano più a lungo, osservò che un cibo molto apprezzato in quel Paese, lo yogurt, era essenzialmente una coltura di due particolari batteri nel latte, *Lactobacillus bulgaricus* e *Streptococcus lactis*, e riuscì a isolare entrambi facendoli crescere in una coltura pura. Alla fine dell'esperimento, dedusse con soddisfazione che i bulgari consumatori di yogurt confermavano la sua teoria.

Oggi la prontezza con cui Metchnikoff accampava prove ci fa sorridere: in realtà, egli non era in grado di fornire alcuna prova effettiva che i bulgari vivessero più a lungo di popoli che non avevano mai sentito parlare di yogurt e neppure che la flora batterica presente nell'intestino dei mangiatori di yogurt fosse davvero particolare e "benefica". Tuttavia, siamo grati a Metchnikoff per avere contribuito a rendere lo yogurt disponibile su larga scala. Perché, anche se non è stato dimostrato che migliori la longevità, si tratta sicuramente di un prodotto alimentare utile e versatile. Inoltre, è importante ricordare che è sicuramente consigliabile come alimento da inserire regolarmente nella dieta, anche se non siamo del tutto convinti, com'è invece la maggior parte dei greci, che dopo una serata trascorsa a bere alcolici una tazza di yogurt possa prevenire i postumi della sbornia. O che, nel caso in cui non si pensi a una simile precauzione, mangiarlo il mattino seguente possa velocizzare la ripresa.

A partire dalla seconda guerra mondiale, lo yogurt è diventato sempre più popolare in tutto il mondo mediterraneo. Se ne può trovare di buona qualità in ogni negozio di alimentari, dalla Grecia alla Spagna, ma i greci ne fanno il più largo uso e in tanti modi diversi. In Grecia si dice che il migliore sia ricavato dal latte di pecora, ma tale opinione sembra basarsi unicamente sul fatto che il latte di pecora è un po' più grasso di quello di vacca o di capra, gli altri due tipi di latte utilizzati per produrlo in quella parte del mondo. Personalmente, non crediamo che il sapore sia il più importante criterio di valutazione della qualità, e ci sembra che si possa ricavare un ottimo yogurt anche da latte a basso contenuto di grasso o parzialmente scremato. La leggenda secondo la quale un alimento "ricco" – vale a dire ricco di grasso di burro – sia da considerare "migliore" va sfatata per lo yogurt, come per una serie di altre ricette in cui si confonde il costo con la qualità e si insiste nell'utilizzare il burro quando si potrebbe usare qualsiasi altro tipo di grasso con un risultato analogo, se non addirittura migliore. Per *alcune* ricette è richiesta una buona quantità di materia grassa del latte, ma non certamente per lo yogurt.

Nella regione a nord e a ovest dei Balcani, lo yogurt è sempre ricavato da latte vaccino, solitamente parzialmente scremato, con un 2 per cento circa di grasso. Si può ottenere qualcosa di simile utilizzando latte magro o anche latte magro in polvere diluito con un po' di acqua ma, in base alla nostra esperienza, si tratta di uno "yogurt" di qualità decisamente inferiore. Coloro che fanno attenzione alle calorie saranno contenti di sapere che una porzione standard di circa cento grammi di yogurt riempie molto, ma allo stesso tempo contiene al massimo una sessantina di calorie, a meno che non sia zuccherato.

Gran parte dello yogurt in vendita negli Stati Uniti è più denso, solido e compatto di quello greco. Una simile differenza in termini di consistenza si riscontra in alcune marche presenti sul mercato europeo. Abbiamo il sospetto che, oltre al latte e alla coltura batterica base, si aggiunga a questi yogurt "arricchiti" qualche altro ingrediente sconosciuto. Qualunque sia il segreto, preferiamo quelli più semplici e più naturali. Va inoltre notato che buona parte, se non la maggior parte, degli yogurt attualmente disponibili nei Paesi in cui stanno acquisendo popolarità sono aromatizzati alla frutta e zuccherati, a nostro avviso in modo eccessivo. Non siamo contrari allo yogurt aromatizzato alla frutta come dessert o spuntino tra i pasti, ma le vendite relativamente ridotte di quello al naturale denotano una diffusa ignoranza delle sue virtù in cucina: è tra gli ingredienti di varie ricette del libro riportate nell'Indice.

FARE LO YOGURT IN CASA

È possibile preparare ottimo yogurt in casa, facilmente ed economicamente. Basta procurarsi del latte, preferibilmente parzialmente scremato, con 1 o 2 per cento di grasso di burro, e una piccola confezione di yogurt commerciale (solo per la prima volta, poiché, successivamente, si utilizzerà come starter lo yogurt fatto in casa). Per motivi non del tutto chiari, i vasi da una pinta al massimo sono i migliori contenitori per fare lo yogurt in casa.

Portate a bollore un quarto di gallone di latte parzialmente scremato, fatelo cuocere per tre o quattro minuti, poi toglietelo dal fuoco. Una volta raffreddato fino a raggiungere una temperatura tra i 40 e i 43°C, mescolatelo con un cucchiaino di yogurt commerciale e versatelo in vasetti o ciotole. Coprite i contenitori con un panno doppio o una coperta, oppure metteteli in un forno *leggermente* riscaldato – non caldo –, e lasciate riposare fino quando il contenuto non diventi molto denso. A seconda della temperatura e della coltura, lo yogurt sarà pronto in un tempo che oscilla tra le due e le dodici ore.

ACETO

Tra gli ingredienti importanti della cucina mediterranea, è tra i più difficilmente reperibili in America. L'aceto, cioè il risultato della trasformazione dell'alcol in acido acetico a opera di specifici batteri che si rigenerano in presenza di ossigeno, può essere ricavato da qualsiasi soluzione alcolica a bassa gradazione, come quella prodotta dalla fermentazione di sidro di mele, miele e acqua, liquore di malto di grano, succo di pera (*perry*), purè di patate e così via, ma nei Paesi produttori di vino è sempre prodotto con il vino, o meglio con il succo d'uva prima della vinificazione vera e propria. Fino a circa duecento anni fa, quest'ultimo era essenzialmente vino casualmente trasformato in aceto dopo essere stato esposto all'aria per molto tempo. Oggi invece non è più una sorta di vino deteriorato, ma viene prodotto appositamente attraverso un processo in grado di garantire che la giusta coltura batterica possa convertire l'alcol in acido acetico.

L'aceto di vino si trova nella maggior parte dei migliori negozi di alimentari americani. Non dubitiamo che sia prodotto con vino, ossia con succo d'uva fermentato, ma di solito è molto più forte di quello caratteristico dell'area mediterranea. Anche se probabilmente "più delicati" dell'aceto bianco puro, alcuni prodotti americani sono molto più aspri e il loro unico aroma è dato dall'acido acetico. Le ricette contenute nel libro prevedono l'uso di un aceto *leggero*: le quantità consigliate sarebbero eccessive se si usasse un aceto equivalente a una vigorosa fermentazione acetica. Se non si ha a portata di mano questo tipo di aceto, si può provare a diluire la varietà disponibile con un vino rosso secco leggero, aggiungendo un pizzico di zucchero. Secondo la nostra esperienza, la prova del giusto grado di intensità dell'aceto consiste nel berne un mezzo cucchiaino liscio senza provare disgusto.

FILLO – LA PASTA SFOGLIA GRECA

Nei negozi di generi alimentari greci si vende la pasta fillo, un impasto di farina grezza e acqua da cui si stendono, come per miracolo, sfoglie sottili come la carta da scrivere. Una confezione standard di pasta fillo di marca comune pesa poco più di una libbra e contiene quattordici strati di pasta, ciascuno dei quali misura quasi diciotto pollici quadrati. La sfoglia fillo è un ingrediente fondamentale per la preparazione di molti prelibati piatti greci, come tortine al formaggio, alla carne e agli spinaci, e di un ricco assortimento di dolci.

Incartata correttamente, la pasta fillo si conserva bene per alcune settimane in frigorifero e per alcuni mesi nel congelatore. Al fine di testare il grado di conservazione della pasta durante gli spostamenti, abbiamo caricato sull'auto per tre giorni di caldo estivo una confezione di pasta fillo, e successivamente l'abbiamo conservata in frigorifero per una settimana prima di cominciare a utilizzarla. Le ricette sono riuscite benissimo, per cui evidentemente il duro trattamento cui era stata sottoposta non l'aveva affatto danneggiata. Ci auguriamo che questo magnifico ingrediente possa essere disponibile in tutti i supermercati americani, ma non è necessario recarsi fino in Grecia per ottenerne una scorta. Negozi che la vendono assieme ad altri generi alimentari greci sono presenti in quasi tutte le grandi città americane. Nel loro libro *Art of Greek Cookery* (Doubleday, New York), le brave donne della chiesa greca ortodossa di San Paolo elencano più di cento negozi simili presenti negli Stati Uniti. Basta scrivere alla Lekas and Drivas, Inc., 98 Fulton Street, Brooklyn, New York, 11201, per avere informazioni su quello più vicino a te.

CAPITOLO V
Stuzzichini e spuntini

Nell'America degli anni Settanta, gli antipasti si servono principalmente, se non unicamente, in abbinamento ai cocktail. In un'epoca frenetica e stressante come la nostra, pensiamo sia giusto concedersi un momento di relax prima di cena, accompagnando le nostre amene conversazioni e i nostri drink con qualche boccone di qualcosa di buono. Sapori salati e piccanti, assieme a un po' di alcol, fanno scorrere i succhi gastrici, quindi i veri stuzzichini meritano il nome che portano. Fino a un certo punto, stuzzicano l'appetito davvero, anche se questo può sembrare una virtù dubbia in un Paese in cui forse la metà degli adulti afferma di voler dimagrire. A ogni modo, da noi in America si usa così, mentre nelle isole britanniche e in Europa settentrionale il rito è abbastanza simile... ma con una gradazione alcolica inferiore.

Nei Paesi mediterranei, i cocktail sono piuttosto rari, se non negli esclusivi ambienti internazionali, mentre bere un bicchiere di vino come aperitivo è un'usanza diffusa a quasi tutte le ore. Spesso l'aperitivo coincide con una bevanda dolce – un vermut dolce o una miscela di vino, aromi, alcol e zucchero –, pubblicizzata come una bibita che «aiuta la digestione». Ultimamente patatine e arachidi hanno invaso tutti i Paesi europei e possono essere servite con l'aperitivo, anche se solitamente non si mangia alcun tipo di cibo. Un assortimento di stuzzichini come quello solitamente proposto negli Stati Uniti non compare se non nelle occasioni importanti, vale a dire ricevimenti dopo i quali per gli invitati non è prevista la cena.

Verso sera, in Spagna e in Francia, meno spesso in Italia e in Grecia, gli uomini s'intrattengono, seduti nei circoli e nei caffè o in piedi nelle vinerie, chiacchierando e sorseggiando vino senza accompagnarlo con qualcosa da mangiare. Non sono interessati al cibo, infatti, in quanto hanno già consumato il loro pasto principale e mangeranno solo una leggera cenetta più tardi, prima di coricarsi.

La domenica, nei giorni festivi e in occasioni speciali, gli abitanti del Mediterraneo si godono gli antipasti prima del pranzo. Il pane e il vino sono già in tavola quando gli ospiti prendono posto, e mentre aspettano il piatto principale si servono attingendo a piattini di olive, fettine di salumi affumicati e salsicce, funghi sotto aceto e cose simili. Sono questi, e non le noccioline salate o le salsine, come in America, i loro stuzzichini tipici. O, meglio, lo erano, perché turisti provenienti dai Paesi nordici hanno ormai introdotto cracker, noccioline e patatine anche lì. In Francia, gli *hors d'oeuvres* comprendono vari tipi di paté oltre a quello di fegato, mentre tra gli antipasti italiani si possono trovare acciughe e carciofini sott'olio. Simili leccornie sono consumate a tavola prima di cominciare un pranzo importante in Grecia, dove tendono a essere più robuste: piccoli kebab, salsicce ai ferri, torte calde al formaggio (*tiropittakia*) e così via, mangiati con coltello e forchetta. Spesso costituiscono un sostanzioso primo piatto che riempie il tempo in attesa di quello principale.

In Spagna, le cosiddette tapas possono essere minimali – noccioline salate e semplici patatine – o così elaborate da invitare a saltare una successiva cena più formale.

TAPAS

Gli scandinavi sostengono che i loro *smörgåsbord* siano i migliori antipasti del mondo, ma si vede che non hanno assaggiato le tapas spagnole, in particolare quelle servite nei tapas bar lungo la costa mediterranea. Il significato letterale di *tapa* in spagnolo è copertura, tappo, chiusura, oppure tacco di scarpa, nessuno dei quali lascia pensare che in realtà si tratta di cibo, un infinito assortimento di ghiottonerie, perlopiù fredde ma alcune anche servite calde.

Nei tapas bar vi serviranno svariati tipi di olive, tanto per ricordarvi che la Spagna produce le migliori olive verdi, mandorle salate preparate il giorno stesso, alcuni formaggi, non particolarmente notevoli; si troverà il fantastico prosciutto serrano e un'ampia scelta di piccole porzioni di salumi cotti e affumicati abbinate a diversi tipi di salsa; tanti tipi di insalata, mai conditi con abbondante maionese secondo l'usanza nordeuropea; piatti saporiti a base di verdure come la caponata siciliana e la moussaka greca; il tutto può essere intervallato, a piacere, da zuppe, brodi, uova fritte o minuscole bistecchine di agnello. Tuttavia, i tapas bar devono la loro fama ai frutti di mare. La varietà di pesci e crostacei è sorprendente, ma queste tapas si distinguono soprattutto per la loro assoluta freschezza: non si sente "puzza di pesce", niente di impregnato di acqua per essere rimasto un giorno o più nel ghiaccio sciolto, niente di troppo duro o secco a causa dell'eccessiva cottura.

Le migliori specialità sono a base di pesce locale. Essendo tipiche delle regioni in questione, è inutile chiedere al lettore di provare a replicarle in un altro luogo. Ecco quindi: molluschi dalle conchiglie stravaganti e quasi decorative, al punto che si ammirano senza sapere che con un po' di destrezza si potrebbe tirarne fuori un appetitoso bocconcino; piccole cieche fritte sotto gli occhi di chi le acquista, da addentare una ventina alla volta; calamaretti cotti nel proprio inchiostro, così minuscoli da mandarne giù due in un solo boccone; pesciolini brutti e sformati, tutti spine e bitorzoli intorno a una testa enorme, dalla carne bianchissima, compatta, dolce quasi come quella dell'aragosta.

Oltre alla varietà e alla ricchezza del cibo, il fascino dei tapas bar consiste non nell'arredo, inesistente, ma piuttosto nell'atteggiamento informale e socievole degli avventori, che stanno in piedi al banco stretti in gruppi di tre o quattro, dando le loro ordinazioni ai camerieri che le trasmettono in cucina a voce alta. Si mangia un po' di tutto, in piccolissime quantità, senza voler a tutti i costi pensare a quali piatti siano i più "appropriati" e in quale ordine consumarli. Si beve birra, vino rosso o bianco, o anche Coca-Cola o brandy, a seconda dell'umore. Qui gli editti dei sacerdoti del mondo dei gourmet sono trattati con disdegno.

A Valencia c'è una stradina chiusa al traffico, la Mosén Femades, larga quattro passi e lunga un piccolo isolato, in cui si rimane attratti da una dozzina di tapas bar. Le loro vetrine sono piene zeppe di cibi allettanti e la strada è attraversata da un costante flusso di gente che entra ed esce dalle porte aperte dei locali, che non hanno atrio né saletta d'ingresso e dove il numero dei clienti è dieci volte superiore ai posti a sedere. Qui viene gente di ogni ceto sociale per trascorrere qualche ora di relax, a bere e a mangiare, a salutare un amico e a scambiare battute. Spesso capita che i clienti decidano di saltare la normale cena oppure, secondo l'usanza informale della regione, di rimediare sedendosi al tavolo di un ristorante verso le undici, o addirittura più tardi, per consumare una cena leggera. Un'usanza simile è diffusa in altre città spagnole, ma solo a Valencia esiste questa concentrazione di tapas bar, che permette di unire il rito mediterraneo della passeggiata serale alla tentazione invitante di mangiare un boccone. Si tratta di una combinazione unica, che non ha uguali né in altri Paesi mediterranei né altrove.

Mangiare nei tapas bar è una gioia, non un'abitudine quotidiana della popolazione. E la quantità totale di cibo consumato, vale a dire tanti piccoli assaggi, non è molta, cosicché mangiare tapas non incide granché sul modello alimentare complessivo. In altre parole, non è necessario chiedersi quale potrebbe essere il loro impatto sulla salute: quello che conta è godersele.

GLI STUZZICHINI DEGLI AMERICANI

Considerato che il tapas bar più vicino si trova a più di tremila miglia da New York, come soddisfare la richiesta di antipasti da parte di chi si ostina a voler mangiucchiare qualcosa prima di cena e, al contempo, conviene che bere alcolici a stomaco vuoto non è molto urbano? Sull'offerta americana – sedano, bastoncini di carote crude, olive, noccioline salate, alcune salsette spalmate col cucchiaio su fettine di pane tostato melba, snack al mais e simili – non c'è nulla da ridire dal punto di vista sia nutrizionale sia culinario. Ma, a eccezione delle olive e forse anche delle noccioline salate, questi non sono stuzzichini mediterranei.

Secondo un'opinione diffusa in Mediterraneo, le carote crude e il sedano sono indigesti e, se le quantità superano le microporzioni presenti nelle insalate, potrebbero risultare "insalubri". Ma, una volta rassicurati sulla sicurezza di questi prodotti e convinti ad assaggiarli, gli abitanti del Mediterraneo non li escludono a priori. Per quanto riguarda salsine e simili, basta un po' di esperienza perché la maggior parte di loro si entusiasmi per questa novità. Si possono sempre inventare nuove salsine, liberamente in base ai propri gusti, purché si faccia un minimo di attenzione agli ingredienti grassi. Quelle piccanti e saporite, in genere le più amate, non richiedono necessariamente formaggi pannosi o molto grassi, che si possono tranquillamente evitare. I fiocchi di latte mescolati con un po' di latte scremato o magro costituiscono una buona base. Si consiglia di sceglierli a basso contenuto di grasso o secchi e, volendo, si può aggiungere un po' di olio vegetale. La maionese, o un'accettabile imitazione di essa, darà ulteriore sapore e consistenza. Lo yogurt e la ricotta sono altri possibili ingredienti aggiuntivi o alternativi.

Unire altri ingredienti alla salsina di base consente di ottenere tanti sapori diversi. Alcune gocce di succo di cipolla sono da consigliare, ma provate anche con frutti di mare o pesciolini tritati: vongole, polpa di granchio, aragosta, acciughe... Un pezzetto di formaggio dal sapore forte dà molta soddisfazione e anche i più prudenti dietisti possono concedersi un piccolo strappo alla regola. Pensiamo al roquefort o ad altri erborinati, al camembert, al brie, al gorgonzola o al brick, ma devono essere maturi al punto giusto per apprezzarne appieno il sapore. Altre ottime varianti prevedono l'aggiunta di cipolla, erba cipollina o scalogno, finemente tritati.

Volendo, si può provare a insaporire con un po' di aglio, senape o paprica. Una punta di concentrato di pomodoro dà colore più che sapore in presenza di altri ingredienti dal gusto più forte. Per ottenere una salsina verde, si possono frullare nel mixer foglie di spinaci freschi appena sbollentate o di spinaci surgelati. Il prezzemolo può essere utilizzato nello stesso modo e il suo contributo al sapore sarà più marcato rispetto a quello degli spinaci. Non preoccupatevi se la salsina che state preparando può sembrare inizialmente troppo lenta: basta lasciarla in frigorifero per un'oretta o due prima di servirla. Qui di seguito troverete alcune ricette tipiche per salsine: assaggiatele e poi cominciate a improvvisare.

SPUNTINI

Il confine tra stuzzichini e spuntini non è sempre chiaro (come nel caso delle tapas spagnole) e la distinzione tra spuntini e pasti è ancora meno definita. Gli americani sono soliti ripartire le calorie giornaliere in tre pasti. Tempo fa, il pranzo di mezzogiorno era il più sostanzioso, ma anche la prima colazione non era da meno. La prima colazione è ora spesso poco più di quello che si direbbe uno spuntino, mentre il pasto principale è stato spostato alla fine della giornata ed è diventato la cena; tranne che in particolari occasioni sociali, il pranzo è di solito piuttosto leggero e le ore tra la prima colazione e il momento di andare a letto sono intervallate da uno fino a tre spuntini.

Tra nutrizionisti da un lato e coloro che seguono una dieta dall'altro è emersa una divergenza di opinioni circa i vantaggi del consumo di pasti (la concentrazione dell'alimentazione quotidiana in uno o al massimo due pasti al giorno) e di più spuntini o del "mangiucchiare" (la divisione del cibo in sei, massimo otto porzioni al giorno, dalla mattina presto fino alla sera tardi prima di coricarsi). I topi, generalmente, trascorrono la notte a cercare e a rosicchiare cibo. Anche in una gabbia con il cibo sempre a disposizione continuano a cercarlo, ma se è disponibile solo per un breve periodo di tempo imparano a mangiare a sazietà, e anche oltre, prima che venga tolto dalla gabbia. E, in questo modo, ingrassano. Se, con il beneficio del dubbio, lo stesso esempio fosse riferito all'uomo, si evincerebbe che mangiare poco e spesso aiuti le persone grasse a dimagrire; a detta di chi cerca di perdere peso, sembra che il metodo funzioni. Ma da alcuni esperimenti controllati in cui alle donne veniva somministrata la stessa quantità di cibo alternando un programma alimentare di tre pasti al giorno e un altro di sei, non si è riscontrato alcun effetto sul peso corporeo. Diverse ipotesi e teorie sono emerse in seguito a ulteriori esperimenti e studi sulle abitudini alimentari dei topi.

Nei Paesi mediterranei, come altrove, il modo in cui è diviso il consumo di cibo è legato a lavoro, comodità e stato socioeconomico. Di solito, la prima colazione è costituita da un banale spuntino o solo da un caffè o addirittura da nulla. A mezzogiorno o nel primo pomeriggio si consuma *il* pasto, e la cena è piuttosto leggera. Ma gli operai fanno uno spuntino a metà mattinata chiamato colazione che, a livello calorico, spesso equivale al consueto lunch degli americani, e talvolta mangiano ancora, anche se in maniera meno sostanziosa, tra il pranzo e la cena serale. Gli impiegati e i commessi rimediano in parte all'assenza della prima colazione bevendo una tazzina di caffè zuccheratissimo verso le dieci del mattino. Un paio d'ore dopo il pranzo di mezzogiorno, prendono a volte un altro caffè o un gelato o una bibita.

Le ragioni pro e contro il consumo di spuntini sono in gran parte teoriche. Si dice che i diabetici sarebbero in grado di gestire la malattia più facilmente consumando più pasti ridotti. Può darsi, ma la maggior parte delle persone non soffrono di diabete. Molti, tra coloro che desiderano dimagrire, pensano che la causa principale del loro sovrappeso sia il consumo di spuntini, ma probabilmente un numero equivalente di persone grasse non ha l'abitudine di mangiare spuntini, appunto, tra un pasto e l'altro. Esistono quindi poche prove attendibili per giustificare le opinioni dogmatiche pro o contro gli spuntini.

▸ ANTIPASTO A BASE DI ACCIUGHE
(Anchoïade, Francia)

Questa salsa da spalmare sul pane abbrustolito è solitamente preparata con acciughe salate del Mediterraneo. Prima di tutto, le acciughe vengono dissalate, mettendole in ammollo nell'acqua per una o più ore. Successivamente, si eliminano lische e code. I filetti di acciuga in scatola sono altrettanto buoni, anche se più costosi. Provate a servire la pasta su pane di segale, anche se questo non è un tipico pane mediterraneo. Di solito si usa il pane bianco, ma vanno bene anche altri tipi di pane.

PER 4-6 PERSONE

- 12-16 filetti di acciuga (1 scatoletta da 2 once)
- 3 cucchiai di margarina morbida
- 1 spicchio di aglio, tritato
- 1 cucchiaino di succo di limone
- pepe
- 6 fettine di pane

Tritare le acciughe, la margarina, l'aglio, aggiungere il succo di limone e pepe a piacere. Spalmare la salsina sul pane tagliato a quadretti e privato della crosta in modo da comporre tre sandwich. Schiacciare bene ogni sandwich, dividerlo in quattro parti e lasciarlo abbrustolire sulla griglia fino a quando non sarà dorato. Servire subito.

PER RICETTA

530 cal., 25 g di proteine, 43 g di grassi (9 sat., 15 pol.)

▸ CAPONATA
(Sicilia)

La classica caponata siciliana è un piatto assai elaborato. Avendo un po' di tempo a disposizione e gli ingredienti necessari per prepararla, costituirebbe un magnifico piatto unico. Le versioni più semplici (vedi le ricette che seguono) possono essere servite come contorno e antipasto. Si tratta, in sostanza, di un piatto a base di melanzane in una salsa agrodolce, al quale di solito si aggiungono sedano, pomodoro o salsa di pomodori, capperi, olive, peperoni o pimento. La versione classica può comprendere anche bottarga di pesce affumicato, aragosta, gamberetti, uova sode, pesce spada, carciofi, asparagi, mandorle, acciughe, cioccolato grattugiato.

PER 8-10 PERSONE COME CONTORNO O ANTIPASTO

- 2 melanzane medie (circa 1 libbra ciascuna)
- ¼ di tazza di olio
- 1 cipolla, tritata
- 1 libbra di pomodori, pelati (freschi o in scatola)
- 2 tazze di sedano, a fettine
- ¼ di tazza di aceto di vino, se servito come antipasto
  un cucchiaio, se servito come contorno
- sale, pepe
- 2 cucchiai di capperi
- 2 cucchiai di zucchero
- ¼ di tazza di olive verdi sgocciolate
- ¼ di tazza di mandorle pelate tritate

Tagliare le melanzane a cubetti senza sbucciarle, disporre i cubetti in un colabrodo e salare abbondantemente. Lasciare riposare per mezz'ora o più a lungo, fino a quando non sarà sgocciolata l'acqua ed eliminato il sapore amarognolo. Asciugare tamponando con carta da cucina e rosolare in metà dell'olio. Togliere le melanzane e aggiungere nella padella l'altra metà

dell'olio; soffriggere la cipolla fino a quando non diventi morbida. Aggiungere i pomodori e il sedano, poi cuocere a fuoco basso per 20 minuti. Versare l'aceto, sale, pepe, i capperi, lo zucchero, le olive e le mandorle. Rimettere le melanzane nella padella, coprire e cuocere a fuoco lento per altri 10 minuti, mescolando di tanto in tanto per evitare che attacchino al fondo. Servire la caponata fredda.
Questo piatto si conserva bene in frigorifero e il suo sapore è ancora più buono il giorno successivo.

PER RICETTA
1200 cal., 23 g di proteine, 76 g di grassi (9 sat., 8 pol.)

▸ CAPONATA ALLA STAMLER

Servita dal dottor Stamler e signora nella loro casa di Minnelea in Italia in occasione di una doppia festa (l'inaugurazione della nuova casa e l'anniversario del loro matrimonio) e preparata dallo stesso dottore.

PER 15-20 PERSONE COME CONTORNO O ANTIPASTO
- 2 grosse melanzane (circa 3 libbre)
- 1 cucchiaino di sale
- ¾ di tazza di olio (metà olio di oliva, metà di un altro olio vegetale)
- 3 libbre di zucchine
- 2 grosse cipolle, tritate
- 1 scatola di pelati (o l'equivalente di pomodori freschi)
- ¼ di libbra di olive verdi snocciolate
- ¼ di tazza di capperi
- 2 cucchiai di pinoli
- ¼ di tazza di aceto di vino
- 2 cucchiai di zucchero
- sale, pepe, origano

Lavare le melanzane ma non sbucciarle. Tagliarle a dadini, spolverare di sale e lasciare in un colabrodo per due ore. Spremerle bene con il palmo della mano. Riscaldare l'olio in una padella e soffriggere le melanzane a fuoco medio fino ad ammorbidirle. Girare continuamente in modo da fare rosolare entrambi i lati. Togliere dalla padella con un mestolo forato e sgocciolare quanto più olio possibile. Tagliare a dadini le zucchine senza sbucciarle e rosolarle nello stesso olio. Continuare la cottura fino a quando non saranno sufficientemente morbide, poi toglierle dal fuoco utilizzando sempre un mestolo forato. Cuocere nello stesso olio le cipolle, aggiungere i pomodori (volendo, filtrati) e le olive. Se si usano pomodori freschi, cuocere bene fino ad ammorbidirli. Rimettere le melanzane e le zucchine nella padella, unire i capperi e i pinoli. Riscaldare l'aceto, sciogliervi lo zucchero e versare il composto su melanzane e zucchine. Assaggiare e aggiustare di sale, pepe e origano. Coprire la padella e cuocere lentamente a fuoco medio per 20 minuti, mescolando di tanto in tanto per evitare che il fondo attacchi. Servire il piatto freddo o caldo, come antipasto o contorno.

PER RICETTA
2340 cal., 40 g di proteine, 164 g di grassi (21 sat., 46 pol.)

CREMA DI MERLUZZO

(Brandade de morue, Francia)

Questo antipasto, diffuso in tutta la Francia sudorientale, può essere preparato, oltre che con qualsiasi pesce bianco dalla carne soda, con merluzzo salato (baccalà), surgelato o fresco (nasello). Mettere in ammollo almeno per una notte una libbra di merluzzo salato secco e utilizzarlo al posto di circa due libbre di pesce fresco. Si consiglia di sostituire con un mix di fiocchi di latte e latte scremato il quarto di tazza di panna indicato nella ricetta originale.

PER 12 PERSONE

- 2 libbre di filetti di merluzzo
- 2 spicchi di aglio
- 1 cucchiaio di succo di limone
- ¼ di tazza di olio di oliva
- 2 cucchiai di fiocchi di latte
- 2 cucchiai di latte scremato
- sale, pepe

Immergere i filetti di merluzzo in acqua bollente per un paio di minuti, controllando che non ci siano lische. Tritare l'aglio e metterlo in un frullatore assieme al merluzzo e al succo di limone. Frullare a bassa velocità cominciando ad amalgamare poco a poco l'olio, i fiocchi di latte e il latte. Disporre il tutto in una padella e cuocere a fiamma molto bassa per 15 minuti. Condire con sale e pepe, poi lasciare in frigorifero per almeno un'ora. Le olive nere greche o californiane conservate sott'olio aromatizzato all'aglio si sposano bene con questo antipasto. Servire con triangolini di pane fritto nell'olio come crocchette oppure spalmato su fettine di pane tostato melba. Il pane o altri prodotti su cui servire la crema non sono inclusi nel calcolo del valore nutrizionale di seguito riportato.

PER RICETTA

1270 cal., 168 g di proteine, 61 g di grassi (11 sat., 11 pol.)

▸ CREMA DI MELANZANE COTTE AL FORNO
(Melizanosalata, Grecia)

Questo piatto di origine greca può essere consumato come contorno per accompagnare la carne, ma è ottimo anche come elemento in un assortimento di antipasti o in una cena a buffet.

PER CIRCA UN QUARTO DI CREMA

- 1 grossa melanzana
- 1 spicchio di aglio, tritato
- 1 cipolla media, grattugiata
- 1 grosso pomodoro, pelato e tritato finemente
- ¼ di tazza di olio
- 1 cucchiaino di aceto
- 1 cucchiaio di succo di limone
- sale, pepe

Per guarnire: olive nere, fette di pomodoro, prezzemolo, anelli di peperone verde (facoltativo)

Lavare la melanzana e cuocerla in forno a temperatura media (350°F-180°C) fino a quando non sarà morbida (da 30 minuti a un'ora). La buccia annerita aggiungerà sapore alla crema. Quando la melanzana è ancora calda, tagliarla a metà raschiando la polpa dalla buccia, che sarà scartata. Affettare la polpa usando un coltello in acciaio inossidabile per evitare che scolorisca. Amalgamare bene la polpa tagliata agli altri ingredienti. Fare raffreddare in frigorifero e servire guarnita con uno o tutti gli elementi consigliati.

PER RICETTA

680 cal., 9 g di proteine, 50 g di grassi (6 sat., 4 pol.)

▸ PESCE IN CARPIONE
(Italia)

Si tratta di un buon piatto da gustare sia come antipasto in qualsiasi stagione sia come piatto principale nei mesi più caldi. Si può utilizzare quasi ogni pesce di medie dimensioni o filetti di pesce, tranne sgombri e anguille.

PER 6-8 PERSONE COME ANTIPASTO
PER 3 PERSONE COME PIATTO PRINCIPALE

- 1 ½ libbre di pesce o 1 libbra di filetti di pesce congelati
- farina
- 3 cucchiai di olio
- sale
- ½ limone grosso, tagliato a fettine
- 1 piccola cipolla, affettata
- 2 spicchi di aglio, tritati
- ½ tazza di prezzemolo, tritato
- rosmarino, salvia, pepe nero
- ½ tazza di aceto delicato
- un cucchiaio di erba cipollina o scalogno, tritato

Lavare e diliscare il pesce, o scongelare i filetti, e infarinare. Preparare una padella con due cucchiai di olio bollente. Friggere il pesce per cinque minuti, regolare di sale e disporre su una pirofila con coperchio. Coprire con le fettine di limone e incoperchiare. Versare un altro cucchiaio di olio nella padella e friggere la cipolla, l'aglio e il prezzemolo fino a imbiondire la cipolla; aggiungere un po' di rosmarino e di salvia, quindi regolare di pepe. Unire l'aceto assieme all'erba cipollina o allo scalogno, mescolare e versare tutta la marinata sul pesce. Coprire e lasciare in frigorifero per almeno mezza giornata prima di servire.

PER RICETTA
720 cal., 81 g di proteine, 40 g di grassi (1 sat., 7 pol.)

▶ MELONE E PROSCIUTTO
(Italia)

Per questo popolare antipasto italiano consigliamo di usare il dolcissimo melone honeydew, "rugiada di miele". Tra le varietà americane è la più simile al melone italiano, e la più facilmente reperibile negli Stati Uniti. In Italia si usa in genere o un melone con buccia gialla e polpa verde chiaro oppure la varietà spagnola di colore verde scuro.

PER 6-8 PERSONE
- ◊ 1 grosso melone
- ◊ ¼ di libbra di prosciutto italiano o altro prosciutto magro

Per servire l'antipasto di prosciutto e melone all'italiana, sbucciare il melone, precedentemente messo al fresco, e tagliarlo a fette nel senso della lunghezza. Sistemare le fette di melone su un vassoio con il prosciutto tagliato a fettine molto sottili, da mangiare con le posate. Se non è reperibile il prosciutto italiano, sostituirlo con un altro prosciutto magro.
In alternativa, si possono servire cubetti di melone avvolti nel prosciutto infilzati su un bastoncino per stuzzichini. In stagione, in Italia si servono anche i fichi freschi con il prosciutto come antipasto.

PER RICETTA
680 cal., 28 g di proteine, 28 g di grassi (11 sat., 4 pol.)

▸ PIZZELLE FRITTE
(Italia)

PER CIRCA 20 PIZZELLE
- 2 tazze di farina
- 1 panetto di lievito fresco o 1 bustina di lievito secco
- olio per friggere

Per condire:
- 1 scatola di polpa di pomodoro (15 once)
- 1 spicchio di aglio, tritato
- 1 pizzico di origano
- sale

Disporre la farina a fontana in una ciotola. Sciogliere il lievito in mezza tazza di acqua tiepida, aggiungere un pizzico di sale e una punta di pepe. Versare la miscela di lievito al centro, mescolare e aggiungere altra acqua, un po' alla volta, fino a quando la pasta non sarà sufficientemente morbida. Stenderla su un piano di lavoro infarinato e lavorarla bene fino a renderla molto soffice ed elastica. Ungere la ciotola, riporvi la pasta coperta con un panno e lasciare lievitare in luogo tiepido per un'ora. Dopo una mezz'ora, mettere a cuocere i pomodori con l'aglio, l'origano e sale in una casseruola senza coperchio. Riscaldare l'olio in una friggitrice elettrica o in una padella a 375°F-190°C. Dividere la pasta in pagnotte grandi quanto un grosso uovo, schiacciarle e friggerle, poche alla volta. Non appena dorate sul lato inferiore, girarle. Quando saranno dorate su entrambi i lati (in uno o due minuti soltanto), toglierle dall'olio, asciugarle brevemente con carta da cucina e mantenerle al caldo fino a quando non saranno tutte pronte. Completare con un abbondante cucchiaio di guarnizione su ogni pizzella e servire subito.

PER RICETTA
1200 cal., 28 g di proteine, 35 g di grassi (3 sat., 18 pol.)

▸ INSALATA MISTA SPAGNOLA
(Entremeses vegetarianos, Spagna)

Per gli spagnoli non è un'insalata dal momento che *entremés* significa antipasto. Ma in America il piatto potrebbe essere servito come insalata, come contorno nella bella stagione o con l'aperitivo. Quasi tutte le calorie del piatto sono fornite dall'olio, quindi se la quantità di olio è ridotta al minimo potrebbe essere raccomandato per una rigida dieta dimagrante. È più saporito, comunque, se condito con almeno un paio di cucchiai di olio di oliva.

PER 4-6 PERSONE

- 1 cavolfiore medio, molto compatto e bianco
- sale
- 4 cucchiai di succo di limone
- 4 cucchiai di olio di oliva
- 3 carote medie
- 1 piccolo cetriolo
- 1 pezzo di peperone verde dolce
- qualche ravanello
- aceto delicato
- 1 tazza di olive nere o verdi o miste, snocciolate

Lavare il cavolfiore, dividerlo in cimette e cuocerlo in acqua. Quando sarà abbastanza tenero ma non troppo molle, scolarlo e metterlo al centro di un vassoio. Salare, spruzzare quasi tutto il succo di limone e aggiungere l'olio. Raschiare e grattugiare le carote, poi disporle intorno al cavolfiore condendo con il restante succo di limone. Sbucciare il cetriolo, tagliarlo a fettine e sistemarlo sulle carote. Tritare o tagliare a striscioline il peperone e unirlo al cerchio intorno al cavolfiore. Aggiungere i ravanelli tagliati a fettine. Spruzzare un po' di aceto sulla verdura cruda e decorare con qualche oliva. Sono da consigliare le olive farcite con pimento o acciughe.

PER RICETTA

1030 cal., 36 g di proteine, 19 g di grassi (2 sat., 2 pol.)

▸ ZUCCHINE MARINATE
(Italia)

PER CIRCA 3 TAZZE

- 2 grosse zucchine (circa 1 libbra)
- ½ tazza di olio di oliva
- sale, pepe
- 1 rametto di menta
- 1 rametto di basilico o origano
- 1 spicchio di aglio, tritato
- ½ tazza di aceto di vino

Raschiare le zucchine e tagliarle a fette di circa mezzo pollice. Friggerle nell'olio per tre-cinque minuti. Sistemarle a strati in una ciotola, condire ogni strato con sale, pepe, menta, basilico o origano, aglio. Fare bollire l'aceto nell'olio rimasto nella padella, versarlo sulle zucchine e lasciare in frigorifero per tutta la notte. Per ottenere un gusto particolarmente autentico è necessario utilizzare olio di oliva, ma vanno bene anche altri oli vegetali o una miscela di oli. Servire le zucchine fredde.

PER RICETTA

960 cal., 5 g di proteine, 100 g di grassi (10 sat., 10 pol.)

▸ TAPENADE
(altrimenti nota come tapenado, Provenza, Francia)

La tapenade, una crema di olive nere, acciughe e capperi da spalmare sul pane come antipasto, è a volte chiamata "caviale di Nizza". Il nome deriva dal termine provenzale *tapene,* che significa capperi. La leggenda vuole che la tapenade fosse esportata nella regione dai Greci fondatori di Marsiglia 2500 anni fa. La ricetta autentica è preparata con le olive nere locali sott'olio; le olive nere importate dalla Grecia sono ottimali ma si possono usare anche quelle californiane, sebbene la salsa perda in sapore. In Provenza si usa l'olio di oliva, ma chi ha dubbi sulla qualità delle olive può usare una miscela di olio di oliva e altri oli vegetali. La tapenade è un fantastico stuzzichino spalmato su pane nero, su fettine di pane tostato melba, su pane abbrustolito o su semplici cracker. Si mantiene molto bene in frigorifero ed è anche più buona il giorno successivo. Ne esistono numerose varianti, come si evince dagli ingredienti facoltativi della ricetta qui riportata.

PER 12-18 PERSONE

- 1 tazza di olive nere
- ¼ di tazza di olio
- 1 cucchiaio di succo di limone
- ¼ di cucchiaino di senape (inglese) secca o 1 cucchiaino di senape pronta
- ½ tazza di capperi
- ¼ di tazza di filetti di acciuga
- ¼ di cucchiaino di pepe nero
- 1 spicchio di aglio tritato (facoltativo)
- ¼ di tazza di tonno sott'olio (facoltativo)
- 2 cucchiai di brandy (facoltativo)
- 1 pizzico di timo (facoltativo)

Oltre agli ingredienti facoltativi, le proporzioni di tutti gli altri possono variare. La maggior parte delle ricette provenzali prevede maggiori quantità di acciughe e capperi. L'antichissimo metodo di preparazione della tapenade consiste nello schiacciare tutti gli ingredienti in un mortaio fino a ottenere una pasta omogenea o una purea. Usare un buon frullatore sarebbe un po' difficoltoso all'inizio ma risparmierebbe tempo e fatica.

PER RICETTA

senza tonno: 700 cal., 17 g di proteine, 73 g di grassi (7 sat., 22 pol.)
con il tonno: aggiungere 300 cal., 25 g di proteine, 20 g di grassi (2 sat., 2 pol.)

▸ SALSINE PRE CENA

Attualmente, nei Paesi mediterranei l'ora del cocktail e le salsine per accompagnarla non sono ancora molto conosciute, ma l'usanza americana sta iniziando a prendere piede e non c'è motivo di pensare che una cena mediterranea non possa cominciare allo stesso modo, a condizione che non si esageri né con i drink né con gli antipasti. Riportiamo qui di seguito due ricette di salsine molto amate sia dagli americani sia dai turisti provenienti dai Paesi mediterranei.

Salsina al formaggio erborinato
(ricetta americana)

PER CIRCA 3 TAZZE
- 1 libbra di fiocchi di latte magro
- ¼ di tazza di latte scremato
- 1 oncia di formaggio erborinato
- poche gocce di succo di cipolla o ½ cucchiaino di cipolla secca, tritata

Amalgamare gli ingredienti con un frullatore ad alta velocità e mettere in fresco prima di servire. Inzupparvi cavolfiore crudo, bastoncini di carota, sedano, patatine o snack al mais. Occorre segnalare che formaggi erborinati danesi e norvegesi sono ormai diffusi nei Paesi mediterranei.

PER RICETTA
580 cal., 91 g di proteine, 18 g di grassi (10 sat., 1 pol.)

Salsina alle vongole

(ricetta americana)

PER CIRCA 3 TAZZE

- 1 libbra di fiocchi di latte magro
- 1 scatola (6½ once) di vongole tritate

Frullare o setacciare finemente i fiocchi di latte e mescolarli bene con le vongole tritate, aggiungendo una quantità di sugo di vongole sufficiente per ottenere la consistenza desiderata. È importante ricordare che, nel frigorifero, la salsina si indurirà molto. Mettere in fresco prima di servire e inzuppare con gli stessi ingredienti elencati nella ricetta precedente.

PER RICETTA

510 cal., 97 g di proteine, 11 g di grassi (5 sat., 1 pol.)

CAPITOLO VI
Pane, dolci e altri prodotti da forno

Si è già parlato del ruolo fondamentale del pane nella dieta mediterranea nel capitolo II, ma qui occorre sottolinearlo ulteriormente. Mangiare alla mediterranea comporta un consumo di pane in quantità molto più elevate rispetto alle attuali abitudini alimentari degli americani. Per chi è a dieta e pensa che la prima cosa da fare per dimagrire sia eliminare il pane, questo dato potrebbe risultare allarmante, ma in realtà sovrappeso e obesità sono molto più diffusi in America che non nei Paesi mediterranei, dove il soggetto medio mangia molto più di una libbra di pane al giorno. Nella dieta mediterranea il pane sostituisce, in parte, i dolci, le carni e i prodotti caseari da cui deriva la maggior parte delle calorie fornite dalla normale dieta americana.

Dal punto di vista nutrizionale, il pane è sicuramente da preferire all'equivalente numero di calorie conseguenti all'assunzione di zuccheri e grassi animali, ma il consumo giornaliero di più di mezza libbra di pane comune potrebbe essere considerato una sorta di punizione gastronomica dagli americani che conoscono solo il pane in cassetta da supermercato, senza corpo e già affettato. Altri tipi di pane dal gusto e dalla consistenza decisamente migliori sono ormai disponibili nei negozi americani, ma sono ancora molto costosi e spesso troppo dolci. I pani comuni mediterranei hanno forme e sapori diversi ma non sono mai dolci; gli ingredienti sono generalmente soltanto farina, acqua, lievito e sale. A volte, all'impasto per il pane francese si aggiunge un po' di grasso alimentare ma, da quanto abbiamo notato noi, senza alcun particolare beneficio. Per i nostri gusti, quello italiano più scadente è prodotto nella zona di Bologna, dove si aggiungono strutto o olio di oliva all'impasto.

Il pane fatto unicamente con farina, acqua, lievito e sale può essere divino se consumato entro poche ore dopo essere uscito dal forno, ma si conserva male rispetto al tipico pane americano, che contiene tutti gli additivi chimici necessari per farlo sembrare fresco anche quando in realtà non lo è. Con diversi sistemi di distribuzione e consegna, sottraendo i costi della pubblicità, di accattivanti confezioni e dell'aggiunta di sostanze chimiche, latte, zucchero, grassi e integratori alimentari normalmente utilizzati per fare il tipico "pane confezionato" americano, il pane comune mediterraneo potrebbe essere venduto a metà del prezzo di quello venduto nei supermercati americani.

I vari tipi di pane americano industriale solitamente contengono aggiunte di vitamine e ferro. Una generazione fa, la diffusione scritta dei requisiti legali di questo pane "arricchito" o "fortificato" è stata molto apprezzata da alcuni sinceri amanti del prodotto, nonché da alcuni gruppi di interesse commerciali. Se è vero, come affermano i sostenitori di questo tipo di pane, che, con i moderni metodi di molitura, la maggior parte dei nutrienti tranne l'amido vengono separati dal frutto del grano, non ne consegue necessariamente che la salute degli americani in termini nutrizionali vada salvaguardata "fortificando" il pane con l'aggiunta di sostanze chimiche. In alternativa, sarebbe più prudente optare per un diverso metodo di molitura, insistendo un po' meno sulla totale bianchezza della farina. Vorremmo altresì smentire alcuni fautori di questi prodotti "arricchiti", i quali sostengono che gli americani sono sempre sull'orlo di un disastro nutrizionale e che qualsiasi deficit alimentare può essere prevenuto "arricchendo" il nostro pane. Attualmente, gli americani consumano così poco pane che "arricchirlo" non servirebbe a garantire un significativo aumento di nutrienti "protettivi" nella dieta. Ci sfuggono, inoltre, le prove scientifiche per cui la gente comune che segue un'alimentazione varia e naturale avrebbe necessità di particolari integrazioni nutrizionali, tra cui quelle contenute nel pane fortificato.

Si consiglia vivamente di mangiare più pane, sia semplice sia arricchito, non solo per imitare i mediterranei, ma soprattutto per eliminare altre importanti fonti caloriche: zuccheri, carni e grassi. Si tratterebbe di un cambio nella giusta direzione per molti americani. Ma mettiamo che il pane del supermercato non ti piaccia. Che fare? La risposta la stanno dando molte famiglie americane: il pane te lo fai in casa! La gratificazione che dà va oltre il sapore e la consistenza del prodotto.

PANIFICAZIONE

Nelle zone rurali del Mediterraneo, alcune famiglie fanno ancora il pane in casa, con grandi infornate una volta alla settimana o una volta al mese. La sera prima, un pezzo di pasta madre avanzato dalla precedente panificazione è messo in un pentolone di acqua tiepida, di solito con l'aggiunta di un po' di farina o zucchero, che ha lo scopo di "alimentare" il lievito, e il contenitore è avvolto in un lenzuolo per mantenere la giusta temperatura. Successivamente, prima dell'alba, si accende un grande fuoco nel forno a legna, costruito fuori dall'abitazione, ed entro metà mattinata, dopo avere aggiunto più volte altra legna, si rastrellano le ceneri e inizia il processo di panificazione. Nel frattempo, si lavora sodo per manipolare, impastare e dare forma alle pagnotte. Entro mezzogiorno viene infornata un'enorme quantità di pane – da venti a cento libbre –, di cui solo una parte è consumata subito, mentre la maggior parte delle pagnotte è modellata in modo tale da poterne staccare dei pezzi, "biscotti", una volta che il pane sia diventato durissimo dopo un lungo periodo di conservazione. Prima di essere consumati, questi biscotti, spessi un pollice, sono spezzati e leggermente imbevuti di acqua per essere ammorbiditi, restando allo stesso tempo croccanti. Spesso si mangiano conditi con succo di pomodoro imbottigliato in casa. Simili biscotti di pane duro sono prodotti a livello industriale e venduti da panetterie e drogherie in molte zone del Mediterraneo, ma tutti concordano che è più buona la versione casalinga.

I moderni mezzi di trasporto hanno eliminato la necessità di fare il pane in casa, se non nelle cascine isolate, ma ultimamente in alcune zone si nota un rinnovato entusiasmo per il prodotto casalingo. Parecchi nostri vicini nel paese dove viviamo nel Sud Italia hanno costruito di recente forni a mattoni, principalmente per cuocere il pane. Ecco un'altra prova del desiderio diffuso di tornare alle vecchie usanze e al cibo "genuino".

Per fare il pane in casa non c'è bisogno di un forno a mattoni con cataste di legna ammassate ai lati. A differenza di tante abitazioni mediterranee, le cucine americane sono dotate di ottimi forni che consentono di fare il pane spesso e volentieri, infornando poche pagnotte alla volta. Se si cuoce una quantità di pane superiore a quella che sarà consumata un paio di giorni dopo, non è necessario farlo seccare per poi eventualmente riutilizzarlo dopo averlo fatto rivenire nell'acqua. Basta avvolgere le pagnotte in eccesso con una pellicola, conservarle nel congelatore e, all'occorrenza, scongelarle seguendo le istruzioni fornite più avanti.

In un'epoca di cibo preconfezionato "automaticamente", in cui l'arte culinaria sta cedendo il passo alla tecnologia e all'uso delle macchine, è una vera gioia per i sensi ritornare alle semplici procedure della panificazione casalinga. Non c'è nulla di paragonabile alla sensazione provata nell'impastare con cadenza ritmica, le mani coperte di farina, fino a quando la pasta non diventi omogenea ed elastica, metterla da parte per farla lievitare e ritrovarla misteriosamente cresciuta in una grande "creatura" soffice. Eppure si tratta solo della prima di una lunga serie di soddisfazioni. Perché poi viene il momento di foggiare l'impasto nelle dimensioni e nelle forme preferite, e dopo ci sarà il profumo divino che si sprigiona dal forno durante la cottura. Infine, c'è il sommo piacere di offrire il pane appena sfornato ad amici e parenti (e a noi stessi!). Con pochi, semplici elementi quali acqua, farina e quello magico del lievito, il panificatore ha dato una parte di sé; la pagnotta – e l'atto di mangiarla – è diventata una questione personale. Non meraviglia affatto che offrire e "spezzare" il pane in compagnia sia un antico simbolo di amicizia.

Nei Paesi mediterranei, il pane è fatto principalmente da panettieri di professione che lavorano di notte per fornirlo fresco il mattino, ma per preparare un ottimo pane non è necessario essere dei professionisti. La natura stessa della farina, dell'acqua e del lievito, che crescono armoniosamente quando vengono lavorati insieme, fa sì che chiunque desideri fare una semplice pagnotta di pane può riuscirci senza paura di commettere troppi errori. Non c'è bisogno di precisione cronometrica, di misurazioni certosine degli ingredienti o di controlli continui davanti al forno. Per via della natura capricciosa di quantità e tempi, il pane può risultare più morbido o più duro, più o meno croccante ma, appena sfornato, è quasi sempre delizioso.

RICETTE PER FARE IL PANE IN CASA

È facile trovare ricette interessanti per pani speciali che si possono fare in casa, ma il comune "sostegno della vita" consumato nell'area mediterranea non è affatto speciale. Si presenta con diverse sfumature di colore, anche se non è mai molto scuro, e in molte forme. Il comune denominatore consiste nell'essere molto più croccante all'esterno e masticabile all'interno rispetto al pane bianco americano, anche quello etichettato al supermercato come "francese". Qui di seguito sono riportate due ricette per incoraggiare a prendere l'abitudine di preparare il pane in casa. Ma, siamo onesti: nelle nostre mani, con i forni delle nostre cucine e la farina comprata al negozio di alimentari più vicino, non si può pensare di replicare le ottime baguette sfornate dai fornai francesi o i grossi panini romani, dette rosette, meno croccanti del pane francese ma ancora più piacevolmente compatte.

Di recente, nostra figlia Martha, da tempo abituata a fare il pane in casa, si è recata nel Sud della Francia per esplorare ulteriormente la cucina locale. A Marsiglia è stata colpita da un pane fantastico e accompagnata nel laboratorio dove lo producono. Il capo fornaio non era sul posto ma le fu promesso che le avrebbero inviato la ricetta per posta. Alla fine, è arrivata una busta da Marsiglia che conteneva un foglietto di carta sul quale erano scritte quattro parole in francese: «Lievito, farina, acqua, sale». È davvero così semplice. Se hai voglia di rischiare, comincia subito a sperimentare diverse quantità, tempi di cottura, temperature e impastature.

PASTE E PASTICCINI

Colpito dal gran numero delle pasticcerie e dalla ricchezza e raffinatezza dei loro prodotti, chi visita i Paesi mediterranei è pronto a credere che la gente da quelle parti consumi più dolci degli americani, mentre in realtà è vero l'esatto contrario. Le casalinghe americane preparano una quantità di gran lunga maggiore di paste e pasticcini in casa. Nonostante la tendenza a trascorrere meno tempo in cucina, l'incredibile abbondanza di preparati per torte consente di mantenere la vecchia usanza americana di mangiare una gran quantità di paste fatte in casa, o almeno infornate in casa. Inoltre, i negozi di alimentari americani vendono una vasta gamma di semplici pasticcini confezionati – panini dolci, brioscine e simili –, rarissimi nei Paesi mediterranei. A occhio e croce, l'americano medio assume un numero quattro volte superiore di calorie rispetto al suo omologo mediterraneo.

Occasioni di festa a parte, nei Paesi mediterranei le paste sono incluse in un pasto regolare solo raramente. È più facile che siano consumate assieme al tè o al caffè, tra i pasti o all'inizio della giornata. Un croissant, un bombolone o un altro tipo di pasta dolce è servito abitualmente con il caffè mattutino, ma questo difficilmente costituisce un pasto "regolare" secondo i normali standard americani.

In questo volume presentiamo solo poche ricette per paste e pasticcini (vedi capitolo XVIII, Dolci), in parte perché le specialità mediterranee sono spesso piuttosto difficili da preparare e, in ogni caso, costituiscono solo una piccolissima parte della dieta, in parte perché non vogliamo incoraggiare il consumo di creazioni così ricche di zucchero, burro e uova.

MUFFIN, BISCOTTI, E CRACKER

I muffin, compresi quelli inglesi, e quelli che noi in America chiamiamo *biscuits* (cookies, gallette...), sono praticamente sconosciuti nella regione mediterranea. Il fatto non è così strano se si pensa che in questi Paesi quasi nessuno fa una vera e propria prima colazione come quella all'americana o beve un tè alle cinque del pomeriggio all'inglese. D'altro canto, i biscotti confezionati si vendono in grandi quantità in tutti i negozi di alimentari. Si danno ai bambini come merenda, si tengono in casa da offrire a chi viene a fare visita, si prestano anche come spuntino di sera, da sgranocchiare davanti al televisore. Equivalenti di questi biscotti, sostanzialmente privi di ogni virtù nutritiva, sono disponibili in tutti i supermercati americani.

I cracker non zuccherati come i *soda crackers* americani e i tipici *cream crackers* inglesi[1] sono diventati prodotti standard sugli scaffali dei negozi di alimentari mediterranei solo da pochi anni. I bastoncini salati tipo *pretzel* e i diversi tipi di cracker salati, indispensabili stuzzichini per l'ora dei cocktail in America, sono arrivati ancora dopo. La loro introduzione è una risposta alla richiesta dei turisti e dei viaggiatori italiani che hanno avuto modo di provarli all'estero. La maggior parte di questi stuzzichini per cocktail sono importati dalla Germania, ma oggi i produttori locali stanno cominciando a proporsi come concorrenti.

I grissini italiani sono una risposta indigena al desiderio di mordicchiare qualcosa di croccante prima del pasto. I migliori grissini si trovano a Torino, che vanta anche il primato del miglior vermut, e siamo grati agli operosi torinesi che con zelo promuovono l'esportazione dei loro prodotti ovunque nel mondo. Ottime marche di grissini sono reperibili in ogni grande città americana. I migliori sono sottili come una matita e alcuni sono del tutto privi di grassi. Tuttavia, per i nostri gusti, quelli ultrasottili, con poco olio di oliva e ben cotti, fino a diventare dorati, sono il massimo. A proposito, mangiandoli non si avverte

1. Sottili biscotti salati generalmente serviti con il formaggio [*ndt*].

minimamente il sapore dell'olio, il che conferma la nostra tesi per cui un buon olio di oliva ha un sapore caratteristico, che ci piace assaporare nell'insalata, per esempio, solo quando è consumato crudo. Un'ultima qualità dei grissini, che i nutrizionisti apprezzeranno molto, è il bassissimo contenuto di sale.

COME CONGELARE I PRODOTTI DA FORNO

Quasi tutti i tipi di pane e prodotti da forno a base di cereali si adattano bene al congelamento e alla conservazione a temperature sottozero. Se avete a disposizione una quantità di pane o prodotti da forno superiore a quella che sarà consumata entro uno o, al massimo, due giorni, avvolgetela bene in una pellicola di alluminio o plastica ermetica sigillando il pacchetto con cura per evitare che si secchi una volta nel freezer. Se prevedete di conservarla per più di due mesi, utilizzate un doppio involucro e sigillate con la massima cura. Annotare la data sulla confezione potrebbe essere una buona idea.

Quando giunge il momento di consumare una pagnotta o un altro prodotto da forno congelato, occorre toglierlo dal freezer con parecchie ore di anticipo e lasciarlo scongelare, ancora avvolto nella pellicola, a temperatura ambiente su una rastrelliera intorno alla quale l'aria può circolare liberamente. Avvolto nella pellicola, il prodotto può essere scongelato più velocemente mettendolo in un forno moderato (350°F-180°C) per un quarto d'ora circa, per poi lasciarlo riposare a temperatura ambiente fino a quando non sia completamente scongelato prima di togliere la pellicola. Può quindi essere scartato e scaldato nel forno, spruzzandolo con un po' d'acqua, se necessario. Il risultato finale è talvolta indistinguibile dal prodotto fresco.

PANINI

Alcuni anglofili perpetuano ancora il mito che fu il quarto conte di Sandwich a inventare il sandwich, o panino. In realtà, il conte non fece altro che diffondere nell'alta società londinese l'idea di mettere un po' di carne tra due fette di pane per fare un veloce spuntino. Il panino, inteso come metodo per mangiare carne accompagnata dal pane senza posate, deve essere stato "inventato" praticamente nel momento in cui l'uomo cominciò a fare il pane. Attualmente, alcuni panini popolari negli Stati Uniti e in Nord Europa sono diffusi anche nel Mediterraneo. Hamburger e hot dog sono reperibili solo nelle località turistiche, ma bar e caffè ovunque vendono tramezzini al prosciutto, al formaggio e all'insalata, preparati con pane stile americano privato di crosta. I clienti sono impiegati e commessi o chiunque altro abbia fretta. I tramezzini al prosciutto e al formaggio sono scarni e banali, ma quelli con un'imbottitura spessa un pollice di lattuga, uova sode, pomodori o tonno e maionese sono spesso molto buoni. Talvolta si aggiunge al mix qualche fettina di patata lessa.

Molto diversi, e spesso eccellenti, sono i panini rustici vecchio stile, consumati da persone con più appetito e forse, ma non necessariamente, meno disponibilità economica. Si spacca in due una piccola pagnotta intera o un panino di un quarto di libbra e si riempie di ogni tipo di imbottitura immaginabile, tranne gelatina e burro di arachidi. Il pane, più masticabile della maggior parte del pane bianco americano, compreso quello definito "francese", non viene mai imburrato ed è sempre uscito dal forno da non più di qualche ora. Talvolta l'imbottitura consiste in poche fettine di salsiccia o di formaggio, ma generalmente si prediligono altri ingredienti. Quello con uno strato spesso di verdure lesse fredde condite con olio di oliva è un popolare panino da portare da casa. Si possono aggiungere un paio di sardine, qualche acciuga, olive snocciolate o altre verdure sott'olio o sotto aceto. Il tonno conservato sott'olio è un altro ingrediente molto apprezzato, e quando diversi cucchiai di olio sono fatti sgocciolare su diverse once di tonno dalla carne compatta, ne viene fuori un gigantesco sandwich dalle mille e più calorie.

Panini di questo tipo erano certamente un cibo diffuso tra la gente comune del Mediterraneo molti secoli prima della nascita del quarto conte di Sandwich nel 1718. Oggi, la maggior parte delle piccole salumerie dell'area preparano panini spessi due pollici, che gli italiani chiamano colazioni, con ingredienti a scelta del cliente. Talvolta, il passante trova esposto in vetrina il cartello «I panini sono fatti su ordinazione», anche se in Italia spesso compare la sola parola «Panini». Alcune località vantano specialità proprie. Nei caffè del Sud della Francia, per esempio, servono il cosiddetto *pan bagna* o *pan bagnat*, piccole pagnotte, divise a metà, strofinate con aglio, spennellate con olio di oliva e farcite con pomodoro, peperoni, olive nere e altri ingredienti a seconda dei gusti. In stagione, fave o fagioli di Spagna crudi costituiscono un'aggiunta molto popolare.

▸ PANINO ALLA PROVENZALE
(Pan bagnat, Francia)

Un *pan bagnat* è già di per sé sufficiente per organizzare un *pique-nique*, come dicono i francesi. Qui di seguito riportiamo la ricetta per un *pan bagnat* per una persona. Nella ricetta autentica si prepara con una piccola baguette di un quarto di libbra o mezza libbra, ma va bene anche un filoncino tagliato a metà.

PER I PAN BAGNAT

- 1 baguette, tagliata a metà
- ½ spicchio di aglio (facoltativo)
- 2 cucchiai di olio
- 1 piccolo pomodoro, tagliato a fette
- sale
- 3-4 listarelle di peperone dolce o pimento
- 1 piccola cipolla, tagliata a fette
- 4 filetti di acciuga
- 4 piccoli ravanelli, tagliati a fette
- 6 olive nere snocciolate
- pellicola di alluminio o carta oleata

Strofinare il pane tagliato a metà con l'aglio e spennellarlo con l'olio. Sistemare le fette di pomodoro sulla metà inferiore del pane, aggiustare di sale e coprire il pomodoro con tutti gli altri ingredienti. Chiudere con l'altra metà del pane, avvolgere in pellicola o carta oleata, o comprimere con un peso di una o due libbre per una ventina di minuti. Lasciato nella pellicola per parecchie ore, il *pan bagnat* è ancora più buono. Si conserva in frigorifero fino a due giorni.

PER RICETTA
770 cal., 49 g di proteine, 36 g di grassi (6 sat., 7 pol.)

Ciò che preme sottolineare qui è che i tradizionali panini della gente comune dei Paesi mediterranei corrispondono a grosse porzioni di pane imbottite con ingredienti molto saporiti, disponibili all'istante e solitamente poco costosi. La carne non è una farcitura diffusa, ma a volte si trova sotto forma di fettine di salame o di prosciutto. Il pane può essere condito con olio, ma non contiene mai burro, ragion per cui solo una percentuale minima delle calorie assunte deriva da grassi saturi. Questi giganteschi panini sarebbero sicuramente fuori luogo sulla tavola degli americani, nel portavivande dell'operaio: una "colazione" media lo riempirebbe tutto senza lasciare spazio alle torte salate, ai dolci e ai panini dolci amati da molti operai americani. Tuttavia, ridimensionati, questi sandwich sarebbero da consigliare, se solo si riuscisse a trovare il pane adatto.

▶ PANONI AL POLLO FRITTO

(Emparedados de pollo, Spagna)

Ecco un modo per sfruttare carne di pollo avanzata e pane secco, anche se il risultato è così buono che varrebbe la pena acquistare ingredienti freschi. Servono una mezza libbra abbondante di pollo fresco lesso o, meglio, fritto all'uopo, e pane abbastanza compatto. Se disponibile, utilizzare un'oncia di prosciutto magro italiano o di jamón spagnolo tipo serrano anziché due once di prosciutto o bacon canadese, come indicato nella ricetta.

PER 4 PANINI

- ◊ 1 cucchiaio di farina
- ◊ 2 cucchiai di margarina morbida
- ◊ 1 tazza di latte
- ◊ ¾ di libbra di pollo cotto, macinato
- ◊ 2 once di prosciutto molto magro o bacon canadese, macinato
- ◊ sale, pepe (facoltativo)
- ◊ 8 fette di pane
- ◊ 1 uovo
- ◊ 1 cucchiaio di mollica di pane o cracker, sbriciolati
- ◊ 4 cucchiai di olio

Preparare un roux con la margarina e la farina e amalgamare il latte. Mescolare il pollo con il prosciutto o il bacon e cuocere lentamente nel latte assieme al roux fino a ottenere una crema densa. Salare e pepare a piacere. Usare la crema per imbottire quattro panini. Pressarli in modo energico e tagliarli a metà. Spennellare i sandwich con l'uovo battuto con un po' di latte, cospargere con il pangrattato e friggere rapidamente nell'olio caldissimo.

PER RICETTA

1660 cal., 87 g di proteine, 92 g di grassi (20 sat., 14 pol.)

MIGAS – MOLLICHE DI PANE SPAGNOLE

In Spagna, le *migas*, che significa letteralmente molliche, sono consumate come spuntini e talvolta anche ai pasti. Si dice che siano state inventate dai pastori aragonesi per riciclare il pane raffermo bagnandolo nell'acqua o nel latte e poi friggendolo in olio insaporito con aglio. Sono apprezzate da secoli da tutti i ceti sociali, ma in particolare come spuntino energetico da adolescenti e da giovani dinamici. In tutti i Paesi mediterranei, e anche altrove, l'usanza di friggere il pane per preparare alimenti ricchi di calorie non è rara, ma le *migas*, bagnate e insaporite prima di essere soffritte, sono tipicamente spagnole.

Non sono solo un modo per recuperare il pane troppo duro, possono anche essere preparate con il pane fresco lasciato seccare all'aria. Dopo averle bagnate leggermente in acqua, latte o una miscela di entrambi (il latte scremato è perfetto), si coprono con un panno per circa un'ora. Quando il pane è particolarmente duro, bisogna bagnarlo bene e strizzarlo prima di friggerlo. La ricetta più semplice consiste nel salare il pane umido quanto basta e friggerlo lentamente in olio: le *migas* saranno pronte quando avranno assorbito tutto l'olio. Le casalinghe spagnole sono solite passare mezz'ora a girarle mentre cuociono, ma lo stesso risultato può essere raggiunto senza tanta amorevole premura sistemando la padella nel forno caldo, e girandole solo un paio di volte. Probabilmente, l'usanza spagnola risale sempre ai pastori aragonesi i quali, sprovvisti di un forno, avevano tutto il tempo per girarle.

Spesso si aggiunge un po' di aglio all'olio prima di friggere le briciole. L'olio può essere quello avanzato da un'altra ricetta con l'aglio o, in alternativa, l'aglio può essere cotto e tolto prima di mettere il pane nella padella. Per mezzo filone di pane, basteranno mezza tazza di olio (di oliva, se vuoi ottenere qualcosa che somigli all'originale) e, per i gusti spagnoli, una media di circa cinque spicchi di aglio. Le *migas* così ottenute forniranno circa 1500 calorie, sufficienti per saziare un paio di allievi militari per un bel po'. Il fatto che più di metà delle calorie derivi da grassi non desta particolare preoccupazione poiché il grasso in questione (olio) ha una bassa percentuale di grassi saturi.

Di solito, le *migas* non sono solo pane bagnato e fritto in olio insaporito di aglio, sono qualcosa di leggermente più elaborato. Per mezzo filone di pane, si può cominciare friggendo in olio un paio di once di pezzettini di prosciutto magro, di pollo o di qualsiasi altra carne avanzata da altri piatti. Quando il pane avrà assorbito l'olio, adagiarvi i pezzettini di carne e servire. Se piace, si possono aggiungere una spolverata di paprica o qualche chicco di pepe di Caienna. Una simpatica usanza antica è quella di servire le *migas* nel recipiente in cui sono state cotte, di solito una padella a doppio manico del tipo impiegato per preparare la paella. Quando le molliche sono fritte disponendo il pane sul cestino della friggitrice, diventata ormai uno strumento standard in quasi tutte le cucine spagnole, il procedimento è necessariamente meno pittoresco. Le *migas*, infatti, vengono scolate molto rapidamente e servite su un portapiatti riscaldato.

In stagione, le molliche si mangiano anche con l'uva. Servirle con spicchi di arancia è più raro, ma si tratta comunque di una soluzione che serve ad allungare di molto la stagione delle "*migas* con frutta". Quelle fritte senza aglio possono essere inzuppate nella cioccolata calda o spolverate con zucchero o un misto di zucchero e cannella per creare un semplicissimo dessert.

▸ MOLLICHE DI PANE FRITTE
(Migas, Spagna)

Le istruzioni che seguono fanno tesoro dell'esperienza nella preparazione delle *migas* di M.K., inizialmente guidata dalla señora Elisa Carmena nella sua cucina di Valenza, in Spagna, poi proseguita altrove. Spesso, nel corso dei pasti, abbiamo mangiato le *migas* al posto delle patate o del riso come contorno al piatto principale.

PER CIRCA 4 TAZZE

- ½ pagnotta secca e dura (usare fette, croste, scarti equivalenti a circa ½ libbra di pane fresco)
- ¼ di tazza di olio di oliva di buona qualità
- 2 spicchi di aglio, tritati
- sale

Se il pane è troppo duro, inzupparlo nell'acqua o nel latte scremato, spremerlo e stenderlo ad asciugare, spezzato in grosse briciole, su uno strofinaccio o su carta da cucina. Si consiglia di eseguire questa operazione al mattino, se le *migas* devono essere pronte per cena. Se il pane è solo leggermente secco, è sufficiente sbriciolarlo e spruzzarvi un po' d'acqua subito prima di friggerlo.

Metodo di preparazione tradizionale

Versare l'olio in una grande padella, aggiungere il pane e l'aglio, poi regolare di sale. Mettere a cuocere a fiamma moderata e girare *continuamente* man mano che le molliche assorbono l'olio e si seccano un po'. Non dovrebbero diventare dorate ma, una volta cotte, essere croccanti fuori e morbide dentro. Il tempo necessario dipende dal livello di umidità all'interno del pane: se questo è ancora piuttosto umido, il cuoco dovrà continuare a girare le *migas* per una buona mezz'ora.

Metodo di preparazione al forno

Versare l'olio in una padella non molto profonda o in una pirofila, aggiungere l'aglio, il pane e il sale, mescolare bene e mettere a cuocere in forno caldo (400°F-200°C). Girare ogni cinque minuti fino a ottenere la consistenza croccante desiderata (circa mezz'ora per molliche molto umide, un po' meno per molliche moderatamente umide).

PER RICETTA

1160 cal., 21 g di proteine, 52 g di grassi (5 sat., 6 pol.)

▸ PANE ITALIANO O FRANCESE

Per fare lunghi e croccanti filoni di pane bianco, si può scegliere tra due procedimenti. Il primo è per coloro che preferiscono pane umido e masticabile, il secondo per chi ama il pane a grana fine e compatta, più morbido. Il primo permette di fare un pane molto simile a quello italiano o francese, e noi ci siamo riusciti utilizzando la farina americana comune con un forno tradizionale.

Primo procedimento

PER 2 FILONI

- ◊ 4 tazze di farina comune, setacciata
- ◊ 2 cucchiai di sale
- ◊ 1 bustina di lievito secco o 1 panetto di lievito fresco
- ◊ 1½ tazze di acqua calda

Unire la farina e il sale in un'ampia scodella. Versare il lievito secco o sbriciolare il panetto nell'acqua calda; girare fino a quando non si sciolga. Mescolare il composto alla farina, amalgamando bene; coprire la scodella e lasciare lievitare in luogo caldo. Normalmente cresce a temperatura ambiente ma, volendo, si può utilizzare il forno. Accenderlo e riscaldare per due minuti, spegnere e poi infornare il pane per farlo lievitare. In un'ora circa, a 80°F-25°C, l'impasto sarà raddoppiato di volume; a una temperatura più bassa, ci vorrà più tempo. L'impasto risulterà molto morbido. Una volta diventato il doppio, stenderlo su un piano di lavoro infarinato, dividerlo in due parti e formare due filoni. Spargere un po' di farina di mais su una spianatoia, adagiarvi i filoni in modo che la parte inferiore sia ricoperta di farina, e poi trasferirli su una teglia. Praticare più incisioni diagonali lungo la superficie e fare lievitare nuovamente fino a raddoppiarne il volume (da 30 minuti a un'ora). Preriscaldare il forno a 400°F-200°C. Spennellare dell'acqua sulla parte superiore del pane, cuocere in forno a 400°F-200°C per 10 minuti, poi a 350°F-180°C per 30 minuti. Per ottenere una crosta più croccante, i panificatori provetti collocano un piccolo contenitore di acqua calda sul fondo del forno durante la cottura.

PER RICETTA
1650 cal., 48 g di proteine, 5 g di grassi (1 sat., 2 pol.)

Secondo procedimento

PER 2 FILONI DI PANE PIÙ MORBIDO, A GRANA FINE

- 1 bustina di lievito secco o 1 panetto di lievito fresco
- ½ tazza di acqua tiepida, 1½ tazze di acqua calda
- 1 cucchiaio di sale
- 5 tazze di farina comune, setacciata

Sciogliere il lievito nell'acqua tepida e versarlo in una grande ciotola con l'acqua calda e il sale. Mescolarvi la farina, una tazza alla volta, fino a che diventi difficile lavorarla, poi stendere l'impasto su un piano di lavoro infarinato e impastare amalgamandolo, premendo bene con la punta delle mani, continuando a girare e rigirare, aggiungendo la farina necessaria per ottenere una pasta compatta. Non è possibile indicare la giusta quantità di farina poiché ognuna ha un diverso grado di umidità. Continuare a lavorare l'impasto fino a farlo diventare liscio ed elastico, sistemarlo in una ciotola oleata, coprire e lasciare lievitare fino a quando non sarà raddoppiato di volume. Dare forma ai filoni e cuocere in forno come indicato nella ricetta precedente.
Se si desidera servirlo caldo o con una crosta più croccante, il pane può essere di nuovo infornato. Spennellare il filone con acqua, o tenerlo per qualche minuto sotto l'acqua del rubinetto, e sistemarlo sulla griglia del forno a 350°F-180°C per 15 minuti.

PER RICETTA
2050 cal., 59 g di proteine, 6 g di grassi (1 sat., 3 pol.)

▸ PANE ALL'AGLIO

(Bruschetta, Italia; Pa y all, Catalogna, Spagna)

In molte zone del Mediterraneo, si mangia una fetta di pane insaporita con aglio, olio di oliva e sale al mattino a colazione o come antipasto. A lungo considerato un piatto prettamente contadino, il pane all'aglio ora va di moda in quegli ambienti borghesi in cui si esalta il "ritorno alla natura". È preferibile utilizzare un pane duro casereccio, ma qualsiasi pane simile a quello francese o italiano va ugualmente bene.

Tostare il pane, strofinare subito la parte superiore con l'aglio, aggiungere una spolverata di sale e un filo di olio. Mangiarlo ancora caldo. Oppure friggere il pane nell'olio, strofinarlo con l'aglio e spruzzarvi il sale. Se piace, si può aggiungere del pepe nero. Il pane fresco fatto in casa, strofinato con l'aglio e spennellato con olio di oliva senza essere tostato o fritto, è altrettanto buono.

▸ PANE PASQUALE GRECO

(Lambropsomo, Grecia)

Questo caratteristico pane, bellissimo per la decorazione con uova tinte di rosso, può assumere la forma di una treccia o di una corona. Talvolta è cosparso di semi di sesamo, talaltra aromatizzato con scorza o succo di arancia o scorza di limone o cannella. Può essere declinato in varie versioni, da quella preparata con pane semplice alle più ricche in cui sono aggiunti all'impasto molto burro e zucchero e più uova. Ecco la nostra ricetta preferita.

PER UNA TRECCIA DI PANE

- 1 panetto di lievito o 1 bustina di lievito secco
- 2 tazze di acqua tiepida
- 5 tazze di farina comune, setacciata

- 1 cucchiaio di sale
- ¼ di tazza di zucchero
- 2 cucchiai di olio vegetale
- la scorza di ½ limone o arancia, grattugiata
- 1 cucchiaino di cannella
- 1 albume d'uovo
- 1 cucchiaino di acqua
- 2 cucchiai di semi di sesamo (facoltativo)
- 1 o più uova sode, dal guscio colorato di rosso

In una grande ciotola, sciogliere il lievito nell'acqua tiepida. Amalgamare una tazza di farina e il sale, mescolare bene e lasciare lievitare in luogo caldo per circa un'ora. Unire lo zucchero, l'olio, la scorza grattugiata e la cannella, e mescolarvi parte della restante farina fino a ottenere una massa lavorabile. Stenderla su una spianatoia leggermente infarinata e impastare, aggiungendo altra farina. Ungere la ciotola e ritrasferirvi l'impasto. Coprire con carta oleata e un panno, oppure con un piatto unto, e fare lievitare fino a quando non sarà raddoppiato di volume (ci vorranno circa due ore). Una soluzione pratica, secondo noi, è riscaldare il forno per due o tre minuti, *spegnerlo* e poi riporvi il contenitore con l'impasto. Quando sarà raddoppiato di volume, srotolarlo sul piano di lavoro infarinato, lavorarlo ancora un po', dividerlo in tre parti e formare altrettante "corde". Ungere una teglia, adagiarvi le corde e intrecciarle in forma allungata o rotonda. Sbattere l'albume, diluirlo con un cucchiaino di acqua e spennellare il composto sulla superficie del pane. Spolverare a piacere con i semi di sesamo. Premere le uova sode (intere, compreso il guscio) nell'impasto in maniera tale che si veda circa metà del guscio. Lasciare lievitare ancora un'ora. Prima di infornare, spingere di nuovo delicatamente le uova nel pane poiché l'impasto, crescendo, potrebbe farle fuoriuscire. Cuocere a 375°F-190°C per 30, massimo 40 minuti.

PER RICETTA

2560 cal., 68 g di proteine, 36 g di grassi (8 sat., 5 pol.)

▶ PASTELLA PER FRITTI
(Pâte à frire, Francia)

Si tratta di una ricetta francese, ma in sostanza la stessa pastella si usa ovunque nel Mediterraneo per friggere qualsiasi alimento in olio abbondante, tradizionalmente olio di oliva, sebbene ultimamente si utilizzi sempre più spesso oli di semi vegetali che costano tre volte meno. La tipica "cena della festa" napoletana prevede almeno mezza dozzina di alimenti fritti nell'olio dopo essere stati passati in questa pastella: pesce e frutti di mare, bocconcini di carne e polpette, pollame o selvaggina, e ogni verdura disponibile.

PER CIRCA 4 TAZZE

- ◇ 3 tazze di farina
- ◇ 1 bustina di lievito secco
- ◇ 1 cucchiaio di olio
- ◇ 3 tazze di acqua calda
- ◇ 1 albume d'uovo

Amalgamare la farina e il lievito in una ciotola e disporre a fontana. Aggiungere l'olio e unire un po' alla volta circa tre tazze di acqua calda, una quantità sufficiente a formare una pastella che, colando dal cucchiaio, risulti filante. Sbattere il bianco d'uovo con una forchetta e amalgamare, mescolando, al composto. Farlo riposare per un paio d'ore prima di utilizzarlo.

PER RICETTA

1230 cal., 38 g di proteine, 26 g di grassi (1 sat., 1 pol.)

▸ PASTA PER PIZZA
(Italia)

Scrivendo a Napoli, la terra di origine della pizza, nella sua opera classica, *La cucina napoletana*, Jeanne Carola Francesconi spiega che, anche se idealmente andrebbe cotta in un forno a legna in mattoni, la pizza può essere preparata con buoni risultati anche in casa, cotta in un forno elettrico o a gas. Di pizze ne abbiamo sfornate tantissime nella cucina della nostra casa nel Minnesota, dove sono piaciute soprattutto ai ragazzi. Preferiamo la pasta simile a quella del pane usata in Italia a quella più crostosa tipica degli Stati Uniti. La ricetta è facile da preparare.

PER 6 PERSONE

- ½ panetto di lievito sciolto in ⅔ di tazza di acqua tiepida
- ½ cucchiaino di sale
- 2 tazze di farina

Amalgamare bene il lievito sciolto, il sale e la farina. Mescolare, stendere su un piano di lavoro infarinato e impastare accuratamente per cinque minuti. Trasferire il composto in una ciotola unta, coprire e lasciare lievitare fino a quando non sarà raddoppiato di volume (da 30 a 60 minuti). L'impasto lieviterà a temperatura ambiente ma si può anche accendere il forno per due o tre minuti, spegnerlo e sistemarvi la ciotola coperta. Una volta lievitato, l'impasto va srotolato sul piano di lavoro, o picchiettato e allungato con le mani finché non diventi molto sottile, lasciandolo leggermente più spesso ai bordi. Riporlo su una teglia unta o una pirofila per pizza. Condire a piacere con gli ingredienti elencati sotto, senza coprire il cornicione. Spennellare con olio e mettere subito nel forno ben caldo (più caldo è meglio è), fino a quando la crosta non sarà dorata. Ci vorranno circa 20 minuti a una temperatura di 400°F-200°C, un po' meno a una temperatura ancora più alta. A Napoli i grandi forni in mattoni sono talmente caldi che la pizza è spesso pronta in cinque minuti.

Condimento per pizza margherita

- 3 once di mozzarella di latte scremato, tagliata a pezzetti
- 2 tazze di pomodori pelati interi, tagliati a metà e sgocciolati
- sale, pepe
- 2-3 foglie di basilico fresco dolce e/o un pizzico di origano secco
- 1 cucchiaio di parmigiano reggiano, grattugiato
- 2 cucchiai di olio

Distribuire la mozzarella in modo uniforme sulla pasta distesa, tranne il cornicione. Aggiungere i pomodori, condire con sale e pepe, basilico e/o origano, spruzzare con il parmigiano grattugiato e l'olio. Cuocere subito in forno preriscaldato a temperatura elevata.

Lo stesso condimento, ma senza pomodori, si usa per la cosiddetta margherita bianca, che con l'aggiunta di qualche acciuga prende il nome di pizza alla romana. Un altro modo per guarnire la pizza consiste nel cuocere dei funghi freschi in poco olio e aggiungere prezzemolo, aglio, sale e pepe. I napoletani condiscono la pizza anche solo con aglio, origano, olio, sale e pepe, senza mozzarella e con o senza pomodoro.

PER RICETTA DI PIZZA MARGHERITA

1340 cal., 54 g di proteine, 41 g di grassi (10 sat., 4 pol.)

▸ PASTA ALL'OLIO FACILE

Un contributo della cucina americana all'universo della pasta per torte dolci e salate è dato da questa pasta, semplice e veloce da preparare, che riesce sempre bene. Per il suo basso contenuto di grassi saturi, questo particolare impasto è da consigliare ogniqualvolta la ricetta preveda una crosta. Un attento dosaggio degli ingredienti e una ridotta manipolazione sono i segreti per la sua riuscita.

PER UNA DOPPIA SFOGLIA LARGA 8-9 POLLICI

- ◊ ½ tazza di olio, di mais o di semi di cotone
- ◊ ¼ di tazza di latte freddo
- ◊ 2 tazze di farina, setacciata
- ◊ 1½ cucchiaini di sale

Versare l'olio in una tazza graduata fino a metà e aggiungere il latte freddo fino a quando tutto il liquido non arrivi al livello del tre quarti. In una ciotola, setacciare nuovamente la farina con il sale. Versare il liquido nella farina, mescolando ma non troppo, altrimenti la crosta risulterà troppo dura. Lavorare l'impasto, facendo pressione fino a formare una palla, e dividerlo a metà. Srotolare la pasta tra fogli di carta oleata (12x12 pollici). Inumidire la spianatoia per evitare che la carta scivoli. Distendere metà della pasta fino a quando la parte centrale toccherà i bordi della carta. Togliere la carta dal piano di lavoro. Trasferire l'impasto, con la carta sotto, in una padella per pizze con diametro di otto o nove pollici. Togliere la carta e fare aderire la pasta alla padella.

Per una pizza a due sfoglie, srotolare l'altra metà come sopra, praticare un taglio in modo che il vapore possa fuoriuscire e metterla sulla farcitura, facendo pressione su entrambi i bordi. Cuocere in forno caldo (425°F-220°C) per circa 40 minuti.

Per fare un involucro di pasta, foderare la padella per pizze con l'impasto srotolato, oppure capovolgere la padella e fare aderire l'impasto sul lato inferiore. Bucherellare la pasta con una forchetta in vari punti. Cuocere in forno caldo (425°F-220°C) per 10 minuti.

La sfoglia non cotta, stesa e sistemata in una padella, può essere conservata in freezer. Coprire con una pellicola di alluminio per trattenere l'umidità. Prima di infornare scartare la pellicola, poi mettere la pasta, senza scongelarla, in forno caldo (425°F-220°C) per 10-15 minuti.

PER RICETTA

1820 cal., 25 g di proteine, 115 g di grassi (10 sat., 57 pol.)

CAPITOLO VII
Zuppe e minestre

In quasi tutte le famiglie mediterranee, più di una volta a settimana si mangia una minestra fatta in casa o uno stufato brodoso, incluso tra le portate di un pasto o addirittura servito come piatto principale. I brodi di pollo o di carne sono fondamentali come base, ma ogni altro ingrediente può essere comprato e aggiunto a piacere. Si preferiscono le verdure coltivate nell'orto o prodotti provenienti dalle provviste conservate in dispensa, con cui si improvvisano le ricette. Le zuppe in scatola prendono polvere sugli scaffali dei negozi di alimentari, ma ultimamente le minestre liofilizzate presenti in commercio sono sempre più usate, spesso con l'aggiunta di patate, fagioli, pasta o avanzi di vario genere affinché il prodotto finale sia una minestra più simile a quella fatta in casa, e anche più economica.

In passato, in tutte le cucine si preparavano brodi di pollo e di pesce, cosicché quasi ogni elemento non commestibile così com'era – ossi, teste, colli, piedi – veniva gelosamente messo da parte. Questi brodi formavano una buona parte o tutta la base liquida delle minestre mediterranee. Oggi ci si affida sempre di più ai concentrati liofilizzati venduti come brodo in dadi o in polvere. Il loro sapore è piuttosto diverso dai dadi di brodo di un tempo che ancora affollano il mercato americano. I nuovi concentrati sono nati in Svizzera e in Germania e stanno diventando prodotti di largo consumo in ogni negozio di alimentari nei Paesi mediterranei ma, stranamente, hanno impiegato molto tempo per attraversare l'Atlantico. Alcuni concentrati di brodo di buona qualità sono ormai prodotti anche negli Stati

Uniti, ma sono alquanto costosi e solitamente si rivolgono a un mercato di nicchia.

Minestre e stufati non rientrano in categorie chiaramente distinte. E se il brodo può essere facilmente considerato un piatto molto diverso dal tipico stufato irlandese, altre ricette altrettanto interessanti non rientrano in nessuna di queste due tipologie diametralmente opposte. Forse una più netta distinzione tra i due piatti potrebbe risultare dalla loro modalità di consumo: ovvero, quando si usa il cucchiaio si parla di minestre. Così il minestrone di verdure è incluso in questo capitolo sulle zuppe, mentre le sostanziose "zuppe" di pesce e di frutti di mare fanno parte del capitolo XIII, sebbene si mangino soprattutto adoperando il cucchiaio. Conformemente alla tradizione mediterranea, chiameremo zuppa un piatto come la *bouillabaisse* e i numerosi piatti affini, i cui nomi generici sono zuppa di pesce (italiana), *psarosou* (greca), *sopa de peix* (catalana)... L'inserimento di questi piatti nel capitolo XIII è arbitrario poiché più che di minestre brodose da bere si tratta di pesce e frutti di mare consumati con il cucchiaio.

Il consumo di zuppe era un tempo diffuso in America quasi quanto lo è ancora oggi nei Paesi mediterranei. Il motivo per cui ultimamente in America le minestre sono diventate piuttosto rare non è chiaro, e questa tendenza è difficile da sostenere visto che, grazie a zuppe in scatola di migliore qualità, nuovi concentrati e ingredienti liofilizzati con cui si preparano istantaneamente minestre sorprendentemente saporite, le casalinghe non devono affaticarsi troppo per conciliare un alto grado di piacere gustativo con pochissime calorie e costi irrisori. Per quanto ci riguarda, ci limitiamo a gustare le zuppe che fanno parte della nostra regolare alimentazione quotidiana ma, al di là delle nostre preferenze, è opportuno sottolinearne le virtù per chiunque desideri perdere peso o almeno non ingrassare. Quasi tutte le zuppe, tranne quelle a base di panna, rappresentano una scelta alimentare di prim'ordine per chi è attento alle calorie e al colesterolo, oltre a essere di gran lunga impareggiabili quanto al rapporto tra appagamento gustativo e convenienza economica. E il cuoco avventuroso adora sperimentare nuove ricette di zuppe da abbinare a qualunque ingrediente disponibile in dispensa.

ZUPPE A BASE DI LATTE O DI PANNA

Le zuppe a base di latte o di panna sono poco diffuse in quelle aree geografiche, come il Mediterraneo, in cui la produzione di latte nel corso dei secoli è stata relativamente scarsa. Nei Paesi mediterranei, le zuppe cremose compaiono in genere solo nei menù dei ristoranti rivolti a una clientela di turisti stranieri. Di recente ricette di zuppe cremose sono comparse nei libri di cucina mediterranea per esaltarne modernità e internazionalismo, ma di fatto non sono originarie della regione. Ma tutto cambia e oggi il latte è facilmente reperibile anche là dove l'industria casearia è stata sempre assente, e alcuni tra i ricettari più amati sono traduzioni di libri scritti da parigini o tedeschi. Le zuppe a base di latte o panna non sono più del tutto estranee agli abitanti di questi Paesi, sebbene i più conservatori si oppongano a questa eccezione all'antica tradizione culinaria, ed è pur vero che, in alcuni Paesi mediterranei, queste creme non hanno molto senso dal punto di vista gastronomico. Non possiamo essere d'accordo con l'idea di servire una crema prima di un piatto di pastasciutta italiana o un *cocido* spagnolo o una *moussaka* greca. Tuttavia, le zuppe cremose sono assolutamente preferibili a tanti altri primi piatti, soprattutto d'inverno, oltre a risultare un piatto ideale per i malati o per persone dall'appetito capriccioso.

È facile trasformare una zuppa in una crema. Basta versare un misurino di latte scremato in un vasetto di vetro a chiusura ermetica, aggiungere uno o due cucchiai di farina e una quantità equivalente di olio, agitare bene e mescolare lentamente in un quarto di zuppa, poi continuare la cottura, almeno per qualche minuto, prima di servire. Di solito, in questo modo, si ottiene una quantità di zuppa sufficiente per più persone. Per ottenere sei porzioni abbondanti occorre raddoppiare le dosi.

La risultante zuppa cremosa aggiungerà a ogni porzione circa cinquanta calorie, un grammo di proteine e tre grammi di grassi.

Le ricette per zuppe cremose che abbiamo scoperto nei Paesi mediterranei sono state chiaramente importate da altri Paesi. La crema di pomodori di Barcellona è tratta da una ricetta contenuta nel *Boston Cooking School Cookbook*, mentre la crema di asparagi ateniese non è diversa da quella preparata ad Atlanta. La ricetta della crema di verdure descritta qui di seguito in due versioni è invece un po' diversa. La *sopa Maria* è una ricetta di origine spagnola, ma non sosteniamo che sia classicamente spagnola. La versione più saporita, con l'aggiunta di cipolla, può prendere il nome di *sopa de hortelano*, zuppa dell'ortolano in spagnolo. Sono tutte zuppe blande, economiche e di facile preparazione, abbastanza proteiche e poco caloriche. Dopo averne assaggiata una, il cuoco potrà escogitare altre variazioni sullo stesso tema usando le verdure che ha a disposizione: lattuga, sedano, spinaci, broccoli... Per includere zuppe cremose del genere all'interno di una dieta relativamente permissiva, si consiglia di utilizzare un 2 per cento di grasso di burro e latte arricchito con proteine. Se la dieta seguita richiede una rigida limitazione dell'assunzione di grassi saturi, è consigliabile utilizzare latte scremato, con una piccola aggiunta di latte in polvere. I fagioli secchi, invece di quelli in scatola, conferiranno maggiore freschezza con una spesa minore. Occorre mettere in ammollo due terzi di misurino di fagioli cannellini per tutta la notte e cuocerli a fuoco lento fino a quando non diventino molto teneri (da due a tre ore) prima di versarli nella zuppa.

ZUPPA DI MARIA
(Sopa Maria, Spagna)

PER 4 PERSONE

- ½ tazza di piselli verdi
- 2 carote (mezza libbra), tagliate a dadini
- 2 tazze di fagioli cannellini in scatola, sgocciolati
- ½ tazza di fagiolini in scatola
- 2 cucchiai di farina
- 2 cucchiai di olio
- 1 quarto di latte (2% di grasso)
- sale
- paprica o prezzemolo tritato, margarina (facoltativo)

In pochissima acqua cuocere i piselli a metà (10-20 minuti secondo il grado di maturazione). Aggiungere le carote ed entrambe le varietà di fagioli, continuando la cottura fino a quando non si ammorbidiscano bene (altri 15-20 minuti, unendo solo la quantità di acqua necessaria). Filtrare, conservando il brodo, e far passare la verdura attraverso un setaccio oppure utilizzare il passaverdura o mescolare nel frullatore. Diluire la farina in un po' di acqua fredda e amalgamare l'olio per fare un roux. Versare il roux e il brodo vegetale nel latte. Riscaldare, aggiungere la purea di verdure, salare a piacere e fare sobbollire per qualche minuto prima di servire. Volendo, si può servire ogni piatto con una spolverata di paprica o prezzemolo e una noce di margarina.

PER RICETTA

1745 cal., 106 g di proteine, 32 g di grassi (10 sat., 6 pol.)

▶ ZUPPA DELL'ORTOLANO

(Sopa de hortelano, Spagna)

Zuppa identica alla *sopa Maria* con l'aggiunta alle altre verdure di mezza tazza di cipolla tritata. Oppure, i piselli possono essere sostituiti con cipolle. Una spolverata di erba cipollina tritata finemente o di scalogno fresco può essere aggiunta al momento di servire. Il profilo nutrizionale della *sopa de hortelano* non è molto diverso da quello della *sopa Maria*.

▶ ACQUA COTTA

(Italia)

Ecco una delle tante versioni di questa zuppa italiana.

PER 6 PERSONE

- ◇ 1 libbra di patate
- ◇ ½ libbra di pomodori pelati (freschi o in scatola)
- ◇ 2 spicchi di aglio, tritati
- ◇ 1 peperoncino o ½ cucchiaino di paprica
- ◇ sale, pepe
- ◇ 1 libbra di cicoria, spinaci o altre verdure
- ◇ 6 fette di pane, da tostare
- ◇ 3 cucchiai di olio, da spennellare sul pane tostato

Sbucciare le patate e tagliarle grossolanamente assieme ai pomodori. Versare entrambi in una pentola (meglio se di coccio) con un quarto di acqua, l'aglio, pepe, sale e cuocere senza coperchio. Unire le verdure tagliate in pezzi di dimensioni medie. Quando riprende il bollore, abbassare la fiamma e continuare la cottura per 15-20 minuti, fino a quando le patate saranno cotte e la zuppa abbastanza densa. Tostare il pane e, dopo avere spennellato ogni fetta con un po' di olio, sistemarla in un piatto fondo e scodellarvi la zuppa.

PER RICETTA

1270 cal., 39 g di proteine, 46 g di grassi (6 sat., 5 pol.)

► ZUPPA DI FAGIOLI BIANCHI

(Fassoulada, Grecia)

PER 8 PERSONE

- ◊ 1 libbra (2½ tazze) di fagioli bianchi secchi
- ◊ 3 quarti di acqua
- ◊ 2 gambi di sedano, tritati
- ◊ ¼ di tazza di concentrato di pomodoro
- ◊ 2 grosse cipolle, tritate
- ◊ 2 grosse carote, tritate
- ◊ 2 cucchiai di prezzemolo, tritato
- ◊ ¼ di tazza di olio di oliva
- ◊ sale, pepe

Lasciare in ammollo i fagioli nell'acqua per una notte intera. Il giorno seguente, portare a bollore e far cuocere a fuoco lento per un'ora, poi aggiungere tutti gli altri ingredienti e lasciare a sobbollire per un'altra ora fino a che i fagioli siano belli teneri ma ancora interi.

PER RICETTA

2400 cal., 114 g di proteine, 65 g di grassi (8 sat., 9 pol.)

► ZUPPA DI FAGIOLI E CAVOLO ALLA SPAGNOLA

(Caldo de coles y judias, Spagna)

PER 8 PERSONE

- ◊ 1 libbra (2½ tazze) di fagioli bianchi secchi
- ◊ 3 quarti di acqua
- ◊ 1 grosso cavolo, tagliato a pezzi
- ◊ 1 fetta di bacon, tagliata a pezzettini
- ◊ 1 cipolla, affettata
- ◊ ⅛ di cucchiaino (o più) di peperoncino
- ◊ 1 spicchio di aglio, tritato
- ◊ sale

Ci sono due modi per ammorbidire i fagioli secchi. O si mettono a mollo in tre quarti di acqua per una notte intera oppure, a partire dal mattino del giorno in cui si desidera servire la zuppa, si lasciano sobbollire in tre quarti di acqua, poi si spegne il fuoco e li si lascia riposare da una a due ore. In ogni caso, entrambe le modalità prevedono che i fagioli siano cotti a fuoco lento per un'ora nell'acqua in cui sono stati in ammollo, prima di aggiungere gli altri ingredienti. Unire il cavolo, la pancetta, la cipolla e gli altri condimenti, poi lasciare sobbollire per due ore abbondanti ancora, fino a quando i fagioli saranno belli teneri.

PER RICETTA

1880 cal., 115 g di proteine, 14 g di grassi (3 sat., 6 pol.)

▸ ZUPPA DI FAGIOLI E AGLIO
(Potaje de judias blancas, Spagna)

PER 4 PERSONE

- 2 tazze di fagioli bianchi (cannellini o fagioli di Lima) secchi
- 1½ quarti di acqua
- 8 piccoli spicchi di aglio
- 2 cucchiai di sale
- 1 cucchiaio di olio di oliva (facoltativo)

Mettere i fagioli in una pentola, aggiungere l'acqua e lasciare in ammollo per tutta la notte. Portare a ebollizione, unire l'aglio e il sale, poi cuocere a fuoco lento, con il coperchio, per due ore o fino a quando i fagioli non saranno teneri. Prima di servire, si può aggiungere un cucchiaio di olio, preferibilmente di oliva. Questa zuppa ci è stata servita varie volte durante il nostro mese di soggiorno come ospiti del governo presso la Residencia del Consejo de Investigationes Científicas a Madrid, nel 1952. La prima impressione, di olio galleggiante sulla zuppa e di un forte odore di aglio diffuso nell'ambiente, ci mise in apprensione, ma presto dovemmo riconoscere che questa semplice e robusta minestra è davvero gustosa, adatta per la cena nei mesi freddi (secondo l'usanza spagnola) o per il pranzo (secondo l'usanza americana).

PER RICETTA

senza olio: 1280 cal., 82 g di proteine, 6 g di grassi (1 sat., 3 pol.)
con un cucchiaio di olio di oliva: aggiungere 130 cal., 14 g di grassi (2 sat, 2 pol)

▶ BOUILLABAISSE PRIMAVERA

(Bouillabaisse de printemps, Francia)

Questa ricetta, tipica di Marsiglia, non ha nulla a che vedere con il famoso piatto a base di pesce originario della stessa città. In assenza dei carciofini novelli da mangiare interi, si consiglia di impiegare unicamente le foglie più interne dei carciofi più giovani reperibili, o cuori di carciofo surgelati. La ricetta classica prevede un uovo per commensale, tuttavia le uova si possono eliminare se la dieta seguita vieta il consumo di tuorli. Il formaggio grattugiato dovrebbe essere preferibilmente groviera o parmigiano.

PER 6 PERSONE

◊ 6 carciofi giovanissimi (da mangiare interi) o cuori di carciofo surgelati
◊ ½ libbra di piselli novelli, sbaccellati
◊ 2 libbre di spinaci
◊ 2 spicchi di aglio, tritati
◊ ½ tazza di olio
◊ 1 cucchiaio di scorza di arancia
◊ 1 chiodo di garofano
◊ ½ cucchiaino di sale
◊ 1½ quarti di acqua bollente
◊ 6 fette di pane tostato secco
◊ 6 uova
◊ 1 pizzico di zafferano
◊ 1 tazza di foglie di lattuga novella, tritate grossolanamente
◊ 2 cucchiai di formaggio grattugiato

Sbollentare i carciofi per un paio di minuti in acqua bollente, poi scolare. Mettere in una pentola i piselli, gli spinaci, i carciofi, la cipolla e l'aglio. Versare l'olio sulle verdure; aggiungere la scorza di arancia, il chiodo di garofano, il sale e cuocere a fuoco molto lento, rimescolando con un cucchiaio di legno, fino a quando l'olio sarà ben amalgamato. Versare nella pentola un quarto e mezzo di acqua bollente e cuocere ancora per 20 minuti. Disporre una fetta di pane tostato in ogni piatto fondo. Affogare le uova e, una volta cotte, adagiarle sulle fette di pane. Aggiungere alla zuppa un pizzico di zafferano e versarla sui toast e sulle uova. Cospargere con la lattuga e il formaggio. Si consiglia di accompagnare la zuppa con le prime fragole della stagione.

PER RICETTA
2240 cal., 92 g di proteine, 149 g di grassi (27 sat., 19 pol.)

▶ ZUPPA DI CAVOLO

(Soupa lahana, Grecia)

PER 4-6 PERSONE

- ◊ 1 grossa cipolla
- ◊ 2 cucchiai di olio
- ◊ 2 spicchi di aglio, tritati
- ◊ 1½ quarti di brodo di carne
- ◊ 2 libbre di cavolo, tagliato finemente
- ◊ 1 libbra di pomodori, pelati e tritati
- ◊ sale
- ◊ pepe, in abbondanza
- ◊ 1-2 tazze di altre verdure cotte avanzate (facoltativo)
- ◊ 1 cucchiaio di prezzemolo, tritato

In una casseruola, soffriggere la cipolla nell'olio per due o tre minuti, aggiungere l'aglio e il brodo, poi portare a ebollizione. Unire il cavolo e i pomodori, salare, pepare e cuocere lentamente finché il cavolo sarà tenero. Versare, se disponibili, le verdure avanzate, continuando la cottura fino a quando non saranno ben calde. Guarnire con il prezzemolo prima di servire.

PER RICETTA
580 cal., 17 g di proteine, 27 g di grassi (3 sat., 2 pol.)

La zuppa di cavolo dell'isola di Maiorca (*sopa mallorquiña*, Spagna) si prepara con gli stessi ingredienti di questa versione greca, a eccezione delle verdure cotte. Inoltre, quando il cavolo è tenero, si aggiungono tre fette di pane, continuando a cuocere e rimescolando perché il pane addensi la zuppa in modo omogeneo. Talvolta, anziché essere amalgamate, le fette di pane sono disposte sul fondo della casseruola dalla quale si serviranno le porzioni, spesso a strati intervallati con il cavolo. Una volta versata la zuppa sul pane, fare sobbollire lentamente o porre in forno caldo per 10 minuti. Seguendo questo metodo di preparazione, la maggior parte del brodo sarà assorbita dal pane.

▸ MINESTRA DI POLLO CON UOVA E LIMONE
(Kotosoupa avgolemono, Grecia)

PER 6-8 PERSONE
- 2 quarti di brodo di pollo
- ½ tazza di riso
- 3 uova
- il succo di 1 grosso limone

Si può usare il brodo in cui è stato cotto un pollo o brodo in scatola o brodo preparato da un fondo di brodo di pollo o con un dado. Riscaldarlo e portarlo a ebollizione, aggiungere il riso e cuocere finché non sarà tenero, per 15-20 minuti. Nel frattempo, sbattere bene le uova e versarvi sopra il succo di limone. Aggiungere il brodo, un paio di cucchiai alla volta, e continuare a sbattere fino a quando circa una tazza di brodo non sarà amalgamata alle uova. Trasferire il composto nella zuppa, mescolare bene e procedere con la cottura fino a completo riscaldamento ma senza portare a bollore, altrimenti le uova si rapprenderanno.
In Grecia, la reputazione di un cuoco dipende dalla sua capacità di preparare un perfetto *avgolemono*; se permette all'uovo di rapprendersi è un disastro. Un nostro amico greco ricorda

ancora la procedura adoperata da sua nonna per aggiungere l'*avgolemono* alla minestra. In quel fatidico momento si chiudevano porte e finestre per proteggersi da eventuali correnti d'aria, regnava un silenzio assoluto e, mentre il composto di uova e limone veniva aggiunto alla zuppa, la nonna emetteva un suono particolare, a metà tra un fischio e un soffio, per garantire la perfetta riuscita del piatto.

PER RICETTA
1190 cal., 57 g di proteine, 44 g di grassi (14 sat., 2 pol.)

▸ ZUPPA DI POLLO E RISO
(Arroz caldos, Spagna)

Servita con pane, qualche condimento e un po' di insalata, questa semplice zuppa, tipica di Valencia, costituisce praticamente un piatto unico.

PER 6 PERSONE
- 1 pollo (2½ libbre), tagliato in 8-10 pezzi
- sale
- 2 quarti di acqua
- 1 tazza di riso
- 1 confezione (10 once) di fagioli di Lima novelli, surgelati
- 1 confezione (10 once) di fagiolini, surgelati
- 1 pizzico di zafferano

Lessare il pollo nell'acqua salata. Aggiungere il riso, le verdure e lo zafferano, quindi portare a cottura a fuoco moderato, con la pentola parzialmente coperta, per 30-40 minuti.
Al posto o in aggiunta ai fagioli, si può utilizzare qualsiasi verdura, fresca o surgelata.

PER RICETTA
1870 cal., 160 g di proteine, 37 g di grassi (13 sat., 9 pol.)

▸ ZUPPA DI CECI E SPINACI
(Potaje de garbanzos, Spagna)

Questa zuppa è un piatto che gli spagnoli amano preparare per la Quaresima o altri giorni di digiuno. Talvolta si aggiungono castagne secche (*castañas pilongas*).

PER 6 PERSONE

- ◊ 2 cucchiai di olio
- ◊ 4-5 mandorle (o arachidi), finemente tritate
- ◊ 2 spicchi di aglio, tritati
- ◊ 1 fetta di pane, sbriciolata
- ◊ 2 cucchiai di prezzemolo, tritato
- ◊ 1 grossa patata, sbucciata e tagliata a dadini
- ◊ 2 scatole (15 once circa) di ceci, sgocciolati
- ◊ 1 piccolo pomodoro
- ◊ 1 foglia di alloro
- ◊ 6 tazze di acqua
- ◊ sale
- ◊ 1 libbra di spinaci o 2 confezioni (10 once) di spinaci surgelati

Riscaldare l'olio in un tegamino e friggere le mandorle, l'aglio e il pane finché l'aglio non cominci a imbiondirsi. Togliere il tegame dal fuoco e, mescolando, cospargere con il prezzemolo. In una pentola grande, amalgamare il composto alle patate con i ceci, il pomodoro, l'alloro e l'acqua, regolando di sale. Portate a cottura (ci vorranno circa 15 minuti). Il pane si sarà ammorbidito e amalgamato nel liquido (il pane è usato spesso nei Paesi mediterranei per addensare le minestre). Pochi minuti prima di servire, aggiungere gli spinaci e continuare a cuocere fino a quando non saranno teneri senza tuttavia avere perso il loro colore verde intenso.

PER RICETTA

1390 cal., 68 g di proteine, 39 g di grassi (4 sat., 5 pol.)

▸ ZUPPA DI AGLIO
(Sopa de ajo, Spagna)

La sola lettura della ricetta non dà l'idea del sapore delicato e della consistenza liscia di questa gradevole zuppa calda. Provare per credere.
Nella sua versione più semplice, la *sopa de ajo* prevede solo cinque ingredienti: aglio, acqua, pane, olio di oliva e sale. A questi alcuni cuochi aggiungono paprica o pepe di Caienna, altri pomodoro o peperone verde o prezzemolo. Volendo, si può anche unire un uovo, sbattuto o affogato. Ecco la ricetta base.

PER 4 PERSONE

◊ ¼ di tazza di olio
◊ 2 spicchi di aglio
◊ 4 fette di pane, sbriciolate
◊ 1 cucchiaino di paprica
◊ 6 tazze di acqua
◊ sale

Riscaldare l'olio a fiamma bassa e cuocere l'aglio lentamente fino ad ammorbidirlo senza scurirlo. Sul passo successivo non tutti i cuochi sono d'accordo: alcuni scartano l'aglio (l'aroma è stato assorbito dall'olio), altri lo schiacciano e lo lasciano nella zuppa. Unire il pane sbriciolato e continuare la cottura finché non comincerà a prendere colore. Aggiungere la paprica, mescolare bene e versare l'acqua fredda; salare, portare a ebollizione, abbassare la fiamma e cuocere lentamente per 5 minuti.

PER RICETTA

690 cal., 24 g di proteine, 52 g di grassi (6 sat., 5 pol.)

▸ ZUPPA DI LENTICCHIE

(Faki, Grecia)

Uno dei pochi piatti consentiti ai greci ortodossi il Venerdì Santo. In alcune ricette, si prevede di versare l'aceto sulla superficie della zuppa per ricordare quello offerto a Cristo sulla croce.

PER 4-6 PERSONE

- ◊ 1 tazza di lenticchie
- ◊ 10 tazze di acqua
- ◊ sale
- ◊ 2 cipolle, tritate
- ◊ 1 spicchio di aglio (o più, a piacere)
- ◊ 1 foglia di alloro
- ◊ 2 cucchiai di olio
- ◊ 1 cucchiaio di aceto di vino

Le lenticchie sono minuscole, meno della metà di quelle che vediamo negli Stati Uniti, e, in cottura, diventano tenere rapidamente senza la necessità di metterle a bagno prima. Ma la ricetta che segue prevede l'uso della varietà tipica americana.
Lavare le lenticchie e ammollarle per parecchie ore o per tutta la notte. Cuocerle in una pentola con l'acqua, facendo sobbollire lentamente per un'ora con il coperchio. Aggiungere il sale, le cipolle, l'aglio, la foglia di alloro, l'olio e continuare la cottura senza coperchio finché le lenticchie non saranno tenere. Versare l'aceto durante gli ultimi minuti di cottura o al momento di servire.

PER RICETTA

930 cal., 47 g di proteine, 28 g di grassi (9 sat., 4 pol.)

▸ ZUPPA DI PASTA E FAGIOLI
(Italia)

Questo piatto, molto diffuso e amato in Italia, è praticamente sconosciuto altrove. Servito molto più spesso in casa o in piccole trattorie che non nei ristoranti frequentati dai turisti, è un piatto nutriente ed economico. Ultimamente ha guadagnato una certa popolarità tra gli snob. Gli intenditori del mondo della ristorazione romana vi sapranno indicare i locali alla moda dove i buongustai italiani hanno cominciato a riscoprire questa specialità. In sostanza, si tratta di un piatto di fagioli bianchi lessi con pasta tipo chifferi, condita in modo semplice. A descriverlo così non sembra un grande piatto, ma è da provare! Eccone due versioni.

Pasta e fagioli I

PER 8 PERSONE

- 1 libbra (2½ tazze) di fagioli bianchi secchi
- 3 quarti di acqua
- sale, pepe
- 4 cucchiai di olio di oliva
- ¼ di cucchiaino di aghi di rosmarino
- 3 spicchi di aglio, tritati
- 2 cucchiai di prezzemolo fresco, tritato, o di prezzemolo secco
- ½ libbra di pasta corta, tipo chifferi o conchiglie

Ammollare i fagioli per tutta la notte nell'acqua oppure, a partire dal mattino della giornata in cui si intende servire la zuppa, metterli in una pentola con l'acqua, portare lentamente a ebollizione, quindi lasciare riposare una o due ore a fuoco spento. Successivamente, indipendentemente dal procedimento seguito, fare cuocere i fagioli nella stessa acqua per un'ora, condendo con sale e pepe. In una piccola padella, riscaldare l'olio con il rosmarino. Poi eliminare il rosmarino, aggiungere l'aglio e il prezzemolo e cuocere per un minuto a fiamma bassa. Unire il composto alla zuppa e continuare a cuocere finché i fagioli non saranno teneri. A questo punto, portare a piena ebollizione, aggiungere la pasta e cuocere fino a quando sia pronta (ci vorranno 15 minuti circa).

PER RICETTA

2970 cal., 130 g di proteine, 66 g di grassi (8 sat., 8 pol.)

Pasta e fagioli II

PER 8 PERSONE

◊ 1 libbra d fagioli bianchi secchi
◊ ½ tazza di sedano, tritato
◊ 1 spicchio di aglio
◊ 1 carota, tritata
◊ 1 scatola di pomodori pelati
◊ sale, pepe
◊ 1 libbra di pasta corta (conchiglie, farfalle, anellini)
◊ 2 cucchiai di olio di oliva o altro olio

Mettere a bagno e cuocere i fagioli seguendo le indicazioni elencate in Pasta e fagioli I. Aggiungere tutti gli altri ingredienti, tranne la pasta e l'olio, e fare sobbollire per due ore abbondanti finché i fagioli non saranno molto teneri. Cuocere la pasta separatamente seguendo le istruzioni sulla confezione. Scolare e versare nella zuppa assieme all'olio. Servire subito.

PER RICETTA

2840 cal., 137 g di proteine, 40 g di grassi (4 sat., 20 pol.)

▸ MINESTRA DI PASTA E PATATE

(Pasta e patate, Italia)

PER 6 PERSONE

- ◊ 1 libbra di patate
- ◊ 1 piccola cipolla
- ◊ ½ tazza di prosciutto affumicato, finemente tritato, o di salame piccante stagionato
- ◊ 1 cucchiaio di olio
- ◊ 6 tazze di acqua calda
- ◊ 1 dado da brodo
- ◊ ½ libbra di pasta corta, tipo chifferi
- ◊ 2 cucchiai di prezzemolo, tritato
- ◊ sale, pepe
- ◊ ¼ di tazza di formaggio grattugiato (parmigiano, pecorino o groviera)

Sbucciare le patate e tagliarle a fettine molto sottili o a dadini. In una padella, rosolare nell'olio la cipolla assieme al prosciutto o al salame fino a imbiondire la cipolla. Aggiungere l'acqua calda e il dado. Portare a ebollizione e, mantenendo la fiamma alta, unire le patate e la pasta. Cuocere, rimestando di tanto in tanto, e portare quasi a cottura. Insaporire con il prezzemolo, sale e pepe. Servire subito con una spolverata di formaggio grattugiato.

PER RICETTA

1530 cal., 52 g di proteine, 18 g di grassi (9 sat., 1 pol.)

▸ MINESTRONE
(Italia)

Nel suo libro *Come cucinare il lupo*, M.F.K. Fisher sostiene che il minestrone è «probabilmente la minestra più appagante al mondo per chi è affamato nonché per coloro che sono stanchi o preoccupati o arrabbiati o pieni di debiti o sentono un certo dolore o sono innamorati o in piena salute o hanno fatto pasticci negli affari...». Noi siamo d'accordo, ma sorge naturale la domanda: «Che cos'è esattamente il minestrone?». Non basta rispondere che si tratta di una minestra di verdure italiana. Come potrà confermare chiunque abbia viaggiato nella sua terra di origine, le versioni sono tante quanti sono i ristoranti e i cuochi. In italiano, minestrone significa semplicemente "grande minestra".

Il minestrone può essere declinato in tante versioni, che vanno da zuppe dense con prevalenza di fagioli e patate a delicatissime composizioni di verdure fresche con un magico tocco di odori, cui talvolta si aggiungono prosciutto a dadini o pastina. Un ingrediente frequente è la cipolla tritata, leggermente soffritta nel grasso di prosciutto o di maiale, ma mai al punto di diventare dorata. Un po' di cavolfiore, broccolo, lattuga o tarassaco può renderlo ancora più appetitoso. A molti piace anche arricchirlo con un paio di foglioline di basilico o di menta e, volendo, a seconda dei gusti, con un po' di origano. Anche l'origano va bene, se vi piace.

Le ricette qui riportate sono pensate per otto persone, se è previsto, dopo il minestrone, un secondo sostanzioso. In alternativa, per quattro persone si può servire il minestrone come piatto unico accompagnato da abbondante pane italiano o francese di buona qualità e seguito da insalata e frutta.

Minestrone I

PER 8 PERSONE

- 2½ tazze di fagioli di Lima o cannellini
- 3 quarti di acqua fredda
- 2 cipolle, tritate
- 3 tazze di sedano, tagliato a fette
- 4 cucchiai di olio
- 2 spicchi di aglio, macinati
- 2 cucchiai di prezzemolo, tritato
- 4 pomodori freschi, tagliati in ottavi, o 2 tazze di pomodori in scatola
- 1 cucchiaino di sale
- 2 tazze di cavolo, sminuzzato
- ½ tazza di parmigiano, grattugiato

Mettere a bagno i fagioli nell'acqua. Il giorno successivo, portare a ebollizione e cuocere lentamente con il coperchio per circa un'ora. Unire tutti gli altri ingredienti, tranne il cavolo e il formaggio, e continuare la cottura per altre due ore o più, finché i fagioli saranno ben teneri. Aggiungere il cavolo e lasciare sul fuoco per altri 20-30 minuti. Servire in ciotole con una spolverata di formaggio grattugiato.

PER RICETTA

2300 cal., 114 g di proteine, 80 g di grassi (13 sat., 32 pol.)

Minestrone II

PER 8 PERSONE

- 1 cipolla, tritata
- 2 cucchiai di olio
- 3 gambi di sedano, affettati
- 2 grosse patate, sbucciate e tagliate a dadini
- 3 quarti di acqua bollente
- 2 o più cucchiai di estratto di carne
- 2 tazze di fagiolini, spezzati
- 1 tazza di piselli (freschi o surgelati)

- 1 cucchiaio di prezzemolo, tritato
- sale, pepe
- ¼ di tazza di parmigiano, grattugiato

Soffriggere la cipolla nell'olio fino a quando sarà leggermente dorata. Aggiungere il sedano e le patate. Coprire e cuocere a fuoco lento per 10 minuti. Versare l'acqua bollente e il preparato o il concentrato di brodo di carne. Cuocere per altri 15 minuti, poi unire i fagioli, i piselli e il prezzemolo; condire con sale e pepe a piacere. Lasciare sulla fiamma bassa, senza coperchio, per altri 15-20 minuti. Servire con una spolverata di formaggio grattugiato.

PER RICETTA

1100 cal., 47 g di proteine, 45 g di grassi (10 sat., 16 pol.)

▸ MINESTRONE AL PESTO

(Soupe au pistou, Francia)

Un minestrone popolare in Provenza durante l'estate, quando abbonda la verdura fresca. Normalmente si prepara con fagioli freschi e foglioline di basilico per la salsa *pistou*. La ricetta che segue è una versione che può essere realizzata in qualsiasi stagione, con verdure fresche, in scatola o surgelate, e confezioni di *pistou* (francese) o pesto (italiano) importate, reperibili nelle migliori gastronomie. Ma il *pistou* si può preparare in casa (ricetta a pag. 509).

PER 6 PERSONE

- 5-6 patate piccole (1 libbra), sbucciate e tagliate a dadini
- 1 grossa cipolla, tritata
- 2 tazze (½ libbra) di fagiolini, spezzati
- 1 libbra di zucchine, tagliate a rondelle
- 3-4 pomodori, privati dei semi, pelati e tritati
  oppure 1 tazza di passata di pomodoro

- 3-4 carote, tagliate a rondelle
- 3 quarti di acqua
- sale
- ¼ di libbra di spaghetti
- ¼ di tazza di *pistou* o pesto, o a piacere
- ¼ di tazza di formaggio grattugiato, parmigiano o groviera

In una grossa pentola, con l'acqua e sale secondo i gusti, portare a cottura le verdure (ci vorranno 45-60 minuti). Rompere gli spaghetti in pezzi lunghi tre o quattro pollici. Alzare la fiamma affinché la zuppa possa bollire rapidamente, versando altra acqua se il liquido non fosse sufficiente per cuocere la pasta. Il minestrone dovrebbe risultare piuttosto denso. Aggiungere gli spaghetti e portare a cottura, quindi abbassare la fiamma e versare il *pistou*, mescolando bene. Servire con una spolverata di formaggio grattugiato su ogni porzione.

PER RICETTA

1390 cal., 60 g di proteine, 33 g di grassi (8 sat., 5 pol.)

ZUPPA DI PATATE
(Potage de pommes de terre, Francia)

PER 6 PERSONE

- ◊ 4-6 patate (2 libbre), sbucciate
- ◊ 1 quarto di latte
- ◊ 1 tazza di acqua
- ◊ 3 fette di pane, private della crosta e tagliate in 4 parti
- ◊ 2 cucchiai di olio
- ◊ 1 cucchiaio di burro
- ◊ sale, pepe

Tagliare le patate a tocchetti e lessarle nel latte con l'acqua, aggiungendo altra acqua, a seconda del volume finale di zuppa desiderato. Nel frattempo, friggere nell'olio le fette di pane divise in quattro parti e asciugare su carta assorbente. Quando le patate saranno morbide, schiacciarle con un grosso cucchiaio, unire il burro, poi aggiustare di sale e pepe. Mettere due quadrati di pane fritto in ogni scodella e coprire con la zuppa.

PER RICETTA

1800 cal., 54 g di proteine, 58 g di grassi (14 sat., 5 pol.)

ZUPPA DI PATATE
(Mediterraneo)

Esistono molte varianti della zuppa di patate alla mediterranea, aromatizzata al punto giusto con diverse erbe. Il sapore cambia a seconda che si aggiungano dragoncello, rosmarino, foglie di sedano tritate, erba cipollina e così via. Alcune ricette prevedono l'impiego di un po' di pancetta affumicata. In quella che segue, è previsto bacon magro canadese.

PER 4-6 PERSONE

- 2 cucchiai di olio
- 1 cipolla, tagliata a fette
- 2 once di bacon canadese, tagliato finemente
- 1 spicchio di aglio
- sale, pepe
- ¼ di cucchiaino di origano
- 2 libbre di patate, sbucciate e affettate finemente
- 2 cucchiai di prezzemolo, tritato
- qualche fogliolina di basilico fresco o ½ cucchiaio di basilico secco

Versare l'olio in una pentola con una capienza di due quarti. Rosolare la cipolla, la pancetta e l'aglio, togliendo quest'ultimo appena sarà leggermente dorato. Aggiungere l'origano, un pizzico di sale e pepe, a seconda dei gusti, e le patate. Cuocere a fiamma molto bassa per 10 minuti circa prima di versare acqua bollente sufficiente a coprire le patate. Incoperchiare e continuare la cottura a fiamma molto bassa per mezz'ora circa, unendo l'acqua bollente necessaria per mantenere le patate coperte. Insaporire con il prezzemolo o il basilico qualche minuto prima di ritirare la pentola dal fuoco.

PER RICETTA

1110 cal., 31 g di proteine, 34 g di grassi (7 sat., 2 pol.)

▶ ZUPPA DI RISO E PATATE

(Zuppa di riso e patate, Italia)

PER 4 PERSONE

◊ 1 cipolla media, tritata
◊ 2 cucchiai di olio
◊ 1 quarto di acqua
◊ 2 grosse patate, sbucciate e tagliate a dadini
◊ 1 piccolo pomodoro, pelato e tritato, o ½ tazza di pelati in scatola
◊ 1 gambo di sedano, tagliato a fette
◊ 1 cucchiaino di origano
◊ sale
◊ ½ tazza di riso
◊ ¼ di tazza di prezzemolo, tritato finemente
◊ pepe
◊ ¼ di tazza di formaggio, grattugiato

In una capiente pentola, soffriggere la cipolla nell'olio, versare l'acqua, poi aggiungere le patate, il pomodoro, il sedano, l'origano e una bella presa di sale. Coprire e sobbollire per 20-30 minuti. Unire il riso, incoperchiare e cuocere per 15-20 minuti (i chicchi del cereale dovranno risultare morbidi ma non mollicci). Aggiungere il prezzemolo, sale e pepe a piacere. Al momento di servire, spolverare ogni piatto con il formaggio grattugiato.

Se si desidera una zuppa più leggera, si può aumentare la quantità di acqua. Una tazza di brodo (anche di dado) in sostituzione di un'equivalente quantità di acqua può essere una gradita alternativa. Per quanto riguarda il formaggio, si consiglia di provare il parmigiano, il pecorino, il romano o la groviera, seguendo quest'ordine di preferenza.

PER RICETTA

1030 cal., 25 g di proteine, 32 g di grassi (5 sat., 3 pol.)

▸ ZUPPA FREDDA ESTIVA
(Gazpacho andaluso, Spagna)

Questa rinfrescante zuppa ci è stata servita in molte varianti durante il nostro soggiorno in Spagna. Una delle padrone di casa che ci ha ospitato, la señora Francisco Vivanco, ha scritto la seguente ricetta.

PER 6 PERSONE

- 3 fette di pane bianco
- 1 tazza di acqua
- 4 grossi pomodori
- 1 cipolla
- 2 grossi cetrioli
- 2 peperoni verdi
- ½ spicchio di aglio
- ½ cucchiaino di sale
- 1 cucchiaino di aceto
- 1 cucchiaio di olio di oliva
- 1 tazza di ghiaccio, triturato

Mettere il pane a bagno nell'acqua. Sbucciare e tagliare i pomodori, la cipolla e i cetrioli. Dopo avere eliminato i semi, tagliare a pezzetti i peperoni. Unire la verdura al pane inzuppato con l'aglio tritato, il sale e l'aceto. Passare il composto al setaccio oppure frullarlo (in Spagna si usa il *chino*, un colino cilindrico con una spatola di legno). Aggiungere alla purea l'olio di oliva e fare raffreddare bene. Prima di servire, amalgamare il ghiaccio. A piacere, si possono tenere da parte due cucchiai di ciascuna delle verdure, tritarle molto finemente e spolverarle sulla zuppa prima di servirla.

PER RICETTA

660 cal., 22 g di proteine, 20 g di grassi (2 sat., 3 pol.)

▸ ZUPPA AL BASILICO
(Italia)

PER 4-6 PERSONE

- ◊ 4 patate, sbucciate e tagliate a dadini
- ◊ 3 carote, tagliate a dadini
- ◊ 3 peperoni verdi, tritati
- ◊ 3 pomodori, tritati
- ◊ 3 zucchine, tagliate a rondelle
- ◊ 2 quarti di acqua
- ◊ 1 tazza di parmigiano, grattugiato
- ◊ 2 cucchiai di olio
- ◊ 3 spicchi di aglio, tritati
- ◊ 3 mazzetti di basilico fresco, oppure 1 cucchiaino di basilico secco
- ◊ sale, pepe

Mettere tutta la verdura in una pentola con l'acqua e cuocere a fuoco lento finché non sarà tenera. Amalgamare in una ciotola il formaggio grattugiato, l'olio, l'aglio e il basilico. Prima di servire in piatti fondi, aggiungere alla zuppa il composto al formaggio, sale, pepe e mescolare bene.

PER RICETTA

1500 cal., 62 g di proteine, 51 g di grassi (15 sat., 4 pol.)

CAPITOLO VIII
Pasta

Pasta è il termine italiano, ormai internazionale, che indica in maniera generica gli spaghetti, i maccheroni, le tagliatelle e le centinaia di altri formati, tutti prodotti essenzialmente con lo stesso impasto a base di farina di frumento. L'unica variante è l'aggiunta di un po' di uovo crudo al tipico impasto di acqua e farina. Cambiando l'ultima lettera della parola da "a" a "o", si ha la parola "pasto". Per molte persone in Italia, un pasto non sarebbe tale senza pasta, come se in Scandinavia o in Germania si servisse una cena senza patate. Il diminutivo, pastina, si riferisce ai più piccoli formati di pasta, usati solitamente nelle zuppe: chicchi, semini, stelline, le lettere dell'alfabeto, anellini, minuscole ruotine dentate e così via, senza limiti alla fantasia.

La pasta è il piatto nazionale in Italia, l'alimento base, ma è consumata con gusto in tutta l'area mediterranea, addirittura in tutto il mondo. Dopo l'Italia, la nazione che consuma più pasta è la Svizzera, seguita a ruota al terzo posto dalla Francia. Negli Stati Uniti e in Europa settentrionale, il consumo, notevole già da qualche anno, aumenta sempre più, nonostante il fatto che in quelle parti del mondo andrebbe spesso migliorata la capacità di cuocerla e che siano facilmente reperibili soltanto alcuni formati.

Alcuni libri di cucina italiani propongono un diverso piatto di pasta per ogni giorno dell'anno. In realtà, non sarebbe difficile elencarne anche due al giorno: ossia 730 piatti di pasta diversi! Le varianti consistono non solo in una profusione di salse, ripieni e abbinamenti, ma anche in un altissimo numero di formati diversi, prodotti sempre con lo stesso impasto. Al neofita, le molte variazioni di forma e dimensione possono sembrare solo altrettanti modi divertenti per riproporre lo stesso sapore, ma gli italiani sostengono che, quando la medesima massa di impasto è trasformata nei vari formati, ognuno di questi ha anche un sapore diverso. C'è qualcosa di vero in ciò. Provate ad assaporare i maccheroni e gli spaghetti conditi con il medesimo sugo per credere.

Quasi duecento anni fa, i rivoluzionari americani cantavano la canzone di Yankee Doodle che «ficcò una penna nel cappello/e lo chiamò macaroni». Ma Yankee Doodle non aveva certamente mangiato i *macaroni* (maccheroni) ed è improbabile addirittura che avesse idea di che cosa fossero. Stava semplicemente usando una parola gergale, diffusa in Inghilterra, per trasmettere l'idea dell'ultima moda, allora in voga nell'alta società. Nella seconda metà del diciottesimo secolo, al ritorno dal Grand Tour attraverso l'Europa continentale, gli eleganti signori inglesi riportavano a casa ogni sorta di prodotti esteri, tra cui la pasta dall'Italia. A Londra, coloro che facevano mostra di mangiare questo alimento esotico erano soprannominati *macaroni*.

In America, la prima macchina per gli spaghetti fu importata nel 1790 circa da Thomas Jefferson, che ne aveva viste in Italia durante i suoi viaggi da ambasciatore americano in Francia. Ne ordinò una per casa sua presso l'amata Monticello in Virginia e, alla fine, la macchina arrivò. Fu, probabilmente, un successo a livello locale, ma la vita colta di Jefferson a Monticello aveva solo un minimo impatto sulle usanze dell'americano medio. A eccezione delle tagliatelle fresche fatte in casa, la pasta fu poco consumata negli Stati Uniti fino a un secolo più tardi, quando orde di italiani cominciarono a sbarcare, portando con sé le proprie abitudini alimentari.

L'ORIGINE DELLA PASTA

Nei libri di cucina in lingua inglese, viene spesso ripetuta una versione indifendibile della storia della pasta. Il succo del discorso è che fu Marco Polo a portarne in Italia il segreto, appreso nel corso del suo lungo soggiorno presso la corte di Kublai Khan in Cina. Secondo questa teoria, l'Italia sarebbe entrata in contatto con la pasta per la prima volta intorno al 1295, se non più tardi. Ma le prove documentali dimostrano che essa fu importante in Italia ben prima che Marco Polo partisse in viaggio per l'Estremo Oriente all'età di diciassette anni. Inoltre, nel racconto lungo e dettagliato della sua permanenza in Cina e delle usanze di quel Paese, non c'è nemmeno una parola sulla pasta. Si sa che cinesi e giapponesi mangiavano una specie di tagliatelle di riso già parecchie migliaia di anni fa, quindi se Marco Polo avesse visto mangiare la pasta in Cina, non sarebbe stata una novità tale da riportare nei suoi taccuini.

È naturale che queste sciocchezze su Marco Polo e Cina facciano infuriare gli esperti italiani in materia, ma anch'essi sono costretti ad ammettere che l'invenzione della pasta si perde nella notte dei tempi. È probabile che, data la semplicità della sua fattura, fosse "inventata" in modo indipendente molte volte in molti luoghi. Alcuni appassionati italiani attribuiscono a essa più storia di quanto non possa essere documentata. Sostengono che «certe frasi» nell'*Odissea* e nell'*Iliade* facciano pensare che i Greci antichi conoscessero la pasta o qualcosa di molto simile. Può darsi, ma nessuna delle persone cui ci siamo rivolti è riuscita a individuare quelle frasi e non abbiamo né il tempo né la competenza per indagare nel testo originale in greco antico: le poche ricerche che abbiamo condotto al riguardo hanno fatto un buco nell'acqua. È possibile avanzare argomenti più convincenti a favore della tesi per cui la pasta fosse consumata dai Romani già nel primo secolo a.C. Una specie di tagliatella, chiamata *laganum* dai Romani, fu uno dei piatti preferiti del grande buongustaio Lucullo, che la prediligeva con un sugo a base di pesce, e lo stesso abbinamento fu apprezzato anche dall'oratore Cicerone.

Qualunque sia la storia dell'origine della pasta, la sua attuale popolarità risale all'inizio del Settecento, quando il cuore di quella popolarità era il Napoletano, in Italia. Nell'ultima parte del secolo, esistevano macchine che la rendevano facilmente reperibile in grandi quantità, almeno in Italia. Dobbiamo ancora trovare un luogo nel mondo in cui la pasta all'italiana non sia popolare. In Giappone, dove le tagliatelle alla maniera orientale sono un alimento fondamentale da secoli, gli spaghetti italiani sono reperibili ovunque.

COME SI FA LA PASTA

In fondo, la pasta è semplicemente un impasto denso di farina di frumento e acqua, appiattito o modellato in modo che sia spesso un sedicesimo di pollice, anche se la gamma di spessori aumenta di circa due volte dal più sottile al più largo. Una volta formata la pasta umida, ponendola su un telo asciutto ed esponendola all'aria a temperatura ambiente, sarà pronta per la cottura, come pasta fresca, nello spazio di un'ora circa. Per essere conservata più a lungo a temperatura ambiente, la pasta dovrà essere essiccata completamente. Nel settore pastario, questo processo di essiccazione viene effettuato in tre fasi. Prima, in modo da preservarne la forma, la superficie della pasta è essiccata rapidamente finché diventi dura. Poi la pasta è esposta all'aria relativamente umida per ottenere un grado di secchezza uniforme dall'esterno al centro. La fase finale consiste nell'essiccazione all'aria secca circolante.

Il sistema impiegato dai pastai industriali è troppo complesso per essere imitato in casa, ma la pasta fatta in casa può essere facilmente conservata a lungo ponendola su griglie in ferro o su scaffali in un locale asciutto. In alternativa, si può provare il vecchio sistema di appendere gli spaghetti per farli asciugare all'aria aperta dopo che si saranno asciugati a sufficienza da conservare la forma. Non tanti anni fa, la pasta universalmente riconosciuta come la migliore del mondo veniva essiccata in questa maniera nei paesi e nelle cittadine appena a sud di Napoli, a Torre del Greco, Torre Annunziata e Gragnano in particolare. Gli anziani parlano di quel sistema antico con nostalgia e affermano che la pasta moderna, fatta a macchina ed essiccata all'aria attentamente controllata dei locali di asciugatura, non è buona come quella dei tempi in cui si adoperavano metodi più semplici. È probabile che la pasta essiccata nell'area napoletana alla vecchia maniera fosse più saporita, ma ciò grazie alla polvere lavica proveniente dal vicino Vesuvio, alla polvere sollevata dal traffico di veicoli a cavalli sulle strade sterrate, all'odore umido delle grotte dove veniva appesa per la seconda fase di essiccazione.

LA PASTA FATTA IN CASA

In Italia, la pasta fresca (non essiccata) si può acquistare in molti negozi, e si fa spesso anche in casa. Tuttavia, questo tipo rappresenta solo pochi punti in percentuale del consumo nel Paese. Il più grande entusiasmo si riscontra nella Valpadana in Emilia, spesso definita "Emilia la grassa" per via della ricchezza della cucina regionale. Nei paesi intorno a Modena e Bologna, la preparazione della pasta fresca è una delle più comuni attività mattutine nella maggior parte delle case.

D'accordo con gli epicurei italiani, anche noi crediamo che, tempo permettendo, la pasta fresca valga bene la fatica. Il procedimento non potrebbe essere più semplice. La semola di grano duro, o semplice farina di frumento, viene lavorata con acqua fino a ottenere un impasto sodo, che viene steso su un piano di lavoro e spolverato con un po' di farina per evitare che vi si attacchi. Un normale matterello americano va bene per lo scopo ma italiani, greci e altri abitanti del Mediterraneo preferiscono stendere la sfoglia con un matterello cilindrico in legno senza manici rotatori, lungo due o tre piedi e con un diametro di un pollice o meno. Per tirare una grande sfoglia con uno spessore di circa un sedicesimo di pollice senza buchi o bozzi servono una forte pressione e una certa abilità. Per fare una pasta lunga, la sfoglia è arrotolata e il rotolo ottenuto è tagliato in modo da creare lunghi "nastri" quando viene srotolato. Il lavoro di arrotolare, affettare con il coltello e srotolare è noioso e faticoso, ma chi è seriamente interessato a fare la pasta in casa può acquistare una chitarra, una scatola dotata di corde di chitarra o di fili armonici distanti un quarto di pollice o meno l'uno dall'altro. Ponendo la sfoglia sui fili, basta passarvi sopra una volta con il matterello per tagliarla in tanti nastri quanti sono i fili. Se comunque fare la pasta lunga pare un lavoro fastidioso, provate a preparare la pasta fresca per lasagne, ravioli o cannelloni: non è difficile ed è motivo di soddisfazione sia per il cuoco sia per il consumatore.

È consigliabile mangiare la pasta fatta in casa a poche ore dalla preparazione, dopo averla lasciata all'aria su uno strofinaccio in attesa della cottura. Volendo, si può avvolgere in un foglio di carta stagnola per evitare che asciughi ulteriormente e conservarla in freezer per molte settimane. È possibile inoltre essiccare la pasta fatta in casa per lunga conservazione lasciandola all'aria per più giorni su scaffali o rastrelliere in filo metallico, ma così diventa nient'altro che una imitazione del solito prodotto industriale. La pasta appena preparata, essiccata solo parzialmente prima della cottura, è più saporita: con l'essiccazione si perde qualcosa, e si perde ancora di più con la successiva conservazione. Eppure l'aspetto magico della pasta sta nella sua capacità di trattenere tanto sapore anche quando è stata conservata per mesi ed è del tutto asciutta.

LA QUALITÀ DELLA PASTA

Il fattore determinante per la qualità della pasta è la materia prima, la farina. Se non è reperibile la semola di grano duro, si può usare la comune farina bianca, specie se la pasta è da mangiarsi fresca, anche se richiede più cura in fase di cottura e ha più bisogno di un buon condimento per acquisire carattere. Cuoce più rapidamente, si riduce più facilmente in poltiglia se rimane in pentola solo un minuto in più, ha meno sapore di suo. La pasta preparata con una buona semola non solo cuoce meglio ed è più saporita ma, in quanto contiene più vitamine e proteine, è anche più nutriente.

Quando i chicchi rossi di grano duro sono macinati senza grande pressione, anche a mano con pestello e mortaio, si frantumano in minuscoli granuli giallastri i quali, privati dai cartocci, che vengono sciolti nel processo, finiscono per produrre la semola, che trattiene gran parte del germe di grano perduto nella molitura della farina bianca. Per consistenza la semola cruda somiglia alla Cream of Wheat[1]; per la produzione della pasta, è macinata a una consistenza ancora più fine.

Una varietà di grano duro scoperta in Ungheria fu il prototipo dal quale si iniziò a produrre il grano duro in America solo cento anni fa. Oggi gli Stati dell'alto Midwest e la vicina provincia di Manitoba in Canada forniscono la maggior parte del grano duro e della farina per pasta del mondo. Dai tempi di Mussolini, l'Italia è autosufficiente per quanto riguarda la produzione di frumento per pane, ma il clima non è adatto a quella del grano duro, sicché la pasta italiana è prodotta soprattutto con farina importata dall'America del Nord.

LA PASTA MIGLIORE

Alcuni appassionati si vantano di acquistare solo quella importata dall'Italia e disprezzano l'idea che pasta di buona qualità possa essere prodotta altrove. Per gli italiani, ovviamente, è difficile accettare l'idea che la pasta prodotta in un altro Paese possa essere buona quanto la propria. È comprensibile che i gourmet italiani di vecchia generazione, secondo i quali tutto era meglio in passato, possano aggrapparsi all'idea che quella prodotta nel Napoletano non abbia uguali in Italia, tanto meno fuori dai suoi confini. Eppure da test oggettivi, degustazioni alla cieca e così via emerge che, qualunque fosse la realtà tanto tempo fa, oggi si produce pasta eccellente e di livello tutto sommato uguale nel Napoletano, ma anche in altre zone d'Italia e negli Stati Uniti.

Alcuni bongustai italiani continuano a ripetere che «la pasta napoletana è la migliore», ma ci accorgiamo che raramente si sforzano di assicurarsi che sia proprio quella che consumano,

1. Marca commerciale di farina americana prodotta con semola di frumento che, mescolata con il latte, è di solito servita come prima colazione [*ndt*].

in casa o al ristorante. Va detto anche che in Italia la pasta del Napoletano non spunta prezzi migliori di quella di altre regioni. Per quanto riguarda la pasta prodotta negli Stati Uniti, oltre alla nostra opinione, basata su vent'anni di confronti, abbiamo la testimonianza di tutti gli amici e colleghi napoletani e di altre parti d'Italia che sono venuti a vivere e a lavorare con noi. Spesso restano abbastanza a lungo da poter fare la spesa nei nostri mercati rionali e da sperimentare ai fornelli, oltre ad assaggiare, la cucina di casa nostra. Con rarissime eccezioni, come la maggior parte degli italiani questi colleghi si considerano esperti di cibo e cucina. Arrivano quasi sempre convinti che pasta non prodotta in Italia debba essere cattiva, probabilmente immangiabile. Dopo qualche esperienza in più, però, ci dicono che non ha senso pagare la differenza di prezzo per la pasta importata, e tornano in Italia portando ai loro concittadini il messaggio che non bisogna avere paura di vivere una vita di stenti viaggiando negli Stati Uniti e mangiando la pasta americana. Così, ci sentiamo di dire senza esitazioni, comprate pure la pasta americana! Ma assicuratevi sempre che sia di semola di grano duro.

Perché la pasta prodotta all'ombra del Vesuvio non dovrebbe essere equivalente a quella di altre parti d'Italia o addirittura di Saint Louis o di Minneapolis? Oggigiorno i macchinari e i procedimenti sono identici, e la semola di grano duro ha la stessa provenienza. I napoletani affermano che la loro acqua è particolarmente buona, ma serve solo poca acqua per produrre la pasta, e comunque acqua buona è reperibile o "fabbricabile" in tanti luoghi. Sicuramente in America non si appendono gli spaghetti a essiccare all'aria aperta, ma anche a Napoli l'usanza è stata abbandonata da molto tempo. Tremiamo al pensiero di quello che sarebbe il prodotto, se qualcuno pensasse di riprendere l'antico metodo a Napoli oggi. Perché attualmente l'aria del Napoletano è inquinata come in poche altre parti del mondo. Quando andiamo in macchina a Napoli da casa nostra, a Minnelea, cento miglia più a sud, arrivati a pochi chilometri a nord di Pompei l'avvicinarsi della città è segnalata dalla puzza orrenda proveniente da raffinerie, stabilimenti chimici e dal golfo stesso, da sempre decantato dagli amanti della bellezza di ogni nazione, ma ora inquinatissimo da rifiuti industriali e acque luride non trattate. Come le città di tutto il mondo, e più di tante altre, Napoli viene rovinata dal "progresso" industriale e dall'automobile.

CONTROLLO DI QUALITÀ SULLA PASTA

Tutti i più apprezzati produttori di cibo prestano grande attenzione al controllo della qualità dei loro prodotti, anche se, in ultima istanza, i giudici del controllo di qualità sono i consumatori. Nell'Italia meridionale, il Mezzogiorno, la gente è solita mangiare la pasta almeno una volta al giorno e, di conseguenza, è sempre pronta a giudicarne la qualità. Ma anche nel resto d'Italia e in alcune zone delle vicine Francia e Svizzera l'usanza è di mangiarla quasi tutti i giorni. Insomma, anche da quelle parti non manca il suddetto controllo. Negli Stati Uniti ci sono tante persone, compresi milioni di cittadini di origine italiana, in grado e pronte a esercitare la pressione di un controllo di qualità attraverso le scelte di acquisto presso i negozi di alimentari. Pertanto, la pasta di buona qualità è reperibile in tutte le grandi comunità degli Stati Uniti. Sarebbe fuori luogo in questa sede consigliare marchi particolari, anche perché il nostro elenco sarebbe per forza incompleto e presto obsoleto. A ogni modo, gli americani farebbero bene ad acquistare la pasta anche al supermercato, non solo presso le drogherie specializzate in prodotti italiani. Se sottoponete la pasta comprata a un "processo equo" in cucina, impiegando i metodi corretti di cottura, nella maggior parte dei casi sono garantiti ottimi risultati. Se invece la qualità della pasta si rivela inferiore, tornate dal negoziante e lamentatevi. È questo che intendiamo per controllo della qualità da parte del consumatore.

Quanto si è detto per la qualità relativamente buona di gran parte della pasta secca prodotta negli Stati Uniti non vale per il prodotto cotto, così come viene servito in Nord America e in Nord Europa. Nella maggior parte dei piatti la pasta dà il meglio di sé quando è cotta al dente, morbida ma ancora abbastanza "addentabile". Per un ristorante questo significa cuocerla appositamente a ogni ordinazione. In un buon ristorante c'è sempre una pentola di acqua in ebollizione sui fornelli. In Italia, nella decina di minuti in cui aspetta la pasta, il cliente può mangiare un antipasto o semplicemente accontentarsi di pane e vino per ingannare l'attesa. In casa, occorre programmare i preparativi per la cena per fare in modo che tutti i commensali possano essere a tavola appena la pasta è pronta.

Finora queste regole, rispettate automaticamente in Italia e ovunque si apprezzi la buona cucina nel Mediterraneo, sono state pressoché ignorate nella maggior parte del resto del mondo. Ma, man mano che negli Stati Uniti, in Canada e in Europa settentrionale cresce il numero di persone che apprezza la pasta, anche se scotta perché è rimasta per troppo tempo sul fuoco o sul portavivande, c'è da augurarsi che il livello della preparazione e della presentazione possa migliorare. A questo proposito, è illuminante leggere nei dizionari italiano-inglese rivolti ai britannici la traduzione di "al dente" come "poco cotto"!

COME CUCINARE LA PASTA

Le modalità di cottura di spaghetti e altri formati di pasta simili possono essere riassunte in poche frasi. Innanzitutto, bisogna avere a disposizione una pentola di grandi dimensioni, e per una libbra di pasta secca servono da sei a otto quarti di acqua salata. Poi, bisogna accertarsi che l'acqua stia bollendo furiosamente prima di calare la pasta e fare in modo che la fiamma sia abbastanza alta in modo che, quando si aggiunge, il bollore rallenti solo momentaneamente. Infine, bisogna mescolare frequentemente nei pochi minuti necessari per la cottura. Dopo sei o sette minuti, provate ad assaggiarne un filo: la pasta è cotta quando risulta tenera ma offre ancora una certa resistenza al dente, ovvero quando è "al dente". Tenendo costantemente il bollore alto, sarà al dente dopo sette-dodici minuti, ma bisogna considerare che il tempo di cottura aumenta con lo spessore. Infine, occorre scolare rapidamente e servire immediatamente.

È un peccato, tuttavia, affrontare le modalità di cottura di un alimento così eccezionale in modo così sbrigativo. È opportuno utilizzare le parole di un esperto, Gustavo Traglia (*Lunario della Pasta Asciutta*, 1956, Casa Editrice Ceschina, Milano):

«L'arte di cuocere e di preparare le paste non è facile. Il famoso maestro della cucina, Vincenzo Corrado Oritano, pitagorico e scienziato, filosofo e dettatore di nuove forme dietetiche, ci dà diversi precetti per cuocere e condire le paste. Il famoso Cavalcanti, duca di Buonvicino, che qualche anno dopo doveva dar alla cucina napoletana una rinnovata sontuosità, anche lui avverte che, per preparare un piatto di pasta, occorre soprattutto saperla cuocere e saperla scolare. Per le paste corte, da servire in brodo od in minestra o minestrone, diremo subito che le antiche regole ci insegnano di cuocerle in acqua salata, per due terzi, di scolarle, farle rinfrescare con acqua fredda, scolarle nuovamente, e, solo allora, metterle nel brodo, nel consumato, nella minestra. Ciò perché le paste, anche piccole, cotte direttamente nel brodo o nel consumato, lo intorbidiscono e gli danno un sapore non sempre piacevole.

Per le paste lunghe, poi, la cottura è ancora più delicata. Occorre, prima di tutto, una sufficiente quantità di acqua salata, che taluni dei nostri antichi, soprattutto napoletani, calcolavano per sei ed otto litri di acqua, con la necessaria proporzione di sale, per un chilo di paste secche. Occorre comunque che la pasta sia messa nella pentola, assai meglio sarebbe nella caldaia, quando l'acqua ha raggiunto il perfetto bollore, e che, messala, tale bollore si mantenga lasciando il fuoco piuttosto alto. Abbassare la fiamma solo dopo che il bollore ha ripreso.

La mancata riuscita di un piatto di pasta, molte volte dipende dal fatto di averla gettata nella pentola, quando il bollo non aveva raggiunto il grado di calore necessario. Altra regola assoluta, è quella che la pasta deve essere tenuta al dente, e durante la cottura mescolata, in modo che ogni maccarone, ogni spaghetto, abbia la sua personale indipendenza. Secondo le regole classiche della cucina napoletana, poi, quando vi sembra che la pasta sia sufficientemente cotta, si getta nella pentola un bicchiere di acqua gelata, per arrestare automaticamente ed immediatamente il bollore, ed impedire che la pasta si incolli. Occorre poi scolare sapientemente la pasta e in modo particolare le paste grosse, come zite, rigatoni, maccheroni grossi, in modo che perdano gran parte della loro acquosità, ma non restino troppo secche.» [pp. 81-62]

Ammiriamo la conoscenza, la dedizione e lo zelo di Gustavo Traglia, e concordiamo con quasi tutto quello che raccomanda. Tuttavia, tre o quattro quarti di acqua per libbra di pasta sono troppo pochi, a meno che non si tenga la fiamma molto alta e la pasta sia girata costantemente per evitare che i pezzi si attacchino tra loro. Al proposito, per evitare che si attacchi si può aggiungere un cucchiaino di olio all'acqua prima di calarla.

Il modo più comune per cuocere la pastina in brodo è portare il brodo (o consommé) rapidamente a bollore, aggiungere la pastina e fare continuare il bollore per qualche minuto, finché sarà al dente. Il metodo di cucinare la pastina in due fasi suggerito da Traglia garantisce che si ottenga una pastina sospesa in un brodo trasparente, invece che nel liquido opaco che risulta quando la cottura avviene per intero nel brodo. Non molti, comunque, sarebbero in grado di avvertire la differenza di sapore; e, per quanto riguarda la trasparenza, noi aggiungiamo del formaggio grattugiato, quindi in ogni caso la pastina si troverà a galleggiare in un liquido molto torbido, ma delizioso.

COME SERVIRE LA PASTA

La prima regola per servire la pasta è che sia portata in tavola il più rapidamente possibile, e che i commensali siano pronti! Questa regola è meno rigida per le lasagne e gli altri piatti di pasta cotta al forno, ma tutta quella cotta in acqua bollente vive una fase di perfezione molto breve dopo avere raggiunto la fase magica di cottura al dente.

Gli italiani tengono molto a mangiare solo pasta appena cucinata, tanto è vero che esistono pochissime ricette per spaghetti e altri tipi di pasta avanzati. Quando siamo andati per la prima volta a Napoli, più di vent'anni fa, l'Italia era povera, Napoli era molto povera, e alcuni quartieri della città come San Lorenzo, dove lavoravamo alla Scuola di Medicina, erano davvero in condizioni di miseria. Eppure nel quartiere di San Lorenzo ogni giorno vedevamo sui marciapiedi mucchietti di spaghetti e altra pasta che le famiglie locali lasciavano lì per i gatti randagi. Non si trattava tanto di dimostrazioni di affetto per i gatti, ma piuttosto del rifiuto, nonostante la povertà, di mangiare pasta avanzata. Negli ultimi anni, nelle drogherie italiane si trova comunemente cibo in scatola per animali, ma è anche vero che la maggior parte dei cani e dei gatti del Paese vive soprattutto di avanzi di pasta, teste di pesce e pane raffermo, una dieta che, a giudicare dall'aspetto e dalle dimensioni della popolazione canina e felina, pare ottima.

Quindi la pasta va servita non appena è pronta. Ma come? Gustavo Traglia presuppone che il condimento e il formaggio siano mescolati alla pasta in cucina. In questo modo, il cuoco deciso impone ai commensali la propria interpretazione di quali siano le proporzioni corrette. Tuttavia, la maggior parte delle massaie oculate e delle trattorie taccagne sfrutta questo sistema per limitare la quantità del formaggio usato. Dopo tutto, il formaggio buono costa, anche in Italia. Poiché la maggior parte delle persone preferisce scegliere le proprie proporzioni, noi consigliamo di fare trovare il formaggio in tavola e di portare pasta e sugo ai commensali separatamente, dopo avere distribuito la pasta nei piatti in cucina (in base all'appetito di ciascuno). Di solito la pasta è portata in tavola, alla buona, in una grande scodella fumante, ma secondo noi fare le porzioni a tavola è poco pratico. Quando a tavola ci sono più di quattro o cinque persone, due ciotole di salsa eviteranno che si formi una "coda", ma molti incoraggiano la cattiva abitudine, diffusa sia tra americani sia tra nordeuropei, di consumare una quantità eccessiva di salsa rispetto a quella di pasta, abitudine rafforzata dalla cattiva qualità dei piatti di pasta che sono soliti mangiare.

A nostro avviso, è sbagliato affogare la pasta in una grande quantità di salsa, soprattutto se si tratta di ricchi ragù carne come quello alla bolognese, e a maggior ragione siamo contrari alla sostituzione dell'abbinamento pasta-salsa con l'invenzione tutta americana degli spaghetti con le polpette, il tutto coperto da una sostanza appiccicosa e grassa, dal sapore troppo intenso di aglio e origano. Non si tratta di fare i puristi gastronomici. È che riteniamo che ogni cucina con una lunga storia alle spalle possegga una certa saggezza per quanto riguarda le proporzioni tra gli ingredienti dei piatti. Nel caso della pasta e della salsa, in Italia le relative proporzioni sono il frutto di una lunga evoluzione e dell'apprendimento attraverso l'esperienza che ha generato una saggezza che va al di là delle semplici sperimentazioni del neofita. Vogliamo anche sottolineare che le virtù salutari della cucina semplice e della dieta tradizionale in Italia e nel Mediterraneo si perderanno quando la cucina diventerà più ricca e sontuosa.

QUANDO SERVIRE LA PASTA

Nella tradizione italiana la pasta è servita come piatto principale, generalmente come prima portata del pasto principale della giornata. Non si usa quasi mai come contorno. Nei pasti più elaborati che si aprono con l'antipasto, la pasta segue immediatamente dopo. Non è accompagnata da verdure, insalata o carne, che vengono servite dopo. Quando la pasta arriva in tavola, riceve l'attenzione esclusiva dei commensali che, al momento di posare la forchetta, avranno già assunto la metà delle calorie dell'intero pasto solo in quella portata.

Le famiglie italiane più povere, specialmente al Sud, mettono in tavola la pasta due volte al giorno. Se di domenica hanno mangiato lasagne a pranzo, la sera ne mangeranno gli avanzi. Oppure, se a pranzo hanno mangiato spaghetti o un altro tipo di pastasciutta, la sera potrebbero mangiare pastina o altra pasta di piccolo formato in brodo. Un altro piatto molto amato per il pranzo o per la cena è la pasta e fagioli. Tuttavia, nemmeno i più grandi amanti della pasta in Italia la mangiano tutti i giorni. Le alternative più comuni sono piatti a base di riso, gnocchi, pizze di vario genere e, come detto prima, brodo o zuppe, con o senza pasta. Occasionalmente, la pasta può essere sostituita da una frittata, anche se questa abitudine è più diffusa in Spagna, Francia e Grecia che in Italia.

L'enorme popolarità della pasta tra le famiglie meno abbienti in Italia non dovrebbe portare a pensare che sia un alimento soprattutto da poveri o da classe operaia. Essa svolge un ruolo importante anche nei pasti più eleganti serviti nei migliori ristoranti e nelle dimore aristocratiche di tutta Italia. Ed è interessante notare che nella popolarità acquisita di recente dal picnic (parola presa in prestito dall'inglese) tra le classi sociali più elevate, la pasta costituisce un problema. Quando partono per la gita domenicale, le famiglie si sentono costrette a caricare l'auto di tutto il necessario per cuocere la pasta, inclusa una grande marmitta. Con l'eccezione della colazione, dei rinfreschi e degli spuntini di tarda sera, gli italiani, infatti, sono dell'avviso che la pasta si possa servire in qualsiasi momento e dovrebbe avere una parte importante in tutti i pasti principali.

QUANTA PASTA CUOCERE

La pasta è pesata prima della cottura. Nei libri sulla cucina italiana scritti da autori americani e inglesi, la quantità media di pasta raccomandata a persona, quando la pasta costituisce la portata principale, varia da due once (*Pasta Plain and Fancy* e *Magic of Mushroom Cookery* di Kay Nelson) a più di tre once (*Complete Book of Pasta* di Jack Denton Scott e *Italian Family Cooking* di Edward Giobbi). Molti autori non italiani di libri di cucina concorderanno con Edwin H. e Mildred O. Knopf (*The Food of Italy and How to Prepare It*) quando affermano: «Come portata principale, con una libbra di pasta cotta in sei quarti d'acqua si otterranno porzioni abbondanti per sei persone. Come contorno basterebbe anche per dieci persone».

Gli italiani, compresi quelli residenti negli Stati Uniti, sono più generosi. Romeo Salta (The *Pleasures of Italian Cooking*), che ha appreso la sua arte in Italia, presenta ricette con dosi medie superiori alle tre once di pasta a porzione, e va considerato che i suoi piatti contengono molto altro oltre alla pasta, come si addice alla reputazione che si è guadagnato negli anni servendo piatti molto elaborati a Hollywood e a New York. Maria Luisa Taglienti ha pubblicato il suo ottimo libro *Italian Cookbook* dopo soli sette anni trascorsi negli Stati Uniti (in altre parole, non molto distaccata nel tempo dalle sue abitudini italiane), e le sue ricette parlano in media di quattro once a porzione.

Ma le porzioni di pasta servite in Italia? Intanto, va detto che, con l'eccezione della pasta al forno, "a persona" e "a porzione" in Italia significano la stessa cosa, in quanto tutta la pasta che è stata cucinata viene servita nello stesso momento. L'orrore più grande per un italiano è vedersi portare un piatto di pasta che è rimasto in cottura per uno o due minuti quando era già "al dente". Non tutti i libri di cucina italiani specificano il numero di porzioni previsto da una data ricetta, ma la nostra ricerca su una decina di ricettari relativamente precisi al riguardo indica un accordo piuttosto generale su 3,5-4 once (100-120 grammi) a persona. Un libro molto venduto in Italia non è della stessa opinione. *Cucina*, volume delle Enciclopedie Pratiche Sansoni, recita: «Quantità. Bisogna considerare 50 grammi di pasta a persona più, nel rispetto dell'antica regola, altri 50 grammi totali per il piatto. Quindi, per quattro persone, 250 grammi». Questa quantità corrisponde a meno dei due terzi di quella generalmente raccomandata nei libri di cucina italiani, ma non possiamo fare a meno di notare che questa "enciclopedia della cucina" è la traduzione di un libro francese scritto da due donne dal cognome non italiano.

Gli italiani, come in generale tutti gli abitanti dell'area mediterranea, non usano molto i libri di cucina, e quindi generalmente non prestano attenzione alle quantità a persona, come invece facciamo noi. In fin dei conti, si dirà, tutto dipende da quanta fame hanno i commensali e da quanto è buono il cibo. Ma quanta pasta si mangia generalmente in Italia nel corso di un pasto? Un modo per farsi un'idea a questo proposito è indagare sulle porzioni servite nei ristoranti.

Alexander Lenard, la cui versione in latino di *Winnie the Pooh* è un best seller mondiale, ha scritto di recente un libro molto gradevole basato sugli anni trascorsi a Roma. In *The Fine Art of Roman Cooking*, racconta che la porzione standard di spaghetti, fettuccine e simili servita a Roma è di circa 150 grammi, o 5,25 once (peso secco). Si tratta di un piatto davvero molto abbondante. Il nostro ex pupillo Flaminio Fidanza, professore di Scienze nutrizionali all'Università di Perugia, i cui genitori vivono a Roma, sostiene che la porzione media servita nella capitale è di 120 grammi, un po' più di 4 once. Interrogato sulla questione, un tassista romano ci ha dato una risposta secca: «150 grammi!». Forse le trattorie frequentate dai tassisti sono particolarmente generose. O forse ci siamo imbattuti in un tassista fuori dalla norma: in effetti, ha ammesso di pesare 120 chili (265 libbre).

Sulla base della nostra esperienza in tutti i tipi di ristoranti in Italia, possiamo dire che, soprattutto al Centro e al Sud, la pasta non viene quasi mai pesata, ma che il cuoco mette nell'acqua bollente quantità variabili tra le quattro e le cinque once a persona, salvo che nell'ordinare si insista per avere una porzione *piccola* o ci si lamenti di avere una fame da lupo. Tuttavia, nei ristoranti più eleganti le porzioni di pasta sono ridotte poiché seguite da molti altri piatti ricchi e costosi. Diventa chiaro quindi perché la maggior parte dei libri di cucina americani raccomandi porzioni di pasta più piccole di quelle servite in Italia. Attualmente, negli Stati Uniti si tende a consumare la pasta come contorno o come elemento di un piatto in cui è dominata da grandi polpette o da quantità di altri ingredienti altamente calorici. Ci piacerebbe cambiare questa abitudine.

Nelle case private italiane, la grandezza della porzione di pasta dipende dall'attività fisica della famiglia e da quello che il pasto comprende oltre alla pasta. Per un agricoltore o un manovale, la porzione può essere di 200 grammi (quasi 7 once) o più. Un contadino, sua moglie e il figlio adolescente consumeranno una confezione di pasta da mezzo chilo (18 once circa) in un pasto, anche di più durante il periodo della semina o del raccolto. E quando il figlio adolescente diventerà adulto e si sposerà, dopo vassoi su vassoi di antipasti, il pranzo nuziale comincerà sul serio con porzioni di invitanti lasagne, ricoperte di formaggio, di almeno quattro pollici quadrati e alte due. Molto tempo fa, abbiamo imparato a insistere per farci servire solo mezze porzioni in queste occasioni, ma parecchie ore dopo, verso il termine del banchetto, rimpiangiamo di non avere chiesto porzioni da un quarto.

A questo punto, come possiamo riassumere tutto quanto abbiamo detto sulla pasta a beneficio di chi vorrebbe replicare i valori gastronomici e nutrizionali della gente semplice italiana? Quantificate la pasta da cuocere basandovi sulle esigenze dei commensali e sul resto del menù. Pare semplice, ma qual è il fabbisogno calorico dei commensali? Se sono tipici impiegati americani, sarà sicuramente inferiore rispetto a quanto sarebbe loro servito al ristorante in Italia o negli Stati Uniti. E, se seguirete il nostro consiglio, il condimento della pasta non dovrebbe prendere il sopravvento, e quello che la segue non dovrebbe costituire la parte principale del pasto. Se la pasta viene condita da un succulento ragù o da un ricco sughetto a base di pesce, non sarà necessario farla seguire da un piatto a base di carne o di pesce, quindi le vostre esigenze gastronomiche e dietetiche saranno meglio soddisfatte se la pasta sarà seguita da abbondanti porzioni di verdure e/o insalata, chiudendo il pasto con un po' di frutta. In questo tipo di menù, per la maggior parte degli americani adulti si potranno prevedere porzioni da tre a quattro once di pasta secca, per i giovani adulti maschi da quattro a cinque once, anche di più se sono sportivi. Per le ragazze invece basteranno porzioni da due a tre once, per i nonni anche meno.

ABBINAMENTI PASTA-SALSA

Gli italiani amano specificare particolari combinazioni di salsa e formato di pasta; alcuni di questi abbinamenti sono tradizionali, come quello del sugo di lepre con le pappardelle. Un cuoco italiano si stupirebbe di ricevere l'ordine di un tipo di sugo senza che sia specificato il tipo di pasta desiderato. I menù dei ristoranti indicano sempre l'accostamento proposto.

Si tratta di un aspetto affascinante della cucina italiana. A partire da venti formati di pasta e venti salse si ottengono quattrocento combinazioni. È un piacere contemplare tanta varietà. Ma il fatto è che con un solo sugo e venti tipi di pasta di formato e dimensioni diverse si ottengono venti piatti che differiscono sicuramente nell'aspetto, ma in poco altro e con differenze di gusto minime. Eppure, l'aspetto conta ed è divertente lasciare libero corso alla fantasia immaginando di assaporare venti piatti diversi solo cambiando il formato di pasta.

Non siamo contrari ovviamente al fatto che i ristoranti vantino di offrire tre piatti diversi proponendo rigatoni nel menù del giovedì, fusilli il venerdì e spaghetti il sabato, tutti con la stessa salsa. Tuttavia, per un libro di cucina, ha più senso fornire solo le ricette delle salse e lasciare che sia il lettore a decidere il formato di pasta che risponderà al meglio alla disponibilità e allo spirito dell'occasione. Questo libro, quindi, presenta le ricette dei condimenti per la pasta nel capitolo dedicato alle salse.

A volte è difficile distinguere tra una salsa per condire la pasta e un elemento che sia abbastanza sostanzioso da meritare di essere classificato come piatto a base di carne accompagnato da una porzione di pasta. Un classico esempio di questa situazione è la pasta al ragù. Versando un mestolo di ragù su un piatto abbondante di spaghetti, si avranno degli spaghetti al ragù. Versando due mestoli di ragù su una piccola porzione di spaghetti, si avrà ragù con spaghetti. Per i casi in cui la parte carnea di un piatto di carne e pasta sia predominante, la ricetta è presentata nel capitolo sulle carni.

PASTA RIPIENA: RAVIOLI, CANNELLONI E AFFINI

Invece di versare un condimento sulla pasta, si ottiene un risultato molto diverso quando la pasta ha una forma tale da poter essere farcita con la salsa. La pasta ripiena, come i vari tipi di ravioli e cannelloni, è tra i piatti italiani più apprezzati. In genere, questi sono così ricchi che una porzione abbondante può tranquillamente servire da primo e secondo piatto. Durante un pranzo o una cena di festa sono molto graditi come primo piatto, mentre gli spaghetti o altri formati simili, anche all'uovo, sembrerebbero troppo banali.

Oggi i ravioli e altri tipi simili di pasta già pronti si trovano facilmente confezionati in scatola o surgelati sia in America sia in molti negozi di alimentari in Nord Europa. Le varietà in scatola o surgelate sono in genere di cattiva qualità: semplicemente, la pasta non regge la conservazione dopo la cottura. Alcuni negozi specializzati vendono ravioli e cannelloni surgelati crudi o solo parzialmente cotti. Questi ultimi prodotti sono di gran lunga migliori di quelli in scatola, ma sono costosi e raramente reggono il confronto con i freschi.

Tra tutti i tipi di pasta ripiena, i cannelloni sono i più facili da adattare alla cucina americana. Oggi i grossi cilindri, del diametro di circa un pollice, sono in vendita ovunque come pasta secca, e grazie alle istruzioni sulle confezioni è possibile preparare deliziosi cannelloni in casa. I manicotti sono semplicemente cannelloni sotto un altro nome: sono tagliati diagonalmente e a volte rigati all'esterno. Le etichette sulle confezioni commerciali dei cannelloni o dei manicotti secchi generalmente suggeriscono un ripieno; più avanti nel libro saranno fornite delle ricette. Attualmente sono commercializzati due tipi di cannelloni secchi: uno richiede la cottura in acqua bollente prima della farcitura, l'altro può essere farcito e lasciato riposare per qualche ora prima della cottura in forno. Questi ultimi, in realtà, sono stati sottoposti a parziale precottura, quindi evitano una fase della cottura, ma la preparazione richiede che ci si avvii con tanto anticipo da vanificare quasi il vantaggio.

La migliore opzione è sicuramente quella di confezionare dei cannelloni da zero. Non è difficile preparare un impasto, stenderlo e ritagliarne quadrati di 4 o 5 pollici per lato, bollirli, stendervi il ripieno, richiuderli in forma di cilindro e metterli in forno. Cerchiamo di essere realisti, però. Ci vuole ben più di mezz'ora dall'inizio della procedura fino al momento di mettere in forno i cannelloni, e al primo tentativo potrebbe servire più di un'ora.

I ravioli, che sono piccoli pacchetti quadrati di pasta ripieni (l'impasto è lo stesso dei cannelloni), sono più difficili da preparare a causa della necessità di chiuderli. Ripiegati sul ripieno, i bordi della pasta possono essere pressati insieme, ma tagliare, farcire, ripiegare e sigillare costituiscono un processo lungo se si pensa che ogni porzione richiede dai 10 ai 12 ravioli. Per semplificare il lavoro, sono disponibili stampi per ravioli in metallo, una versione in miniatura di quelli per i muffin. Basta stendere l'impasto nelle parti cave dello stampo, aggiungere una piccola quantità di ripieno nell'incavo, coprire con un altro velo di pasta, passare il matterello sui bordi per sigillarli, e i ravioli sono pronti. Vanno bolliti, non cotti in forno come i cannelloni.

Gli agnolotti sono semplicemente dei ravioli con un altro nome. In Italia si chiamano generalmente agnolotti i ravioli di forma tonda piuttosto che quadrata, ma per il resto non ci sono differenze. Alcuni esperti sostengono che "agnolotti" sia soltanto un termine dialettale toscano per indicare i ravioli, ma se si vuole fare colpo sui propri ospiti con la varietà usare il nome può essere senza dubbio un ottimo espediente. Potrete stendere lo stesso impasto dei ravioli, ritagliarvi dischi di due o tre pollici di diametro con uno stampino per biscotti, inserire un po' di ripieno al centro di ciascun dischetto, ripiegare e premere sui bordi per sigillare questi pacchetti a mezzaluna, poi cuocere come per i ravioli. Quando sono pronti e li portate in tavola, esclamate solennemente che si tratta di agnolotti.

Il termine tortellini si riferisce a un altro tipo di pasta ripiena, di formato piccolo, anch'esso privo di una definizione univoca. Quelli classici di Bologna sono pacchetti a forma di anello, leggermente attorcigliati (il loro nome deriva da "torto"), farciti con un ripieno in cui è generalmente forte il sapore della mortadella (*non* il nostro preferito). Ripiegare e arrotolare la pasta per formare dei tortellini è un'arte che non si apprende con un paio di tentativi, anche se non è raro, nella zona di Bologna, vedere ragazzine di dodici anni eseguirla con maestria. Una volta asciutti, i tortellini si possono conservare per due giorni a temperatura ambiente, fino a due settimane in frigorifero, per svariati mesi se chiusi bene e congelati. In America, si trovano nei grandi negozi specializzati in cibo italiano. Si mangiano in due modi: cotti in brodo e serviti nello stesso; asciutti, ovvero cotti in acqua bollente come gli spaghetti, scolati e serviti con formaggio grattugiato. Non raccomandiamo di provare a fare i tortellini in casa, a meno che non la troviate una sfida divertente.

I tortelloni, un formato più grande dei tortellini, sono più facili da fare in casa, anche solo perché, essendo più grandi, ne serviranno meno da portare in tavola. L'impasto viene steso in una sfoglia sottile e tagliato in quadrati di circa due pollici per lato. Ai quadratini di pasta va data una forma di "coppa" utilizzando un pezzo di legno o di altro materiale che possa servire da stampo. Dopo avere riempito le coppette di pasta con il ripieno, queste vanno chiuse e sigillate premendo sui bordi della pasta, possibilmente con una rotella dentata; i tortelloni vanno poi bolliti e serviti asciutti.

Infine, ci sono i cappelletti, un altro tipo di pasta ripiena, questa volta in una forma che ricorda un cappello. Ma a questo punto dovrebbe essere chiaro che gli italiani si divertono a creare forme diverse da farcire con gli stessi ingredienti.

ALCUNE RICETTE DI PASTA

Molti piatti consistono in pasta appena cotta e in una salsa o una sorta di ragù che vi viene versata sopra al momento di andare in tavola. Alcune salse possono essere preparate mentre la pasta è in cottura, altre vanno cucinate in anticipo; alcune di queste ultime possono conservarsi anche a lungo in frigorifero. Salvo casi particolari, la salsa dovrebbe essere molto calda quando si condisce la pasta, in modo che il piatto arrivi in tavola quanto più caldo possibile.

La procedura per bollire la pasta è stata già descritta in questo capitolo, ma può essere utile ricordare alcuni concetti ancora. Ci sono quattro regole da seguire: 1) usare abbondante acqua, da sei a otto quarti, e un cucchiaio di sale per ogni libbra di pasta 2) assicurarsi che l'acqua sia in piena ebollizione quando si cala la pasta e che continui a bollire durante la cottura 3) non cuocere la pasta fino a farla diventare molle: sarà la prova del dente a dire quando la pasta è tenera ma ancora soda; ci vorranno da 7 a 12 minuti, a seconda del formato della pasta 4) essere pronti a scolare e servire la pasta non appena cotta. Se ci sono ospiti, fare in modo che siano a tavola e offrire qualche piccolo antipasto mentre la pasta è in cottura.

RICETTE PER CANNELLONI E MANICOTTI

L'unica differenza tra i cannelloni e i manicotti sta nel fatto che i primi sono tagliati perpendicolarmente alle estremità, i secondi diagonalmente. I piatti migliori cucinati con questi cilindri utilizzano pasta fresca fatta in casa, ma i formati secchi in commercio sono di buona qualità e si trovano facilmente in molti negozi in America. Sono disponibili anche cannelloni parzialmente precotti che non hanno bisogno di essere cotti in acqua prima di essere farciti e messi in forno. Questi sono adatti solo alle ricette che prevedono la cottura in una grande quantità di sugo di pomodoro o un'altra salsa molto liquida. Le istruzioni per la preparazione sono fornite sulle confezioni.

I cannelloni freschi o secchi tradizionali vanno cotti in abbondante acqua salata: da 5 a 8 minuti i freschi, da 10 a 15 i secchi. Dopo avere scolato e fatto raffreddare i cilindri in modo da poterli maneggiare, si farciscono con il ripieno desiderato, si dispongono uno accanto all'altro in una teglia unta con olio, si coprono con una salsa e si infornano.

▶ PASTA ALL'UOVO
(Italia)

La pasta si può confezionare semplicemente con acqua e farina, ma è più facile, nonché più gustosa, se si prepara con l'aggiunta di uova. La ricetta che segue richiede due uova e un po' d'acqua; chi non ha problemi per quanto riguarda il consumo di uova nella propria dieta può utilizzare le proporzioni più standard di quattro uova per ogni libbra di farina. Gli italiani sono convinti che la pasta migliore si faccia su un piano di marmo, ma questo ricalca semplicemente un'idea che si è formata prima dell'invenzione della fòrmica. La maggior parte degli americani hanno piani cucina ideali per fare la pasta in casa.

PER 4 PERSONE

- 1 libbra di farina comune, setacciata
- 2 uova

Disporre la farina sul piano di lavoro. Rompere le uova in una tazza, aggiungere pari volume di acqua, mescolare e versare in un incavo ricavato nella fontana di farina. Lavorare con cura, aggiungendo qualche cucchiaino di acqua se il composto è troppo duro. I libri di cucina italiana suggeriscono di impastare per una ventina di minuti. Formare una palla, coprirla con un canovaccio e lasciare riposare per mezz'ora. Manipolare di nuovo per uno o due minuti e dividere l'impasto in due o più parti da stendere in una sfoglia quanto più sottile e uniforme possibile, materia di grande orgoglio nella cucina italiana. Può essere di aiuto un lungo matterello, ma non è essenziale. Noi utilizziamo una sezione diritta di un manico di scopa ben liscio, di circa un pollice di diametro e circa 30 pollici di lunghezza. Fare in modo che la sfoglia sia sempre infarinata su entrambi i lati, avvolgerla attorno al matterello e allargarla premendo con i palmi delle mani verso le estremità dello stesso. Quando si raggiunge uno spessore tra 1/8 e 1/16 di pollice, tagliare in strisce larghe per le lasagne, in quadrati per i cannelloni, o in qualsiasi altra forma si desideri. Per fare della pasta lunga tipo tagliatelle, pappardelle e simili, arrotolare la sfoglia e tagliare secondo la larghezza desiderata.

La pasta può essere cotta immediatamente o dopo qualche ora, lasciandola coperta con un canovaccio pulito. In condizioni ideali, va cucinata il giorno stesso ma si può conservare anche per lunghi periodi, se lasciata asciugare completamente e posta in un contenitore chiuso ermeticamente.

PER RICETTA
1880 cal., 60 g di proteine, 15 g di grassi (3 sat., 1 pol.).

▶ PASTA VERDE
(Italia)

PER 4 PERSONE
- ◊ 1 pacco (10 once) di spinaci tritati, surgelati
- ◊ ¼ di tazza di acqua
- ◊ 4½ tazze di farina comune, non setacciata
- ◊ 3 uova

Lasciare scongelare gli spinaci, poi frullarli o passarli, aggiungendo l'acqua. Versare quattro tazze di farina in una ciotola capiente, conservando l'altra mezza tazza per spargerla sul tagliere o sul piano della cucina per impastare. Aggiungere le uova e gli spinaci alla farina, mescolare bene fino a ottenere una massa che si può maneggiare. Appoggiarla sul tavolo da lavoro infarinato e lavorare ottenendo un impasto omogeneo da dividere in due parti. Stendere ognuna in una sfoglia sottile (un ottavo di pollice o meno) e tagliarla in quadrati per i cannelloni o in strisce per le lasagne. Adagiare su un panno asciutto e lasciare asciugare da un minimo di mezz'ora a un massimo di mezza giornata prima di cuocere. La pasta asciugata potrà essere conservata in dispensa e utilizzata in futuro.
La pasta lunga che ne risulterà, quando si usano spinaci crudi, sarà di un bellissimo colore verde, e resterà tale anche dopo la cottura. Se disponibili, si possono utilizzare spinaci freschi crudi al posto dei surgelati, con risultati ottimali.

PER RICETTA
2100 cal., 79 g di proteine, 22 g di grassi (6 sat., 2 pol.)

▸ CANNELLONI AL FORMAGGIO
(Italia)

PER 4 PERSONE

- 6 quarti di acqua
- ⅓ della ricetta per la pasta verde (8 quadrati di 5x5 pollici circa)
- 1 libbra di ricotta o fiocchi di latte
- 1 uovo
- sale, noce moscata
- 2 tazze di besciamella*
- ¼ di tazza di parmigiano, grattugiato

Portare a ebollizione l'acqua, salare, aggiungere la pasta e cuocere per una quindicina di minuti, fino a che sarà tenera. Scolare e raffreddare sotto acqua fredda per facilitarne la manipolazione. Battere insieme la ricotta e le uova fino a ottenere un composto omogeneo, unendo un po' di acqua tiepida se risultasse troppo duro. Aggiungere un pizzico di sale e uno di noce moscata. Oliare una teglia da forno bassa (circa 8x12 pollici). Appoggiarvi un quadrato di pasta, adagiarvi con un cucchiaio un ottavo del ripieno, arrotolarlo e spostarlo sul lato della teglia. Continuare nello stesso modo fino a che gli otto cilindri saranno stati riempiti e disposti ordinatamente nella teglia; coprirli con la besciamella e con una spolverata di parmigiano. Cuocere in forno a 400°F-200°C per una ventina di minuti, fino a che i cannelloni saranno dorati e la salsa ben calda.

*Vedere l'Indice per la ricetta. Oppure utilizzare cannelloni pronti (grossi cilindri di pasta), disponibili in molti negozi. Sono in commercio anche cannelloni che non necessitano di essere cotti in acqua prima di essere riempiti e infornati. Le istruzioni per l'uso sono presentate sulle confezioni.

▸ TORTELLONI RICOTTA E SPINACI
(Italia)

La pasta fresca all'uovo preparata secondo la ricetta presentata in questo capitolo permetterà di realizzare tortelloni sufficienti per sei-otto americani o quattro-sei italiani come portata principale.

pasta all'uovo (ricetta a pag. 233)
Per il ripieno:

- ◊ 1 libbra di spinaci
- ◊ ½ libbra di ricotta
- ◊ ¼ di libbra di latte
- ◊ ¼ di libbra di parmigiano, grattugiato
- ◊ 1 uovo
- ◊ sale, timo, noce moscata
- ◊ 2 cucchiai di margarina spalmabile

Lessare molto brevemente gli spinaci in pochissima acqua, scolare e frullare. Mescolare gli spinaci con la ricotta, i fiocchi di latte, metà del parmigiano, l'uovo, sale e, infine, aggiungere un pizzico di timo e uno di noce moscata. Stendere la pasta in sfoglie molto sottili e tagliare in dischi di tre pollici di diametro. Adagiare un cucchiaio di ripieno su ciascun disco, inumidire i bordi con acqua e ripiegare a forma di mezzaluna, premendo con forza sui bordi per sigillarli. Riempire una pentola con 6-8 quarti di acqua, aggiungere un cucchiaio di sale, portare a ebollizione e calare i tortelloni, che saranno pronti in circa 12 minuti, a meno che la sfoglia sia stata stesa da mani inesperte e non sia abbastanza sottile. È consigliabile cuocere i tortelloni un po' alla volta, tirandoli fuori dall'acqua con una schiumarola e mettendoli in un piatto da portata caldo. Quando tutti saranno pronti, condire con la margarina e il resto del parmigiano.

PER RICETTA
2830 cal., 104 g di proteine, 93 g di grassi (35 sat., 10 pol.)

▸ TORTELLONI DI POLLO O ALTRA CARNE
(Italia)

A distinguerli dai tortelloni ricotta e spinaci è il ripieno. Come carne è possibile usare pollo, vitello, maiale o un misto di questi.

PER 6-8 PERSONE
pasta all'uovo (ricetta a pag. 233)
Per il ripieno:

- 1 piccola cipolla, tagliata a dadini
- 4 cucchiai di margarina spalmabile o di olio
- ½ libbra di carne macinata
- 3 once di prosciutto magro o bacon canadese, tritato
- ½ tazza di vino bianco secco
- sale, pepe, noce moscata
- ½ tazza (1½ once) di parmigiano grattugiato
- 1 tazza di salsa (sugo di pomodoro o di funghi, o ragù, o besciamella)

Soffriggere la cipolla nell'olio o nella margarina, aggiungere la carne e il prosciutto, quindi cuocere per un paio di minuti, mescolando. Aggiungere il vino, sale, pepe e noce moscata, poi cuocere, sempre mescolando, fino a che il composto sarà diventato piuttosto solido. Mantecare con un po' di parmigiano e trasferire su un piatto per fare raffreddare prima di mettere il ripieno sui dischi di pasta. Seguire la procedura fornita nella ricetta della pagina precedente. Servire i tortelloni caldi conditi con la salsa preferita e il restante parmigiano grattugiato.
Il contenuto calorico riportato di seguito fa riferimento al manzo magro; il maiale magro ne ha uno simile. Con il pollo o il vitello, le proteine sono simili ma il contenuto in grassi è considerevolmente minore. La salsa non è compresa nel calcolo.

PER RICETTA
3075 cal., 141 g di proteine, 73 g di grassi (44 sat., 20 pol.)

LASAGNE AL FORNO

(Italia)

PER 6 PERSONE

- 1 cipolla grande
- 1 spicchio di aglio
- 2 cucchiai di olio
- 1 cucchiaino di sale
- 1 scatola (6 once) di concentrato di pomodoro
- 1 tazza di brodo di carne, brodo vegetale o acqua
- 3 quarti di acqua
- 6 once di lasagne
- 1 libbra di fiocchi di latte scremato
- ½ tazza di latte scremato
- 4 once di mozzarella
- ¼ di tazza di parmigiano, grattugiato

Tritare l'aglio e la cipolla, fare dorare in un cucchiaio di olio, aggiungere il sale, il concentrato di pomodoro e il brodo (o l'acqua) e cuocere a fuoco lento per mezz'ora. Nel frattempo, portare a ebollizione l'acqua salata, versare le lasagne e cuocere fino a che si saranno ammorbidite (12-15 minuti). Scolare e sciacquare con acqua fredda. Mescolare i fiocchi di latte con il latte scremato e un cucchiaio di olio. Affettare la mozzarella. In una teglia imburrata, alternare strati di lasagne, fette di mozzarella, composto di fiocchi di latte, salsa di pomodoro e una spruzzata di parmigiano grattugiato, terminando con parmigiano. Cuocere in forno a 375°F-190°C per 30 minuti.
Commento: ogni cuoco italiano ha diverse ricette per la preparazione delle lasagne, la maggior parte delle quali sono buone. Dopo avere fatto qualche esperimento apportando piccole variazioni sul tema principale, vi renderete conto che, in effetti, è difficile sbagliare. Se riuscite a trovare della ricotta fresca, che ora è disponibile in alcune zone degli Stati Uniti, utilizzatela al posto dei fiocchi di latte per dare alle lasagne un gusto più genuino. Si possono aggiungere funghi o tartufi, si può sostituire

il concentrato di pomodoro con besciamella o con una scatola di spinaci per bambini o zucchine giovani o zucca lunga gialla finemente tagliate. Si può sperimentare con i propri odori preferiti (origano, timo, rosmarino) facendo attenzione a non esagerare. Provate ad aggiungere un uovo sbattuto al misto di formaggi. E non sorprendetevi se quattro persone mangeranno la dose per sei!

PER RICETTA
1880 cal., 162 g di proteine, 61 g di grassi (18 sat., 20 pol.)

TRENETTE AL PESTO
(Italia)

PER 4-6 PERSONE
- 1 libbra di trenette
- ½ tazza di pesto (ricetta a pag. 509)
- 2-3 cucchiai di acqua calda

Cuocere la pasta nella maniera abituale, in 6-8 quarti di acqua salata. Nel frattempo, riscaldare una scodella capiente e mettervi il pesto e l'acqua calda. Quando la pasta è al dente, scolarla e versarla nella scodella, amalgamare il pesto e servire immediatamente.

PER RICETTA
2110 cal., 70 g di proteine, 43 g di grassi (6 sat., 8 pol.)

▸ TRENETTE E PATATE AL PESTO
(Italia)

Abbinamenti di pasta con le patate non sono molto diffusi, ma questa ricetta, tipica di Genova e della Riviera ligure, è facile da provare. Per coloro che non amano il pesto, si può impiegare in alternativa una salsa al pomodoro con una spolverata finale di parmigiano grattugiato. Detto ciò, consigliamo di provare con il pesto.

PER 4-6 PERSONE

- ¼ di libbra di patate, pelate e affettate
- sale
- 1 libbra di trenette o altra pasta lunga
- ½ tazza di pesto (ricetta a pag. 509)
- 2 cucchiai di margarina morbida
- ¼ di tazza di parmigiano, grattugiato

Lessare le patate, salare secondo gradimento e tenere in caldo mentre la pasta cuoce nella maniera solita. Preparare il pesto. In una scodella capiente riscaldata disporre uno strato di pasta (dopo averla scolata), aggiungere dei fiocchetti di margarina, condire con un po' di parmigiano, poi aggiungere uno strato di patate lesse a fette e versare un po' di pesto. Aggiungere un secondo strato di pasta, patate, formaggio e pesto seguendo le stesse modalità. Riscaldare brevemente prima di portare in tavola.

PER RICETTA

2700 cal., 90 g di proteine, 76 g di grassi (14 sat., 17 pol.)

▶ MACARONADE

(Nizza, Francia)

I parsimoniosi francesi utilizzano il sugo avanzato da uno stufato o da un arrosto in tegame per preparare questo facile piatto a base di pasta, da servire con la carne dello stufato o dell'arrosto oppure da solo.

PER 6 PERSONE

- ◊ 1 tazza di sugo e avanzi di uno stufato o di un arrosto in tegame
- ◊ 1 libbra di pasta
- ◊ ¼ di tazza di parmigiano grattugiato

Raffreddare il sugo dello stufato o dell'arrosto e rimuovere il grasso che si forma in superficie. Cuocere la pasta in abbondante acqua salata, scolare e versare in una pirofila. Aggiungere il sugo dello stufato con eventuali pezzetti di carne o verdure rimasti, mescolare bene con la pasta, spolverare con il parmigiano grattugiato e mettere in forno a 350°C-180°C fino a che sarà ben calda.

PER RICETTA

1790 cal., 66 g di proteine, 12 g di grassi (4 sat., 1 pol.)

▸ PASTA E MELANZANE
(Macaroni niçois, Francia)

PER 6-8 PERSONE
- ◊ 1 grossa melanzana (1 libbra)
- ◊ sale
- ◊ 2 cucchiai di farina
- ◊ ½ tazza di olio vegetale
- ◊ ½ tazza di pasta
- ◊ 1 libbra di maccheroni
- ◊ ¼ di tazza di parmigiano, grattugiato
- ◊ *Per la salsa:*
- ◊ ¼ di libbra di funghi
- ◊ 1 tazza di pomodori cotti
- ◊ 2 once di prosciutto, a dadini
- ◊ 1 dado da brodo

Sbucciare e affettare la melanzana, salare le fette e lasciarle riposare per un'ora. Sciacquare via il sale, asciugare tamponando, passare nella farina e friggere in olio fino a che le fette risulteranno croccanti in superficie e tenere all'interno. Per la salsa, cuocere insieme a fuoco lento i funghi, i pomodori, il prosciutto e il dado per 15-20 minuti. Mentre la melanzana frigge, lessare la pasta in acqua salata, scolare e mescolare con la salsa e il parmigiano grattugiato. Servirla in un piatto da portata circondata dalle fette di melanzana.

PER RICETTA
3330 cal., 94 g di proteine, 137 g di grassi (18 sat., 58 pol.)

▸ MACCHERONI ALLA MARINARA
(Maccheroni al tonno e sardine, Italia)

PER 4-6 PERSONE

- 3 once di tonno sott'olio
- 3 once di sardine sott'olio
- 1 spicchio di aglio
- 1½ tazze di pomodori pelati a cubetti, privati dei semi
- 1 rametto di basilico o menta (facoltativo)
- 1 libbra di pasta
- 2 cucchiai di prezzemolo, tritato

Tenere da parte un po' dell'olio del pesce in scatola, che servirà a dorarvi l'aglio. Passare il tonno, le sardine e il resto dell'olio attraverso un colino, oppure schiacciare con una forchetta. Scaldare l'olio, fare imbiondire e poi rimuovere l'aglio; aggiungere il composto di pesce, i pomodori e, volendo, il basilico o la menta, quindi cuocere a fuoco lento per circa 15 minuti.
Questa salsa può essere conservata in frigorifero e riscaldata poco prima del servizio. In alternativa, cominciare a preparare la salsa pochi minuti prima di mettere a cuocere la pasta in abbondante acqua salata. Quando la pasta è al dente, scolare, versarvi la salsa calda e guarnire con il prezzemolo. È possibile aggiungere della polpa di granchio al composto di pesce oppure usarla al posto del tonno o delle sardine. L'aggiunta di tre once di polpa di granchio aumenta il valore nutrizionale della ricetta di circa 80 calorie, 16 grammi di proteine e meno di 2 grammi di grassi.

PER RICETTA

2180 cal., 98 g di proteine, 47 g di grassi (6 sat., 25 pol.)

▸ TAGLIATELLE ALLE VONGOLE (IN BIANCO)
(Italia)

Le piccole vongole italiane non si trovano in America, tranne che in alcuni negozi che le importano e le vendono in scatola, ma è possibile utilizzarne altri tipi, anche in scatola. Nel caso di vongole con il guscio, occorre procurarsene abbastanza da produrre da sei a otto once (all'incirca una tazza) di polpa. Raschiare i gusci con una spazzola dura prima di mettere i molluschi in una casseruola con una tazza di acqua bollente e un cucchiaio di olio. Quando le valve si aprono, svuotare il contenuto della casseruola in un colabrodo appoggiato su un piatto, in modo da raccogliere il sughetto. Rimuovere le vongole dal guscio e metterle da parte. Lasciare riposare il liquido per fare depositare sul fondo eventuali residui oppure, meglio, filtrare con carta da cucina e conservare.

PER 4-6 PERSONE

- ◊ 2 spicchi di aglio, sbucciati
- ◊ 3 cucchiai di olio
- ◊ succo o liquido delle vongole
- ◊ 6-8 once (da ¾ a 1 tazza) di vongole sgusciate, tagliate a pezzetti se sono grandi
- ◊ 2-4 filetti di acciuga, a fette, o ½ cucchiaino di pasta di acciughe
- ◊ 1 presa abbondante di pepe nero, macinato fresco
- ◊ sale, se necessario
- ◊ 1 libbra di tagliatelle o spaghetti o altra pasta lunga
- ◊ 1 cucchiaio di prezzemolo, tritato, o 3-4 foglioline di basilico o menta fresca, tritate

Imbiondire l'aglio nell'olio, aggiungere il liquido delle vongole (mezza tazza è sufficiente per tutti i palati), le vongole e le acciughe. Mescolare, pepare e, se necessario, salare secondo il gusto. Nel frattempo cuocere la pasta nella maniera abituale, scolarla e versarla in una scodella riscaldata. Aggiungere il sugo caldo, mescolare e servire immediatamente. Gli italiani considerano una barbarie aggiungere formaggio a questo o ad altri piatti di pasta con il pesce.

PER RICETTA
2140 cal., 77 g di proteine, 45 g di grassi (6 sat., 20 pol.)

▶ SPAGHETTI CON LE COZZE (IN BIANCO)
(Italia)

La ricetta precedente può essere preparata anche con le cozze, ma la quantità di frutti di mare può essere raddoppiata, dato che il gusto delle cozze non è forte come quello della maggior parte delle vongole. Se si utilizza circa mezzo chilo di cozze, il valore nutrizionale della ricetta aumenta di circa 120 calorie e 20 grammi di proteine. Lo stesso piatto si può cucinare anche con le ostriche, ma non è frequente in Italia, forse perché le ostriche sono più costose e richieste per altri usi, soprattutto crude in salsa cocktail o nel mezzo guscio.

▸ SPAGHETTI ALL'AMATRICIANA
(Italia)

Questa specialità di Amatrice, cittadina a 3000 piedi di quota nei Monti Sabini, è diventata uno dei piatti più rappresentativi di Roma. La ricetta tradizionale prevede pecorino grattugiato, troppo piccante per i gusti di molti americani, e guanciale di suino, raramente disponibile nelle macellerie degli Stati Uniti.

PER 4-6 PERSONE

- 2-3 cucchiai di cipolla, tritata
- ¼ di libbra di prosciutto magro o pancetta, a cubetti
- 2 cucchiai di olio
- 1½ tazze di pomodori pelati e privati dei semi, tagliati a pezzetti
- 1 cucchiaino di peperoncino tritato o un pizzico di pepe di Caienna
- sale
- 1 libbra di spaghetti
- 4 cucchiai di formaggio grattugiato (pecorino romano, parmigiano o un misto di entrambi)

Cuocere la cipolla e il prosciutto o la pancetta nell'olio fino a che la cipolla sarà dorata. Aggiungere i pomodori, il peperoncino, sale secondo il gusto e continuare la cottura per 10-15 minuti. Lessare gli spaghetti nella maniera abituale, scolarli e trasferirli in una scodella riscaldata. Versare la salsa sugli spaghetti, condire con metà del formaggio grattugiato e servire il rimanente a tavola, così che i commensali possano aggiungerne ancora se lo desiderano. In alcune ricette, si versa nella salsa un bicchiere di vino bianco secco prima di unire i pomodori.

PER RICETTA

2430 cal., 60 g di proteine, 45 g di grassi (16 sat., 16 pol.)

▸ SPAGHETTI ALLA CARBONARA
(Italia)

Questo piatto di pasta "diverso" è molto popolare in tutta Italia, il che si traduce in una grande varietà di versioni che utilizzano da due, come qui, fino a sei uova per libbra di pasta. In Italia si usa guanciale o pancetta di maiale. Alcune ricette prevedono una mezza tazza di vino bianco secco da aggiungere quando il maiale è quasi cotto; il vino dovrebbe essere lasciato evaporare completamente prima di aggiungere l'olio e il maiale agli spaghetti. Una ricetta italoamericana prevede di guarnire il piatto con cipolle calde e bacon: a nostro avviso è un'esagerazione.

PER 4-6 PERSONE

◊ 1 libbra di spaghetti (in alternativa, chifferi o affini)
◊ ¼ di libbra di lonza di maiale o prosciutto cotto, tritati o tagliati a dadini
◊ 2-3 cucchiai di olio
◊ 2 uova
◊ 3 cucchiai di parmigiano, grattugiato
◊ sale, pepe nero macinato fresco

Mentre gli spaghetti sono in cottura, rosolare la lonza o il prosciutto nell'olio e sbattere leggermente le uova assieme a metà formaggio. Scolare gli spaghetti e rimetterli nel tegame ancora caldo. Amalgamarvi il maiale con l'olio; versare il composto di uova e formaggio, salare, aggiungere abbondante pepe e amalgamare ancora. L'uovo dovrebbe cuocersi a contatto con gli spaghetti caldi, ma se dopo due o tre minuti sembra ancora troppo crudo, mettere la pentola su una fiamma dolce e girare per un paio di minuti. Al momento di servire, spolverare la pasta con il formaggio rimasto.

PER RICETTA

2450 cal., 85 g di proteine, 72 g di grassi (19 sat., 12 pol.)

▸ SPAGHETTI ALLA PALERMITANA
(Italia)

PER 4-6 PERSONE

- ◊ 2 spicchi di aglio, pelati
- ◊ 2 cucchiai di peperone giallo o rosso, tagliato a pezzi grandi
- ◊ ¼ di tazza di olio
- ◊ 4 filetti d'acciuga, affettati o sminuzzati
- ◊ 1 cucchiaio di capperi
- ◊ 4 cucchiai di olive nere, snocciolate e tagliate a pezzettini
- ◊ 1 tazza di pomodori pelati, privati dei semi e tagliati a cubetti, o 2 cucchiai di concentrato di pomodoro e 1 tazza di vino bianco secco
- ◊ 1 foglia di alloro
- ◊ sale, origano
- ◊ 1 libbra di spaghetti
- ◊ 1 cucchiaio di prezzemolo, tritato fine

In una padella capiente, soffriggere l'aglio e il peperone nell'olio. Schiacciare insieme le acciughe, i capperi e le olive, quindi metterli in padella quando l'aglio è dorato. Mescolare, poi unire i pomodori o il concentrato di pomodoro e il vino, la foglia di alloro, sale. Aggiungere un pizzico di origano e continuare a cuocere per circa 15 minuti. Eliminare l'aglio, i pezzi di peperone e la foglia di alloro. Cuocere gli spaghetti nella maniera abituale, scolarli, metterli in una scodella riscaldata e coprirli con la salsa ben calda. Spolverare con il prezzemolo e servire.

PER RICETTA

2250 cal., 60 g di proteine, 65 g di grassi (10 sat., 27 pol.)

► PASTA FREDDA ESTIVA
(Italia)

Per questo piatto utilizzare spaghetti, vermicelli o taglierini, secondo la propria preferenza. Accompagnata da un'insalata mista, pane e frutta fresca, la preparazione costituisce un ottimo pasto nelle calde giornate d'estate.

PER 4-6 PERSONE
- ◊ 1 libbra di pasta
- ◊ 2 spicchi di aglio, tritati molto finemente
- ◊ 1 cucchiaio colmo di prezzemolo, tritato
- ◊ 4-6 foglioline di basilico fresco o ¼ di cucchiaino di basilico secco inumidito in un po' d'acqua, oppure 2-3 foglie di menta
- ◊ 1 cucchiaio di olio di oliva
- ◊ sale
- ◊ 2 tazze di salsa di pomodoro (ricetta a pag. 515) fredda
- ◊ 1 limone, a spicchi

Cuocere la pasta nella maniera abituale. Scolarla e mischiare con l'aglio, il prezzemolo, basilico (o menta), olio e sale. Lasciare in frigorifero finché sarà ben fredda. Subito prima di servire, mescolare leggermente e versare la salsa di pomodoro sulla pasta, oppure passare la salsa ai commensali perché ne utilizzino la quantità che desiderano. Servire un piatto di spicchi di limone a parte.

PER RICETTA
2140 cal., 73 g di proteine, 19 g di grassi (2 sat., 3 pol.)

CAPITOLO IX
Altri alimenti amidacei: patate, riso piatti a base di granoturco, farina di mais

Un individuo medio originario del Mediterraneo deriva il 60 per cento circa del suo apporto nutritivo (calorie) dai seguenti alimenti a base di amido: in ordine di importanza, farina, patate, riso, mais. La percentuale corrispondente rilevata negli Stati Uniti è pari al 21 per cento circa. Il paragone tra i due dati va tenuto presente dal momento che esiste la credenza popolare per cui gli alimenti amidacei sarebbero particolarmente ingrassanti. Il fatto è che, anche in base a quanto confermato da una serie di ricerche, l'obesità è molto più diffusa negli Stati Uniti che in qualsiasi altro Paese finora esaminato e che l'americano medio è molto più grasso di un individuo mediterraneo della stessa età e dello stesso sesso. Il consumo di troppi cibi amidacei favorisce l'insorgere di obesità, ma nella maggior parte dei casi quest'ultima è causata da un consumo eccessivo di cibi grassi e di dolci.

I prodotti farinacei, dal pane alla pasta, rappresentano più della metà delle calorie contenute nella dieta dei Paesi mediterranei, tranne la Francia dove la dieta media fornisce il 44 per cento circa delle calorie derivanti da queste fonti. I temi trattati nei capitoli VI e VIII sono stati, rispettivamente, il pane e la pasta. Nei paragrafi seguenti saranno esaminati tutti gli altri amidacei.

PATATE

Tra gli "altri" cibi amidacei, le patate a pasta bianca sono i più importanti in termini di apporto di calorie e di presenza sulle nostre tavole. Il consumo di patate dolci e ignami è così raro nei Paesi mediterranei che la gente spesso li ignora, sebbene a volte possa capitare di trovarli al mercato. Non sorprende che coloro che mangiano una maggiore quantità di patate di solito mangino meno pane e meno pasta; insomma, gli alimenti amidacei si equilibrano a vicenda. Gli italiani e i greci, campioni per quanto riguarda i farinacei, mangiano meno della metà delle patate di francesi e degli spagnoli. Il consumo annuo di patate in Spagna è di circa 240 libbre per persona, la media francese è inferiore di sole dieci libbre circa. Per l'Italia e la Grecia, le relative quantità sono rispettivamente 90 e 105 libbre, più o meno simili alla media statunitense. Esistono anche differenze regionali: in Italia le patate sono più usate al Nord che al Sud, mentre le medie per Francia e Spagna sono complessivamente più elevate che nelle aree mediterranee degli stessi Paesi.

Le patate sono a ragione definite amidacee (quasi nove decimi del loro valore energetico sono costituiti da amido) ma forniscono anche quantità rilevanti di altri nutrienti. Contengono infatti una percentuale non trascurabile di ferro, tiamina e niacina, oltre a essere una buona fonte di vitamina C (acido ascorbico). Chi ama mangiarle non sarà mai deficitario di vitamina C, anche se la sua dieta è povera di agrumi e pomodori. Le patate contengono molto potassio e pochissimo sodio, fatto apprezzato da tutti i nutrizionisti preoccupati per gli alti livelli di pressione sanguigna. Inoltre, dispongono di una quantità sufficiente di proteine, circa il 2 per cento del peso allo stato grezzo, da utilizzare nella dieta, e poiché quelle crude o lesse sono composte all'80 per cento da acqua, le proteine rappresentano il 10 per cento del peso dei solidi.

Le patate al naturale sono quasi prive di grassi, ma fritte, in padella o nella friggitrice, perdono molta acqua e assorbono quelli usati per la cottura, che vengono a costituire quasi un settimo del peso totale. Questi grassi sono altamente saturi se si friggere nel burro, molto meno se si utilizza margarina morbida oppure uno dei grassi alimentari vegetali più nuovi, relativamente insaturi se si impiegano olio di oliva o altri comuni oli vegetali. Nelle patatine, il grasso costituisce circa il 40 per cento del peso, cambiando la composizione in base al tipo di olio usato. Il più delle volte, le etichette apposte sulla confezione non danno alcuna informazione al riguardo, ma sembra che la maggior parte delle patatine abbiano un basso contenuto di acidi grassi saturi.

Patatine fritte in padella o in friggitrice sono estremamente popolari in tutto il Mediterraneo. La friggitrice è un attrezzo comune in molte cucine, soprattutto in Francia e in Spagna: solitamente si usa più volte alla settimana per le patate. Anche quelle lesse e schiacciate sono molto apprezzate. Le patate sono protagoniste inoltre di vari tipi di zuppe e spesso gli arrosti di carne sono accompagnati da tonde patatine cotte al forno. Ma è probabile che quasi il 50 per cento del consumo totale nell'area mediterranea sia costituito da patate fritte, con evidenti conseguenze sui valori nutrizionali della dieta.

Le patate da sole rappresentano in media circa l'8 per cento delle calorie totali dell'alimentazione seguita nelle regioni mediterranee della Francia e della Spagna, pari a circa 230 calorie giornaliere per la popolazione adulta. Se si considera che metà sono fritte, bisogna aggiungere altre cento o più calorie derivanti dal grasso assorbito durante la cottura. Il grasso utilizzato normalmente è stato quasi sempre l'olio di oliva, ma ultimamente si tende a sostituirlo con il cosiddetto "olio di semi", ovvero semi di cotone, di arachidi, di girasole, o una loro miscela. Se da una parte il consumo di patate aumenta i grassi contenuti nella dieta, dall'altra questi grassi non sono saturi.

Il modo di cucinare le patate nel Mediterraneo è per molti aspetti simile a quello americano, fatta eccezione per il fatto che in America il burro e la panna sono utilizzati in quantità decisamente maggiori e molto più spesso. Modificando quest'ultimo aspetto, la maggior parte delle ricette americane rientra nel modello mediterraneo. Tuttavia, le patate arrostite con la buccia e servite con un'enorme quantità di burro non sono accettabili. Le ricette di patate presentate in questo capitolo sono esempi tipici di preparazioni mediterranee, mentre quelle relative a zuppe e insalate sono riportate rispettivamente nei capitoli VII e XVI. Nel presente capitolo, come in altre parti del libro, "olio" sta a significare olio di oliva o una miscela contenente olio di oliva, mentre "olio vegetale" può significare qualsiasi olio vegetale, *tranne* l'olio di palma e l'olio di cocco; con "burro" si intende una margarina leggera nel caso in cui vi sia un problema di colesterolo nel sangue, altrimenti burro vero e proprio.

RISO

Dalla Palestina allo stretto di Gibilterra, il riso è un alimento base assai diffuso, un'alternativa alla pasta o alle patate nel principale pasto del giorno. Intorno al 900, durante la loro avanzata dal Medio Oriente verso l'Occidente, i Musulmani portarono il riso, ma la sua coltivazione in area mediterranea ha avuto inizio solo cinquecento anni fa e il suo uso alimentare è stato a lungo limitato da problemi di approvvigionamento. Attualmente, sia in Spagna sia in Italia, la risicoltura è molto fiorente e il cereale viene anche esportato. Sin dal 1960 circa, l'Italia ha potuto vantare la più alta resa mondiale per acro di terra dedicato alla sua coltivazione.

Il riso spicca nella dieta di greci e spagnoli, il che riflette il lungo dominio musulmano nei loro Paesi. Nella Francia mediterranea, il consumo medio è pari a circa sette libbre annue, più o meno l'equivalente di quello degli Stati Uniti, mentre i greci e gli spagnoli che abitano le regioni mediterranee ne consumano il doppio. La media nazionale italiana è a metà tra i valori dei greci e degli spagnoli, ma in una regione in particolare, il Veneto, lo si cucina, soprattutto sotto forma di risotto, in misura superiore anche a quella della Grecia.

Nonostante la sua popolarità e la sua lunga storia nella regione, sono ancora poche le varietà di riso disponibili sul mercato dei Paesi mediterranei. In Grecia se ne trovano di solito solo due tipi, uno dai chicchi piuttosto lunghi, raccomandato per il pilaf, l'altro dai chicchi più piccoli e morbidi, acquistabile a un prezzo inferiore e usato generalmente nelle zuppe e nei pasticci. Anche nella maggior parte dei negozi italiani la scelta è alquanto ristretta, soprattutto nelle regioni meridionali. Ciononostante, gli autori americani che nei loro libri di cucina precisano riso "italiano" per i piatti italiani a base di questo cereale dovrebbero sapere che esistono quattro principali varietà di riso italiano dalle proprietà culinarie piuttosto diverse tra loro.

Quello che in Italia chiamano riso comune, prodotto da diverse varietà prolifiche, è piuttosto morbido e presenta chicchi piccoli e tondeggianti. Analogamente al riso greco più economico, ha una grande versatilità ma non è adatto per cucinare un risotto poiché, se cotto seguendo le ricette italiane, diventa troppo molle anche per i gusti degli italiani. Ulteriori varietà altamente produttive generano chicchi piccoli e sottili, più duri del comune, ma anche questo riso semifino non è consigliabile per risotti o altri importanti piatti a base di questo cereale che, a detta degli esperti italiani, andrebbero preparati solo con il tipo di riso detto fino o superfino. I chicchi lunghi e sottili del riso italiano fino, prodotti da varietà quali Vialone, R.B. e Rizzotto, cuociono in diciotto-venti minuti rispetto ai venti-venticinque necessari per cuocere i chicchi delle varietà di superfino quali Arborio, Carnaroli e Sesia. Di solito, in Italia, sulle confezioni sono riportate sia la tipologia (fino e così via) sia la varietà. Le caratteristiche si evincono non solo dal prezzo ma anche dalla quantità di acqua necessaria per la cottura. La proporzione di acqua sufficiente per la cottura del riso comune è di tre parti di acqua per una parte di riso, per semifino e fino sono necessarie da cinque a sei parti di acqua rispettivamente, mentre una varietà di superfino come l'Arborio necessita di sette parti di acqua per una parte di riso, se ci si attiene al gusto italiano (molto meno per il gusto americano).

Il riso integrale e quello selvatico americano non sono previsti nella cucina mediterranea, mentre il riso convertito, o parboiled, importato dagli Stati Uniti, si sta diffondendo sempre di più nelle città. Anche se quest'ultima varietà del cereale potrebbe risultare non gradita ai gastronomi snob, l'abbiamo sperimentata con successo in ogni genere di piatto mediterraneo a base di riso. Chi ci tiene ad affermare di avere preparato un risotto autentico conformemente alla ricetta classica deve prendersi la briga di andare a cercare la varietà italiana di riso Arborio, considerata tra le migliori ma anche più costosa. In realtà, utilizzando una buona qualità di riso americano convertito e facendo molta attenzione ai tempi di cottura, rispettando quelli ritenuti perfetti per il risotto dai veneti e ideali per la paella dai valenciani, non abbiamo notato alcuna differenza di rilievo quanto al risultato finale del piatto.

Il riso convertito presenta parecchi vantaggi importanti. Da un punto di vista nutrizionale, è superiore poiché, durante il processo di scottatura che serve a trasformarlo, le vitamine presenti nella glumella sono trasferite nei chicchi e conservate durante la lavorazione. Inoltre, non deve essere lavato prima della cottura, e può essere messo direttamente a bagnomaria e cotto al vapore. Mentre, cucinato in questo modo e senza essere stato lavato più volte in precedenza, il riso comune, comprese le varietà italiane, diventa una poltiglia gommosa. Per inciso, non sembra esistere motivo per cui le varietà italiane e spagnole non possano essere convertite ma, per quanto ne sappiamo, i produttori non hanno messo questo tipo di cereale sul mercato. Il riso convertito non deve essere confuso con vari tipi di riso "a cottura veloce" o "precotto" immessi sul mercato di recente. Questi prodotti, concepiti per risparmiare tempo, possono essere sperimentati a proprio rischio e pericolo.

Secondo le ricette tradizionali del pilaf greco e della paella spagnola, i chicchi di riso cotti devono restare separati come nei piatti cinesi a base di riso, mai collosi, come piace invece ai giapponesi. Il classico risotto italiano ha una consistenza molto più morbida (agli americani potrebbe non piacere proprio per questo) ma in ogni caso non dovrebbe mai formare una massa appiccicosa. Quando il riso crudo viene tostato per pochi minuti nell'olio, aromatizzato a seconda dei gusti con cipolla, prezzemolo, acciughe o altro, prima di aggiungere acqua o brodo classico o di dado durante la cottura, che va avanti finché sarà morbidissimo e il liquido completamente assorbito, la consistenza risultante è quella che gli italiani definiscono cremosa. Anche per il pilaf, si comincia con il tostare velocemente il riso crudo in modo da poter preparare il piatto direttamente, senza prima lavare il cereale.

Le ricette a base di riso sono meno numerose di quelle a base di pasta ma, tra gli amidacei, il riso vanta una grande versatilità di impieghi. Può essere un ingrediente fondamentale in molte portate principali, servito come contorno o abbinato ad altri alimenti. Quello avanzato inoltre può essere riutilizzato in vari modi, oltre a costituire la base per la preparazione di ottimi dolci. Tra i vari pregi, si potrebbe aggiungere che la farina di riso serve anche a fare la pasta o vari tipi di biscotti e di dolci, sebbene questo particolare impiego, popolare in Estremo Oriente, sia ancora sconosciuto nel Paesi mediterranei e in America.

Grazie alla frequenza con cui è presente sulle loro tavole, gli spagnoli, nonché i loro vicini portoghesi, vantano una maggiore varietà di piatti a base di riso dei francesi e degli italiani. Ciononostante, in un recente libro di cucina italiana non particolarmente voluminoso (Renzo Portalupi, *Spaghetti, riso e altre paste*, Editrice Nord, Milano), abbiamo rilevato la presenza di ben centotredici ricette di piatti a base del cereale. Nei nostri libri di cucina francese non si arriva nemmeno alla metà, ma è probabile che i francesi ritengano inutile specificare le varianti di un piatto che qualsiasi cuoco dotato di creatività può improvvisare o preparare con gli ingredienti a sua disposizione. In Grecia, i piatti unicamente a base di riso sono ancora più rari, almeno nei ricettari e a giudicare dalle normali abitudini alimentari della popolazione. Gli stufati (*ragù*, come li chiamano i greci), tanto popolari nel Paese, contengono spesso del riso o sono accompagnati da riso in bianco bollito, ma difficilmente possono essere annoverati tra le "ricette a base di riso". In Grecia, molti piatti preparati con il riso sono chiamati pilaf e il termine, scritto in diversi modi, compare anche in altre lingue: pilav in turco, pilaff in francese. In Italia, quando un piatto di riso si presenta in stile levantino, ovvero tipico del Mediterraneo orientale, è spesso chiamato pilaf. Il termine deriva da una delle migliori varietà di riso indiano, il pillau che, tra l'altro, si trova solo raramente al di fuori dall'India.

▸ RISO CON VONGOLE

(Pilafi me midia, Grecia)

PER 3-4 PERSONE

- 1 scatola (8 once) di vongole, tritate
- 1 tazza di pelati in scatola
- 1 cipolla, tritata
- 2 cucchiai di olio
- 1 tazza di riso
- ½ peperone verde, tritato
- 2 cucchiai di prezzemolo, tritato
- sale, pepe

Scolare le vongole e i pelati, tenendo da parte il liquido. A quest'ultimo aggiungere acqua sufficiente per riempire due tazze e portare a bollore. Soffriggere la cipolla nell'olio fino a quando sarà dorata. Aggiungere il riso e amalgamare per due o tre minuti. Versare il liquido caldo delle vongole e dei pomodori, coprire con un coperchio e cuocere su fiamma bassa fino a quando il riso sarà morbido e tutto il liquido assorbito (ci vorranno dai 15 ai 20 minuti). Aggiungere le vongole, i pelati, il peperone e il prezzemolo, condire con sale e pepe. Amalgamare bene su fiamma bassa fino a quando il tutto sarà ben caldo.

PER RICETTA

1120 cal., 35 g di proteine, 27 g di grassi (3 sat., 4 pol.)

▸ PISELLI E RISO ALLA PROVENZALE
(Petit pois e riz provençale, Francia)

PER 6 PERSONE
- ½ cipolla, tritata
- 4 cucchiai di olio
- 1 spicchio di aglio, tritato
- ½ tazza di olive verdi, tagliate a fettine
- 2 tazze di piselli, già cotti
- 2 tazze di riso caldo, già cotto
- sale, pepe
- listarelle di pimento
- ¼ di tazza di prezzemolo, tritato

Soffriggere la cipolla nell'olio fin a quando sarà morbida (circa 10 minuti). Aggiungere l'aglio e le olive, e cuocere ancora per un minuto. Amalgamare con i piselli e il riso, condire con sale e pepe. Saltare con cura e guarnire con le listarelle di pimento e il prezzemolo.

PER RICETTA
1250 cal., 26 g di proteine, 69 g di grassi (5 sat., 30 pol.)

▸ RISOTTO ALLA MILANESE
(Italia)

Il risotto alla milanese è amato ovunque in Italia, anche se i milanesi affermano che occorre mangiarlo nella loro città per apprezzarlo appieno. È proposto abbastanza sovente da ristoranti in altre zone del Mediterraneo e da ristoranti italiani in America. Ne esistono diverse versioni, ma la maggior parte delle ricette prevede l'impiego di midollo di bue e zafferano. Il primo è praticamente introvabile nella maggior parte delle macellerie americane e, comunque, spaventerebbe chiunque abbia preoccupazioni da grassi saturi e colesterolo. Anche il secondo è difficilmente reperibile ma si può trovare talvolta in alcune drogherie, dov'è facile però che il prezzo metta in fuga più di un cliente. Riassumendo, a nostro avviso il midollo di bue è da evitare, mentre, seppure a caro prezzo, un pizzico di zafferano aggiunge colore e un po' di sapore caratteristico al piatto.

PER 3-4 PERSONE

- 1 cipolla, tritata
- 1 cucchiaio di olio
- 3 cucchiai di "burro"
- 1 tazza di riso
- 3 tazze di brodo di manzo o pollo
- 1 pizzico di zafferano
- ¼ di tazza di parmigiano, grattugiato (facoltativo)

Soffriggere la cipolla nell'olio e nel "burro" fino ad ammorbidirla, ma senza farle prendere colore. Aggiungere il riso e tostarlo, mescolando, per due o tre minuti. Nel frattempo, su un altro fornello portare a bollore il brodo. Aggiungerne al riso mezza tazza circa, con lo zafferano. Abbassare la fiamma e continuare a cuocere a pentola scoperta, girando di tanto in tanto e versando brodo un po' alla volta, man mano che viene assorbito e sfuma. Il riso sarà cotto quando il cuore del chicco non sarà più duro da addentare. Spegnere il fuoco, coprire la pentola con un panno, poi con un coperchio, e lasciare a riposare per 10 minuti prima di servire.
Il parmigiano può essere amalgamato al riso all'ultimo momento o messo in tavola per spolverarlo sul risotto a piacere.

PER RICETTA

senza formaggio: 970 cal., 16 g di proteine, 51 g di grassi (6 sat., 7 pol.)
con formaggio: 1050 cal., 23 g di proteine, 56 g di grassi (9 sat., 7 pol.)

▶ RISOTTO CON SALAME AL FORNO
(Italia)

Al piatto si possono aggiungere cuori di carciofo e burro. Agli italiani suonerà sacrilego, ma la groviera può sostituire il parmigiano con risultati altrettanto buoni.

PER 8 PERSONE

- ½ cipolla, tagliuzzata
- ¼ di tazza di margarina morbida
- ¼ di libbra di salame piccante (o salame napoletano o summer sausage[1]), tagliuzzato o macinato
- ½ bicchiere di vino bianco secco
- 2 tazze di brodo di brodo di manzo o consommé
- ¼ di libbra di funghi freschi, affettati
- 2½ tazze (1 libbra) di riso
- ¼ di tazza di piselli novelli (freschi o surgelati), sbaccellati
- sale, pepe
- 1 tazza (3 once) di parmigiano o groviera, grattugiati

Soffriggere la cipolla nella margarina. Aggiungere il salame e amalgamare per un paio di minuti. Versare il vino e, quando sarà sfumato, il brodo o il consommé assieme ai funghi. A bollore unire il riso, incoperchiare e cuocere lentamente per cinque minuti. Quando il riso sarà cotto, condire con sale e pepe a piacere, amalgamarvi alcuni cucchiai di parmigiano o groviera, poi spolverare con altro formaggio grattugiato, Mettere la casseruola nel forno riscaldato a 350°F-180°C. Servire non appena inizi a formarsi una crosticina dorata sulla superficie, mettendo altro formaggio grattugiato a disposizione dei commensali.

PER RICETTA

2720 cal., 110 g di proteine, 118 g di grassi (47 sat., 20 pol.).

1. Salame americano di maiale e altre carni, come il manzo o il cervo, talvolta affumicato e conservabile senza refrigerazione [*ndt*].

▸ RISOTTO ALLA BARCAIOLA
(Italia)

La caratteristica più singolare di questo piatto è l'impiego di cipolle, quindi, se desiderate, aggiungetene più delle quattro indicate tra gli ingredienti.

PER 6-8 PERSONE

- ◊ 4 cipolle, tagliate a pezzetti
- ◊ 2 cucchiai di olio
- ◊ 8 filetti di acciuga
- ◊ 2 cucchiai di concentrato di pomodoro
- ◊ 3½ tazze di acqua
- ◊ ¼ di cucchiaino di salvia o timo
- ◊ 2 cucchiai di prezzemolo, tritato
- ◊ 2 tazze di riso
- ◊ ½ bicchiere di vino bianco secco
- ◊ ½ tazza di parmigiano, grattugiato

Soffriggere le cipolle dolcemente nell'olio, aggiungendo un po' d'acqua di tanto in tanto per fare sì che diventino ben cotte senza essere dorate. Schiacciare le acciughe con un cucchiaio di legno fino a ridurle in poltiglia e amalgamarle alle cipolle con il concentrato di pomodoro, mezza tazza d'acqua, la salvia o il timo, il prezzemolo. Cuocere per alcuni minuti prima di aggiungere il riso, il vino e tre tazze d'acqua. Coprire ermeticamente con un coperchio e fare sobbollire fino a quando il riso sarà cotto. Servire con parmigiano grattugiato.

PER RICETTA

1480 cal., 48 g di proteine, 47 g di grassi (12 sat., 3 pol.)

▸ RISOTTO AI FUNGHI
(Italia)

PER 2 PERSONE COME PIATTO PRINCIPALE
PER 4 COME CONTORNO

- ◇ 1 piccola cipolla
- ◇ ¼ di libbra di funghi freschi, tagliati a fettine
- ◇ 2 cucchiai di margarina morbida
- ◇ 2 cucchiai di olio
- ◇ 1 tazza di riso
- ◇ 2 tazze di brodo di manzo
- ◇ sale
- ◇ ¼ di tazza di mandorle, tritate (facoltativo)
- ◇ ¼ di tazza di parmigiano, grattugiato

Tagliare la cipolla a pezzetti e soffriggerla con i funghi in olio e margarina su fiamma media per cinque minuti. Aggiungere il riso e tostare, girando in continuazione per un paio di minuti, poi versare il brodo. Coprire con un coperchio e cuocere per 15 minuti circa, fino a quando il riso sarà cotto ma i chicchi ancora compatti. Salare a piacere e amalgamare le mandorle, se si decide di usarle. Servire con il parmigiano grattugiato.

PER RICETTA
1290 cal., 29 g di proteine, 68 g di grassi (12 sat., 13 pol.)

▸ RISI E BISI
(Italia)

Questa specialità veneziana è solitamente servita in un piatto fondo ma, dal momento che va mangiata con la forchetta, solo con una piccola quantità di brodo. A volte, però, è presentata come minestra molto liquida, per cui serve il cucchiaio, altre volte completamente senza brodo. È consigliabile preparare il riso e i piselli separatamente e amalgamarli prima di servire. Così i chicchi di riso resteranno ben separati, i piselli interi.

PER 6-8 PERSONE

- ◊ 1 grossa cipolla
- ◊ 3 cucchiai di margarina morbida
- ◊ 1½ tazza di riso
- ◊ 1 quarto di brodo di dado o di manzo
- ◊ 2 cucchiai di olio
- ◊ 2 once di prosciutto magro, a dadini
- ◊ 1 spicchio di aglio
- ◊ ½ tazza di prezzemolo, tritato
- ◊ 1 libbra di piselli freschi, sbaccellati, o 2 confezioni (10 once l'una) di piselli surgelati
- ◊ ½ tazza di parmigiano, grattugiato

Soffriggere la cipolla nella margarina fino ad ammorbidirla, poi amalgamare il riso e tostare, mescolando, per alcuni minuti. Aggiungere tre tazze e mezza di brodo, incoperchiare e lasciare sul fuoco il tempo necessario perché i chicchi diventino teneri. In una piccola pentola, rosolare il prosciutto e l'aglio nell'olio e, appena il prosciutto inizia a friggere, aggiungere il prezzemolo tritato, i piselli e mezza tazza di brodo. Incoperchiare e fare sobbollire fino a cottura dei piselli. Amalgamare il riso, i legumi e il brodo rimasto. Servire subito con una spolverata di parmigiano grattugiato.

PER RICETTA

2350 cal., 80 g di proteine, 86 g di grassi (22 sat., 13 pol.)

▸ RISO PILAF
(Pilafi, Grecia)

PER 8 PERSONE

- ◇ 2 tazze di riso
- ◇ 1 cipolla
- ◇ 2 grosse carote
- ◇ 4 gambi di sedano
- ◇ 12 ciuffetti di prezzemolo
- ◇ 1 cucchiaio di olio
- ◇ 1 cucchiaino di sale
- ◇ 4 tazze di acqua

Lavare il riso in acqua fredda e fregare i chicchi l'uno contro l'altro. Cambiare l'acqua e ripetere l'operazione fino a quando sarà limpida. Questa procedimento è superfluo se si usa riso convertito. Tagliare grossolanamente la cipolla, le carote, il sedano e il prezzemolo. In una padella, scaldare l'olio e rosolare la cipolla per cinque minuti. Aggiungere le carote, il sedano, il prezzemolo, il riso e il sale. Portare a bollore l'acqua. Trasferire il composto in una pirofila da due quarti o, meglio, in una pentola da bagnomaria. Versare l'acqua bollente. Cuocere al forno a una temperatura di 350°F-180°C per un'ora, oppure a vapore in bagnomaria per 35 minuti.

PER RICETTA

1600 cal., 33 g di proteine, 16 g di grassi (2 sat., 9 pol.)

GNOCCHI

Gli gnocchi (*dumplings*) costituiscono una piacevole alternativa alla patate come contorno amidaceo ai piatti di carne, ma nell'area mediterranea vengono serviti anche come pietanza a sé, prima della carne o del pesce. Talvolta, all'interno di un pasto leggero, accompagnati da un ragù possono essere portati in tavola come piatto principale. In tal caso, vanno seguiti da una preparazione di verdure o da un'insalata verde o da entrambe, sempre accompagnate con un po' di pane, poi, per finire, da frutta fresca o da una composta di frutta.

Detto così, può sembrare un pasto frugale ma, in realtà, si tratta di un pasto delizioso, nutriente e, oltretutto, economico. Ecco una tipica differenza tra le usanze mediterranee e quelle americane: anziché mangiare una grossa porzione di carne con un piccolo contorno di elementi amidacei, l'abitante del Mediterraneo mangia un bel piatto di gnocchi conditi con una salsa che contiene solo qualche oncia di carne.

Gli gnocchi inoltre non sono uguali ovunque. I nostri, come quelli dell'Europa settentrionale e centrale, sono giudicati in base alla leggerezza. Per ottenerla, usiamo lievito in polvere e almeno un uovo per ogni tazza di farina, badando a fare solo sobbollire l'acqua, evitando comunque che bolla in modo violento. Gli gnocchi mediterranei invece si rifanno solitamente alle tipiche ricette italiane, e il termine è usato abitualmente anche negli altri Paesi dell'area. Sono preparati senza ricorso a lievito in polvere o uova (o, al massimo, si impiega un uovo per due tazze di farina) e una porzione normale può essere simile per quantità ma contiene parecchie calorie in più. Quelli mediterranei sono più sostanziosi, insomma.

Non c'è motivo per escludere dalla vostra cucina mediterranea gli gnocchi americani (o tedeschi) e il loro cugino più elegante, lo *spätzle* austriaco. Come gli gnocchi mediterranei, queste diverse versioni equivalgono, in termini di valore nutrizionale, alla pasta. Non destano problemi noiosi legati al colesterolo, costano poco e si sposano benissimo con numerosi piatti mediterranei a base di carne. Gli *spätzle* freschi si accompagnano bene al minestrone, nonché a qualsiasi brodo o consommé mediterraneo. Ogni generico libro di cucina propone ricette per tipi di gnocchi preparati con lievito in polvere. Ma consigliamo di dimenticare la leggerezza come metro di giudizio della qualità e di provare le versioni mediterranee, preparandole con il semolino (Cream of Wheat) o con farina e patate. Gnocco vuol dire anche testa di legno o stupido, ma gli gnocchi molte persone li mangiano con gusto.

▸ GNOCCHI DI PATATE
(Italia)

PER 4 PERSONE

- 2 patate medie (¾ di libbra)
- 1 uovo
- ½ cucchiaino di sale
- 1½ tazze di farina

Cuocere le patate in una piccola quantità di acqua, sbucciarle e schiacciarle. Aggiungere la farina poca alla volta, impastando fino a ottenere una massa liscia. Modellare in rotoli dal diametro di tre quarti di pollice circa, tagliare in pezzi lunghi altrettanto e porre ad asciugare su un piano di lavoro infarinato. Ci vorrà almeno un'ora, per cui gli gnocchi possono essere benissimo preparati al mattino per il pasto serale. Cuocerli in una grande quantità di acqua salata bollente, pochi alla volta. Quando salgono in superficie, scolarli e trasferirli in un piatto caldo. Servire appena saranno tutti pronti con il vostro sugo preferito (vedere l'Indice per le relative ricette) e parmigiano grattugiato.

PER RICETTA

880 cal., 28 g di proteine, 8 g di grassi (2 sat., 1 pol.)

Si possono preparare gli gnocchi con buoni risultati usando fiocchi di patate confezionati anziché patate intere. Aggiungere una tazza di fiocchi di patate a una di acqua bollente, sbattere bene e lasciare raffreddare. Dopodiché seguire le indicazioni della ricetta.

▶ PATATINE FRITTE
(Pommes de terre frites, Francia)

In Gran Bretagna le chiamano *chips*, noi in America *French fries*, ma nell'area mediterranea, dove usare la friggitrice è la norma, sono semplicemente "patate fritte". Diffusissime, non sono sempre preparate seguendo il metodo in due fasi descritto sotto. Ahinoi, non sono sempre cotte immediatamente prima di essere servite.

PER 4-6 PERSONE
- ◇ 4 grosse patate
- ◇ olio vegetale
- ◇ sale

Sbucciare le patate e tagliarle nel senso della lunghezza per formare fettine spesse un terzo-mezzo pollice e lunghe due o tre pollici (o tagliare nello spessore di un fiammifero da cucina per ottenere le cosiddette patatine a bastoncino). Lavarle in acqua fredda per eliminare l'amido libero e tamponare con uno strofinaccio. In una pentola profonda o in una friggitrice, scaldare l'olio a 300°F-150°C, tuffarvi le patate per due o tre minuti (non devono colorirsi) e asciugare su carta da cucina. Appena prima di servire, scaldare l'olio a 375°-400°F [190°-200°C] e friggere finché le patatine saranno dorate. Asciugare di nuovo su carta da cucina, spolverare con sale e servire subito.

PER RICETTA
1760 cal., 29 g di proteine, 67 g di grassi (16 sat., 24 pol.)

▸ CROCCHETTE DI PATATE NOVELLE
(Pommes de terre rissolées, Francia)

PER 6 PERSONE
- ◊ 2 libbre di piccole patate novelle
- ◊ ¼ di tazza di olio
- ◊ ¼ di tazza di acqua
- ◊ sale
- ◊ paprica (facoltativo)

Sbucciare o raschiare le patate. Porle, intere, in una grande casseruola termoresistente, con l'acqua e una presa di sale. Coprire e cuocere su fiamma bassa fino a quando le patate saranno tenere ma ancora intere (circa 30 minuti). Togliere il coperchio, alzare la fiamma e, girando, portarle a doratura. Una spolverata di paprica macinata aggiunge un bel tocco finale.

PER RICETTA
1170 cal., 18 g di proteine, 50 g di grassi (6 sat., 5 pol.)

▸ PATATE DORATE
(Mediterraneo)

PER 4 PERSONE
- ◊ 8-10 piccole patate (2 libbre)
- ◊ 1 tazza di brodo di manzo o di dado
- ◊ sale
- ◊ 1 cucchiaio di olio
- ◊ 1 spicchio di aglio, tritato

Sbucciare le patate e metterle in una pentola assieme al brodo e ad acqua sufficiente per coprirle appena. Aggiungere una bella presa di sale, coprire e cuocere lentamente. Togliere il coperchio, unire l'olio, l'aglio e girare le patate continuamente. Cuocere a fiamma bassa fino a quando non saranno dorate.

Se non si hanno a disposizione patate piccole, si possono usare patate grosse sbucciate e tagliate in quattro. In Francia, per questa ricetta si usa spesso lo strutto o il grasso d'oca al posto dell'olio.

PER RICETTA
870 cal., 19 g di proteine, 13 g di grassi (2 sat., 1 pol.)

▶ PATATE GRATINATE
(Francia e altrove)

PER 6 PERSONE
- 4-6 patate (2 libbre)
- 1 cucchiaio di olio
- 1 spicchio di aglio, tritato
- 2 tazze di brodo di manzo o di dado
- 1 uovo
- 3 cucchiai (½ oncia) di formaggio grattugiato
- sale, pepe, noce moscata

Sbucciare e affettare le patate. Ungere una casseruola con l'olio mescolato con l'aglio. Amalgamare le patate con il brodo, l'uovo leggermente sbattuto, due cucchiai di formaggio (in Francia sarebbe comté, in Italia parmigiano, ma possono esserne usati altri secondo i gusti), sale, pepe e un pizzico di noce moscata. Mettere il tutto nella casseruola, spolverare con il formaggio rimasto e cuocere a fiamma media per 35-40 minuti, o in forno a 350°F -180°C per un'ora e mezza.
Usando latte (2% di grassi) al posto del brodo, si aggiungono circa 290 calorie, 21 grammi di proteine e 10 grammi di grassi, di cui la metà saturi.

PER RICETTA
940 cal., 26 g di proteine, 19 g di grassi (4 sat., 2 pol.)

▶ PATATE ALLA DUCHESSA

(Tutta l'area mediterranea con nomi diversi)

Questa ricetta è una versione poco più elaborata delle classiche patate schiacciate; premendo il composto attraverso una siringa, può essere servita come guarnizione a quasi tutti i piatti di carne o pesce. Costituisce inoltre la base per le altre ricette riportate sotto. Le patate dovrebbero essere grosse e amidacee (non acquose), quelle novelle non sono quindi adatte. Occorre fare grande attenzione alla foggiatura della purea. Una volta lessate, le patate devono asciugare bene prima di essere passate per un setaccio, premendo con un cucchiaio di legno o uno schiacciapatate, senza fregare.

PER 4 PERSONE

- 4-6 patate piuttosto grosse (2 libbre)
- 2 cucchiai di "burro"
- sale, pepe bianco
- noce moscata (facoltativo)
- 1 uovo

Lavare e dividere in quattro le patate. Metterle in una pentola con acqua salata sufficiente per coprirle e lessare fino a quando saranno tenere. Scolarle, sbucciarle e asciugarle, rimetterle nella pentola e lasciarle per alcuni minuti in un luogo caldo, sopra un fornello o dentro il forno. Setacciarle in una casseruola imburrata, poi trasferirla su una fiamma molto bassa e rimescolare bene con un cucchiaio di legno. Condire con sale. pepe, a piacere noce moscata, e amalgamare l'uovo, leggermente sbattuto; il composto dovrà risultare molto liscio.

PER RICETTA

1040 cal., 24 g di proteine, 18 g di grassi (3 sat., 3 pol.)

▸ ANELLO DI PATATE E VERDURE
(Francia)

PER 4 PERSONE

- 1 cucchiaio di margarina morbida
- 3 tazze di patate alla duchessa (ricetta precedente)
- 2½ tazze di verdure cotte miste (piselli, fagiolini, carote, zucchine, cavolfiore, sedano...), scolate e tritate
- ¼ di tazza di salsa di pomodoro
- 3 cucchiai di pangrattato

Imburrare i lati e il fondo di una teglia e stendervi le patate, lasciandone da parte circa un quarto che serviranno a formare lo strato superiore. Amalgamare le verdure con la salsa, disporle al centro e coprire con le patate rimaste. Spolverare la superficie con il pangrattato e cospargere con la margarina rimasta. Mettere nel forno a 350°F-180°C e lasciare fino a quando il pangrattato inizierà a dorarsi e l'anello di patate sarà ben caldo (ci vorranno 20 minuti circa).
Si può adoperare lo stesso procedimento con carne avanzata al posto delle verdure.

PER RICETTA
1100 cal., 26 g di proteine, 27 g di grassi (4 sat., 4 pol.)

▸ CROCCHETTE DI PATATE AL FORNO

Con delle patate alla duchessa schiacciate, formare delle palline grosse come noci, disporle in una pirofila unta con poca margarina morbida e scaldare in forno a una temperatura di 400°F-200°C fino a quando le patate saranno dorate.

▸ PATATE ALLO ZAFFERANO
(Spagna)

PER 6 PERSONE
- ◊ 1 fetta di pane bianco
- ◊ 1 cucchiaio di olio
- ◊ 2 spicchi di aglio
- ◊ ½ fogliolina di alloro
- ◊ 2 cucchiai di prezzemolo, tritato
- ◊ 6-8 mandorle, tritate
- ◊ ¼ di cucchiaino (o meno) di zafferano
- ◊ 4-6 patate (2 libbre), sbucciate e tagliate a fette
- ◊ 1 chiodo di garofano
- ◊ sale, pepe

Friggere il pane nell'olio con l'aglio, l'alloro, il prezzemolo e le mandorle. Pestare assieme allo zafferano (possibilmente in un mortaio), aggiungendo un po' d'acqua per favorire l'amalgama. Mettere le patate in una casseruola, aggiungere l'olio della frittura e il composto. Coprire con acqua bollente, unire il chiodo di garofano e condire a piacere con sale e pepe. Cuocere mescolando fino a quando le patate saranno pronte (20 minuti circa).

PER RICETTA
1060 cal., 21 g di proteine, 29 g di grassi (3 sat., 3 pol.)

▸ CROCCHETTE DI PATATE
(Internazionale)

Le crocchette di patate sono apprezzate praticamente ovunque. La tradizione mediterranea più antica prevede di friggerle in olio di oliva, ma la recente diffusione e la popolarità degli oli di semi in quest'area fanno sì che attualmente, con la possibile eccezione della Spagna, la scelta cada sull'olio di arachidi o di semi di cotone o su una miscela non meglio precisata che viene etichettata come "olio di semi". Qualsiasi olio si usi, ne viene assorbito talmente tanto dalle crocchette che più di metà del valore calorico del piatto finale è apportato dai grassi. Ciò non è fonte di preoccupazione se si usa un olio appropriato (a basso contenuto di acidi grassi saturi) e si ricorda che le crocchette hanno una concentrazione di calorie piuttosto alta. In termini di calorie, la ricetta basta per sei porzioni, ma anche quattro persone soltanto puliranno felicemente i rispettivi piatti, ottenendo un apporto di circa 500 calorie a testa.

PER 6 PERSONE

- 4-6 patate (2 libbre)
- 1 uovo
- ¼ di tazza di mollica di pane o cracker sbriciolati
- ½ tazza di olio (di mais, di semi di cotone, di arachidi, a piacere: neanche l'olio di oliva è vietato)
- sale
- formaggio grattugiato (facoltativo)

Dividere le patate in quattro e lessarle in acqua salata fino a quando saranno tenere. Sbucciare e setacciare in un passaverdure o schiacciapatate. Sbattere l'uovo leggermente e amalgamarlo alle patate assieme a metà della mollica e a un cucchiaio di olio. Salare a piacere, lasciare raffreddare, formare polpette compatte o crocchette piatte e rotolarle nella mollica rimasta. In una padella dal fondo pesante, friggere nell'olio caldissimo finché le polpette o crocchette non saranno dorate, usando una spatola, se necessario, per evitare che si attacchino al fondo. Asciugare su carta da cucina e servire subito, volendo con una spolverata di formaggio grattugiato.
Se si usa olio di semi di cotone o di arachidi, la quantità di grassi polinsaturi sarà minore rispetto all'olio di mais.

PER RICETTA

1930 cal., 26 g di proteine, 120 g di grassi (19 sat., 66 pol.)

▸ PATATE AL FORNO
(Italia)

PER 4-6 PERSONE

- ◊ ¼ di tazza di olio
- ◊ 4-6 patate (2 libbre), sbucciate e tagliate a fette
- ◊ ¾ di libbra di pomodori, pelati (in scatola o, meglio, freschi)
- ◊ 2 cipolle (½ libbra), tagliate finemente
- ◊ sale, pepe, origano

Oliare il fondo di una casseruola. Stendere uno strato di patate, seguito da uno strato di pomodori, un po' di sale, pepe, origano, olio, poi un altro strato di patate e un altro ancora di pomodori. Coprire e cuocere in forno a 350°F-180°C per un'ora e mezza, oppure a fiamma molto bassa per 45 minuti.
La ricetta può essere variata riducendo le quantità di patate e pomodori a una libbra e mezza ed eliminando le cipolle, completamente o in parte. Inoltre si possono aggiungere uno o due spicchi di aglio.

PER RICETTA

1360 cal., 27 g di proteine, 53 g di grassi (6 sat., 6 pol.)

▸ PATATE ALLA PROVENZALE
(Pommes de terre à la provençale, Francia)

PER 6 PERSONE

- ◊ 4-6 patate (2 libbre)
- ◊ 2 spicchi di aglio, tritati
- ◊ 2 filetti di acciughe, tritati finemente
- ◊ 1 cucchiaio di prezzemolo, tritato
- ◊ 2 cucchiai di "burro"
- ◊ 2 cucchiai di olio
- ◊ 2 cucchiai di salsa di pomodoro
- ◊ sale

Dividere le patate in quattro e lessarle in acqua salata fino a quando inizieranno ad ammorbidirsi. Lasciare raffreddare, sbucciare e tagliare a dadini. Intanto, in una casseruola termoresistente, soffriggere l'aglio, le acciughe e il prezzemolo nel "burro" e nell'olio fino a doratura dell'aglio. Aggiungere la salsa di pomodoro e le patate, salare a piacere e cuocere su fiamma bassa, mescolando di tanto in tanto, per 10-15 minuti.

PER RICETTA
1200 cal., 20 g di proteine, 52 g di grassi (9 sat., 9 pol.)

▶ PUREA DI PATATE CON PANCETTA
(Pommes de terre au lard, Francia)

PER 6 PERSONE
- 4-6 patate (2 libbre)
- 4 fette di pancetta magra o di un altro salume magro affumicato
- 2 cucchiai di olio
- 2 cucchiai di farina
- 1½ tazza di brodo di manzo o di dado
- sale, pepe
- 1 cucchiaino di prezzemolo, tritato

Dividere le patate in quattro senza sbucciarle, lessare per 15 minuti, lasciare raffreddare per un po', sbucciare e tagliare a pezzetti. Nel frattempo, ridurre la pancetta a striscioline e friggerle in una padella fino a quando saranno croccanti. Eliminare il grasso, aggiungere l'olio e preparare una besciamella con la farina e il brodo, cuocendo e girando finché la salsa sarà liscia. Salare, pepare e unire le patate. Quando queste saranno quasi cotte, amalgamare il prezzemolo.

PER RICETTA
1140 cal., 30 g di proteine, 36 g di grassi (8 sat., 2 pol.)

CUSCUS

Il cuscus è un piatto a base di cereali diffuso in tutto il Nord Africa, introdotto nella Francia e nella Spagna mediterranee dall'Algeria. Si tratta essenzialmente di semolino, preferibilmente dello stesso grano duro usato per fare la pasta, cotto al vapore. È consumato assieme a stufati, zuppe, con noci e uvetta, con chicchi di melagrana, o, addolcito, come dessert. Si può preparare un piatto molto simile con il semolino normale o con farine commerciali come Cream of Wheat, e numerose versioni preconfezionate, prodotte in Francia, sono disponibili in negozi americani specializzati in alimenti importati. In Nord Africa, le donne preparano il semolino pestando il frumento locale in enormi mortai di pietra. Il cuscus si cucina cuocendo a vapore il semolino grezzo prima immerso in poca acqua e poi scolato.

Parliamo di cuscus in quanto può costituire un'alternativa al riso o alle patate come piatto blando e amidaceo, "condito" in svariate maniere. Basta versarvi sopra un po' di stufato brodoso, preferibilmente di montone se si vuole replicare il gusto nordafricano, o poche gocce di olio e una zuppa di quasi qualsiasi tipo, insaporire con coriandolo e pepe di Caienna fino a raggiungere il grado di piccantezza che più vi aggrada, e avrete la sensazione di mangiare un cuscus autentico. Si può usare anche per addensare una zuppa, aggiungendo, a piacere, un po' di prezzemolo. Oppure si può spolverare con uvetta e mandorle tritate, aggiungere del miele e servirlo come dessert.

Il cuscus è consumato soprattutto come elemento importante di uno stufato contenente quanti più ingredienti siano a disposizione: pollo, spalla di montone, zucchine, cipolle, peperoni verdi, piselli secchi, peperoncino e così via... quello che avete in casa, insomma. Un importante libro di cucina italiano presenta una ricetta che impiega tutti gli ingredienti sopraelencati con, in più, cavolini di Bruxelles, patate, invidia, spinaci, sedano, aglio, mollica di pane, prezzemolo, cavolo e pomodori.

Da sola, mezza tazza (quattro once) di cuscus scondito cotto fornisce soltanto sessanta calorie circa, quindi forse potrà piacere a persone che cercano di perdere peso. Misto con verdure cotte come le rape e le erbette inumidite con un po' di brodo e insaporite con il peperoncino, fornisce sì poche calorie ma è in grado di togliere la fame. Le indicazioni per la preparazione sono riportate sulle confezioni importate dalla Francia e l'unico possibile problema è trovare il mezzo per cuocere a vapore il semolino crudo.

MAIS E POLENTA

Una delle piante più importanti giunte in Europa dall'America dopo la scoperta del Nuovo Mondo fu il granoturco. I conquistadores che lo portarono in Spagna lo chiamarono mais e varianti di quel nome identificano la pianta e il frutto nella maggior parte delle lingue. Ma in Italia si chiama granoturco, in ossequio all'antica convinzione che provenisse dalla Turchia.

Fiorisce in molte zone del Mediterraneo ma la maggior parte è coltivata solo come mangime per il bestiame. L'idea di sfruttarlo per nutrire la gente si associa alla povertà e alla miseria. In passato, la farina di granoturco o mais veniva aggiunta al pane in tempi di carestia di frumento. Alcuni contadini poveri mescolano ancora una parte di farina di granoturco a quella di frumento per fare il pane in casa, che preparano in grandi quantità più volte al mese.

Fino a tempi recenti, il mais dolce di tipo americano era sconosciuto in Europa. Ultimamente gli interessi commerciali tentano di promuoverlo nell'area mediterranea, ma è ancora probabile che là neanche una su cento persone l'abbia mai assaggiato, né fresco né in scatola.

Sotto forma di polenta, cioè impastata con acqua, la farina di mais è piuttosto diffusa nella cucina italiana, specie in Lombardia e in Veneto, ed è servita come piatto italiano in ristoranti in tutto il mondo, il resto del Mediterraneo compreso. Il *pulmentum*, una poltiglia a base di cereali, era un alimento diffuso tra le masse italiche fin dai tempi degli Etruschi, già prima dell'Impero romano. Nel Seicento si iniziò a impiegare il granoturco per preparare quella poltiglia; oggi la polenta si fa con il granoturco bianco o giallo. Si tratta di un piatto povero e in Italia si usa il termine polentone con condiscendenza bonaria per definire le persone che abitualmente lo consumano. Ma, come altri piatti poveri, la polenta sta riscuotendo sempre maggior favore tra italiani che non hanno preoccupazioni di tipo economico ma rimpiangono i tempi in cui la vita era più semplice, o almeno così si dice.

Da sola, la polenta non è più interessante della classica mistura di farina di mais americana vecchio stile, eppure costituisce una base splendida per sapori più decisi. Molti esperti continuano a sostenere che, a prescindere dal sugo o dal ragù che la accompagna o la farcisce, abbondante formaggio è un must. In questo capitolo presentiamo ricette per tre piatti a base di polenta. Sono facili, economiche e piaceranno sicuramente.

▸ POLENTA
(Italia)

PER 4 PERSONE

- 1 cucchiaio di sale
- 4 tazze di acqua
- 1 tazza di farina di granoturco, gialla o bianca
- salsa di pomodoro pronta in 10 minuti (ricetta a pag. 515)
- ¼ di tazza di parmigiano, grattugiato

Salare tre tazze di acqua nella parte superiore di una vaporiera e portare a bollore. Mescolare la farina con una tazza di acqua fredda e aggiungerla all'acqua bollente, girando per evitare che si formino grumi. Cuocere e mescolare per due o tre minuti, fino a quando la polenta non comincerà ad addensarsi densa, poi coprire e cuocere per altri 20 o 30 minuti. Servire con la "salsa di pomodoro pronta in 10 minuti" o un'altra salsa di pomodoro e con il parmigiano grattugiato.

La polenta si mangia anche solo con formaggio grattugiato, senza salsa. Si può spolverare il formaggio su ogni porzione oppure mescolarlo in cottura. I sughi di carne o pesce sono spesso serviti con la polenta. In Italia si tratta di un primo dopo il quale è previsto un secondo abbondante. In America si può consumare la polenta così, oppure servirla come contorno al secondo, al posto di riso o patate.

PER RICETTA
1080 cal., 30 g di proteine, 32 g di grassi (6 sat., 5 pol.)

▸ GNOCCHI DI POLENTA
(Italia)

PER 4 PERSONE
- 1 tazza di farina di mais
- 4 tazze di acqua
- 1 cucchiaino di sale
- *Per la salsa:*
- ½ cipolla, tritata
- 1 cucchiaio di olio
- 4 cucchiai di concentrato di pomodoro sciolto in ½ tazza di acqua
- sale, pepe
- ¼ di tazza di parmigiano, grattugiato

Mescolare la farina con una tazza di acqua fredda. Portare a bollore tre tazze di acqua nella parte superiore di una vaporiera. Aggiungere il composto di farina e acqua, poi cuocere, con il coperchio, per altri 15 minuti, girando di tanto in tanto. Stendere a raffreddare in uno strato spesso circa mezzo pollice su un foglio di carta oleata o su un'altra superficie piana. Per la salsa, cuocere la cipolla nell'olio su una fiamma bassa fino a quando sarà morbida. Aggiungere il concentrato di pomodoro sciolto nell'acqua, condire con sale e pepe, quindi fare sobbollire per cinque minuti. Quando la polenta è fredda, tagliarla in rondelle dal diametro di circa due pollici. Imburrare una pirofila bassa, disporre un anello o un quadrato di rondelle di polenta, riempire il centro con i pezzetti avanzati e coprire con un po' di salsa. Ripetere con uno strato un po' più stretto e ancora con un altro, usando tutta la polenta e la salsa, fino a formare una piramide. Mettere in forno o, se si preferisce, lasciare riposare ancora per un'ora abbondante. Cuocere a una temperatura di 425°F-220°C per 20 minuti. Servire con il parmigiano grattugiato. Si tratta di un piatto molto bello a vedersi e quindi da servire in tavola.

PER RICETTA
840 cal., 24 g di proteine, 18 g di grassi (4 sat., 4 pol.)

▶ POLENTA CON FUNGHI
(Italia)

PER 4 PERSONE

◊ ¼ di libbra di funghi freschi
◊ 2 cucchiai di olio
◊ ½ cipolla, tritata
◊ 2 cucchiai di concentrato di pomodoro
◊ 2 tazze di polpa di pomodoro
◊ 2 cucchiai di capperi, scolati
◊ ¼ di cucchiaino di origano
◊ sale, pepe
◊ 1 tazza di farina di mais
◊ 4 tazze di acqua
◊ ¼ di tazza di formaggio (parmigiano o pecorino romano), grattugiato

Mondare, affettare i funghi e, su una fiamma media, friggerli nell'olio per 10 minuti, poi aggiungere le cipolle, il concentrato, la polpa di pomodoro, i capperi. Aromatizzare con l'origano, salare, pepare e cuocere, senza coperchio, per 15 minuti. Intanto, mescolare la farina con una tazza di acqua fredda. Nella parte superiore di una vaporiera, oppure in una pentola dal fondo pesante, riscaldare tre tazze di acqua e portare a bollore. Aggiungere un cucchiaino di sale, amalgamare, mescolando, la farina e cuocere finché la polenta non sarà densa. Coprire, mettere sopra l'acqua bollente nella vaporiera (oppure spegnere la fiamma sotto la pentola e incoperchiare), poi continuare a cuocere finché il sugo sarà pronto. Versare la polenta al centro di un piatto di servizio, condire con il sugo di pomodoro e funghi, servire con il formaggio grattugiato a parte per permettere ai commensali di spolverarlo a piacere.

Se avanza della polenta, metterla in una teglia per pane oliata e porre in frigorifero. Quando sarà compatta, tagliare a fette, infarinarle e friggerle dolcemente in margarina morbida o olio, girandole finché non si sarà formata una crosticina dorata su entrambi i lati. Servire con lo stesso sugo e formaggio grattugiato, o con miele o melassa per una piacevole prima colazione. A noi la polenta fritta piace tanto che ne prepariamo sempre più di quanta prevista dalla ricetta appunto per questo scopo.

PER RICETTA

1110 cal., 38 g di proteine, 44 g di grassi (7 sat., 9 pol.)

CAPITOLO X
Prodotti lattiero-caseari e uova

Nello stesso momento in cui infrangono vecchie illusioni, i progressi della medicina sono spesso fonte di nuovi problemi. Una conseguenza dell'avanzamento della ricerca su infarti e indurimento delle arterie è l'ombra che è stata gettata sul consumo di prodotti lattiero-caseari e di uova. A dispetto del monito biblico sul consumo di grassi animali e dell'intimazione giudaica a non assumere carne e prodotti a base di latte nello stesso pasto, in America era opinione comune che una corretta alimentazione, o quantomeno un'alimentazione che aspirasse a una qualche eleganza, richiedesse un'abbondanza di carne e prodotti lattiero-caseari. Questo mito è stato ulteriormente sfatato quando la *haute cuisine* francese è stata adottata come standard di eccellenza, ma molti chef sembrano comunque sostenere che il segreto del cordon bleu sia un abbondante impiego in cucina di panna, burro e tuorli d'uovo. Ma i tuorli d'uovo, dopo il cervello, sono l'alimento a più alta concentrazione di colesterolo preformato, mentre il grasso butirrico concorre con il grasso bovino e ovino per il più elevato contenuto di acidi grassi saturi, ovvero il più potente responsabile dell'aumento di colesterolo nel sangue. Che fare allora?

La cucina mediterranea, come quella cinese, costituisce la prova che i piatti superlativi non necessitino di grandi quantità di latticini. La dipendenza relativamente limitata dal latte nei Paesi che affacciano sul Mediterraneo è l'antica risposta naturale al fatto che il clima locale non è adatto alla produzione casearia e, data l'abbondanza di olio di oliva, non era necessario aggiungere altri grassi per cucinare. L'evoluzione delle abitudini alimentari in Europa è stata fortemente influenzata dal fatto che le mucche non crescono bene su terreni più prosperi per gli olivi, e viceversa! I latticini sono comunque impiegati nella cucina mediterranea, sebbene molto meno rispetto ai Paesi dal clima più umido e freddo, pertanto occorre prendere in considerazione i prodotti caseari singolarmente.

LATTE

Il latte naturale possiede molte qualità nutrizionali, soprattutto per i neonati ma, fatta eccezione per le calorie e le vitamine A e D, i suoi valori nutritivi sono dati solo dalla parte magra. La risposta alla diffusa voglia di ridurre le calorie assunte sembrerebbe essere la sostituzione del latte intero con lo scremato. Questo è quasi del tutto privo di grassi e il suo apporto calorico è poco più della metà di quello intero, sebbene conservi tutte le proteine, i minerali e le vitamine idrosolubili. Per quanto riguarda la A e la D, quasi tutti i tipi di latte scremato presenti sul mercato americano sono "arricchiti" con esse, così da pareggiare o addirittura superare quelle presenti nel latte intero. Per fortuna, però, la scelta non si limita al latte intero o scremato.

Si può preparare del latte scremato arricchito a casa, aggiungendoci del latte magro in polvere in modo da migliorarne anche la corposità sia come bevanda sia per impieghi culinari. Per coloro che temono una carenza di proteine nella dieta, due cucchiai per tazza raddoppiano il contenuto proteico. Sono in vendita alcune versioni commerciali di latte scremato arricchito in questo modo. Nei casi in cui non sia necessaria una dieta proprio ferrea, una buona opzione è rappresentata da latte con il 2 per cento di grasso butirrico, che ha un contenuto di grassi, rispetto al latte intero, pressoché dimezzato, con conseguente riduzione delle calorie. Le persone che, per un certo periodo, si sono abituate a versare latte al 2 per cento sopra i cereali da colazione di solito si lamentano del gusto eccessivamente "unto" se costrette a tornare al consumo di latte normale. Se si desidera ottenere più proteine e un effetto più ricco, si può aggiungere un po' di latte scremato in polvere. L'uso sia di latte scremato sia di quello con il 2 per cento di grasso butirrico è ormai ampiamente diffuso. Il latte dunque non costituisce un vero problema per coloro che intendono seguire una dieta mediterranea: basta ridurre il consumo di quello intero. In cucina sarà meglio impiegare latte scremato con o senza l'aggiunta di scremato in polvere oppure, se la dieta è poco rigida, usare latte al 2 per cento.

Si tratta di una bevanda che gli adulti del Mediterraneo consumano solo con il caffè a colazione, solitamente mezza tazza di latte con tre o quattro cucchiai di espresso, un caffè a tostatura scura molto potente. Il latte scremato, soprattutto se con l'aggiunta di un po' di scremato in polvere, si abbina molto bene a questo tipo di caffè. Ai fini di una dieta meno rigida, il latte al 2 per cento fa da base perfetta per il *café au lait*.

La panna è poco usata nella cucina mediterranea, salvo in alcuni ristoranti alla moda. Nelle poche ricette in cui è prevista, è possibile sostituirla con latte scremato o al 2 per cento, aggiungendo un poco di olio o margarina di tipo morbido. I negozi di alimentari americani propongono ormai una grande varietà di imitazioni vegetali della panna. Le informazioni sull'etichetta non sono quasi mai utili per farsi un'idea di questi prodotti, ma in quasi tutti i casi i grassi contenuti in essi sono molto più saturi che nella versione "vera", pertanto andrebbero fermamente evitati. L'olio di cocco è molto apprezzato dai produttori di queste panne vegetali perché dura praticamente all'infinito. La lunga scadenza è dovuta al fatto che è costituito al 90 per cento e oltre da grassi saturi, quasi due volte più del grasso butirrico. Tuttavia è ora disponibile nel reparto surgelati dei supermercati un nuovo prodotto la cui etichetta vanta la totale assenza di olio di cocco, nonché un rapporto tra polinsaturi e saturi di due a uno. Teoricamente, non dovrebbe avere alcun effetto sul colesterolo nel sangue, e alcune prove in cucina dimostrano che, in molte ricette, potrebbe benissimo sostituire la panna. Eppure, sebbene non incida sul colesterolo, questo surrogato presenta altri problemi nutrizionali. Rispetto alla panna autentica, per esempio, contiene una quantità di zucchero tre volte superiore, solo un terzo delle proteine e quasi zero vitamine.

Nonostante la grande varietà di imitazioni presenti sugli scaffali dei negozi di alimentari, la panna montata è ancora più problematica. In generale, questi "rivestimenti" contengono olio di cocco e sono certamente più pericolosi rispetto alla loro versione vera per chi tiene d'occhio il proprio colesterolo. Alcuni produttori danno ascolto alle obiezioni sollevate da persone che, come noi, hanno osservato attentamente i loro prodotti, e la speranza è che ne siano in arrivo di migliori. Al momento non possiamo consigliarne nessuno in maniera entusiastica, ma non escludiamo sorprese in futuro. Intanto va notato che la panna montata non è affatto indispensabile nella cucina mediterranea ma, se proprio non riuscite a resistere alla voglia di rivestimenti per i dolci, tenete a mente che la quantità di grassi saturi contenuta in un cucchiaio di *vera* panna montata è circa la metà di quella contenuta in una noce di burro o in una spruzzata del tradizionale rivestimento non a base di latte.

La panna acida è un importante ingrediente di alcuni piatti dell'Europa settentrionale e orientale, nonché della cucina ebraica, ma non è originaria del Mediterraneo. In altre parole, non rappresenta un problema perché non trova posto nella cucina che ci interessa qui.

GELATO

Secondo una diffusa leggenda, il gelato sarebbe stato inventato in Sicilia dove si può usare la neve dell'Etna anche nella stagione calda, proprio quando il consumo di un dolce ghiacciato è più gradito. In Spagna ci hanno detto invece che è nato nei Pirenei. Se la sua origine fosse una questione di portata mondiale, sarebbero probabilmente i cinesi a rivendicarne la paternità. A ogni modo, è diffuso nel Mediterraneo da tantissimo tempo. C'è stata un'epoca in cui ricchi britannici e nordeuropei reduci dal *Grand Tour* portavano a casa estatiche descrizioni del gelato italiano. Era un vero lusso, insomma, sebbene ora sia diventato comune nel Mediterraneo, così come nel resto del mondo più sviluppato. Pertanto ci preme riconoscergli un ruolo importante nell'alimentazione.

Il gelato ha un elevato contenuto di colesterolo preformato, è ricco di acidi grassi saturi e contiene molto più zucchero di quello accettato dai nutrizionisti. Un quarto di gelato di buona qualità ha un apporto di circa millequattrocento calorie, delle quali cinquecento derivanti da zuccheri, circa ottocento da grassi e solo centoventi da proteine. Che cosa possiamo dire quindi di questo alimento nella nostra tanto ammirata dieta mediterranea? Innanzitutto, che il consumo pro capite in tutta l'area del Mediterraneo è molto inferiore a quello degli Stati Uniti. Non viene mangiato così spesso né in così grandi quantità e non fa quasi mai parte di un pasto abituale. Per non parlare dei soggetti che lo mangiano. Sono infatti i bambini e gli adolescenti i più appassionati consumatori in tutti i Paesi, ma nel Mediterraneo la fetta che tocca a loro è particolarmente sproporzionata. Dopo i bambini, i principali acquirenti sono le donne non più giovani, le quali non prestano troppa attenzione alle calorie: amano concedersi il lusso ogni tanto di starsene al bar con un porzione di gelato. Non esistono statistiche ufficiali al riguardo, ma possiamo affermare che gli uomini adulti nel Mediterraneo mangiano in media meno di un decimo del gelato consumato dai loro omologhi americani. Il punto è che coloro che dovrebbero preoccuparsi di più del loro colesterolo, gli uomini adulti, consumano molto meno gelato nel Mediterraneo dei loro pari in America.

Una dozzina di anni fa, nell'ambito dello studio nazionale Dieta-Cuore, scoprimmo che è possibile preparare un "gelato" eccellente con pochissimi acidi grassi saturi e colesterolo preformato. Il governo ci permise di proporlo per due anni a soggetti che collaboravano al nostro progetto in cinque Stati: piacque a tutti e nessuno dubitò mai della differenza con il vero gelato. Queste imitazioni, fatte con un mix di prodotti a base di latte magro e olio vegetale, sono, ahinoi, del tutto illegali in alcuni degli Stati Uniti. Quello tradizionale è invece preparato con latte o panna come unica fonte di grasso, e siamo d'accordo con gli operatori dell'industria casearia sul fatto che il cliente non vada ingannato con l'etichetta "gelato" apposta su un prodotto che ha una composizione totalmente diversa. È giusto, ma perché proibire la vendita di un prodotto sano con un'etichetta corretta se questo piace ad alcune persone e potrebbe essere raccomandato dai medici?

In alcuni Stati, sono commercializzati diversi nuovi prodotti congelati, simili al gelato per consistenza e sapore. I loro nomi commerciali non indurrebbero potenziali acquirenti a pensare che si tratti di un tipo di gelato vero, ma la loro composizione chimica fa capire che si tratta di un prodotto adatto ad alcuni consumatori del gelato tradizionale. La vendita di questi prodotti è vietata in alcuni Stati e il loro posizione nella normativa federale è ancora al vaglio dell'Autorità americana per cibo e farmaci (Fda). La Fda stabilisce che l'etichetta "gelato" può essere apposta esclusivamente su prodotti contenenti almeno il 10 per cento di grassi del latte, ovvero una quantità tre volte superiore a quella del latte intero, e senza altri tipi di grassi. I produttori di questa tipologia di alimenti, contenenti pochi o zero grassi del latte, hanno chiesto alla Fda di stabilire delle linee guida legate ai loro marchi commerciali, Mellorine e Parevin, dove si specifica un 6 per cento minimo di grassi, con una parte dei grassi (Mellorine) o nessuna (Parevin) proveniente da fonti animali o lattiere. Bene, 6 per cento è meno di 10 per cento, ma non viene specificato nulla in merito agli acidi grassi di questi nuovi prodotti, pertanto non si può dire nulla circa gli effetti sul sangue di chi li consuma. La riduzione dal 10 al 6 per cento di grassi implica una riduzione delle calorie, ma chi aspira a dimagrire deve sapere che questi prodotti contengono solo il 20 per cento circa delle calorie del gelato tradizionale e, come questo, hanno un alto contenuto di zuccheri.

In futuro, con molta probabilità, ci saranno nuovi tipi di prodotti dolci congelati superiori da un punto di vista nutrizionale, ma al momento coloro che sono affetti da problemi di sovrappeso o di colesterolo dovrebbero fare riferimento all'uomo mediterraneo medio, il quale mangia il gelato sì, ma solo una mezza dozzina di volte all'anno. E se questa dovesse apparire una restrizione troppo spartana per una persona da tempo abituata a consumare dessert freddi, a disposizione ci sono sempre le granite o i sorbetti.

GRANITE, SORBETTI E ICE MILK

L'acqua aromatizzata con frutta, addolcita con miele e raffreddata con la neve, ovvero il primo dessert congelato o ghiacciato della storia, ha anticipato il gelato di molti secoli. I moderni ghiaccioli, o meglio le granite, si differenziano solo per la presenza dello zucchero al posto del miele. Le granite più diffuse nell'area del Mediterraneo sono più liquide di quelle americane. Consistono in piccoli cristalli di ghiaccio che galleggiano nel liquido e possono essere bevute, anche se spesso vengono servite con un cucchiaio per facilitarne il consumo. Nell'Ottocento, questi dolci ghiacciati erano chiamati anch'essi gelati in Italia, ma in tempi più recenti hanno preso il nome di granite per via della loro consistenza granulare. Sono molto rinfrescanti ma non vengono mai servite assieme o alla fine di un pasto.

I sorbetti differiscono dalle granite per l'aggiunta di albume o latte. Sarebbero stati introdotti nel 1533 in Francia e da lì in altre parti d'Europa da Caterina de' Medici, la regina di Enrico II, quando portò con sé la sua brigata di cucina dall'Italia. In seguito uno dei cuochi la abbandonò per avviare con grande successo a Parigi un'attività di vendita di sorbetti, senza mai svelare a nessuno le ricette che aveva rubato, e che rimasero quindi a lungo un segreto ben custodito. Oggigiorno può essere definito sorbetto un dolce congelato preparato con o senza latte o con un po' di panna; in assenza di panna, si possono unire gelatina o albumi per dare corposità. Questo per quanto riguarda i sorbetti fatti in casa: quelli in commercio invece prevedono l'aggiunta di varie sostanze chimiche.

Al di là della composizione dei sorbetti in commercio, la loro popolarità in America è aumentata rapidamente negli ultimi anni. Alcuni li scelgono come alternativa all'effetto ultraricco del gelato, altri perché, essendo molto meno grassi, hanno un apporto calorico inferiore. Va notato inoltre che essi non causano alcun problema di colesterolo, o quasi. Il sorbetto può avere una vasta gamma di composizioni nutrizionali, ma il Dipartimento dell'Agricoltura statunitense sostiene che debba contenere una media di 1-2 per cento di grassi (del latte), mentre la quantità di zucchero dovrebbe essere simile a quella del gelato. Ciò significherebbe un apporto calorico pari a due terzi del gelato. Per quanto concerne il colesterolo, il sorbetto semplice non presenta problemi; una porzione normale contiene solo una quantità di grasso del latte pari a un quarto di tazza di latte intero. Anche i sorbetti con panna contengono solo un quarto del grasso di latte presente nel tradizionale gelato. Troverete le ricette del sorbetto nel capitolo XVIII.

L'*ice milk*[1] in vendita oggi negli Stati Uniti ha un contenuto maggiore di grassi rispetto al sorbetto, ma comunque la metà del grasso del gelato. Un tipico *ice milk* contiene circa il 5 per cento di grasso (butirrico), una percentuale inferiore di proteine e oltre il 20 per cento di zucchero. Sebbene non sia consigliato dai nutrizionisti, si tratta di un alimento che, per molti, sarebbe preferibile al gelato.

YOGURT

Nel capitolo III abbiamo parlato dell'introduzione dello yogurt in Francia e in Occidente a opera di Elie Metchnikoff, un russo fra i più grandi scienziati della medicina della Francia nell'Ottocento. Un recente libro sullo yogurt sostiene che «il dottor Metchnikoff ha scritto che il dato più importante è che i batteri riscontrati nello yogurt producono abbondanti quantità di vitamina B nel tratto digerente». Sciocchezze! Lo yogurt non

1. Popolare dessert ghiacciato americano a base di latte [*ndt*].

contiene più vitamine del latte e Metchnikoff non aveva mai sentito parlare delle vitamine quando pubblicizzava lo yogurt. La sua teoria era che la batteriocoltura dello yogurt avrebbe contrastato ciò che egli definiva "autointossicazione" e pertanto contribuito a un aumento della longevità. Ma, errate o non dimostrate teorie a parte, lo yogurt resta un alimento eccellente.

Lo yogurt si ottiene dalla coltura del latte con due tipi di batteri. Lo zucchero del latte viene trasformato in acido lattico e il latte prende la forma di un coagulo liscio. In Grecia, dove lo yogurt è consumato da secoli, si sostiene che quello fatto con latte di pecora sia il migliore poiché contiene più grassi del latte vaccino. Tuttavia, gran parte dello yogurt in commercio in Grecia, così come altrove, è preparato con latte vaccino parzialmente scremato. In media, contiene un 2 per cento di grassi, per cui metà porzione di yogurt contiene una quantità di grassi pari solo a un quarto di una tazza di latte intero. E il valore calorico è persino inferiore per via della trasformazione degli zuccheri del latte in acido lattico.

Siamo quindi lieti di notare che, di recente, è aumentato il consumo di yogurt in Italia, Francia e Spagna, oltre che in America. Detto ciò, la Grecia resta il Paese leader nel Mediterraneo per consumo di yogurt.

FORMAGGIO E CUCINA A BASE DI FORMAGGIO

In quanto costituisce una componente necessaria e gradevole della dieta di quasi tutti i greci, italiani e francesi, il formaggio è un argomento che va affrontato subito in ogni discorso sull'alimentazione alla mediterranea. Vista l'attuale attenzione ai nutrienti volti a prevenire le patologie coronariche, molti pensano che i formaggi, fatta eccezione per i fiocchi di latte, siano da evitare. Molti sono infatti ricchi di acidi grassi saturi e colesterolo, sostanze etichettate come veleni dalle persone attente al colesterolo. I formaggi più comuni – cheddar, emmental, erborinati – contengono in media un 30 per cento di grasso butirrico, 25 per cento di proteine, 5 per cento di altre sostanze solide (carboidrati e minerali) e, per il resto, acqua. Facendo un confronto, il burro ha l'81 per cento di grasso e il 16 per cento di acqua. Al lato opposto della scala del grasso, troviamo i fiocchi di latte semplici (cagliata secca) con meno della metà dell'1 per cento di grasso butirrico, mentre quelli cremosi ne offrono in media un po' più del 4 per cento in peso.

Le etichette dei formaggi indicano solitamente il contenuto di grasso butirrico sotto forma di percentuale sul totale di sostanze secche. Con questo sistema, nel caso del formaggio cheddar, nel quale la quantità di grasso è pari al 31 per cento e quella di acqua al 38 per cento del peso totale, viene riportato in etichetta «50% di grasso butirrico» poiché 31/(100-38)=0,50. Nel caso dei fiocchi di latte cremosi, che hanno il 4 per cento di grasso e il 78 per cento di acqua rispetto al peso totale, verrebbe riportato in etichetta «18,2% di grasso butirrico» poiché 4/(100-78)=0,182.

Questo sistema di etichettatura commerciale fa sì che i formaggi appaiano molto ricchi, cosa che rappresentava un punto di forza prima che i consumatori cominciassero a prestare attenzione alle calorie e al colesterolo. E risulta poco chiaro a quelli interessati a conoscere quanto grasso butirrico consumano. Prendiamo in esame i due esempi precedenti del cheddar e dei fiocchi di latte cremosi, che riportano in etichetta rispettivamente «50%» e «18,2%» di grasso butirrico. La prima cosa che viene in mente è che ventotto grammi circa di cheddar contengano 50/18,2=2,75 volte più grasso butirrico di ventotto grammi circa di fiocchi di latte cremosi. Mentre, in realtà, il cheddar contiene 3¼=7,75 volte più grasso butirrico rispetto alla stessa quantità di fiocchi di latte.

In qualsiasi modo venga espressa la loro composizione, resta il fatto che la stragrande maggioranza dei formaggi costituisce una ricca fonte di grassi saturi e pertanto va studiato il loro ruolo nella dieta "mangiar bene per stare meglio".

Il nostro libro non vieta in assoluto alcun alimento, compresi i formaggi, tranne nel caso di persone con disturbi metabolici gravi. Quanto e in che modo limitare il consumo di formaggio dipende dalle caratteristiche del singolo individuo. Pare che un americano su cinque si rimpinzerebbe senza preoccuparsi con un'alimentazione ricchissima di grassi animali e formaggi freschi. Ma se analisi del sangue o storia familiare o semplici preoccupazioni personali suggeriscono di seguire una dieta controllata, allora va fatta una distinzione fra le varie tipologie di formaggio e va presa in considerazione la quantità, oltre che la natura, di altri cibi consumati nel corso della giornata. Entro certi limiti, la quantità di formaggio contenuta nella dieta può aumentare nella misura in cui altre fonti di grassi saturi vengono ridotte. Ma ora osserviamo più da vicino il panorama del formaggio.

UN PO' DI STORIA DEL FORMAGGIO

Nel Trecento, Giovanni Boccaccio, rimasto indimenticabile per il suo *Decameron*, descrisse un luogo di splendidi fasti gastronomici. Lì, in cima a una montagna, vivevano persone la cui unica attività era quella di preparare maccheroni e ravioli, e la montagna stessa era fatta di parmigiano grattugiato. L'esaltazione del formaggio da parte di Boccaccio non era espressione di una nuova passione nata nella Firenze dell'epoca, anzi. Ai tempi di Boccaccio, infatti, il parmigiano era già apprezzato da secoli e il formaggio in generale era tra gli alimenti più amati in Italia da almeno centocinquanta anni.

Nel suo *De Agricultura*, in assoluto la prima importante opera latina in prosa, Catone il Vecchio, morto nel 149 a.C., cita diversi impieghi del formaggio. Per le legioni romane rappresentava, assieme al pane e all'olio di oliva, uno dei tre alimenti base, sul campo come a casa. Ovunque andassero, i Romani, che conquistarono tutto il mondo mediterraneo e oltre, dalla Gran Bretagna alla Russia meridionale, portavano con sé le proprie conoscenze tecniche e i propri costumi, tra i quali la produzione e il consumo di formaggio. Nell'epoca d'oro dell'Impero romano, quando i ricchi e i potenti amavano il buon vivere, il formaggio era presente in tutti i pasti, dai più semplici ai più elaborati. Era immancabilmente servito alla fine di un banchetto e quasi tutti i dessert erano preparati con formaggio, o con latticini come la ricotta, miele e farina.

Ma la storia del formaggio nel Mediterraneo non inizia con la Roma imperiale. Circa settecento anni prima, Omero aveva raccontato di Polifemo, appartenente alla razza dei giganti con un solo occhio, i Ciclopi, intento a preparare il formaggio nella sua grotta nel momento in cui apparve Odisseo. Il poema non specifica quale tipo di formaggio stesse preparando Polifemo quando fece prigioniero Odisseo e la sua ciurma, mangiandone la maggior parte. Ma il testo in greco dice che Polifemo possedeva un gregge di pecore e produceva formaggio con «latte dimezzato», quindi evidentemente lo faceva con latte di pecora scremato, molto probabilmente una sorta di ricotta o di formaggio fresco in fiocchi. Poiché teneva un fuoco acceso nella grotta, supponiamo che preparasse la ricotta con il siero di latte rimasto dalla solidificazione delle cagliate.

Ma se andiamo indietro all'epoca dell'*Odissea*, forse cinquecento anni prima dell'Età d'oro di Pericle, siamo ancora lontani dalle prime testimonianze sul formaggio nella regione mediterranea. Esso è stato identificato nei geroglifici scritti dagli Egizi già mille anni prima e persino nella scrittura cuneiforme sulle tavolette di argilla dei Sumeri, che risalgono a circa quattromila anni prima di Cristo. Il formaggio nel Mediterraneo dunque è importante almeno sin dalle prime documentazioni scritte della storia dell'umanità. Non stupisce pertanto che il Mediterraneo sia leader mondiale per varietà, qualità e consumo pro capite. Una dieta mediterranea senza formaggio sarebbe inimmaginabile.

Dei quattro Paesi che ci interessano, la Spagna fa eccezione per il numero limitato di varietà di formaggio, di cui nessuna è davvero di ottima qualità. Parrebbe, insomma, che gli spagnoli non ne siano grandi appassionati. Il consumo pro capite in Spagna è solo un ottavo di quello in Italia, in Grecia o in Francia. Un americano medio mangia tre volte la quantità di formaggio di uno spagnolo. Forse la spiegazione di questa particolarità sta nel fatto che gran parte della Spagna è stata governata dai Mori per cinquecento anni. Ancora oggi, i Mori e i loro cugini culturali non producono quasi nessun tipo di formaggio.

Molti greci, italiani e francesi ne mangiano una tipologia o un'altra almeno una volta al giorno, non di rado anche due. Se includiamo tra i "formaggi" anche lo yogurt, che è un latticino, i greci sono i campioni, con una media di circa quarantatré grammi a persona al giorno. Per inciso, gran parte dello yogurt consumato in Grecia è importato dalla Bulgaria, Paese che permise la diffusione del ceppo batterico *Lactobacillus bulgaricus*, ora usato in tutto il mondo per la produzione di questa sorta di latte cagliato acidulo. Senza contare lo yogurt, gli italiani e i francesi mangiano in media circa ventotto grammi di formaggio al giorno. In una famiglia di cinque persone, significa tre libbre a settimana.

I primi formaggi della storia somigliavano ai fiocchi di latte e alla ricotta, che, in mancanza di refrigerazione, vanno consumati freschi, a meno che non siano molto salati o affumicati. Per inciso, essi sono facili da preparare in una casa americana. La storia delle tipologie più raffinate è per la maggior parte oscura. Tra i più antichi ci sono il roquefort francese, il parmigiano e il gorgonzola italiani, ma pare che nessuno di questi risalga a prima del basso Medioevo, diciamo intorno all'anno 1200. E, nonostante la lunghissima storia del formaggio in Grecia, quello classico nazionale, la feta, non vanta un pedigree più antico. Il più venerabile del Nord Europa è il cheshire inglese, antenato del cheddar, che sopravvive in termini di qualità se non di quantità. La prima citazione del cheshire si trova nel *Domesday Book*, scritto nell'undicesimo secolo. Il camembert entrò in scena meno di duecento anni fa, il liederkranz era sconosciuto un secolo fa, il blu danese nacque nel 1914, il Bel Paese italiano fu prodotto per la prima volta intorno al 1920. Per quanto riguarda i formaggi trattati, sono stati perfezionati, se questa è la parola giusta, solo negli ultimi decenni. Nella prima fase della seconda guerra mondiale, fummo costretti ad aggiungere alla razione K[2] dell'esercito statunitense un "cheddar" piuttosto scadente.

Il futuro, o perlomeno il prossimo futuro, del formaggio nella nostra dieta è incerto. Vent'anni fa, si prevedeva con grande sicurezza che i formaggi trattati, relativamente privi di problemi legati alla conservazione, dotati di lunghe scadenze ed economici per il consumatore, avrebbero occupato il mercato caseario americano, fatta eccezione per una nicchia di alto livello riservata ai conoscitori di vecchia scuola. In realtà, attualmente essi, compresi gli spalmabili, stanno perdendo terreno. I trasporti aerei e altre forme di trasferimento veloce, assieme al merchandising internazionale, hanno messo a disposizione formaggi oltre a quelli americani e svizzeri (in realtà, prodotti nel Wisconsin), di conseguenza i consumatori si divertono a sperimentare.

Ma la cosa più importante, per questi e altri motivi, è che negli Stati Uniti il livello del gusto è migliorato ed è aumentato il numero di persone disposte a pagare di più per prodotti di qualità, non interessate alla questione della conservabilità indefinita. Nei Paesi mediterranei, i formaggi trattati occupano solo una fetta microscopica del mercato, anche se, ci spiace dirlo, la dimensione della fetta sta aumentando. I nuovi supermercati europei, ispirati al modello americano e caratterizzati dall'offerta di cibi pronti e dalla feroce concorrenza a livello di prezzi, inducono molti cambiamenti, non tutti per il meglio.

Negli Stati Uniti e nei Paesi scandinavi, ma non ancora nei mediterranei, nuove preoccupazioni legate alle cardiopatie e ai grassi nel sangue portano grandi novità all'interno dell'industria lattiera e nella domanda di latticini da parte degli acquirenti. Il futuro porterà certamente nuovi prodotti, ma a noi preme dare i migliori consigli per il presente. Moltissimi americani, e abitanti di altri Paesi sviluppati, denunciano li-

2. La razione K è un pasto costituito da ingredienti economici, compatti e facilmente trasportabili, ideato nel 1941 da Ancel Keys per conto del Dipartimento statunitense della Guerra e adottato l'anno successivo per sfamare i soldati impegnati nei combattimenti [*ndt*].

velli di colesterolo nel sangue indesiderabilmente alti, ma si sa con certezza che la cura dell'alimentazione può contribuire a migliorare il quadro sanguigno. Per quanto riguarda il formaggio, ripetiamo quanto già detto: ovvero, mangiate tutto il formaggio che volete, e di qualsiasi tipologia, se il livello del colesterolo nel vostro sangue e la vostra pressione sanguigna sono sotto controllo. La nostra menzione della pressione sanguigna si riferisce al fatto che alcuni formaggi piccanti, come il gorgonzola e lo stilton, possono provocarne un rapido aumento in soggetti particolarmente suscettibili che cercano di tenerla sotto controllo con l'impiego di determinate medicine. Ci affrettiamo ad aggiungere che praticamente chiunque può ignorare la voce secondo la quale alcuni formaggi influiscono sulla pressione sanguigna.

Se somigliate alla maggioranza degli americani odierni, in fatto di formaggio occorre discriminare e misurare. Puntate sulla qualità anziché sulla quantità, e cercate di soddisfare il vostro palato consumando tipologie più saporite in quantità minori. Soggetti costretti a tenere d'occhio il colesterolo dovrebbero consumare formaggi freschi solo raramente, soggetti affetti da disturbi gravi ancora di meno. I fiocchi di latte, se non sono del tipo cremoso, e la ricotta, ammesso e non concesso che somigli al prodotto autentico, non creano problemi per nessuno.

Il consumo della mozzarella e del fior di latte italiani non ha bisogno di essere limitato come quello dei formaggi che recano questi nomi in commercio negli Stati Uniti, soprattutto la "mozzarella" stile newyorchese, che ha un contenuto di grassi molto superiore a quello del prodotto autentico. Una "mozzarella" a basso contenuto di grassi è più indicata comunque per la cottura se si vuole cercare di imitare la vera pizza. Comprate quindi la "mozzarella" con il contenuto più basso di grassi disponibile. Il motivo per il quale usiamo le virgolette sarà presto svelato. Attualmente, la vera mozzarella non è reperibile negli Stati Uniti.

LA PRODUZIONE DEL FORMAGGIO

A questo punto, occorre offrire qualche spiegazione sulla lavorazione casearia. Quando il latte crudo è lasciato in un locale caldo, inacidisce grosso modo dopo un giorno, mentre in un locale fresco il processo richiede più giorni: la rapidità di crescita dei batteri dipende dalla temperatura. Quando l'inacidimento è controllato da batteri adatti – *Lactobacillus bulgaricus* –, il risultante coagulo è lo yogurt, il più primitivo dei "formaggi", se così si può chiamare (tecnicamente e giuridicamente non lo è). A una temperatura alta, poniamo a 150°F (65°C), il latte crudo coagula senza inacidire. Le risultanti cagliate sono simili ai fiocchi di latte e possono costituire la base per una lavorazione casearia più sofisticata. Più spesso comunque la produzione del formaggio inizia con l'aggiunta al latte di un po' di caglio.

La natura fornisce al mammifero neonato un bellissimo apparato che gli permette di trattenere e digerire il latte materno. Il tessuto stomacale dell'agnello, del capretto o del vitello da latte – e anche di altri mammiferi in fase di allattamento – è dotato di una grande capacità di coagulare il latte. Questo tessuto, essiccato e macinato in polvere ai fini della conservazione, costituisce il caglio, impiegato in casa per preparare la giuncata e nella caseificazione per separare il latte in cagliate solide e siero liquido, come primo passo nella produzione di quasi tutti i formaggi.

Il coagulo prodotto dall'azione del caglio può essere consumato subito sotto forma di giuncata e, scolando la maggior parte del siero, di fiocchi di latte. Con qualche manipolazione in più, tra cui una leggera salatura e la filatura a mano, le cagliate possono essere raccolte in grumi morbidi la cui grandezza varia da una pallina da golf a una palla da baseball. Preparata in maniera corretta, e impiegando latte di bufala, così pregiato in una zona circoscritta dell'Italia del Sud, ogni palla costituisce una mozzarella. Se invece è preparata con latte vaccino, il nome giusto, previsto per legge per l'etichettatura in Italia, è fior di latte. Tra mozzarella e fior di latte si percepisce una leggera differenza di sapore, ma non di consistenza.

Se non riuscite a trovare mozzarelle morbide e fresche o una qualità simile di "mozzarella" di latte vaccino, per qualsiasi ricetta che la richieda provate a fare un formaggio fresco in casa (che potrete anche consumare al naturale, così com'è). Si può usare latte parzialmente scremato o latte con il 2 per cento di grasso butirrico con buoni risultati. La mozzarella vera, prodotta con latte intero di bufala, presenta un contenuto più alto di grassi rispetto al fior di latte vaccino, ma la composizione di questi grassi è alquanto differente, a vantaggio di chi tiene d'occhio il colesterolo. Se si intende usare fiocchi di latte al posto della mozzarella, è meglio usare quelli di latte scremato o parzialmente scremato.

Il formaggio fresco si produce quando il caglio agisce sulla panna, e più ricca è la panna, più alto è il contenuto di grassi del prodotto finale. In sostanza, il molto decantato mascarpone italiano, le varie tipologie di *double-crème* e *triple-crème* francesi e versioni analoghe americane non sono altro che panna coagulata con caglio. Essi hanno un contenuto di grasso butirrico puro che varia dal 37 al 50 per cento, nonché un contenuto altrettanto alto di grassi saturi, ma basso di proteine. La loro scadenza è però notevolmente breve ed è consigliabile consumarli il giorno stesso della lavorazione. Tenuti in frigorifero, possono durare alcuni giorni ma i loro delicati sapori cambiano di ora in ora, e vanno a male molto prima che si riesca a riportarli al venditore per denunciare il loro deterioramento. Va notato inoltre che le migliori tipologie fresche sono prodotte con latte crudo, un fatto che aggrava il problema della conservazione e causa complicazioni legate alle norme statunitensi relative all'importazione di prodotti alimentari.

FORMAGGI FRESCHI

Alcuni piatti deliziosi e salubri della cucina mediterranea prevedono, come ingrediente essenziale, un tipo o un altro di formaggio fresco o di latticino. La mozzarella e la ricotta italiane, per esempio, figurano in tantissime ricette per pizza, lasagne, cannelloni e stufati, ma entrambe sono consumate anche al naturale. Loro imitazioni sono ora reperibili in tutte le città americane, non solo grandi ma anche piccole. Si tratta di prodotti utili, eppure quelli reali non si trovano quasi mai, in parte per il problema legato alla conservazione ma anche per le norme che regolano l'importazione.

La ricotta è un derivato che si ottiene producendo formaggi. Al siero, scolato dalla cagliata ottenuta nel corso di un paio di ore dal caglio debole, si aggiungono un po' di latte e sale, poi si scalda la miscela fino a una temperatura appena al di sotto dell'ebollizione, rimestando sempre, man mano che si formano cagliate sottili. In una ventina di minuti la ricotta è pronta per essere scolata. In Italia meridionale, è consueto farla a partire da latte di capra. Elena, che abita nella casa di fronte alla nostra nel Sud d'Italia, tiene una capra bianca di nome... Bianca (i contadini del posto non dimostrano grande fantasia quando si tratta di dare nomi alle bestie). Bianca è brava a produrre latte, quindi di tanto in tanto Elena ci regala della ricotta, talmente buona che la mangiamo fresca con la forchetta assieme al pane nero locale. In altre regioni d'Italia la ricotta si ottiene da latte ovino, ma da tempo è il vaccino che ne costituisce la base più comune. Le cagliate molto sottili che risultano dalla coagulazione a caldo sono scolate appendendole in un sacchetto di stoffa o, seguendo il metodo classico, in un cestino di paglia dalla maglia sottilissima. Ed ecco la ricotta. Ultimamente in Italia, si vende in piccoli cestini di plastica. Quando si dice progresso!

La ricotta è buona da mangiare al naturale, così com'è, anche se il sapore è piuttosto blando, lievemente dolciastro e un po' gessoso. Può essere salata o condita con sale e pepe, con sugo per la pasta avanzato, con olio e aceto. Può essere spalmata sul pane, ed è particolarmente buona su quello nero. Può essere guarnita con conserve di frutta o con miele. Il più delle volte, però, è impiegata in cucina, dov'è impareggiabile come ripieno per i cannelloni o come aggiunta a lasagne e stufati.

La vera ricotta ha un contenuto molto basso di grassi. Quella che chiamiamo "ricotta" negli Stati Uniti è di solito preparata con una miscela di latte vaccino intero e siero, quest'ultimo spesso in piccolissime quantità. Qualche volta il siero è omesso e si impiega solo latte intero o parzialmente scremato per fare un prodotto coagulato a caldo che, almeno superficialmente, somiglia alla ricotta. Ovviamente ha poco a che fare con quella vera. Americani curiosi possono preparare ricotta di latte vaccino o fiocchi di latte seguendo le semplici indicazioni della ricetta presentata più avanti in questo capitolo.

FORMAGGIO DA GRATTUGIA

Molte ricette in questo libro prevedono l'impiego di formaggio grattugiato. Poiché uno dei nostri principali obiettivi è limitare l'impiego nella dieta di acidi grassi saturi, dal momento che essi costituiscono un sesto del peso di un formaggio sufficientemente stagionato da prestarsi a essere ridotto in scaglie o in minutissimi frammenti, l'inclusione di questa tipologia può essere messa in dubbio. Ma tutto dipende dalla quantità usata. Un cucchiaio di parmigiano grattugiato pesa solo un quarto di oncia, compreso un grammo di grassi saturi, e fornisce circa venticinque calorie. Pertanto, condire piatti con un po' di formaggio non costituisce una fonte di preoccupazioni.

Nella maggior parte dei casi, il miglior formaggio grattugiato da usare è il parmigiano, soprattutto quando si tratta di piatti italiani, ma sarebbe sbagliato pretendere che formaggio grattugiato fosse sempre e comunque sinonimo di parmigiano. Il vero parmigiano, riconoscibile dalla dicitura "Parmigiano-Reggiano"[3] incisa sulla crosta, è prodotto solo in Italia, e nessuna delle molte imitazioni gli è paragonabile. Non è sempre facile trovare quello autentico negli Stati Uniti e, quando capita, è comunque costoso, specie se confezionato in bustine

3. Nell'originale, gli autori parlano erroneamente di "Parmeggiano-Reggano" [*ndt*].

o in piccoli contenitori per spargere. Il sapore del pre-grattugiato, inoltre, non è minimamente paragonabile a quello del formaggio grattugiato al momento. Si trova un tipo di finto parmigiano negli Stati Uniti, ma non si tratta della migliore alternativa all'autentico. Non essendo un'imitazione ma un parente stretto – e un connazionale – del parmigiano, è molto più indicato il grana padano, reperibile in molti negozi di alimentari specializzati in prodotti italiani.

In Italia, un pecorino, cioè un formaggio prodotto con latte di pecora, è spesso grattugiato al posto del parmigiano. La tipologia denominata pecorino romano, o più semplicemente romano, è ottima e costa molto meno del parmigiano. Tutti i formaggi ovini adatti a essere grattugiati sono meno dolci del parmigiano e relativamente piccanti: alcuni sono troppo salati, altri talmente pepati che pizzicano la lingua. Il pecorino romano e il sardo invece non sono così piccanti.

Per sapore, la groviera svizzera, il suo cugino francese comté e la finta groviera italiana non somigliano al parmigiano, ma possono essere impiegati con ottimi risultati in molti piatti che prevedono il formaggio grattugiato. In realtà, ogni formaggio può essere grattugiato, persino il cheddar americano, a condizione che sia abbastanza duro. Il sapore del cheddar è estraneo alla cucina mediterranea, ma non c'è alcuna legge che vieti l'impiego di un pochino di formaggio americano grattugiato, anche su piatti italiani, se così vi piace.

A prescindere dal tipo usato, esiste una regola fondamentale: il formaggio va grattugiato fresco, non più di una settimana prima dell'impiego, ma preferibilmente al momento. Il sapore si perde rapidamente una volta grattugiato. Nel caso sia necessario conservarlo, impacchettatelo bene in un foglio di plastica pesante o di alluminio e tenetelo in frigorifero o, meglio ancora, nel freezer.

QUICHE E GRATIN

Una quiche è uno sformato di più ingredienti cotto all'interno di un guscio di pasta sfoglia. La più nota, la quiche lorraine, contiene dadini di pancetta. Quasi ogni tipo di pesce o frutto di mare e un'ampia varietà di verdure possono essere amalgamati al latte e alle uova come ripieno della quiche. Tra gli ingredienti più diffusi, citiamo i gamberetti, la polpa di granchio o di aragosta, le cipolle, i pomodori, gli spinaci, i funghi, il formaggio. E altro ancora a discrezione del cuoco.

Gli stessi abbinamenti di ingredienti, cotti al forno in una pirofila anziché in un guscio di pasta, sono chiamati gratin. Anch'essi sono molto apprezzati, preferiti alle quiche da chi conta attentamente le calorie che assume. Entrambi i piatti possono essere caldi o freddi e sono molto amati come cibi da picnic.

Il guscio di pasta può essere preparato in più modi. In Francia, la patria della quiche, è foggiato di solito in un particolare stampo ad anello sopra un foglio di carta da forno. In questo modo si produce un guscio dai lati diritti. L'impasto è cotto parzialmente al forno e l'anello levato prima di aggiungere il ripieno. Il modo più facile per preparare il guscio è cuocerlo in uno stampo per torte salate, ma un guscio dai lati diritti può essere ottenuto modellando l'impasto steso intorno a uno stampo per torte rovesciato su un foglio di carta da forno o in uno dal fondo staccabile.

▶ QUICHE AI FUNGHI

(Quiche aux champignons, Francia)

PER 4-6 PERSONE

- ½ ricetta per pasta all'olio facile
- 2 cucchiai di cipollotti, tritati
- 3 cucchiai di margarina morbida
- 1 cucchiaio di sale
- 1 cucchiaino di succo di limone
- 2 cucchiai di vino Madera
- ½ libbra di funghi freschi, affettati finemente
- 2 uova o succedaneo di uovo, senza colesterolo
- 1 tazza di latte (2% grasso butirrico)
- ¼ di cucchiaino di pepe

Foderare una pirofila lunga sette pollici con la pasta e cuocere a metà (sette o otto minuti) in forno preriscaldato a 425°F-220°C. Frattanto, in una grande padella, rosolare i cipollotti nella margarina per due o tre minuti, aggiungere il sale, il succo di limone, il vino e i funghi, coprire e cuocere su fiamma dolce per 10 minuti. Togliere il coperchio e continuare a cuocere fino a quando il liquido non sarà evaporato. Mescolare le uova con il latte, condire con il pepe e amalgamare il composto ai funghi, qualche cucchiaio alla volta. Versare nel guscio di pasta e cuocere in forno, preriscaldato a temperatura media (375°F-190°C), finché il composto non sarà compatto (30 minuti circa).

PER RICETTA

1400 cal., 38 g di proteine, 106 g di grassi (18 sat., 38 pol.)

▸ INVOLTINI AL FORMAGGIO
(Tiropittakia, Grecia)

Durante il nostro primo soggiorno in Grecia, ci offrirono i *tiropittakia* acquistati in un piccolo negozio sulla piazza principale di Heraklion, Creta. Da allora facciamo in modo di ripetere il piacere di mangiare queste croccanti sfoglie al formaggio ogni volta che andiamo in visita. I greci le gustano a merenda o come piatto principale a pranzo. Possono avere la forma di singoli triangoli (*tiropittakia*) oppure di una grande torta (*tiropitta*).
Il segreto della croccantezza è la pasta fillo, una sfoglia di acqua e farina, sottile come un foglio di carta, prodotta commercialmente ma impossibile da replicare in casa. Le sfoglie di pasta cruda sono in vendita in tutti i negozi di alimentari in Grecia e sono reperibili, fuori dai suoi confini, presso le gastronomie specializzate e nei luoghi in cui vivono grandi comunità di origine greca. Si possono conservare fino a un mese in frigorifero e sono vendute anche surgelate, spesso sotto la denominazione "pasta per strudel". Se riuscirete a trovare la fillo, avrete la possibilità di preparare non solo questi facili involtini al formaggio, ma anche torte agli spinaci o alla carne e tutta una varietà di dessert.
La *tiropitta* può essere preparata con numerosi formaggi. In Grecia il ripieno classico è la feta, un formaggio bianco salato, reperibile in alcuni negozi americani, ma per questa ricetta usate pure il vostro formaggio preferito.

PER 30 TIROPITTAKIA
Per la sfoglia:
- ¼ di libbra di pasta fillo
- ½ tazza di "burro" fuso

Tagliare la pasta fillo in strisce larghe due e mezzo-tre pollici e coprirle con un panno inumidito (se si seccano, diventano friabili).

Ungere un foglio di carta da forno con il "burro" fuso. Usandone un'estremità come piano di lavoro, stendere una striscia di pasta, spennellare la superfice con altro "burro" fuso e porre un cucchiaio di ripieno su un'estremità della striscia. Ripiegare un angolo della striscia per formare un triangolo e continuare a ripiegare (formando altri triangoli) fino a quando non si sarà consumata tutta. Spennellare la superficie con il "burro". Cuocere i triangoli in forno a una temperatura di 350°F-180°C per 10-15 minuti, e servire subito.

I *tiropittakia* possono essere preparati in anticipo e conservati in frigorifero o in freezer, pronti per essere cotti all'ultimo momento. Se ne avanzano, il che è improbabile, possono essere riscaldati in forno, anche se non somiglieranno del tutto a quelli freschi di cottura.

Ripieno I:

◊ 1 tazza di fiocchi di latte a basso contenuto di grassi
◊ ½ tazza di pecorino romano o parmigiano o groviera, grattugiato
◊ 1 uovo, sbattuto
◊ 2 cucchiai di prezzemolo
◊ sale, pepe
◊ 1 pizzico di noce moscata

Amalgamare bene i fiocchi di latte, il formaggio grattugiato, l'uovo e il prezzemolo. Condire con sale, pepe e noce moscata.

PER RICETTA
1610 cal., 69 g di proteine, 114 g di grassi (25 sat., 25 pol.)

Ripieno II:

◊ 1 tazza di besciamella
◊ ½ tazza di cheddar britannico o americano o altro formaggio piccante
◊ 1 uovo, sbattuto

Scaldare la besciamella – dev'essere piuttosto densa –, amalgamarvi il formaggio grattugiato e, quando fonde, togliere la salsa dal fuoco. Lasciare raffreddare e incorporare l'uovo sbattuto.

PER RICETTA
1840 cal., 39 g di proteine, 146 g di grassi (35 sat., 33 pol.)

▸ TORTILLA SPAGNOLA
(Spagna)

Negli Stati Uniti, la dicitura *Spanish omelette* si riferisce a una semplice frittata servita con una salsa di pomodoro, cipolla, peperone verde, olive e/o funghi. Si tratta di un piatto talvolta buono ma che non ha nulla a che vedere con la classica tortilla spagnola. Nel corso della nostra prima visita in Spagna, desiderando un pranzo leggero ne ordinammo una, convinti che somigliasse alla frittata americana. Capimmo di avere sbagliato quando il cameriere ci portò un piatto assai sostanzioso di uova, cipolle e patate, l'ingrediente principe. Come abbiamo avuto modo di verificare, si trattava della vera tortilla spagnola, che prevede una grossa patata e un uovo per persona, secondo la regola generale. Le uova si aggiungono per ultime, il composto si cuoce lentamente fino a quando le uova non siasno compatte, e il piatto si mangia caldo o freddo. Una tortilla avanzata costituisce una gradita sorpresa per chi va a rovistare nel frigorifero alla ricerca di qualcosa da mangiare, ed è una componente molto amata dei picnic spagnoli. Ecco la ricetta standard.

PER 4 PERSONE
- ◊ 4 patate, tagliate a fette sottili
- ◊ 2 cipolle
- ◊ olio per friggere
- ◊ 4 uova o 3 uova intere e 1 albume
- ◊ 2 cucchiai di latte
- ◊ sale (il pepe non è previsto)

Friggere le patate e le cipolle nell'olio, preferibilmente in una friggitrice, fino a quando saranno cotte ma non dorate. Scolare bene. Sbattere leggermente le uova con una forchetta, unendo il latte. Aggiungere il composto di patate e cipolle, salare a piacere e amalgamare con cura. Si può cuocere la tortilla in una grande padella, ma è più facile da maneggiare se viene cotta, metà per volta, in un padellino dal diametro di otto pollici. Scegliere, in ogni caso, una padella dai lati inclinati per facilitarne il rovesciamento. Coprire il fondo della padella con un velo di olio (uno o due cucchiai) e porre su una fiamma media. Versare il composto. Mentre questo cuoce, premere con una forchetta per garantire la cottura completa. Quando il fondo sarà cotto, mettere un piatto sopra la padella e girare in modo che la tortilla si rovesci sul piatto, poi farla scivolare nella padella. Cuocere per un paio di minuti, poi girare ancora una volta o due finché le uova saranno cotte completamente. Agli spagnoli piace la tortilla piuttosto compatta.

PER RICETTA

1430 cal., 44 g di proteine, 73 g di grassi (13 sat., 7 pol.)

▸ UOVA CON LE PATATE

(Italia)

PER 6 PERSONE

- 2 libbre di patate
- 1 piccola cipolla, tritata
- ¼ di tazza di olio
- sale, pepe
- ¼ di tazza di acqua
- 4 uova
- 2 cucchiai di latte
- 2 cucchiai di prezzemolo, tritato
- 2 cucchiai di parmigiano, grattugiato

Sbucciare e affettare le patate. In una pentola o una casseruola termoresistente, cuocere la cipolla nell'olio per due o tre minuti, aggiungere le patate, salare e versare l'acqua. Coprire e cuocere su fiamma bassa, poi scoperchiare per permettere al liquido rimasto di evaporare. Sbattere leggermente le uova con una forchetta, aggiungere il latte, il prezzemolo, il formaggio grattugiato, sale e pepe a piacere. Amalgamare bene, versare sopra le patate, rimestare e cuocere come se si stessero preparando le uova strapazzate. Togliere dal fuoco quando le uova avranno raggiunto il grado di cottura che più aggrada e servire immediatamente.

PER RICETTA
1390 cal., 45 g di proteine, 76 g di grassi (14 sat., 7 pol.)

▸ FRITTATA DI ZUCCHINE
(Italia)

PER 4 PERSONE
- 2 cucchiai di olio
- 4-5 zucchine
- 1 cucchiaio di prezzemolo, tritato
- 1 peperone verde, privato dei semi e tritato
- 1 piccolo pomodoro, pelato e tritato
- 4 uova, sbattute bene
- sale, pepe

In una padella, scaldare l'olio e, senza pelarle, rosolare le zucchine. Aggiungere il prezzemolo, il peperone e il pomodoro; cuocere rimestando per un paio di minuti, poi unire le uova. Salare, pepare e cuocere la frittata prima da un lato, poi dall'altro. Farla scivolare su un piatto di servizio preriscaldato e servire subito. Si tratta di un eccellente piatto da prima colazione o da brunch.

PER RICETTA
730 cal., 38 g di proteine, 47 g di grassi (10 sat., 4 pol.)

▸ FIOCCHI DI LATTE E RICOTTA

PER ½ LIBBRA CIRCA

- 1 quarto di latte (intero, al 2 per cento di grasso butirrico, scremato o scremato in polvere ricostituito)
- 2 tavolette di caglio

Se si usa latte in polvere magro, ricostituire secondo le indicazioni del produttore, poi aggiungere altri tre o quattro cucchiai di latte in polvere.

Scaldare iI latte fino a intiepidirlo (è pronto quando un goccio versato sull'interno del polso non dà una sensazione né di caldo né di freddo). Trasferire mezza tazza circa del latte in un altro piatto e sciogliervi la tavolette di caglio. Unire il composto al resto del latte e, girando, amalgamare bene. Lasciare riposare per 15 minuti in modo che si rapprenda, poi rimestare ancora. Fare riposare per altri 10 minuti e anche più, finché l'acqua non sarà salita in superficie. Scolare attraverso un setaccio fine o un doppio strato di garza.

Il formaggio fresco acidulo risultante è buono da mangiare al naturale e può anche essere usato in cucina. La ricotta è preparata con il siero, la parte scolata. Aggiungere un po' di latte, portare a leggero bollore e girare costantemente, eliminando eventuali grumi con un colino foderato con garza.

▶ MALFATTI DI SPINACI
(Italia)

Si chiamano malfatti ma l'ingrediente principale è la ricotta. Ecco perché li includiamo in questo capitolo sui latticini.

PER 4 PERSONE
- 1 libbra di spinaci
- ½ libbra di ricotta
- 1 uovo
- sale, pepe
- noce moscata (facoltativo)
- farina
- 6 cucchiai di margarina morbida
- 3 cucchiai di parmigiano o groviera, grattugiati

Lessare gli spinaci brevemente in una quantità minima di acqua, scolare e passare, o setacciare o tritare finemente. Aggiungere la ricotta, l'uovo, condire con sale e pepe a piacere e, volendo, con un pizzico di noce moscata. Modellare in palline, ognuna grande come una noce. Rotolare le palline nella farina e calare in acqua bollente salata. Quando saranno salite in superficie, togliere con una schiumarola e disporre in una pirofila unta con un cucchiaio di margarina. Cospargere con la margarina rimasta, spolverare con il parmigiano, e cuocere in forno, preriscaldato a 350°F-180°C, per 10 minuti. Servire subito.

PER RICETTA
1140 cal., 64 g di proteine, 100 g di grassi (27 sat., 25 pol.)

CAPITOLO XI
Carni

Vent'anni fa, quando iniziammo il nostro lavoro nell'area mediterranea, la gente comune, dagli operai ai contadini, dai pescatori agli impiegati, mangiava la carne come tale solo una o due volte la settimana. Negli altri giorni non la consumava affatto: solo, al massimo, qualche pezzetto o un po' di salsiccia, usati per insaporire sughi, zuppe o piatti di verdura. La prima impressione, per noi da tempo esposti alla propaganda dell'industria americana della carne, fu che la dieta mediterranea dovesse per forza essere carente di vitamine, specie quando venimmo a sapere che il consumo di pesce era scarso e che il pollo costituiva un piacere raro. Un operaio napoletano che pranzava sul posto di lavoro si accontentava spesso di un'enorme fetta di pane piegata intorno a una quantità quasi uguale di spinaci o altre verdure cotte condite con qualche goccio di olio di oliva. Il pasto era completato da un bel bicchiere di vino e un frutto, per un totale di circa novecento calorie. Scoprimmo che anche in Grecia e in Spagna simili pasti vegetariani erano diffusi a livello di classe operaia.

Scorrendo menù di questo tipo, dietologhi cresciuti con la propaganda stile "carne uguale proteine uguale salute" avrebbero fatto richiamo alla malnutrizione. Eppure noi non riscontrammo alcuna prova di disturbi legati alla deficienza proteica e fummo colpiti ripetutamente dalla forza e dalla resistenza fisica delle persone. Quando poi calcolammo i nutrienti realmente contenuti in questi pasti, risultò che la maggior parte dei mediterranei ne ricavavano un apporto di calorie maggiore rispetto all'americano medio, i cui pasti sono così centrati sulla carne. Le diete mediterranee in questione contenevano grandi quantità di fagioli e altri legumi, molto formaggio, specie quello magro ad alto tenore di proteine, e tanto pane, con il 12-15 per cento di calorie proteiche. Anche le abbondanti verdure fornivano calorie proteiche. Metà delle calorie degli spinaci freschi cotti, infatti, costituiscono proteine. Ma il motivo principale per cui una dieta dominata dalla carne non è realmente ricca di proteine è che la carne stile Usa è più un alimento ad alto contenuto di grassi che di proteine e, nella dieta complessiva, le proteine tendono a essere soffocate dai tanti grassi e zuccheri.

Basta confrontare il pranzo dell'operaio napoletano citato sopra con un pranzo di novecento calorie consumato da un operaio americano. Mettiamo che questi mangi due panini, uno di mortadella, l'altro un hamburger, una fetta di torta di mele e un termos di caffè (due tazze) con panna e zucchero. Il pane è spalmato, naturalmente, con burro o margarina. Meno del 10 per cento delle calorie contenute in questo pranzo americano viene dalle proteine. Difatti, quanto a proteine, è superato dalla colazione vegetariana del napoletano.

Da qualche anno gli abitanti dell'area mediterranea mangiano carne molto più spesso di prima. Attualmente in questi Paesi, come in America, il punto focale del pasto principale della giornata è di solito la carne, o almeno un piatto in cui essa è protagonista: tipo uno stufato, un *cocido*, una *moussaka*, una pastasciutta al ragù. Il pesce fa la sua comparsa in tavola forse un giorno la settimana, ma per il resto il pasto principale è costruito intorno alla carne. Nelle occasioni speciali, il pesce precede la carne oppure si servono tre piatti diversi a base prima di pesce, poi di carne rossa, infine di pollame. Fin qui il rapporto mediterraneo con la carne può sembrare molto simile all'americano. Le somiglianze scompaiono però se teniamo conto delle quantità e delle tipologie consumate.

Negli Stati Uniti, le statistiche nazionali sul cibo indicano che la carne, escluso il pollame, fornisce una media di 530 calorie al giorno, ovvero quasi un quinto di tutte le calorie della dieta. Il dato corrispondente per la Francia è di 440 calorie, mentre per Grecia, Italia e Spagna oscilla tra 140 e 150. Si tratta di medie nazionali ed esistono differenze regionali e demografiche all'interno dei rispettivi Paesi. La quantità complessiva di carne nella dieta della Francia mediterranea non differisce molto da quella della Francia nel suo complesso, ma ci sono diversità legate ai tipi di carne. In confronto con quelli delle altre regioni della Francia, gli abitanti della costa mediterranea mangiano meno carne di maiale e salsicce e una maggiore quantità di vitello e agnello. Le differenze regionali spagnole e italiane sono maggiori: nella Spagna mediterranea, nel Sud Italia e nelle isole si consuma più pesce e meno carne rispetto alle altre zone di questi Paesi. Ciò non rispecchia solo la vicinanza del mare, dipende in parte anche dall'economia. La carne costa più dei piccoli pesci che dominano la cucina marinara della popolazione in generale. Nel Nordovest industriale dell'Italia, la persona media mangia il 60 per cento di carne in più rispetto all'italiano meridionale, ed esiste una differenza analoga per quanto riguarda il reddito medio. È vero che la persona media a Milano mangia meno pesce del suo compatriota napoletano, ma la spesa complessiva del milanese per carne e pesce messi insieme è notevolmente più alta di quella del napoletano.

Il fatto che, in tutti i Paesi del Mediterraneo, il cittadino mangi più carne di quello di campagna, anche all'interno della medesima regione, è spiegato in gran parte dalle differenze economiche. Studi condotti nell'Italia meridionale, per esempio, dimostrano che la dieta dei contadini contiene un numero più alto di calorie ma solo due terzi della carne rispetto a quella di soggetti che lavorano nelle città. Il basso consumo di carne da parte dei contadini è più che compensato da grandi quantità di pane e pasta. A proposito, i contadini sono, in genere, più magri dei cittadini e, nelle zone mediterranee, quelli grassi sono rarissimi. Dal momento che in America è diffusa l'idea che il pane e la pasta ingrassino, eccome, si tratta di un dato rilevante. In Grecia, per quanto riguarda le quantità di carne consumata, le differenze tra città e zone rurali sono più rilevanti di quelle regionali. Sull'isola di Creta, nella città di Heraklion, le famiglie comuni consumano un po' di carne tutti i giorni, ma nelle campagne circostanti i contadini ne mangiano minime quantità solo una o due volte la settimana.

Le carni sono costose e ovunque costituiscono l'elemento principale del budget alimentare. Ma, nello stesso tempo, quando si tratta di scegliere il cibo il costo rappresenta un fattore molto meno determinante negli Stati Uniti che nell'area mediterranea. La maggior parte degli americani spende per la carne somme che i mediterranei considererebbero scandalose. Ma gli americani se lo possono permettere o, convinti da molti anni di propaganda dell'esigenza di includere la carne nella dieta e del concetto che "la carne ti fa bene", così credono. Omologhi degli americani si possono trovare tra i ceti nobili, mettiamo il 5-10 per cento, delle popolazioni dei Paesi mediterranei. Tra loro, la spesa per la carne di molte famiglie uguaglia o addirittura supera quella dell'americano medio. Senza sostenere l'esistenza di causa ed effetto, molti anni fa ci sembrò necessario, nella nostra ricerca di pazienti affetti da patologie coronariche, farci assistere dai medici curanti di persone ricche in quella parte del mondo. Negli Stati Uniti, non c'è nulla di paragonabile al gradiente di consumo di carne mediterraneo a seconda dello status economico.

Come amano affermare molti medici colleghi, quasi tutti gli americani possono permettersi di uccidersi con il troppo mangiare. Si tratta di una situazione che potrebbe svilupparsi anche nel Mediterraneo, dove il consumo pro capite di carne aumenta da vent'anni. E il nostro monitoraggio in corso su migliaia di uomini in Italia e in Grecia dimostra chiaramente che anche il livello di colesterolo nel sangue si sta alzando, mentre gli attacchi cardiaci si fanno meno rari. Ci affrettiamo ad affermare però che il consumo di carne non è l'unico aspetto dello stile di vita che sta cambiando. Aumenta l'impiego di grasso butirrico, la gente fuma di più, l'attività fisica diminuisce.

MANZO E VITELLO

Quella di manzo è ora la carne preferita dagli americani. Oggi il consumo annuale negli Stati Uniti, oltre settantacinque libbre per persona, costituisce più della metà di tutta la carne compresa nella dieta. In precedenza, quella americana aveva un contenuto di maiale più alto ma, attualmente, il maiale rappresenta solo il 40 per cento circa delle carni americane. Il cambio di proporzioni non è dovuto a una riduzione del maiale ma a un aumento del manzo. Il vitello e l'agnello costituiscono, rispettivamente, solo il 5 e il 4 per cento della carne consumata negli Stati Uniti. Parrebbe che gli americani credano alla propaganda caratterizzata da un articolo apparso in una vecchia edizione (1944) dell'*Encyclopædia Britannica*: «Marzo, la carne di mucche adulte consumata come cibo. Contiene la più alta forma di proteine nella forma più appetitosa, stimolante e digeribile» (vol. 3, p. 306). Il fatto è che la carne di manzo costituisce una buona fonte di proteine di alta qualità ma, al riguardo, non è migliore in modo significativo del vitello, del maiale, dell'agnello, del pesce, dell'albume d'uovo, del latte scremato. Occorre notare inoltre che, per come viene mangiato comunemente negli Stati Uniti, il manzo fornisce più grassi che proteine. Il totale delle sostanze commestibili contenute in una carcassa bovina classificata come U. S. Choice (statunitense di prima qualità) è costituito dal 15 per cento circa di proteine, dal 35 per cento di grassi e per il resto da acqua. In termini di apporto nutritivo, ciò significa calorie da grassi che superano di oltre cinque volte quelle da proteine.

Non c'è luogo nell'area mediterranea in cui l'impiego di carne di manzo si avvicini a quello americano. Il livello più alto si registra nella Francia meridionale, dove il consumo pro capite è circa la metà di quello degli Stati Uniti. In Italia, Grecia e Spagna, la quota corrispondente è più vicina a un decimo. Nella dieta statunitense, il rapporto tra manzo e vitello è di dieci a uno circa, in Francia si avvicina a due a uno, mentre, in Italia, Grecia e Spagna si mangia molto più vitello che manzo. Alcuni viaggiatori americani affermerebbero che questi contrasti rispecchiano la qualità relativamente scarsa della maggior parte del manzo mediterraneo ma, in realtà, sono più significativi fattori climatici ed economici. Nell'area mediterranea ci sono pochi pascoli per i bovini, le estati sono molto lunghe e asciutte, ed è costoso nutrire gli animali oltre la prima fase di rapida crescita. La buona zootecnia, misurata in termini del costo di produrre una libbra di carne, consiste nel macellare a un'età molto più giovane rispetto all'uso americano. Sarebbe semplicemente troppo dispendioso portare gli animali alla maturità e all'ingrasso nei *feedlot*, gli appositi recinti. Anche in America, dove i terreni e i mangimi sono relativamente economici, sempre più persone mettono seriamente in dubbio pratiche che alzano tanto il "conto" della carne. E in mancanza di analisi sulla causa di ciò, le casalinghe americane minacciano la rivolta.

Quello che l'abitante del Mediterraneo chiama vitello è più economico e, relativamente, più buono del manzo che trova a disposizione. Inoltre, mentre gli abitanti del Mediterraneo ammirano la tenerezza del buon manzo americano, spesso lamentano che è troppo grasso per i loro gusti e sono inorriditi all'idea di mangiare, un giorno dopo l'altro, bistecche tipo quelle americane. Rifiuterebbero anche il vitello cotto secondo un'unica ricetta tre volte la settimana.

È ora di dire qualcosa sul vitello. La carne di vitelli allevati a latte e macellati a un'età di sei-otto settimane è quasi bianca, estremamente tenera, se non addirittura molle, e contiene pochissimi grassi. Essa è impiegata in cucina, seppure in modo limitato, ma si trova raramente nelle macellerie americane. È reperibile ancora nei negozi mediterranei ma costituisce poco più di una frazione minuscola di quella che viene descritto come carne di vitello nelle statistiche ufficiali. Su entrambe le sponde dell'Atlantico, il vitello è comunemente, e anche a livello legale, un bovino di età tra le dodici e le quattordici settimane. La maggior parte dei vitelli del Mediterraneo sono macellati a un'età molto superiore, quando sono indubbiamente troppo maturi perché la loro carne possa essere etichettata come vitello ma troppo giovani perché possa definirsi manzo. In italiano, questa carne è chiamata vitellone per differenziarla dal vitello vero e proprio. Rispetto al manzo ha un colore più pallido, rosa scuro al massimo, è compatta ma ancora abbastanza tenera e contiene molto meno grassi. È la carne bovina predominante nelle macellerie da Malaga fino ad Atene, e le ricette contenute in questo volume ne prevedono l'impiego come "vitello". Ciononostante, la maggior parte delle ricette può essere adattata benissimo alla carne di animali sia più giovani sia più adulti, anche se l'effetto cambierà di conseguenza.

IL MANZO E IL VITELLO: CLASSIFICHE E TAGLI

Negli Stati Uniti sia il manzo sia il vitello sono classificati, per quanto riguarda la qualità, attraverso un sistema che ne evidenzia il contenuto di grassi. Le categorie Prime, Choice, Good e Standard si riferiscono a carcasse in cui il grasso corrisponde rispettivamente a 41, 35, 28 e 21 per cento del peso delle sostanze commestibili contenute. La quantità di proteine è classificata nel senso opposto, da una percentuale di 13 o 14 per la Prime fino ai 18 della Standard. È curioso che, nonostante tutte le affermazioni sulle virtù delle proteine del manzo, più si paga meno proteine si ottengono. Essendo destinate alle salsicce e ai prodotti lavorati, altre due categorie, Commercial e Utility, raggiungono i mercati al dettaglio solo raramente. La carne classificata come Commercial ha un contenuto piuttosto alto di grassi, intorno al 31 per cento, mentre la Utility, in fondo alla scala di valutazione, è la migliore fonte di proteine di tutte e sei le classificazioni. Ha, infatti, quasi il 19 per cento di proteine e solo il 18 per cento di grassi.

Il vitello è classificato in tre tipi secondo il sistema adottato dal Dipartimento dell'Agricoltura statunitense: fat (grasso), medium (medio) e thin (magro). Nella parte commestibile della carcassa queste categorie presentano un contenuto medio di grasso, rispettivamente, del 19, 14 e 10 per cento. All'incirca quindi il vitello statunitense è grasso la metà del manzo statunitense. Tuttavia, nel caso sia del vitello sia del manzo, per quanto riguarda i grassi esistono grandi differenze tra i vari tagli. La parte edibile di una costata di manzo dalla sesta alla dodicesima costola contiene una media del 37 per cento di grassi, la carne dell'undicesima e della dodicesima costola più del 40 per cento. Per contro, una bistecca tipo bavetta ricavata dallo stesso animale ne ha meno del 6 per cento.

Fatta eccezione per bavetta e girello, i tagli di bistecca più amati sono estremamente grassi. Una bistecca Delmonico classificata solo come Good è costituita per il 28 per cento circa da grassi, mentre le bistecche T-Bone, di lombo e Porterhouse ne contengono più di un terzo, fino al 40 per cento nel caso del manzo classificato come Choice. Altri tagli magri di manzo oltre alla bistecca bavetta comprendono la spalla, il girello e il filetto, molto richiesto per ricavarne il filet mignon. Più grassi, ma ancora sotto la media per i tagli di manzo, sono la coscia e lo scamone. Nel modo in cui è servito comunemente, il filetto di manzo non ha un contenuto di grasso molto basso. Prima di essere arrostito, il filetto intero è quasi sempre lardato in abbondanza, mentre le bistecche filet mignon sono avvolte da bacon e, durante la cottura, unte ripetutamente, di solito con il proprio grasso o con un sugo grasso. Infine, al momento di servirle, sono completate da un'abbondante noce di burro *à la maître d'hôtel.* Vista la magrezza della carne, si tratta di una pratica meno sgradevole di quella barbara, in uso in molti ristoranti americani, per cui anche la bistecca T-Bone o di lombo, già troppo grassa, è servita coronata da una grossa noce di burro.

L'hamburger di manzo ha causato molte critiche per via di una serie di accertamenti – e sequestri – effettuati in parecchie città americane. Infatti, sono stati ritrovati in alcune macellerie newyorchesi campioni costituiti per il 70-80-90 per cento di grasso. In alcune città è stato decretato il divieto di etichettare come hamburger una polpetta di carne macinata il cui peso è costituito da più un terzo di grasso. Quello che viene considerato un hamburger normale contiene una media di poco più del 10 per cento di grassi.

Le informazioni elencate sopra sui grassi contenuti nei diversi tagli si riferiscono a carne macellata nel modo consueto e venduta al dettaglio negli Stati Uniti. L'attenta dissezione è in grado di rimuovere una grande quantità di grassi dalla maggior parte dei tagli, ma si tratta di un'operazione che il macellaio non è disposto a eseguire e non è pratico provarla in casa solo per eliminare forse la metà di quello che sarebbe capace di eliminare un chirurgo. Un'idea delle possibilità teoriche è data dal fatto che circa due terzi del grasso contenuto nei tagli di manzo tipo Choice per bistecche e costate possono essere ritagliati con abilità e pazienza. Così facendo, purtroppo, il resto, il magro separabile, verrebbe un po' rovinato.

Anche la quantità di grasso contenuto nel vitello varia a seconda del taglio, ma la gamma di possibili variazioni è minore rispetto a quella del manzo. Il grasso contenuto nel girello e nella coscia va dal 6 per cento circa in una carcassa magra al 12 per cento in una carcassa grassa. Le cifre corrispondenti per la parte commestibile della costata sono rispettivamente 9 e 19 per cento. Ma la noce e il petto di vitello sono notevolmente grassi e, nel caso di animali classificati come "mediamente grassi", hanno dal 25 al 30 per cento di grasso. È difficile ritagliare una grossa quantità di grasso dalla noce e dal petto, ma gran parte si scioglierà durante le lunghe cotture alla griglia o al forno.

MAIALE

I viaggiatori che visitano il Mediterraneo solo nell'alta stagione, da maggio alla fine di settembre, ripartiranno con l'impressione che la carne di maiale sia relativamente poco comune da quelle parti. Spesso non si trova nemmeno nei menù dei ristoranti, se non sotto forma di prosciutto e non come piatto principale. In realtà, il maiale contribuisce in modo sostanziale al consumo totale di carne ma è mangiato soprattutto nei mesi più freddi dell'anno. È convinzione diffusa che "non fa bene" mangiare la carne di maiale nei mesi caldi, convinzione che si sposa bene con il calendario favorito dagli allevatori per quanto riguarda la riproduzione e l'alimentazione degli animali. Dal punto di vista economico, infatti, è conveniente macellare in autunno e inverno i maiali nati in primavera.

L'uccisione del maiale nei paesi di campagna è una sorta di festa rituale alla quale partecipano molte persone. Sotto i colpi dei coltelli dei macellai, le varie parti dell'animale vengono distribuite per i diversi impieghi (diversi tipi di salsicce, parti destinate all'affumicatura, tagli freschi adatti alla cottura alla griglia o al forno oppure alla lessatura) e le operazioni di affettatura, taglio e macinatura avvengono in un clima di grande allegria. Grossi calderoni sono sistemati sopra fuochi a legna per cuocere la carne per le salsicce e per fondere il lardo. Finito il lavoro più duro, la famiglia e gli amici si divertono a mangiare: un banchetto a base di maiale – accompagnato da molte altre delizie, compreso vino in abbondanza –, durante il quale la carne è portata, piatto per piatto, dalla griglia all'aria aperta direttamente alla tavola.

Nell'area mediterranea, i più grandi acquirenti di carne di maiale sono i francesi ma il loro consumo pro capite equivale a solo tre quarti circa della media americana. In Italia e in Spagna, il maiale è meno diffuso ma, cionondimeno, costituisce un quinto di tutta la carne contenuta nella dieta, pollame compreso. La maggior parte del territorio greco non è adatta all'allevamento dei maiali e la carne suina, seppure amata, costituisce solo un settimo circa di quella consumata. In tutti questi Paesi, molte parti del maiale sono destinate alla produzione di salsicce e salumi affumicati, ma non mancano né ricette né apprezzamento per la carne fresca come punto focale della cena. In occasione delle ricorrenze festive, il maialino da latte arrostito è molto gradito, specie quando è talmente piccolo da poter essere servito a tavola intero e consumato tutto, pelle, ossa e quant'altro, da un gruppo di quattro o sei persone. In alcuni ristoranti spagnoli, per mostrare la tenerezza delle carni, i camerieri trinciano il maiale a tavola con un piatto anziché con un coltello. Una specialità delle campagne romane e dell'Abruzzo, in Italia, è la porchetta, in origine un maialino da latte, ora di solito un suino pesante da cinquanta a quasi cento libbre, farcito con erbe aromatiche e arrostito intero su carboni di legna dura. Nella regione italiana delle Marche maiali da duecento libbre sono arrostiti interi per fare la porchetta, che poi viene affettata su ordinazione presso le taverne e le bancarelle per strada, specie in autunno in occasione delle fiere di campagna.

GRASSO DI MAIALE

Gli abitanti del Mediterraneo mangiano una buona quantità di carne di maiale, ma in quale misura è lecito includere ricette a base di maiale in questo libro? In America, il maiale ha la fama popolare di essere a contenuto talmente alto di grasso da risultare immangiabile per le persone preoccupate per le calorie, per il colesterolo nel sangue o per l'indurimento delle arterie e per chiunque soffra di disturbi alla cistifellea, al fegato e di altra natura causati dal grasso contenuto nella dieta. Ma il maiale non è necessariamente grasso.

Molti anni fa, in Danimarca, avemmo il privilegio di assistere al lavoro di un brillante biochimico che si era posto l'obiettivo scientifico di creare un suino migliore, più sano e dalla carne più salubre. Imparò a produrre maiali assolutamente uniformi, privi delle malattie che spesso affliggono questi animali, maiali che erano veramente magri, dalla carne tenera. Il risultato fu un successo commerciale grazie al quale presto tutti gli allevatori di maiali della Danimarca seguirono l'esempio e il vecchio tipo di grande maiale grasso divenne quasi invendibile in quel Paese. Gli allevatori americani furono lenti ad afferrare l'idea e anche ora solo raramente si dimostrano all'altezza degli "scientifici" danesi, ma il maiale magro è sempre più reperibile negli Stati Uniti. È vero, riesce a spuntare prezzi elevati ma, in termini di valori nutrizionali, vale più del costo aggiuntivo per libbra. Il migliore non solo è relativamente magro: gran parte del grasso è sulla carne, non all'interno di essa, quindi è relativamente facile da ritagliare.

Selezionata e spuntata correttamente, la carne di maiale non solo è magra come quella di manzo se non di più, ma possiede anche un altro vantaggio. Il grasso di manzo è saturo per il 50 per cento circa, solo il 2 per cento circa è polinsaturo. Dal momento che dipende molto di più dai mangimi consumati dall'animale, la composizione del grasso di maiale è più variabile rispetto a quella di manzo. Ma in media solo poco più di un terzo del grasso di maiale è saturo e contiene quattro volte i polinsaturi del grasso di manzo.

Un'altra idea diffusa sul maiale in America è che sia "duro da digerire". È vero, alcune persone sono soggette a indigestione quando mangiano carne di maiale grassa, ma risulta da una serie di esperimenti che le stesse persone patiscono disturbi analoghi anche quando assumono altri tipi di carne grassa. Nei casi di maiale e di manzo, sono affascinanti le differenze locali in fatto di mitologia alimentare. Non molto tempo fa i medici inglesi consigliavano a pazienti affetti da "disturbi di pancia" di mangiare manzo, mai maiale. Nello stesso tempo, il consiglio medico in Danimarca era di mangiare maiale, mai manzo. È interessante notare che in Scandinavia, dove la qualità della pratica medica è senza pari, i pediatri consigliano quella di maiale come la prima carne per i bambini.

Di solito, le persone che si preoccupano per la quantità di grassi contenuta nella propria dieta non solo vengono avvertite sui pericoli del maiale; viene detto loro addirittura che non devono mai concedersi il lusso di salsicce, bacon o costine. Ma qual è la verità? Alcune salsicce di maiale sono costituite praticamente da grasso con solo pochi pezzi di carne, ma una salsiccia di buona qualità contiene meno grasso della mortadella. Non si tratta di un grande consiglio (la materia solida della comune mortadella americana è costituita per due terzi da grasso), ma occorre tener conto del fatto che, quando si frigge una salsiccia di maiale, gran parte del grasso fuoriesce durante la cottura e può essere scartata. È consigliabile punzecchiare le salsicce prima di friggerle per permettere al grasso di fuoruscire. Per togliere la maggior parte del grasso senza rendere la salsiccia troppo dura, conviene friggerla (punzecchiata se insaccata) finché sarà cotta, rimuoverla dalla padella, asciugarla su carta da cucina, eliminare il grasso dalla padella, pulire il fondo sempre con un po' di carta da cucina, rimettere la salsiccia nella padella e, infine, cuocerla ancora brevemente in un cucchiaio o due di olio vegetale. Il risultato è una salsiccia di maiale classificabile come carne a basso contenuto di grasso saturo. In altre parole, il consumo occasionale e moderato di un po' di salsiccia di maiale non costituisce una grande trasgressione all'interno di una dieta che prevede quantità limitate di grassi saturi.

Per quanto riguarda il bacon, siamo d'accordo che quello tipico striato americano è ammissibile solo se fritto fino a quando non diventi croccante e asciugato bene su carta da cucina prima di essere servito. Una soluzione migliore è usare il bacon canadese o britannico tipo gammon, naturalmente ritagliando il grasso visibile e togliendo quello che fuoriesce in fase di cottura. Per quanto riguarda le costine di maiale, invece, non ci sono soluzioni facili. Non sono affatto consigliabili, anche quando la pubblicità le definisce "carnose" sono semplicemente troppo grasse. A ogni modo, né le costine né il bacon striato all'americana fanno parte della tradizione mediterranea.

PROSCIUTTO

Oggi il prosciutto costituisce una parte sostanziale del totale della carne di maiale consumato negli Stati Uniti. Per quanto riguarda il contenuto di grasso, varia tanto che è impossibile generalizzare. Quello tradizionale stagionato americano *country style* tende a essere il tipo più grasso, ma talvolta gran parte del grasso è contenuta in un solo strato ed è quindi facilmente ritagliabile. Il popolare prosciutto commerciale, classificato come mediamente grasso o magro, non si dimostra molto grasso quando è ben arrostito e il grasso visibile viene spuntato. Consumato in questo modo, due terzi delle calorie complessive sono forniti dalle proteine e solo un terzo dal grasso. Si tratta di una proporzione piuttosto ragionevole per una carne. La maggior parte dei prosciutti in scatola tende a essere abbastanza magra ma, se è servita semplicemente riscaldata, il grasso rimane all'interno della carne e quello che troviamo nel piatto è troppo. Occorre cuocerli al forno o sul fornello per il tempo necessario a far uscire gran parte del grasso prima di servirli.

Il prosciutto conservato è molto apprezzato nell'area mediterranea ma è assai diverso da quello americano (o britannico) e non è mai arrostito o consumato in grandi porzioni. Generalmente molto magro, pressato e asciugato al punto che, guardato di lato, sembra paragonabile per grandezza a uno americano, si rivela spesso solo tre pollici. Ciò è vero, per esempio, per quello che per noi è il migliore di tutti, il giustamente famoso – e costoso – prosciutto di Parma italiano, prodotto nella città di Parma e dintorni, noti anche per il formaggio. Ma prosciutti eccellenti si trovano in molti luoghi in Italia e un altro quasi allo stesso livello è lo jamón serrano spagnolo. Estremamente magri e compatti, sono così pieni di sapore da essere serviti, di solito, tagliati a fettine sottili come fogli di carta e consumati con l'aperitivo o accompagnati dal melone, o impiegati in piccole quantità in ricette che prevedono altri cibi come ingredienti principali.

Tutto sommato, il maiale ha molto per essere raccomandato. Ma occorre sottolineare tre punti. Comprate solo maiale magro, preferibilmente carne di animali giovani o piccoli. In cucina e a tavola togliete il grasso in eccesso. Infine, mangiatene con moderazione. E notate che le stesse regole valgono anche per il manzo.

SALSICCE

Le salsicce piacciono, in genere, in tutti i Paesi del Mediterraneo, ma i tipi blandi così diffusi in America e nell'Europa centrosettentrionale – *frankfurter* e *wiener* – si trovano solo presso negozi e ristoranti che vanno incontro alle esigenze degli stranieri, gli stessi locali che pubblicizzano gli hamburger stile Usa. Di solito le salsicce mediterranee sono molto più saporite e concentrate. Ciò rispecchia il fatto che si evolsero in un clima più caldo che richiedeva, prima dell'avvento della refrigerazione, conservanti più potenti, più spezie, più sale, più disidratazione. Si producono anche salsicce da impiegare senza conservazione, specie d'inverno. La salsiccia di maiale fresca, simile a quella venduta nelle macellerie americane, è preparata a livello locale nel periodo dell'uccisione dei maiali, tra gennaio e febbraio. Come il suo omologo americano, è talmente grassa da essere improponibile per chiunque sia preoccupato per la presenza di grassi saturi nella propria dieta. Il meglio che si può dire di essa è che, fritta e asciugata su carta da cucina, non è peggio (più grassa, cioè) dell'hamburger come viene servito di solito negli Stati Uniti.

Esistono innumerevoli varietà di salsiccia nel Mediterraneo, ma la maggior parte è raramente reperibile lontano dal luogo di origine. Consideriamo il salame come la più nota salsiccia dura italiana, ma in Italia ce ne sono molte versioni, essendo quelle di Genova e di Napoli solo due tra le meglio conosciute. In Spagna, tutte le diverse varietà di *chorizo* sono prodotte con maiale cotto, pancetta grassa cruda, aglio, paprica, sale e abbondante pepe, ma il sapore e persino la dimensione variano da luogo a luogo. A proposito di questo ma anche di altri aspetti, gli spagnoli amano dire che «esistono molte Spagne».

I puristi della gastronomia deplorano il fatto che solo pochi tipi di salsicce mediterranee siano diffusamente disponibili negli Stati Uniti, ma ciò non pone un limite particolare alla cucina mediterranea. Il salame stile italiano, di Bologna (mortadella), il *pepperoni* (salsiccia pepata di maiale e manzo) e i salsicciotti speziati sono in commercio in tutte le città americane di una certa grandezza. Sono più difficilmente reperibili i *chorizo* dall'autentico sapore spagnolo, ma si trovano ovunque viva una grande comunità ispanica. Non è difficile, infine, fare le salsicce in casa, ed è divertente organizzare feste per prepararle, cuocerle e mangiarle insieme. La salsiccia casalinga non deve necessariamente essere grassa come la varietà commerciale e si può insaporire secondo i propri gusti. Oltre al sale e al pepe, essenziali in ogni caso, si possono aggiungere altri ingredienti a piacere: aglio, paprica, pepe di Caienna, semi di finocchio, timo e così via. Il prodotto finale forse non sarà uguale alla tipica salsiccia mediterranea ma l'idea, nell'insieme, potrà adattarsi bene ai gusti americani.

La carne di maiale è la più impiegata nella maggior parte delle salsicce mediterranee, ma per alcuni tipi si adottano anche il vitello o miscugli di maiale e vitello. I sanguinacci sono piuttosto diffusi in Spagna, ma sono relativamente rari altrove. Alle salsicce da mangiare fresche o conservare in frigorifero è normale aggiungere un cucchiaino di sale e un cucchiaio di pepe per libbra di carne ma, se si preferisce un gusto meno piccante, si può ridurre la quantità di pepe. Alle salsicce destinate a una lunga conservazione a temperatura ambiente va addizionata una maggiore quantità di sale, anche un terzo di libbra per libbra di carne. Dosi di pepe più generose aiutano la conservazione: più si incorporano pepe, paprica e altre spezie piccanti, meno c'è bisogno di sale. Le salsicce conservate attraverso l'affumicatura o l'asciugatura all'aria devono contenere una certa quantità di grasso per mantenere una consistenza accettabile e la giusta masticabilità. Gli oli vegetali e i nuovi tipi di margarina non sono adatti allo scopo, perché irrancidiscono. E così torniamo al grasso. Non vietiamo le salsicce ma consumiamole con la massima parsimonia. Esattamente come si usa nel Mediterraneo.

FRATTAGLIE

La carne come tale consiste in muscolo scheletrico assieme al grasso e ai tessuti connettivi. Negli Stati Uniti, le altri parti commestibili dell'animale sono vendute sotto l'etichetta eufemistica *variety meats*, carni speciali. In altre parti del mondo anglofono sopravvive il vecchio nome, *offal* (frattaglie), talvolta sostituito da un'altra parola repellente, *innards* (budella). A molti americani non piace l'idea delle frattaglie comunque, a prescindere dal nome che si dà loro. Pochi mediterranei sono così schizzinosi e il fatto è che, sottoposte a un "processo equo", almeno alcune frattaglie piaceranno, eccome, quasi a chiunque non sia prigioniero inerme di pregiudizi illogici. In cima alla lista delle più accettabili ci sono la lingua, il cuore e il fegato. Il sapore delicato delle animelle è assai apprezzato da molti – coloro che se le possono permettere – e il sapore molto più forte dei rognoni non è senza sostenitori anche negli Stati Uniti.

Considerato che queste frattaglie, assieme al cervello, alla trippa, agli zampini e alle orecchie di maiale, sono relativamente diffuse nelle cucine mediterranee, che cosa si può dire pro o contro per quanto riguarda l'alimentazione di persone preoccupate per il colesterolo nel sangue, l'indurimento delle arterie e gli attacchi cardiaci? Il cervello è così carico di colesterolo preformato che non è affatto consigliabile. Le animelle sono meno evidentemente dannose ma dovrebbero costituire, al massimo, un piacere solo occasionale per persone che hanno per natura un basso livello di colesterolo nel sangue. Il fegato e i rognoni contengono un livello molto più basso di colesterolo, ma comunque due o tre volte più alto del normale muscolo. Tuttavia, l'effetto di questa differenza sul sangue non è tale da permettere a un soggetto di mangiare la carne di manzo senza poter consumare anche piccole porzioni di fegato o di rognone. Occorre notare che il grasso del fegato è meno saturo di quello del muscolo e che sia nel fegato sia nel rognone la proporzione tra proteine e grasso è migliore che nella maggior parte dei tagli di carne. A favore del fegato e del rognone, infine, è il fatto che la quantità contenuta in una porzione ragionevole è forse la metà di quella di una porzione normale di muscolo. A nostro avviso, quindi, piccole porzioni di fegato e di rognone o piatti che prevedono la presenza di queste frattaglie sono ammessi, fatta eccezione per le persone che soffrono veramente di disturbi metabolici insoliti.

La lingua e il cuore non creano dubbi del genere. Questi organi sono in realtà muscoli composti praticamente dello stesso tipo di tessuti delle normali carni. Non solo, il rapporto tra proteine e grasso è molto più favorevole nel cuore e nella lingua di vitello che nei consueti tagli di manzo. Il colesterolo preformato è un po' più alto nel cuore che nella carne magra ma, per il modo in cui viene consumato abitualmente, il cuore è preferibile a una bistecca. Così, semmai, nella dieta la lingua e il cuore destano meno preoccupazioni di altri tagli di manzo, maiale o agnello. Ma "meno preoccupazioni" non significa "nessuna preoccupazione". Per quanto riguarda la carne *in generale*, la regola dovrebbe essere la moderazione. E questa è la pratica abituale degli abitanti comuni dell'area mediterranea.

Ora, infine, meritano una breve menzione le frattaglie meno usuali. La trippa raramente si trova fresca nelle macellerie americane ma è talvolta reperibile surgelata, mentre si può acquistare in scatola a prezzi esorbitanti nelle gastronomie di lusso. È molto più diffusa nel mondo mediterraneo ma non costituisce affatto un elemento significativo della cucina di alcun Paese. Mangiatela se vi piace: se non è affogata in una salsa eccessivamente burrosa, non è motivo di preoccupazione per chi vuol tenere sotto controllo il colesterolo. Nemmeno gli zampini e le orecchie di maiale creano problemi, solo che sono difficili da trovare nelle macellerie americane. E, pur se venduti da tutte le salumerie del Mediterraneo, all'interno della dieta sono elementi relativamente rari e irrilevanti. A occhio, sono previsti da ricette in Spagna più che altrove.

LA COTTURE DELLA CARNE

Non c'è un modo "migliore" per cuocerla: dipende tutto dal tipo e dalla qualità della carne e dall'effetto culinario desiderato. C'è chi la ama molto ben cotta, altri sostengono che il sapore è rovinato da una cottura eccessiva, più di quella necessaria per renderla tenera in modo accettabile. Si tratta di preferenze personali, slegate per la maggior parte dal valore nutrizionale del prodotto finale. Abbiamo inserito il termine qualificativo "per la maggior parte" per due motivi. Primo, la carne molto dura può essere resistente alla digestione, a meno che le fibre non siano state ammorbidite attraverso una cottura prolungata o un processo di marinatura. Secondo, il grasso si perde con la cottura e il risultato dal punto di vista nutrizionale dipende da come lo si usa.

Alcune ricette mediterranee di carne iniziano con la preparazione di una marinata in cui la carne rimane immersa per ore prima della cottura. Una ragione ovvia di tale procedimento è aggiungere ulteriori sapori all'alimento, ma alcune marinate hanno anche l'effetto di renderlo molto più tenero. In America sono in commercio martelletti appositi per ammorbidire la carne, ma questi attrezzi sono praticamente sconosciuti nell'area mediterranea, dove la gente diffida delle innovazioni in cucina, specie se sanno di "chimica" o di artificialità. Il succo di limone e l'aceto, ingredienti comuni delle marinate, hanno un qualche effetto tenerizzante, il succo di cetriolo dà un risultato più potente.

Né la marinatura né la cottura hanno conseguenze particolari su quantità e qualità delle proteine, ma il metodo di cottura influisce sui grassi e sulle calorie. Nella cucina casalinga una quantità notevole dei grassi si perde con la cottura. La carne cotta servita assieme al grasso, sia così com'è sia come componente di un sugo o una salsa, ha un contenuto di grassi e calorie alto come quello della cruda, ma se il grasso è scartato si possono ridurre in modo cospicuo grassi e calorie. Più grassa è la carne e più lunga la cottura, più grande è la quantità di grasso che si scioglie. Quando un taglio di manzo magro ben ritagliato viene cotto al forno perde il 10 per cento circa di grassi, mentre uno grasso che non sia stato spuntato ne perderà un terzo e anche più. La massima riduzione dei grassi si ottiene arrostendo la carne molto lentamente su una griglia nel forno.

Il calo di grassi durante la cottura ai ferri è solitamente minore rispetto a quella in forno, in quanto il forte calore della griglia tende a sigillare la superficie della carne, impedendo la fuoruscita di grassi dalla parte interna. Inoltre, le persone che amano la carne ai ferri tendono a preferirla relativamente poco cotta, per cui nella loro bistecca si perdono pochi grassi. Il metodo più efficace per ridurre il grasso nella carne è la bollitura. Per eliminare la massima quantità di grassi, fate bollire la carne e lasciate raffreddare il liquido di cottura in frigorifero: sulla superficie si formerà uno strato di solido grasso bianco, facilmente eliminabile. Quando la carne è cotta direttamente in stufati o umidi, i grassi si sciolgono ma rimangono all'interno del piatto. La bollitura preliminare può servire a eliminare grassi in eccesso dalla carne destinata allo stufato o all'umido. Non scartate il liquido, però: una volta raffreddato, eliminando lo strato di grasso diventa un ottimo brodo, che si può aggiungere allo stufato oppure usare per una minestra.

Anche la frittura scioglie i grassi della carne, ma l'effetto sul piatto finale dipende dal grasso o olio impiegato e dall'uso che si fa di quello rimasto in padella. Se si utilizza un olio vegetale o una margarina morbida e la maggior parte del grasso della padella è scartata, si riduce di molto la quantità di grassi saturi nel piatto. In ogni caso, più magra è la carne, meno saranno i grassi saturi che arriveranno in tavola.

▸ FARSUMAGRO

(Rolata di carne alla siciliana, Italia)

PER 4-6 PERSONE

- 1 fetta (1 libbra) di vitello o manzo magro (fesa o noce) spessa ½-⅓ di pollice
- 5 fette di pane, sbriciolate
- 2 uova
- 2 cucchiai di prezzemolo, tritato
- 2 cucchiai di parmigiano, grattugiato
- sale, pepe
- 1 luganega, cotta e tagliata a pezzettini
- 2 once di scamorza, grattugiata grossolanamente
- ¼ di tazza di olio vegetale
- 2 cipolle
- 1 spicchio di aglio, tritato
- 1 foglia di alloro
- 1 tazza di vino rosso secco
- 1 scatola (1 libbra e 12 once) di pomodori pelati tondi

Ritagliare dalla carne il grasso in eccesso e batterla per appiattirla e renderla tenera. Mescolare il pane sbriciolato, le uova, il prezzemolo, il parmigiano, sale, pepe e spalmare il composto sulla carne. Punteggiare con pezzetti di salsiccia e scamorza (è un formaggio vaccino a pasta filata, spesso affumicato, tradizionale del Meridione peninsulare italiano), arrotolare e legare con spago da cucina. In una padella o casseruola termoresistente scaldare l'olio. Rosolare la carne su ogni lato, poi trasferirla in un piatto. Nella padella versare le cipolle, l'aglio, la foglia di alloro, il vino e i pelati. Salare a piacere e riportare la rolata nella padella. Coprire prima con carta di alluminio, poi con un coperchio; cuocere in forno a una temperatura di 325°F-160°C per un'ora e mezza, aggiungendo altro liquido se necessario.

PER RICETTA
2190 cal., 160 g di proteine, 134 g di grassi (41 sat., 28 pol.)

▸ STUFATO DI CARNE E CIPOLLE
(Stifado, Grecia)

Questo piatto robusto è facile da preparare, anche se in Grecia ci hanno raccontato che è difficile ottenere il giusto grado di condimento. Noi vi consigliamo di seguire i vostri gusti. Alcuni cuochi sostituiscono una parte dell'acqua con vino rosso secco, altri aggiungono cumino o un bastoncino di cannella, altri ancora, negli ultimi cinque minuti di cottura, noci macinate. Bocconcini di lepre o di coniglio possono essere usati al posto del manzo o vitello.

Come tutti gli stufati di carne, è consigliabile preparare lo *stifado* un giorno (o almeno parecchie ore) prima di servirlo. In questo caso, si conserva in frigorifero, si scarta il grasso solidificato e si riscalda.

PER 6-8 PERSONE

- ◇ 2 libbre di carne magra di manzo o vitello, tagliata in cubetti di 1 pollice
- ◇ 4 cucchiai di olio
- ◇ ½ scatola (6 once) di concentrato di pomodoro
- ◇ 1 spicchio di aglio (e anche di più), tritato
- ◇ 1 foglia di alloro
- ◇ 1 cucchiaio di aceto di vino
- ◇ sale, pepe
- ◇ 2 libbre di piccole cipolle bianche

In una casseruola normale o in ghisa ininfiammabile, rosolare la carne nell'olio. Aggiungere tutti gli altri ingredienti, tranne le cipolle, e acqua sufficiente a coprire la carne. Incoperchiare e fare sobbollire fino a quando la carne inizierà a diventare tenera (ci vorrà un'ora circa). Lasciare raffreddare in frigorifero e scartare il grasso solidificato. Circa un'ora prima di servire, scaldare lo stufato, aggiungere le cipolle e fare sobbollire finché queste saranno diventate morbide, ma restando intere.

PER RICETTA

2200 cal., 34 g di proteine, 110 g di grassi (43 sat., 6 pol.)

▸ FOGLIE DI VITE[1] RIPIENE DI CARNE
(Dolmades o dolmathes[2], Grecia)
CON SALSA ALL'UOVO E LIMONE
(Avgolemono, Grecia)

PER 4 PERSONE

- ◊ 1 scatola o 1 vasetto (11 once) di foglie di vite
- ◊ 1 libbra di carne magra, macinata
- ◊ ½ tazza di riso
- ◊ 2 cucchiai di prezzemolo, tritato
- ◊ 6 foglioline di menta fresca o 1 cucchiaino di menta secca
- ◊ 1 cipolla, tritata
- ◊ 1 tazza di acqua
- ◊ sale, pepe
- ◊ 1 dado da brodo di carne

Lavare le foglie di vite, sbollentarle in acqua bollente, lavarle ancora e scolarle. Amalgamare la carne, il riso, il prezzemolo, la menta, la cipolla e un quarto di tazza di acqua. Condire con sale e pepe. Porre un cucchiaio abbondante del composto su ogni foglia di vite (se queste sono piccole, usarne due) e avvolgere per formare un piccolo fagotto (che non deve essere troppo stretto poiché il riso si gonfierà durante la cottura). Foderare il fondo di una pentola o di una casseruola termoresistente con altre foglie di vite o con carta di alluminio, oppure mettere un piatto sul fondo. Disporre i fagottini, vicini tra loro, sull'alluminio o sul piatto e coprire con un altro piatto per evitare che si srotolino. Sciogliere il dado in acqua sufficiente a coprire le *dolmades* e il piatto superiore, incoperchiare e fare sobbollire lentamente per un'ora e mezza o due ore.

PER RICETTA

1300 cal., 98 g di proteine, 54 g di grassi (28 sat., 1 pol.)

1. In assenza di foglie di vite, si possono usare foglie di cavolo.
2. La lettera Δ è trascritta talvolta come "d", talaltra come "th". La pronuncia è a metà tra le due.

La ricetta dell'*avgolemono* è presentata nel capitolo dedicato alle salse, ma la proponiamo anche qui in quanto per questo piatto è prevista una preparazione leggermente diversa.

- 1 tazza del brodo di cottura delle *dolmades*
- 1 cucchiaio di farina
- ¼ di tazza di acqua
- 1 uovo
- il succo di 1 limone

Versare in un pentolino la tazza del brodo di cottura delle *dolmades*. Mescolare la farina con l'acqua fredda, incorporare al brodo e cuocere, rimestando continuamente, fino a bollore. Sbattere bene le uova con il succo di limone e aggiungerle, fuori dal fuoco, al brodo addensato, un cucchiaio alla volta, continuando a rimestare. Quando tutti gli ingredienti sono ben amalgamati, riportare la salsa brevemente sulla fiamma molto bassa, continuando a sbattere fino a quando le uova saranno cotte. Non permettere alla salsa di bollire.

PER RICETTA
122 cal., 8 g di proteine, 6 g di grassi (2 sat., 1 pol.)

Disporre le *dolmades* su un piatto da portata riscaldato, versarvi la salsa e servire immediatamente.

▸ INVOLTINI DI MANZO – ALLODOLE SENZA TESTA
(Alouettes sans tête, Francia)

PER 4 PERSONE

- ◊ 1 pezzo di girello di manzo, tagliato a fettine
- ◊ 1 oncia di prosciutto cotto magro
- ◊ 4 filetti di acciuga
- ◊ 3 spicchi di aglio
- ◊ ¼ di tazza di prezzemolo, tritato
- ◊ sale, pepe
- ◊ 2 carote
- ◊ 2 cipolle
- ◊ 2 cucchiai di olio
- ◊ ½ tazza di acqua
- ◊ ½ tazza di vino bianco secco
- ◊ 1 cucchiaio di concentrato di pomodoro
- ◊ 1 foglia di alloro
- ◊ 1 pizzico di timo

Tagliare la carne in rettangoli di due pollici per quattro. Mettere da parte i ritagli che, macinati, serviranno per il ripieno. Tritare finemente il prosciutto, le acciughe, l'aglio, il prezzemolo. Salare, pepare e amalgamare bene. Porre un cucchiaio del composto su ogni rettangolo di carne, arrotolare e fissare con stecchini. Tritare le carote e le cipolle, quindi metterle in una casseruola termoresistente o in una pentola con l'olio e gli involtini. Incoperchiare e cuocere su fiamma bassa per 20 minuti, poi aggiungere l'acqua, il vino, il concentrato di pomodoro, la foglia di alloro, il timo e altro sale, se necessario. Fare sobbollire, coperto, per un'altra ora.

PER RICETTA

1350 cal., 104 di proteine, 87 g di grassi (34 sat., 3 pol.)

▶ AGNELLO ALL'AGLIO ALLA CATALANA

(Anyell amb all o Espatilla d'anyell guisada, Catalogna, Spagna; Mouton en pistache, Francia sudoccidentale)

La passione per l'aglio delle popolazioni di lingua catalana si rispecchia in questo piatto: nel prepararlo i cuochi locali spesso impiegano ben 50 spicchi di aglio per spalla di agnello. La coscia, più magra, può essere usata al posto della spalla. Come grasso di cottura, la tradizione classica quello d'oca, talvolta lo strutto, ma qui indichiamo margarina morbida. In Catalogna si adopera lo stesso metodo di cottura, *en pistache*, anche per il piccione e la pernice.
È consigliabile preparare il piatto un giorno prima di servirlo.

PER 8-10 PERSONE

- ◇ 1 spalla di agnello (3 libbre), disossata
- ◇ 2 cucchiai di margarina morbida
- ◇ 1 fetta spessa (½ libbra) di prosciutto crudo magro non affumicato
- ◇ 1 grossa cipolla, affettata
- ◇ 1 grossa carota, affettata
- ◇ 2 cucchiai di farina o ¼ di tazza di pangrattato
- ◇ 1 bicchiere di vino bianco
- ◇ 2 tazze di brodo o consommé di manzo
- ◇ 12 spicchi di aglio medi, con la tunica
- ◇ 2 ciuffetti di prezzemolo, oppure qualche fogliolina di basilico o 1 pizzico di basilico in polvere
- ◇ 1 foglia di alloro, 1 pezzetto di scorza di arancia essiccata
- ◇ sale

Ritagliare il grasso esterno dall'agnello, arrotolare e legare. In una casseruola scaldare la margarina, poi aggiungere la carne, il prosciutto, la cipolla e la carota; coprire e cuocere lentamente per un quarto d'ora. Togliere la carne, scolare metà del grasso (cosa che i catalani non fanno) e rosolare la farina o il pangrattato in quello rimasto. Tagliare il prosciutto a dadini e rimetterlo nella casseruola assieme all'agnello, aggiungendo il vino, il brodo o il consommé, l'aglio, il prezzemolo o il basilico, l'alloro, la scorza di arancia e il sale. Coprire e cuocere lentamente per un'ora o fino a quando la carne sarà tenera. Fare raffreddare in frigorifero, scartare il grasso che si sarà formato in superficie (altra cosa che i catalani non fanno), poi riscaldare. Per servire, togliere l'agnello, slegarlo, porlo su un piatto da portata e versarvi il contenuto della casseruola.

PER RICETTA

3610 cal., 280 g di proteine, 260 g di grassi (131 sat., 14 pol.)
I calcoli prevedono l'eliminazione del grasso che si forma in superficie. Ciononostante, il contenuto di acidi grassi saturi è ancora piuttosto alto.

▶ STUFATO DI AGNELLO

(Arni Kapana, Grecia)

È consigliabile preparare questa ricetta in due fasi. Il primo giorno, cuocere la carne con tutti i condimenti, poi lasciare riposare in frigorifero per tutta la notte. Eliminare il grasso che si sarà formato in superficie e aggiungere gli altri ingredienti. Si tratta di un accorgimento nostro, non del metodo greco.

PER 3-4 PERSONE

- 1 libbra di spalla o coscia di agnello, magra
- 2 cucchiai di olio vegetale
- 2 cipolle, tritate
- 1 spicchio di aglio, tritato
- 2 cucchiai di prezzemolo, tritato
- 1 tazza di salsa di pomodoro
- 1 pizzico di timo o di cannella
- 1 confezione (10 once) di fagiolini o piselli, surgelati

Tagliare la carne a bocconcini, ritagliando e scartando più grasso possibile. Rosolare nell'olio su fiamma media, poi ridurla e aggiungere la cipolla, l'aglio, il prezzemolo. Continuare a cuocere per alcuni minuti prima di versare la salsa di pomodoro. Condire con sale e pepe, il timo o la cannella. Incoperchiare e cuocere lentamente fino a quando la carne sarà tenera. Lasciare raffreddare in frigorifero ed eliminare il grasso che si sarà formato in superficie. Riscaldare la carne nel suo sugo, aggiungere i fagiolini o i piselli, e cuocere finché saranno pronti. Servire con patate lesse o riso.
In Grecia esistono ricette per questo stufato di agnello con uno dei seguenti ingredienti al posto dei fagiolini o dei piselli: okra (gombo), zucchine, melanzane, patate, cavolfiore, fagioli di Lima, sedano, fagioli secchi.

PER RICETTA
1720 cal., 87 g di proteine, 132 g di grassi (57 sat., 17 pol.)

▸ KEBAB ALLA GRECA
(Souvlakia, Grecia)

PER 4 PERSONE
- ◊ 1 libbra di carne di agnello (spalla o coscia)
- ◊ 3 grossi pomodori o 24 pomodori minuscoli
- ◊ 1 libbra di funghi
- ◊ 2 grosse cipolle
- ◊ 1 piccola melanzana

Marinata I:
- ◊ 1 bicchiere di vino rosso secco
- ◊ 1 tazza di salsa di soia
- ◊ 1 tazza di succo di ananas
- ◊ 1 cucchiaino di timo
- ◊ 1 cucchiaino di rosmarino
- ◊ ¼ di tazza di salsa worcester
- ◊ 1 cipolla, affettata finemente

- ◊ ½ cucchiaino di pepe
- ◊ 3 spicchi di aglio

Marinata II:

- ◊ 1 bicchiere di Sherry
- ◊ 1 tazza di spremuta di arancia
- ◊ 2 cucchiai di aceto
- ◊ 1 cucchiaino di basilico
- ◊ 1 cucchiaino di rosmarino
- ◊ ¼ di tazza di prezzemolo, tritato
- ◊ ½ tazza di salsa worcester
- ◊ ¼ di tazza di miele

Tagliare l'agnello in cubetti da un pollice e mezzo e coprire con una delle due marinate. Lasciare riposare in frigorifero per due o più ore (anche tutta la notte). Prelevare un'ora prima di cuocere. Dividere i grossi pomodori in otto fette, mondare i funghi ed eliminare i gambi, tagliare le cipolle in spicchi spessi un pollice, sbucciare a tagliare a dadini la melanzana. Infilzare i cubetti di carne e le verdure su degli spiedi e cuocere su una griglia elettrica, al forno o alla brace, girando spesso e ungendo continuamente con il liquido della marinata.

PER RICETTA

1950 cal., 110 g di proteine, 107 g di grassi (55 sat., 3 pol.)

▶ MAIALE ALL'AGLIO
(Italia)

Questo piatto va preparato in anticipo per poter farlo raffreddare, eliminare il grasso che si sarà formato in superficie, poi riscaldarlo.

PER 4 PERSONE

- 1 fetta (1 libbra) di prosciutto fresco
- 2 cucchiai di farina
- 10 spicchi di aglio
- 1 foglia di alloro
- sale, pepe, salsa di tabasco o pepe di Caienna

Ritagliare e scartare dal prosciutto tutto il grasso visibile. Porre la fetta in un tegame basso, spolverare con la farina, aggiungere gli spicchi di aglio, interi e con la tunica, la foglia di alloro, sale, pepe, una spruzzata di salsa di tabasco oppure un pizzico di pepe di Caienna. Versare acqua sufficiente a coprire il prosciutto e cuocere, con il coperchio, su fiamma molto dolce per 30-45 minuti. Terminata la cottura, l'aglio si sarà sfaldato e farà parte del sugo denso che si sarà formato. Togliere la foglia di alloro prima di servire.

PER RICETTA

950 cal., 136 g di proteine, 41 g di grassi (14 sat., 5 pol.)

▸ MAIALE CON LE RAPE
(Cerdo con nabos, Spagna)

PER 4-5 PERSONE

- 1 libbra di maiale magro, cotto
- 2 cucchiai di olio
- 1 grossa cipolla, tritata
- 8 rape (2 libbre), sbucciate e tagliate a cubetti
- 1 carota, affettata
- 1 pomodoro, tritato
- 1 foglia di alloro
- 1 chiodo di garofano
- ½ bicchiere di vino bianco secco
- sale
- 2 cucchiai di mandorle, tostate e a lamelle (facoltativo)

Tagliare il maiale a bocconcini. Riscaldare l'olio in una pentola dal fondo pesante o in una casseruola ininfiammabile, aggiungere la cipolla e cuocere per pochi minuti senza permettere alla cipolla di indorarsi. Unire tutti gli altri ingredienti, coprire con un coperchio e fare sobbollire fino a quando le verdure saranno cotte (ci vorrà circa un'ora). Volendo, guarnire con le mandorle prima di servire.

PER RICETTA

1870 cal., 142 g di proteine, 117 g di grassi (23 sat., 10 pol.)

▶ LOMBATINE DI MAIALE CON SALSA DI PRUGNE
(Italia)

PER 6 PERSONE

- ◊ 6 lombatine di maiale, disossate
- ◊ 1 piccola cipolla, tritata
- ◊ 1 oncia di prosciutto magro
- ◊ 2 cucchiai di olio
- ◊ ¼ di tazza di aceto leggero
- ◊ 10 prugne secche, bagnate e snocciolate
- ◊ 1 pizzico di timo
- ◊ 1 foglia di alloro
- ◊ sale, pepe

Per la salsa, cuocere la cipolla e il prosciutto lentamente nell'olio fino a quando la cipolla sarà traslucida. Versare l'aceto e lasciare che si riduca a metà. Aggiungere le prugne, coprire con acqua, condire con poco sale, un pizzico di pepe e la foglia di alloro. Cuocere lentamente finché le prugne saranno morbide (ci vorranno 20 minuti circa). Scartare l'alloro e passare la salsa in un tritaverdura o un colino per ridurla in purea. Ritagliare il grasso visibile dalle lombatine, cuocerle alla griglia, salare, pepare e servire ricoperte dalla salsa.

PER RICETTA

1.890 cal., 148 g di proteine, 106 g di grassi (32 sat., 21 pol.)

▸ LOMBO DI MAIALE ALLA ROMANA
(Italia)

PER 8 PERSONE

- 3 libbre di lombo di maiale
- 2 tazze di lenticchie
- ½ cucchiaino di timo
- sale, pepe
- ¼ di cucchiaino di rosmarino
- 1 foglia di alloro
- ¼ di tazza di vino bianco secco

Ritagliare e scartare dalla carne quanto più grasso possibile. Arrostirla su una griglia all'interno di una pirofila scoperta per un'ora alla temperatura di 350°F-180°C. Scartare il grasso che fuoriesce durante la cottura. Nel frattempo, in una grande casseruola fare sobbollire le lenticchie in acqua salata. Dopo un'ora, trasferire la carne arrostita nella casseruola, aggiungere il timo, sale, pepe e – avvolti in un pezzo di garza per formare un fagottino, facilmente rimovibile prima di servire – gli aghi di rosmarino con la foglia di alloro. Versare il vino, coprire e fare sobbollire per mezz'ora o anche più. Se rimane del liquido in eccesso, togliere il coperchio nell'ultima fase di cottura.

PER RICETTA

2.880 cal., 280 g di proteine, 98 g di grassi (27 sat., 10 pol.)

▸ MAIALE CON SEDANO
(Hirino me selinoriza, Grecia)

PER 4-6 PERSONE

- ◊ 1½ libbre di spalla di maiale, tagliata in bocconcini
- ◊ 2 cucchiai di olio vegetale
- ◊ 2 cipolle, tritate
- ◊ sale, pepe
- ◊ 2 cucchiai di farina
- ◊ ½ bicchiere di vino, bianco o rosso
- ◊ 1 grosso sedano (3 libbre)
- ◊ 2 cucchiai di prezzemolo, tritato
- ◊ *Per la salsa all'uovo e limone (avgolomeno), facoltativo:*
- ◊ 1 uovo
- ◊ il succo di 1 limone

Usare una casseruola o una pentola dal fondo pesante con un coperchio ermetico. Scaldare l'olio, aggiungere la spalla di maiale e rosolare a fiamma alta. Ridurre la fiamma e aggiungere le cipolle. Condire con sale e pepe. Continuare a cuocere fino a quando le cipolle inizieranno a prendere colore, poi amalgamare la farina. Versare il vino e acqua sufficiente a coprire la carne. Incoperchiare e cuocere lentamente finché sarà quasi tenera (ci vorrà un'ora abbondante). Tagliare il sedano in pezzi lunghi due pollici, affettarne il cuore e tagliuzzare le foglie. Aggiungere alla carne e cuocere ancora per 20-30 minuti. In ultimo unire il prezzemolo.

Per la salsa, appena prima di servire sbattere l'uovo in una ciotola, aggiungendo goccia a goccia il succo di limone. Versare il liquido di cottura della carne, un cucchiaio alla volta, fino a ottenere mezza tazza circa di salsa. Togliere la carne con il sedano dal fuoco e amalgamarvi la salsa, rimestando. Lasciare riposare per cinque minuti prima di servire.

PER RICETTA
senza salsa: 2260 cal., 126 g di proteine, 166 g di grassi (50 sat., 26 pol.)
con la salsa: 2360 cal., 132 g di proteine, 172 g di grassi (52 sat., 27 pol.)

STUFATO DI VITELLO
(Veau poêle, Francia)

PER 6-8 PERSONE

- 2 libbre di vitello per arrosto
- 2 cucchiai di olio
- 1 cucchiaio di "burro"
- 2 carote, tagliate a dadini
- 1 grossa cipolla, tagliata a dadini
- 2 gambi di sedano, affettati
- 1 foglia di alloro
- ¼ di cucchiaino di timo
- sale, pepe
- ¼ di bicchiere di Sauternes

In una casseruola con coperchio ermetico, rosolare il vitello nell'olio e nel "burro". Aggiungere le verdure tagliate a dadini, i condimenti e il vino. Cuocere, coperto, su fiamma molto dolce o in forno a una temperatura di 325°F-160°C per un'ora-un'ora e mezza, aggiungendo un po' di acqua, se necessaria. Durante la cottura, il liquido nella casseruola dovrebbe essere profondo da un quarto a mezzo pollice. Trasferire l'arrosto su un piatto da portata caldo e coprirlo con le verdure e il fondo di cottura.

PER RICETTA
1900 cal., 182 g di proteine, 82 g di grassi (45 sat., 4 pol.)

▸ VITELLO CON FUNGHI E CIPOLLE
(Tendrons de veau à la gardiane, Francia)

PER 8 PERSONE

- 3 libbre di carne di vitello, disossata e tagliata in bocconcini di 2 pollici per 3
- 3 cucchiai di olio
- 3 cipolle, affettate
- ¼ di libbra di funghi, affettati
- 3 spicchi di aglio, tritati
- ½ bicchiere di vino bianco secco
- sale
- ¼ di cucchiaino di timo
- 8-10 olive verdi, snocciolate
- 8-10 olive nere, snocciolate

Rosolare il vitello nell'olio, metterlo da parte e cuocere le cipolle nello stesso olio fino ad ammorbidirle. Amalgamare la farina, rimestando, poi aggiungere i funghi e l'aglio. Rimettere la carne nella pentola e versare il vino. Condire con sale e il timo, quindi cuocere lentamente, con il coperchio, per circa due ore. Aggiungere le olive pochi minuti prima di servire.

PER RICETTA

2610 cal., 281 g di proteine, 138 g di grassi (44 sat., 23 pol.)

▸ SCALOPPINE AL MARSALA
(Italia)

PER 4 PERSONE
- 1 libbra di carne di vitello, tagliata a fettine
- sale, pepe
- ¼ di tazza di farina
- 2 cucchiai di olio
- ¼ di tazza di acqua
- ¼ di bicchiere di Marsala o Sherry

Appiattire le fettine di vitello il più possibile, battendole con un martello di legno o altro strumento adatto. Condire con sale e pepe, passare nella farina e, in una padella dal fondo pesante, rosolare nell'olio su fiamma forte. Abbassare la fiamma, aggiungere l'acqua e il vino, coprire e cuocere su fiamma molto bassa fino a quando la carne sarà tenera, badando a non farla scuocere. Servire su piatti riscaldati con il sughetto che si sarà formato nella padella.

PER RICETTA
1100 cal., 89 g di proteine, 69 g di grassi (22 sat., 17 pol.)

▸ SALTIMBOCCA ALLA ROMANA
(Italia)

PER 6 PERSONE
- 1½ libbre di vitello magro, disossato, tagliato a fettine
- 2 once di prosciutto affumicato magro (consigliamo il prosciutto di Parma italiano o il jamón serrano spagnolo, ma va bene anche il Virginia ham o altro prosciutto simile)
- ¼ di cucchiaino di salvia o timo in polvere (la classica ricetta italiana prevede foglioline di salvia fresca)
- 2 cucchiai di "burro"
- sale, pepe
- ½ bicchiere di vino bianco secco

Battere la carne per renderla il più sottile possibile e tagliarla in strisce lunghe 8-10 pollici. Adagiare su ognuna una fettina di prosciutto, spolverare con salvia o timo, arrotolare e chiudere con stecchini. Rosolare rapidamente in un po' di "burro", girando un paio di volte. Condire con pepe e poco sale, quindi portare a termine la cottura (altri cinque minuti circa). Spostare gli involtini su un piatto da portata e tenerli in caldo. Amalgamare il vino al "burro" rimasto nella padella e ridurre fino a quando il sugo sarà abbastanza denso. Versarlo sui saltimbocca e servire subito.

PER RICETTA
1490 cal., 144 g di proteine, 98 g di grassi (59 sat., 8 pol.)

▸ LINGUA DI VITELLO IN SALSA
(Italia; Lengua alla valenciana, Spagna)

PER 8-10 PERSONE
- 1 lingua di vitello
- sale
- 1 cipolla
- 2 mazzetti di prezzemolo

Per la salsa (Italia):
- 1 spicchio di aglio
- 1 cucchiaio di olio
- 3 cucchiai (½ oncia) di carne secca, tritata
- 1 cipolla, tritata
- 1 gambo di sedano, affettato
- 1 carota, tritata
- ½ tazza di acqua
- 1 cucchiaio di concentrato di pomodoro
- 1 cucchiaino di basilico
- 2 cucchiai di Sherry
- 1 pezzetto di scorza di limone (facoltativo)
- 1 cucchiaio di capperi (facoltativo)

In una grossa pentola, coprire la lingua con acqua. Aggiungere il sale, la cipolla e il prezzemolo. Cuocere lentamente con il coperchio per tre ore circa, fino a quando la lingua sarà tenera. Nel frattempo, preparare la salsa nel modo seguente. Soffriggere lo spicchio di aglio nell'olio finché inizi a colorirsi, poi eliminarlo. Unire la carne secca tritata, la cipolla, il sedano, la carota e un quarto di tazza di acqua. Coprire e cuocere fino a quando le verdure saranno morbide. Unire il concentrato di pomodoro, il basilico e lo Sherry, nonché, volendo, la scorza di limone e i capperi. Mettere da parte fino a cottura della lingua. Pelarla e affettarla, disporre le fette su un piatto da portata, riscaldare la salsa e versarla sulla lingua.

PER RICETTA
2910 cal., 224 g di proteine, 227 g di grassi (112 sat., 7 pol.)

Per la salsa (Spagna):

- 2 cucchiai di olio
- 1 cipolla, tritata
- 1 spicchio di aglio
- 1 tazza di passata di pomodoro
- ½ bicchiere di vino bianco secco
- ½ tazza di olive verdi, snocciolate
- sale
- 1 cucchiaino di paprica

Scaldare l'olio in una casseruola, aggiungere la cipolla e cuocere fino a quando sarà morbida ma ancora un po' croccante. Unire gli altri ingredienti e fare sobbollire per qualche minuto. Aggiungere la lingua cotta, affettata o tagliata a dadini, continuando a cuocere finché sarà caldissima; servire nella casseruola. Come contorno, consigliamo il riso bollito.

PER RICETTA
3340 cal., 227 g di proteine, 241 g di grassi (111 sat., 18 pol.)

▸ FEGATO ALLA VENEZIANA
(Italia)

PER 6 PERSONE

- 4 grosse cipolle
- ½ cucchiaino di sale
- 1 cucchiaio di olio
- 1 libbra di fegato di vitello o di manzo
- 2 cucchiai di vino bianco secco (facoltativo)

Tagliare le cipolle in piccoli pezzi, salare e saltare nell'olio fino a quando saranno dorati. Tagliare il fegato a pezzetti, scartando pelle e vene. Aggiungere alle cipolle e cuocere, rimestando, per altri due minuti. A piacere, si può bagnare con il vino appena prima di servire.

PER RICETTA

960 cal., 92 g di proteine, 37 g di grassi (14 sat., 15 pol.)

CAPITOLO XII
Pollame e cacciagione

Il pollame e i capi di cacciagione sono sempre stati molto apprezzati nei Paesi del Mediterraneo. Tradizionalmente, i contadini dell'area andavano a caccia ogni volta che si presentava l'occasione, le loro mogli allevavano galline e spesso anche conigli. Queste usanze sopravvivono ancora ma, ultimamente, le battute di caccia permettono solo di fare un po' di esercizio fisico: come altrove, la selvaggina è sempre più rara. Le mogli dei contadini allevano ancora galline ma non sono più le fornitrici principali di uova e carne di pollo. Impiegando mangimi studiati scientificamente, antibiotici e ormoni, sulla scia degli Stati Uniti e del Canada, gli allevamenti di polli in batteria hanno rivoluzionato il settore.

Nel Mediterraneo, l'accettazione dei polli di batteria è arrivata in ritardo perché girava la voce che gli ormoni somministrati agli uccelli avrebbero danneggiato la vita sessuale del consumatore. Oggi questa obiezione si sente di rado, ma tutti concordano sul fatto che i polli di una volta, quelli che razzolavano sull'aia, erano superiori. La loro carne era più compatta, il grasso di colore giallo grazie al contenuto notevole di carotene, la differenza di sapore facilmente riconoscibile. Ma i nuovi supermercati propongono polli industriali ben confezionati a un prezzo molto più conveniente di quello dello scheletrico uccello vivo che *tocca a te* spennare e pulire. E la carne del pollo non è più un cibo di lusso, riservata a occasioni molto speciali. Anche il ruolo del tacchino è stato rivoluzionato. Fino agli anni Sessanta, questo gallinaceo si trovava raramente nei mercati mediterranei. Poi iniziarono ad arrivare tonnellate e tonnellate di tacchini congelati dagli Stati Uniti (il nostro Minnesota fu ed è tuttora tra i principali Stati esportatori) e ora allevamenti di tacchino che seguono i nuovi metodi si stanno avviando in tutta l'area. Da una sponda dell'Atlantico all'altra, ci rallegriamo della rivoluzione del pollame.

Un'abbondanza di carni a prezzi economici è naturalmente una bella notizia a livello gastronomico, ma il pollame non offre solo buoni sapori e consistenza. Costituisce una fonte di proteine più concentrata della maggior parte delle altre carni di qualità alta, come quelle del manzo e nel maiale, e a un prezzo assai minore. Ma la sua virtù nutrizionale più importante risiede nel grasso. In generale, il pollame è molto più magro del manzo, del maiale e dell'agnello disponibili nei nostri mercati. Le anatre domestiche sono grasse, le oche più grasse ancora, ma i polli e i tacchini sono piuttosto magri, soprattutto quando sono giovani. Nei polli novelli, il rapporto tra proteine e grassi è di circa tre a uno, mentre nei polli cotti alla griglia il rapporto è di sei a uno. Al confronto, la maggior parte dei tagli di manzo, maiale e agnello forniscono più grassi che proteine.

Queste differenze si riscontrano anche in termini di calorie. In media, una libbra di manzo, maiale o agnello contiene quasi due volte e mezza le calorie di una libbra di pollo novello disossato, una volta e mezza le calorie di un tacchino disossato o di un pollo grasso da fare arrosto. Perciò, chi vuole tenere sotto controllo il proprio apporto di calorie dovrebbe optare per il pollame. Ma non si tratta dell'unico vantaggio.

Il grasso di manzo e di agnello è saturo quasi per il 50 per cento, il maiale presenta una media del 40 per cento. Per converso, il grasso di pollo e di tacchino è saturo solo per il 25-30 per cento. All'incirca, una porzione di carne rossa da otto once contiene tanti grassi saturi quanti una porzione tre o quattro volte maggiore di pollo alla griglia o di tacchino disossati, sei volte maggiore e oltre di pollo novello, sempre disossato. Il grasso delle anatre e oche domestiche è come quello di pollo, ovvero con un contenuto di grassi saturi non molto alto. Inoltre, per gran parte si scioglie in fase di cottura, il che permette a chi desideri limitare la quantità di grassi (e di calorie) nella propria dieta di scartarlo, pratica che peraltro sorprenderebbe la quasi totalità degli abitanti dell'area mediterranea.

In tutta la carne di pollame, quella scura è più grassa di quella bianca, di solito di due volte, e la maggior parte del grasso è concentrata direttamente sotto la pelle in entrambe. Ciò spiega perché il grasso del pollame si scioglie in fase di cottura più facilmente che in altre carni, in cui una grossa quantità del grasso è distribuita (marezzata) più diffusamente.

CACCIAGIONE

Gli animali selvatici in generale non sono grassi come i domestici. In media, anatre e oche selvatiche sono grasse forse la metà delle varietà domestiche. Cervi e fagiani possono essere ingrassati in cattività ma, anche in questo caso, la carne rimane relativamente magra.

Tutta la cacciagione è assai apprezzata nell'area mediterranea, specie dagli uomini (le donne spesso si lamentano del gusto forte e "selvaggio"). Ma, come in America, la maggior parte delle persone non ha frequenti occasioni di consumarla. Al massimo, mangia qualche quaglia o qualche altro piccolo uccello durante la stagione della migrazione. A proposito, di solito una quaglia non è più grassa di un pollo novello.

CONIGLIO

I libri di cucina spesso includono il coniglio nei capitoli dedicati al pollame, ma i biologi non sono d'accordo. I conigli, infatti, sono più imparentati con mucche, pecore e maiali che con gli uccelli. Esistono importanti differenze non solo anatomiche ma anche chimiche tra polli e conigli. La risposta dei cuochi, molto pragmatica, è che conigli e polli sono più o meno della stessa grandezza e, nonostante le differenze di consistenza e sapore delle carni, possono essere scambiati nelle ricette.

I conigli selvatici si vedono talvolta nei mercati mediterranei. La lepre europea, molto più grande, è sempre più rara e la maggior parte degli esemplari abbattuti dai cacciatori finisce sulle tavole di ristoranti specializzati. I conigli domestici invece, delle stesse razze di quelli in commercio in America, sono molto diffusi e, tranne forse in Grecia, consumati più frequentemente nell'area mediterranea che negli Stati Uniti. Assieme a qualche gallina, la moglie del contadino spesso tiene una conigliera per soddisfare il fabbisogno carneo della famiglia e per guadagnare qualche soldo attraverso la vendita delle eccedenze sui mercati locali.

I conigli selvatici, come quasi tutti gli animali che vivono liberi, sono molto magri e la parte edibile della carcassa ha un contenuto di grasso di circa il 5 per cento. La carne dei conigli domestici contiene circa l'8 per cento di grasso, ma è comunque molto più magra di manzo, agnello e maiale, e solo leggermente più grassa del pollo. Le ricette a base di coniglio in questo libro si riferiscono a quello domestico. Possono essere adattate al coniglio selvatico, più saporito, ma non alla lepre. Non presentiamo ricette a base di lepre selvatica perché non è reperibile in America. La lepre del Nord America può crescere quasi quanto la lepre selvatica europea, ma questa è l'unica somiglianza tra le due specie.

▸ POLLO CON SALSA DI NOCI

(Kota me karethia, Grecia)

PER 4-6 PERSONE

- 1 pollo novello (2½ libbre), tagliato a pezzi
- 2 cucchiai di "burro"
- 1 cipolla, tritata
- sale, pepe
- 1 tazza di acqua bollente
- 2 cucchiai di farina
- 1 tazza di latte (al 2 per cento di grasso butirrico)
- 1 tazza di noci, tritate

In una casseruola termoresistente, rosolare il pollo nel "burro". Unire la cipolla e soffriggere ancora per qualche minuto. Condire con sale e pepe, versare l'acqua bollente, coprire e fare sobbollire fin a quando la carne sarà tenera, per circa mezz'ora. Trasferire il pollo in un piatto da portata riscaldato e tenere in caldo mentre si prepara la salsa. Mescolare la farina e il latte e unirvi i succhi rimasti nella casseruola. Cuocere, rimestando, finché il composto sarà sufficientemente denso. Aggiungere le noci, fare sobbollire ancora per qualche minuto, poi versare la salsa sul pollo.

PER RICETTA
2000 cal., 142 g di proteine, 139 g di grassi (21 sat., 56 pol.)

▸ POLLO E RISO PILAF

(Kotopoulo polafi, Grecia)

PER 4 PERSONE

- 1 pollo novello (2½ libbre), tagliato a pezzi
- 3 cucchiai di "burro"
- 1 grossa cipolla, tritata
- 1 scatola (6 once) di concentrato di pomodoro
- 1 tazza di acqua calda, 2 di acqua bollente
- sale, pepe
- 1 tazza di riso
- 2 tazze di yogurt (facoltativo)

Rosolare nel "burro" i pezzi di pollo. Una volta coloriti da un lato, girarli e aggiungere la cipolla. Quando tutti i pezzi saranno ben dorati, diluire il concentrato di pomodoro nell'acqua calda e unirlo al pollo. Condire con sale e pepe, coprire e cuocere lentamente fino a quando il pollo sarà tenero, per circa mezz'ora. Versare l'acqua bollente e unire il riso. Incoperchiare e cuocere fino a quando i chicchi saranno morbidi, per circa 15 minuti. Servire a piacere con yogurt.

PER RICETTA
1810 cal., 146 g di proteine, 49 g di grassi (14 sat., 11 pol.)
con yogurt: 2050 cal., 162 g di proteine, 57 g di grassi (18 sat., 11 pol.)

► POLLO ALLA CACCIATORA
(Italia)

PER 4 PERSONE

- 1 pollo novello (3 libbre circa), tagliato a pezzi
- 2 cucchiai di olio
- 1 peperone verde
- 1 spicchio di aglio
- 3 pomodori o 1 tazza di pelati, scolati
- 1 cipolla
- 1 gambo di sedano (facoltativo)
- 1 carota (facoltativo)
- ½ bicchiere di Sherry o altro vino secco
- sale, pepe
- 1 tazza di funghi freschi, affettati, o di funghi in scatola (facoltativo)

Saltare nell'olio i pezzi di pollo fino a quando saranno dorati. Tritare il peperone, l'aglio, i pomodori, la cipolla (e la carota e il sedano, se usati). Unire al pollo, bagnare con il vino, salare e pepare. Coprire e cuocere dolcemente finché il pollo sarà tenero (circa mezz'ora). I funghi vanno eventualmente aggiunti negli ultimi 15 minuti. Se, quando il pollo è pronto, ci sarà ancora liquido in eccesso, scoprire e lasciare sul fuoco ancora per pochi minuti.

PER RICETTA
1540 cal., 154 g di proteine, 72 g di grassi (19 sat., 26 pol.)

▸ POLLO FREDDO ALLE SPEZIE
(Pollo en escabeche, Spagna)

PER 4-5 PERSONE
- 1 pollo (2-3 libbre), tagliato a pezzi
- 2 cucchiai di olio
- 2 spicchi di aglio
- 1 limone, con la buccia, affettato
- 1 arancia, con la buccia, affettata
- sale
- 12 granelli di pepe
- 1 foglia di alloro
- ¼ di bicchiere di aceto leggero
- 1 bicchiere di vino bianco secco

Rosolare i pezzi di pollo lentamente nell'olio fino a quando saranno ben dorati. Aggiungere tutti gli altri ingredienti, coprire la pentola e fare sobbollire per mezz'ora circa.
Il liquido di cottura formerà una gelatina, o aspic, compatta e deliziosa. Usando uno stampo, il pollo può essere servito nell'aspic, o a pezzi interi o, disossato, con la carne tagliata a dadini. Per ottenere questo effetto, versare il liquido in un pentolino, unire una tazza di acqua fredda e spolverare con un cucchiaio (una bustina) di gelatina. Farla sciogliere scaldando lentamente. Lasciare raffreddare in frigorifero; quando l'aspic si sarà parzialmente solidificato, unire al pollo e agli spicchi di limone e arancia, disposti in maniera esteticamente gradevole, dentro uno stampo. Mettere in frigorifero fino a quando l'aspic non si sarà solidificato del tutto.

PER RICETTA
1100 cal., 126 g di proteine, 61 g di grassi (16 sat., 12 pol.)

▸ RISO CON POLLO
(Arroz con pollo, Spagna)

Questo piatto unico può essere preparato in padella o in casseruola, in forno o sul fornello.

PER 4-6 PERSONE

- ◊ 1 pollo novello (2-3 libbre), tagliato a pezzi
- ◊ 2 cucchiai di olio
- ◊ 2 piccole cipolle, tritate
- ◊ 2 peperoni verdi o rossi, privati dei semi e tritati
- ◊ 1 luganega[1], tagliata a pezzettini
- ◊ ⅛ di cucchiaino di zafferano
- ◊ 1 cucchiaino di sale
- ◊ 1 spicchio di aglio, tritato
- ◊ 2 tazze di riso
- ◊ 4 tazze di brodo di pollo (o di acqua)
- ◊ ½ cucchiaino di basilico

Rosolare nell'olio i pezzi di pollo. Metterli da parte e scolare il grasso dalla padella, lasciandone solo un paio di cucchiai. Unire le cipolle, i peperoni, la salsiccia e cuocere su fiamma media per 10-15 minuti. Scaldare lo zafferano e pestarlo assieme al sale. Aggiungere nella casseruola prima l'aglio e il riso, poi il brodo (o l'acqua), lo zafferano con il sale e il basilico. Rimestare bene e portare a bollore. Unire il pollo, coprire e mettere in forno a 350°F-180°C oppure sul fornello a fiamma molto bassa per 30-40 minuti, fino a quando il riso e la carne saranno cotti e tutto il liquido si sarà assorbito.

PER RICETTA

1100 cal., 126 g di proteine, 61 g di grassi (16 sat., 12 pol.)

1 Gli autori scrivono *Polish sausage*, salsiccia polacca, termine usato negli Stati Uniti per indicare la *kielbasa*, un tipo di luganega dell'Europa orientale [*ndt*].

▶ POLLO, PIMENTO E POMODORI
(Pollo a la chilindron, Spagna)

PER 4 PERSONE

- 1 pollo novello (2½-3 libbre), tagliato a pezzi
- 2 once di prosciutto crudo, a dadini
- 2 cucchiai di olio
- 2 spicchi di aglio, tritati
- 1 cipolla, tritata
- 1 tazza di pomodori pelati
- 1 vasetto (4 once) di bacche di pimento, scolate e divise in quarti
- sale

Mescolare il pollo e il prosciutto, poi rosolarli nell'olio in una padella o casseruola termoresistente. Aggiungere l'aglio e la cipolla, cuocere per un minuto ancora, quindi unire i pomodori e il pimento. Salare, coprire e cuocere fino a quando il pollo sarà tenero (ci vorranno 20-30 minuti).

Un metodo alternativo, molto diffuso in Spagna, richiede più tempo, ma gli esperti locali sostengono che insaporisce meglio il pollo. Cuocere la cipolla nell'olio, toglierla e metterla da parte. Soffriggere l'aglio molto brevemente nello stesso olio, toglierlo e metterlo da parte. Sempre nello stesso olio, rosolare il pollo e il prosciutto, poi aggiungere gli altri ingredienti. Rimettere la cipolla e l'aglio nella padella, coprire e cuocere fino a quando il pollo sarà tenero.

PER RICETTA

1400 cal., 141 g di proteine, 77 g di grassi (23 sat., 12 pol.)

▸ POLLO ALLA CORSA

(Poulet corsoise, Francia)

PER 4-6 PERSONE

- 1 pollo (3 libbre)
- ¼ di tazza di olio
- 2 once di bacon magro o prosciutto, a dadini
- 2 libbre di piccole patate, sbucciate
- ¼ di libbra di funghi, affettati
- ½ tazza di olive verdi o nere, snocciolate
- 1 tazza (1 libbra) di pelati o di pomodori freschi, affettati
- ½ bicchiere di vino rosso secco
- sale, pepe

Legare stretto il pollo e rosolarlo leggermente nell'olio assieme al bacon, alle patate e ai funghi. Aggiungere le olive, i pomodori, il vino, sale e pepe. Coprire la pentola e cuocere su fiamma bassa fino a quando il pollo sarà tenero (ci vorrà circa un'ora).

PER RICETTA

2450 cal., 183 g di proteine, 111 g di grassi (23 sat., 17 pol.)

▸ POLLO ALLA PROVENZALE

(Poilet sauté provençale, Francia)

PER 4-6 PERSONE

- 1 pollo (2½-3 libbre)
- 3 cucchiai di olio
- 2 grosse cipolle, tritate
- 1 spicchio di aglio
- 1 foglia di alloro
- 1 pizzico di noce moscata
- funghi (facoltativo)
- sale, pepe
- ½ tazza (1 bicchiere) di vino bianco

Saltare il pollo nell'olio fino a quando sarà ben dorato, toglierlo dalla pentola e metterlo da parte. Aggiungere le cipolle, l'aglio, la foglia di alloro, la noce moscata e i funghi, se usati, all'olio rimasto nella pentola e cuocere su fiamma bassa finché le cipolle inizieranno a prendere colore. Rimettere il pollo nella pentola, condire con sale e pepe. Versare il vino e cuocere, senza coperchio, fino a quando la carne sarà tenerà e il liquido si sarà ridotto. Disporre il pollo su un piatto da portata e versarvi sopra il sugo alle cipolle.

PER RICETTA
1280 cal., 128 g di proteine, 74 g di grassi (17 sat., 13 pol.)

▸ POLLAME CON OLIVE
(Italia)

Per questo stufato si possono usare pezzi o nodini di pollo o di tacchino, e si può scegliere tra olive nere e olive verdi. In Italia si usa olio di oliva, che si può sostituire con un altro olio vegetale o una miscela di oli. Le misure nutrizionali indicate si riferiscono una miscela con metà di olio di oliva e metà di olio di mais.

PER 4 PERSONE
- 2-3 libbre di pezzi di pollo o tacchino (ossi compresi)
- ⅓ di tazza di olio
- 1 spicchio di aglio, pelato (facoltativo)
- 1 cipolla, tritata
- sale
- ½ tazza di vino bianco secco
- 1 tazza di olive nere o verdi in salamoia, scolate e snocciolate, o di olive farcite di pimento
- ½ tazza di brodo o consommé di pollo

Scaldare l'olio in una casseruola. Se si usa l'aglio, farlo dorare, poi eliminarlo. Rosolare i pezzi di pollame e la cipolla. Salare

con parsimonia, tenendo conto dell'aggiunta successiva delle olive salate. Versare il vino e farlo sfumare, poi unire le olive e il brodo o il consommé. Incoperchiare e cuocere a fuoco lento fino a quando la carne sarà tenera (da mezz'ora a un'ora). Prima di servire, scoprire e alzare il fuoco per fare addensare il sugo che si sarà formato nel fondo della casseruola.
Alcune varianti richiedono un pizzico di peperoncino, altre concentrato di pomodoro. Consigliamo di mettere a disposizione dei commensali un contenitore di paprica ungherese, che a molti piace.

PER RICETTA
1410 cal., 116 g di proteine, 99 g di grassi (16 sat., 26 pol.)

▶ POLLO ARROSTO RIPIENO
(Kotopoulo yemista, Grecia)

PER 6 PERSONE
- 1 pollo (4-5 libbre), rigaglie comprese
- 2 tazze di acqua
- *Per il ripieno:*
- 3 cucchiai di olio
- 1 cipolla, tritata
- 1 spicchio di aglio, macinato (facoltativo)
- ¼ di tazza di mandorle, spezzate
- ¼ di tazza di uvetta o uva sultanina
- ¼ di tazza di riso
- 3-4 pezzetti di scorza di limone (facoltativo)
- sale, pepe

Cuocere il collo del pollo nell'acqua per mezz'ora. Mettere da parte il brodo, che servirà per preparare il ripieno e per ungere il pollo in fase di cottura. Tagliare le rigaglie in piccoli pezzi e farle saltare per cinque minuti in due cucchiai di olio, assieme alla cipolla e, volendo, all'aglio. Aggiungere le mandorle, l'uvetta, il riso e, se piace, la scorza di limone; condire con sale e pepe. Rimestare e cuocere per un paio di minuti prima di versare mezza tazza di brodo di pollo. Coprire la pentola e cuocere su fiamma bassa per 20 minuti o fino a quando il riso sarà cotto e il liquido si sarà assorbito. Lasciare raffreddare. Riempire la cavità del pollo con il ripieno in modo non troppo compatto Cucire e legare il volatile, spennellarlo con l'olio rimasto e adagiarlo in una teglia. Infornare a 450°F-230°C e abbassare subito la temperatura a 350°F-180°C. Cuocere per un'ora e mezza o due ore, ungendo frequentemente il pollo prima con il brodo, poi con il grasso di cottura man mano che si accumula.

PER RICETTA
3190 cal., 189 g di proteine, 229 g di grassi (54 sat., 43 pol.)

FEGATINI DI POLLO

Chi si preoccupa della quantità di colesterolo preformato contenuto nella propria dieta potrebbe essere spaventato dai fegatini di pollo, in quanto contengono due volte il colesterolo di un peso equivalente di carne di manzo. Ma occorre tener conto della grandezza di una porzione tipica. In ricette come quelle presentate di seguito, una libbra di fegatini basterà e avanzerà per sei persone. Per la maggior parte degli americani anche due libbre di carne di manzo sembrerebbero un po' scarse per sei persone. In realtà, dunque, chi cena a base di fegatini non ingerisce una maggior quantità di colesterolo di quanto farebbe se il menù prevedesse carne di manzo.

▸ PILAF DI FEGATINI
(Foies de volaille en pilau, Francia)

PER 6 PERSONE
- 2 tazze di riso
- 4 tazze di acqua
- 2 cucchiai di olio
- 1 libbra di fegatini di pollo
- 2 cucchiai di farina
- 6 cipollotti, tritati
- sale, pepe

Per la salsa (facoltativo):
- 2 spicchi di aglio, tritati
- 2 cucchiai di prezzemolo, tritato
- sale, pepe
- 1 scatola (1 libbra) di pomodori

Nella parte superiore di una vaporiera o in una pentola dal fondo pesante, cuocere il riso nell'acqua salata fino a quando i chicchi saranno morbidi e il liquido si sarà del tutto assorbito (occorreranno circa 20 minuti).

Nel frattempo, in una padella scaldare l'olio, passare i fegatini nella farina e cuocerli. Riunire il riso, i fegatini, le cipolle, condendo con sale e pepe. Se si decide di accompagnare il pilaf con la salsa, servirla in una ciotola a parte. Per la salsa, in una pentola scoperta aggiungere ai pomodori l'aglio, il prezzemolo, sale e pepe a piacere. Fare sobbollire, mentre il riso cuoce, per circa 20 minuti.

PER RICETTA
2280 cal., 123 g di proteine, 43 g di grassi (9 sat., 4 pol.)

▸ RISOTTO AI FEGATINI DI POLLO[2]
(Italia)

PER 6 PERSONE
- ◊ 2 tazze di riso
- ◊ ¼ di tazza di olio
- ◊ 4 tazze di brodo di pollo
- ◊ 1 libbra di fegatini di pollo
- ◊ sale, pepe
- ◊ 1 tazza di peperoni verdi, tritati
- ◊ 2 scalogni, tritati
- ◊ 2 cucchiai di olive da mensa

In una grande padella o in una casseruola, tostare il riso nell'olio. Unire il brodo e i fegatini, condire con sale e pepe. Coprire e cuocere per circa 20 minuti. Aggiungere i peperoni, gli scalogni, le olive e continuare la cottura per pochi minuti, senza coperchio, per assicurare che il riso risulti asciutto e soffice.

PER RICETTA
2460 cal., 120 g di proteine, 71 g di grassi (12 sat., 7 pol.)

2. Nell'originale, in un italiano anglicizzato, appare come "Fegato di Pollo Risotto" [*ndt*].

▶ CONIGLIO ALLA CAMPAGNOLA[3]
(Italia)

PER 4-5 PERSONE

- 1 coniglio (3 libbre circa)
- ¼ di tazza di farina
- 2 cucchiai di "burro"
- 2 cucchiai di olio vegetale
- ¼ di bicchiere di vino bianco secco
- 1 cipolla media, tritata
- ¼ di tazza di prezzemolo, tritato
- 2 chiodi di garofano o 1 pizzico di chiodi di garofano macinati
- ½ foglia di alloro
- sale, pepe
- 1 tazza di acqua
- funghi freschi o secchi (facoltativo)

Tagliare il coniglio a pezzettini e passarli nella farina. In una pentola dal fondo pesante o in una casseruola dal coperchio ermetico, farli rosolare nel "burro" e nell'olio. Unire il vino, la cipolla, il prezzemolo, i chiodi di garofano, l'alloro, sale e pepe. Cuocere fino a quando il liquido si sarà ridotto a metà. Aggiungere l'acqua, coprire ermeticamente e lasciare su fiamma bassa finché il coniglio sarà tenero (dai 40 ai 60 minuti). In Italia, spesso si aggiungono dei funghi, freschi o secchi, durante la cottura. Togliere i pezzi di coniglio, eliminare l'alloro e i chiodi di garofano dal sughetto, che andrà servito a parte.

PER RICETTA

2220 cal., 226 g di proteine, 136 g di grassi (38 sat., 16 pol.)

3. Nell'originale Coniglio alla Campagna [*ndt*].

▸ CONIGLIO IN AGRODOLCE ALL'AGRIGENTANA[4] *(Italia)*

La ricetta, tipica della Sicilia sudoccidentale, prevede l'impiego di un coniglio selvatico, ma uno domestico va altrettanto bene. Si può preparare una caponata – un eccellente piatto di melanzane, pomodori e altre verdure – appositamente per accompagnare questo piatto, o anche usarne di avanzata e conservata in frigorifero. La quantità servita può essere adattata a seconda delle porzioni. Se necessario, allungare la caponata disponibile con pomodori e altre verdure (piselli, fagiolini, carote), assieme a una spruzzata di aceto e a un po' di zucchero.

PER 4 PERSONE

- 1 coniglio medio (2½ libbre)
- ½ tazza di farina
- 2 cucchiai di olio vegetale
- sale, pepe
- ¼ di tazza di acqua
- 2 tazze di caponata

Tagliare il coniglio a pezzetti e passarli nella farina. Farli rosolare in una padella dal fondo pesante. Condire a piacere con sale e pepe, aggiungere l'acqua, coprire e cuocere fino a quando il coniglio sarà tenero (meno di un'ora), aggiungendo altra acqua se necessario. Unire la caponata e continuare la cottura, senza coperchio, finché il tutto sarà ben caldo.

PER RICETTA

2680 cal., 228 g di proteine, 104 g di grassi (44 sat., 27 pol.)

4. Nell'originale Coniglio in Agrodolce all'Agrigento [*ndt*].

SALMÌ DI CONIGLIO
(Italia)

PER 4-5 PERSONE

- 1 coniglio (2-3 libbre), tagliato a pezzi
- ¼ di bicchiere di aceto leggero
- ¼ di bicchiere di vino bianco secco
- ¼ di tazza di olio
- ½ limone, affettato
- 1 piccola cipolla, affettata ad anelli
- 6 aghi di rosmarino
- sale, pepe

Disporre i pezzi di coniglio in una casseruola. Riunire gli altri ingredienti, tranne sale e pepe, e versarli sopra il coniglio. Lasciare riposare per parecchie ore o per una notte intera in frigorifero. Eliminare le fettine di limone, salare, pepare e fare sobbollire per un'ora, aggiungendo acqua se necessario, fino a quando la carne sarà tenera.

PER RICETTA

2190 cal., 225 g di proteine, 137 g di grassi (38 sat., 14 pol.)

CONIGLIO DI DELIA[5]
(Italia)

PER 6 PERSONE

- 1 coniglio (3 libbre)
- ¼ di tazza di prezzemolo, tritato
- 1 cipolla, tritata
- 1 spicchio di aglio, tritato
- 1 pizzico di rosmarino
- 1 bicchiere di vino bianco secco

5. Delia è la dispensatrice del "pesce divino" citato a pag. 121 [*ndt*].

- 2 cucchiai di olio
- 4 patate medie (1½ libbre), sbucciate e tagliate a pezzetti
- sale

Tagliare il coniglio, scuoiato e pulito, a pezzetti, disporli in un grande piatto fondo e versarvi sopra la marinata di prezzemolo, cipolla, aglio, rosmarino e vino. Coprire e lasciare raffreddare in frigorifero per parecchie ore. Scolare i pezzi di coniglio e farli rosolare nell'olio. Versare la marinata sulla carne (mentre è ancora nella padella) e cuocere, con il coperchio, su fiamma bassa per un'ora o anche più, fino a quando la carne sarà tenera. Nell'ultima mezz'ora di cottura, aggiungere le patate. Regolare di sale e servire.

PER RICETTA
2420 cal., 237 g di proteine, 114 g di grassi (36 sat., 11 pol.)

CAPITOLO XIII
Pesci e frutti di mare

Chi conosce il Mediterraneo sostiene che, da quelle parti, la "carne" migliore viene dal mare. L'opinione rispecchia il fatto che il buon manzo è merce rara, ma di positivo c'è la grande varietà di pesce superlativo e di frutti di mare, portata in cucina sempre freschissima e cotta con grande abilità e cura amorevole. La maggior parte delle specie sono autoctone del Mediterraneo, ma i mercati ittici delle città costiere americane propongono surrogati più che accettabili. Mancano solo alcuni saporiti pesci di scoglio e alcuni molluschi e crostacei. Le cozze, con la loro polpa color arancio e i gusci nero-blu, sono praticamente uguali ovunque. Le vongole sono di specie diverse ma, quanto a sapore, si somigliano tutte. Negli Stati Uniti le varietà più piccole di vongole, come del resto le arselle e le patelle, così apprezzate in Europa, solo raramente si trovano in commercio. Vivono sì nelle nostre acque ma sono trascurate in quanto laboriose da raccogliere e preparare.

Gli americani che sostengono che i gamberi mediterranei sono superiori ai nostri devono la loro convinzione al fatto che, in genere, da quelle parti essi raggiungono i mercati più rapidamente e sono meno esposti all'acqua dolce rispetto agli americani. Il confezionamento dei gamberi sotto ghiaccio ritarda di molto il deterioramento ma, sciogliendosi, il ghiaccio toglie gran parte del sapore.

L'assenza di alcuni prodotti ittici nei negozi americani rispecchia semplicemente un'assenza di richiesta. I calamari e i polpi hanno un ruolo significativo nella cucina mediterranea ma, nonostante che nelle nostre acque costiere non manchino queste specie, i pochi americani che vorrebbero consumarle devono accontentarsi di prodotti in scatola importati. È curioso il fatto che in Europa ci sia capitato di vedere in vendita polpi in scatola provenienti dalla California. Il modello americano di alimentazione fu stabilito principalmente da immigrati provenienti dal Nord Europa e non è cambiato molto da allora, se non per l'assimilazione successiva della pizza e della pasta, portate da immigrati provenienti da Paesi mediterranei.

In America abbiamo la possibilità di assaporare specie ittiche negate agli abitanti del Mediterraneo: per esempio, alcune varietà di granchi teneri, di cappesante, di vongole, orecchie di mare e minuscole ostriche Olympia tipiche della costa pacifica. Disponiamo anche di una maggior abbondanza e diversità di pesci d'acqua dolce. Eppure, nonostante i vantaggi potenziali delle nostre acque, la maggior parte degli americani è costretta a limitarsi a pesci e frutti di mare congelati o conservati in scatola o, nel migliore dei casi, tenuti per molto tempo nel ghiaccio. I metodi di cottura vanno adattati di conseguenza. Non c'è niente di più buono di un pesce da una libbra circa, dalla carne compatta, cotto in bianco per cinque o sei minuti, quindi condito solo con succo di limone e un goccio di olio crudo. Ma non c'è niente di più buono solo se il pesce è stato pescato pochissime ore prima. Più lungo è il tempo che trascorre tra la pesca nelle acque di origine, più è necessario il ricorso a tecniche culinarie e salse più elaborate. Per fortuna, il Mediterraneo è ricco di ottime ricette.

VALORE NUTRIZIONALE

Pesci, crostacei, molluschi e affini costituiscono fonti eccellenti di proteine di ottima qualità e sono facilmente digeribili. Anche le carni comuni forniscono proteine di prima qualità, ma in forma concentrata e accompagnata da grandi quantità di grasso. In termini approssimativi, i prodotti venduti dal pescivendolo contengono in media da dieci a quindici parti di proteine contro una di grassi. Anche il salmone reale, uno dei pesci più grassi, fornisce più proteine che grassi, mentre la carne del nasello e dell'eglefino ha una quantità di proteine che è trenta o quaranta volte quella dei grassi. Per contro, i prodotti venduti dal macellaio evidenziano in media un rapporto di due parti di grassi e una di proteine. Queste differenze si rispecchiano nelle calorie. Una libbra di bistecca di lombo fornisce più di milleduecento calorie, una libbra di bistecca di lombo senz'osso più di millecinquecento. Per contro, una libbra di pesce spada, un pesce piuttosto grasso, diliscato, procura cinquecento calorie abbondanti.

In generale, il pesce e le carni comuni sono paragonabili per contenuto di minerali e vitamine, ma di solito il pesce è più ricco di vitamina A. Nell'area mediterranea, l'accanito mangiatore di pesce non deve preoccuparsi di un'eventuale carenza di acido ascorbico in quanto il succo di limone è impiegato in abbondanza per condire i piatti di pesce e, nei casi in cui non sia previsto, la ricetta di solito richiederà la presenza di pomodori. Ma per alcuni, per quanto concerne la chimica del pesce, l'elemento più importante è costituito dal tipo di grasso offerto dalla carne.

A differenza del grasso di tutte le carni comuni, quello dei pesci ha un tenore basso di acidi grassi saturi e alto di polinsaturi. Ciò è vero anche per frutti di mare e crostacei. Com'è stato dimostrato ripetutamente da esperimenti controllati sugli esseri umani, l'aggiunta alla dieta di grasso o olio di pesce (il grasso di pesce è liquido a temperatura ambiente) riduce il livello di colesterolo nel sangue. Si capisce quindi perché i nutrizionisti attenti siano entusiasti circa la presenza del pesce all'interno della dieta.

Ma alcuni soggetti, preoccupati per i propri livelli di colesterolo, evidenziano il fatto che i tessuti di alcuni frutti di mare ne contengono quantità significative. Una libbra di polpa di granchio o di gamberi sgusciati ha più colesterolo di una libbra di manzo o di maiale, mentre l'aragosta ne può contenere due o anche tre volte tanto. Tra i frutti di mare studiati da noi, le ostriche sono le più ricche di colesterolo. Ma occorre notare che una porzione tipica di frutti di mare è molto ridotta rispetto a una porzione tipica di carne, quindi la quantità effettiva di colesterolo che arriva nel piatto non è grande. Inoltre, all'interno di una normale dieta americana, eventuali modifiche della quota di colesterolo preformato nel cibo non modificano di molto quello sanguigno. È solo nel caso di diete a base quasi esclusivamente di alimenti vegetali, senza uova e senza latticini, che l'aggiunta di alimenti dall'alto contenuto di colesterolo preformato determina un aumento rilevante del colesterolo nel sangue. Persone costrette a seguire diete molto rigide per tenere sotto controllo il livello ematico del colesterolo devono stare attente a non assumere più che minime quantità di ostriche e aragoste. Altre, anche quelle la cui dieta va tenuta sotto controllo, possono, di tanto in tanto, mangiare porzioni modeste di tutti i tipi di frutti di mare. Un solo tuorlo d'uovo contiene molto più colesterolo di parecchie once di polpa di granchio o gambero.

LA FAMIGLIA DEGLI SQUALI

Poiché chi le ha viste nei mercati ittici mediterranei si chiederà quale ruolo abbiano nella dieta, occorre dire qualcosa sulle razze. Si tratta di parenti stretti degli squali. Il cliente avventuroso al ristorante cinese forse avrà piacere di assaporare la zuppa di pinna di squalo (che, peraltro, non contiene carne di squalo) ma, in generale, americani e nordeuropei considerano non commestibili razze e squali. Non perché alcuni sono brutti o perché i più grossi hanno la pessima abitudine di mordere le persone. Esistono buone ragioni di tipo chimico per distinguere queste specie, gli elasmobranchi come sono chiamate collettivamente, da tutti gli altri pesci. E si tratta di ragioni interessanti. L'acqua di mare è troppo salata per i tessuti di qualsiasi animale vertebrato, pesci marini compresi. Quelli comuni riescono a non diventare eccessivamente salati bevendo l'acqua di mare ed espellendo il sale in eccesso attraverso le branchie. Gli squali e i loro parenti non riescono a farlo ma ricorrono a un altro trucco: contrastano il sale dell'acqua di mare con l'urea, il "prodotto finito" delle proteine. Invece di liberare il sangue dall'urea, come fanno altri vertebrati, i loro reni permettono all'urea di accumularsi per raggiungere la pressione salina dell'acqua di mare. Un bel trucco, ma la conseguenza è che la loro carne è assai carica di urea. E l'urea ha un sapore.

Le razze, ma non gli squali, si vedono spesso nei mercati ittici mediterranei ma sono poco pregiate come cibo. La carne non è né velenosa né indigesta: è il sapore che scoraggia i consumatori, anche quelli che sanno che è sbagliato sovraccaricare i propri reni di urea, una sostanza che si riesce a espellere solo con parecchie difficoltà. Ma c'è chi crede che la cucina ingegnosa sia in grado di risolvere qualsiasi problema. Luigi Veronelli, uno dei più importanti scrittori italiani di enogastronomia, sostiene che le razze non meritino la loro cattiva reputazione culinaria e propone diverse ricette per questi pesci. Sono ricette che richiedono preparazione tediose e grandi quantità di burro, panna, formaggio, tuorli d'uovo, cipolle ed erbe aromatiche. In altre parole, per soffocare il sapore della razza si è costretti a compiere un vero e proprio tour de force. Anche se il piatto finale è relativamente gradevole al palato, per la sua eccessiva ricchezza non è consigliabile a chi sia preoccupato per il colesterolo e disturbi collegati.

Anziché tentare metodi così elaborati di mascheramento del sapore, è più intelligente ricordarsi che l'urea è facilmente solubile in acqua dolce. Gran parte dell'urea presente nel corpo delle razze può essere eliminata tagliando la carne in piccoli pezzi e lavandoli ripetutamente, cambiando spesso l'acqua. Noi però consiglieremmo anche a quanti si sentono obbligati ad assaggiare tutto di lasciare le razze e i loro parenti al settore industriale che le trasforma in fertilizzanti e in altri utili prodotti non alimentari. La presenza delle razze nei mercati ittici mediterranei è dovuta solo al fatto che talvolta finiscono nelle reti dei pescatori. Pochi abitanti dell'area le mangiano, e solo raramente per scelta.

LA ZUPPA DI PESCE IN GRECIA

I greci si divertono a sostenere che la famosa bouillabaisse marsigliese sia in realtà un'invenzione dei loro antenati. La "prova" è indiretta. Da tempo immemorabile zuppe di pesce e frutti di mare hanno un ruolo importante nella cucina greca e gli antichi Greci che fondarono Marsiglia portarono con sé le ricette della patria. Ma nei tempi moderni la bouillabaisse classica dovrebbe seguire una ricetta ben precisa (in realtà ce ne sono diverse varianti) mentre i greci, come altri abitanti dell'area mediterranea, inventano ricette in base agli ingredienti a disposizione in un determinato momento. In Grecia la versione più comune della zuppa di pesce consiste nel fare bollire in abbondante acqua patate, cipolle, pomodori freschi o pelati e altre verdure, quelle appunto disponibili, finché le patate siano morbide ma non spappolate. Poi si aggiungono i pesci, comprese le teste, le code e anche il fegato, se possibile, e si cuociono finché la carne inizi a sfaldarsi. Si possono impiegare solo filetti e pezzi di pesce, ma i greci sostengono, giustamente, che in questo caso il sapore finale sarà relativamente blando.

Una volta cotta, ci sono tre modi per servire la zuppa. Si può scodellare il pesce, assieme alle verdure e al brodo, in singoli piatti fondi. O si può scolare il brodo, arricchirlo con olio di oliva e addensarlo, a seconda dei gusti, con riso o tapioca o, infine, salsa all'uovo e limone (*avgolemono*). Ancora, c'è il metodo tradizionale adoperato dai pescatori, che cuociono tutti gli ingredienti insieme in una grande pentola chiamata *kakavia*. Quando la zuppa è pronta, la *kakavia* è appoggiata sul ponte della barca e tutti si servono direttamente da essa, un cucchiaio in una mano e una grande fetta di pane nell'altra. Talvolta i greci non pescatori confondono il nome della pentola con la zuppa, quindi può capitare di sentirsi offrire una *kakavia*, intesa appunto come zuppa. Il vero nome per quest'ultima è *psarasoupa*.

► ZUPPA DI PESCE GRECA
(Psarasoupa, Grecia)

PER 6 PERSONE

- 2 libbre di pesci misti, freschi o surgelati
- il succo di ½ limone
- sale
- 2 quarti di acqua
- 1 gambo di sedano, affettato
- 2 carote, affettate
- 3 patate, sbucciate e tagliate a dadini
- 4 cipolle
- 1½ libbre di pomodori o 1 scatola (20 once) di pelati
- 2 cucchiai di olio
- 2 cucchiai di prezzemolo, tritato
- 12 granelli di pepe
- 1 foglia di alloro
- ½ bicchiere di vino bianco (facoltativo)
- salsa all'uovo e limone (*avgolemono*, facoltativo)
- 1 limone, tagliato a spicchi

Se si usano pesci freschi, lavarli e pulirli accuratamente. Tagliare a fette spesse gli esemplari grossi, lasciando interi i piccoli. Spruzzare con succo di limone e salare. In una grossa pentola portare a bollore l'acqua e aggiungere tutti gli ingredienti, eccetto i pesci e quelli facoltativi. Fare sobbollire per circa mezz'ora, fino a quando le verdure saranno morbide. A questo punto, alcuni cuochi greci le spappolano con un passaverdure, altri no. Unire i pesci e, a piacere, il vino. Regolare di sale, coprire e continuare a cuocere per 15 minuti circa o finché la polpa dei pesci si sfalderà facilmente.

Il piatto può essere servito così, ma molti cuochi tolgono i pesci per diliscarli e poi rimetterli nella pentola. La zuppa talvolta si versa su una fetta di pane abbrustolito, talvolta si porta in tavola con crostini in superficie. Oppure, come abbiamo accennato, il brodo può essere scolato e offerto separatamente, con l'eventuale aggiunta di un addensante, riso o pastina. In questo caso si tengono caldi i pesci e le verdure, per poi servirli come pietanza. La salsa all'uovo e limone (*avgolemono*) è spesso proposta con la zuppa, e spicchi di limone accompagnano sempre il pesce.

PER RICETTA
1620 cal., 182 g di proteine, 30 g di grassi (3 sat., 3 pol.)

Quando si prepara la zuppa con pezzi o filetti di un solo tipo di pesce, il risultato finale tende a essere blando, senza il vero sapore di mare. Provare a unire al liquido una scatola di vongole tritate (6 once e mezza) o qualche gamberetto, oppure entrambi. L'aggiunta va fatta durante la cottura. Con l'aggiunta una scatola di vongole, i valori nutrizionali diventano...

PER RICETTA
2060 cal., 250 g di proteine, 36 g di grassi (3 sat., 3 pol.)

ALTRE ZUPPE DI PESCE

La *psarasoup*a greca appena presentata è una tipica zuppa di pesce mediterranea. Tutte quelle dell'area sono abbinamenti aromatici di abbondante pesce fresco, frutti di mare e verdure locali. Sarebbe impossibile riconoscere il Paese di origine di ogni zuppa in una degustazione alla cieca: le differenze tra una italiana, una *bourride* o una *soupe de poissons* francese, o una *zarzuela de pescado* spagnola sono, infatti, tenui. Per illustrare le possibili diversità, ecco una versione francese e una spagnola adattate agli ingredienti a disposizione di tutti noi, qui negli Stati Uniti.

▸ ZUPPA DI PESCE FRANCESE

(Soupe de poissons, Francia)

PER 6 PERSONE

- 2 cipolle, tritate
- 2 cucchiai di olio di oliva
- 1 quarto di acqua calda
- 1 scatola (8 once) di vongole tritate, scolate (conservando il liquido di governo)
- 2 gambi di sedano, affettati
- 2 carote, tritate
- 1 spicchio di aglio, pestato
- 1 scatola (6 once) di pomodori pelati
- 1 pezzetto di scorza di arancia
- 1 foglia di alloro
- 1/8 di cucchiaino di timo
- sale, pepe
- 2 libbre di merluzzo (nasello), surgelato
- 1 pizzico di zafferano, scaldato e pestato con un po' di sale
- crostini o pane all'aglio (facoltativo)
- salsa all'aglio (*aioli*, facoltativo)

Cuocere la cipolla nell'olio fino a quando prenderà colore. Versare l'acqua calda, il liquido di conserva delle vongole e gli altri ingredienti, tranne il nasello, le vongole e lo zafferano. Cuocere finché tutte le verdure saranno morbide (15-20 minuti). Frullarle o passarle con un tritaverdure o un colino per ottenere una purea. Rimettere le verdure nel brodo assieme al pesce, tagliato a grossi pezzi, e alle vongole. Fare sobbollire per 10-15 minuti. Aggiungere lo zafferano pestato, assaggiare e, se necessario, regolare la sapidità. Servire il brodo e il pesce separatamente: il brodo con crostini o pane all'aglio, il pesce, a piacere, con salsa all'aglio (*aioli*).

PER RICETTA

2060 cal., 250 g di proteine, 36 g di grassi (3 sat., 3 pol.)

▸ ZUPPA DI PESCE SPAGNOLA
(Zarzuela de pescado, Spagna)

PER 6 PERSONE

- ◊ 1 tazza di cipolla, tritata
- ◊ 2 cucchiai di olio
- ◊ 1 tazza di carote, tritate
- ◊ 1 scatola (1 libbra) di pomodori pelati, tritati
- ◊ 1 bicchiere di vino bianco secco
- ◊ 1 scatola (8 once) di vongole tritate, con il liquido di governo
- ◊ 1 tazza di acqua
- ◊ 1 libbra di cappesante, fresche o surgelate (facoltativo)
- ◊ 2 libbre di merluzzo (nasello), fresco o surgelato
- ◊ sale
- ◊ 1 pizzico di zafferano

Cuocere le cipolle fino a quando saranno traslucide. Aggiungere le carote e i pelati (con il liquido di conserva) e continuare la cottura lentamente per 15-20 minuti. Poi versare il vino, l'acqua, le vongole con il loro liquido, le cappesante, se usate, e il merluzzo. Macinare lo zafferano con un po' di sale, unirlo al resto e lasciare su fiamma bassa per 10 minuti circa, finché il pesce si sfalderà facilmente. Regolare di sale e servire la zuppa in piatti fondi, accompagnata da pane bianco.

PER RICETTA

1320 cal., 189 g di proteine, 31 g di grassi (3 sat., 3 pol.)

► CIUPPIN O CIOPPINO
(Zuppa di pesce, Italia)

Crescendo nell'area della baia di San Francisco, uno di noi ha imparato ad apprezzare un piatto che gli italoamericani del posto chiamavano *choppino*, come l'avremmo scritto prima di conoscere la lingua. La gita perfetta sulla baia, allora assai poco inquinata, iniziava presto la domenica, quando con una comitiva di soli uomini si partiva in barca per una battuta di pesca. Portavamo con noi una pentola, sale, pepe, cipolle, prezzemolo e olio di oliva. Con questi ingredienti, assieme a quello che si pescava con l'amo e con la lenza o si staccava dagli scogli, si preparava il cioppino. A bordo caricavamo anche altri elementi essenziali per il banchetto: un cesto di pane italiano a lievitazione naturale, frutta e un paio di damigiane di vino in stile italiano della vicina Napa Valley.
Esistono molte ricette per il *ciuppin* o cioppino. Quella che segue è adattata in base al fatto che i pesci e i frutti di mare precisati dai cuochi italiani non sono in commercio in America. Le fette di pane abbrustolito che si pongono in ogni piatto al momento di servire possono anche essere del tipo commerciale americano, ma è comunque necessario mettere a disposizione dei commensali del pane casereccio di tipo mediterraneo da mangiare a parte e da inzuppare nel brodo rimasto nei piatti. Oltre alla mezza bottiglia prevista per la cottura, altro vino è di rigore per accompagnare la zuppa. In Italia si raccomanda un corposo bianco secco per entrambe le funzioni, ma in abbinamento al piatto per noi non ha controindicazioni nemmeno un bel rosso o rosato secco, preferibile senza dubbio a un vino bianco del Reno o della Mosella o a un Sauternes. Con questo piatto non si sposano bene aromi floreali e note dolci.

PER 6 PERSONE

- 3 libbre di scorfano, merlano, sarago e altri pesci dalla carne bianca, compatta e soda (se possibile di varietà diverse con alcuni esemplari interi)
- 1 tazza (o più) di acqua
- ½ libbra di seppie (fresche dal mercato oppure, ma è meno desiderabile, in scatola)
- ½ tazza di olio (almeno una parte di olio di oliva, per il sapore)
- 2-4 spicchi di aglio, tritati
- 1 cipolla media, tritata
- 4 filetti di acciuga in scatola, tritati
- sale, pepe
- 1 pizzico di zenzero (facoltativo)
- 1 bicchiere di vino bianco secco
- 1½ tazze di pomodori pelati, privati dei semi e tagliati a pezzetti
- 6 fette di pane, senza crosta e leggermente abbrustolite
- ¼ di tazza di prezzemolo, tritato

Pulire e lavare il pesce. Fare sobbollire nell'acqua teste, code, pinne e lische. Tagliare i pesci più grandi a pezzi, fette o filetti, le seppie a striscioline spesse come una matita. In un'ampia casseruola scaldare l'olio, aggiungere l'aglio e la cipolla, quindi, a doratura, le seppie. Rimestare e cuocere su fiamma bassa per 10 minuti abbondanti prima di unire il pesce, comprese le acciughe. Mescolare e, dopo un paio di minuti, salare, pepare, insaporire a piacere con lo zenzero, bagnare con il vino e continuare la cottura. Quando il liquido si sarà molto ridotto, versare i pomodori e, dopo averlo filtrato, il brodo preparato con teste, code, pinne e lische. Cuocere, con il coperchio, per altri 10 minuti. Porre le fette di pane sul fondo di piatti fondi, versare il brodo, una parte del pesce e delle seppie, spolverare con il prezzemolo e servire subito. Aggiungere il pesce rimasto man mano che si procede a mangiare il cioppino. Vino e pane casereccio dovranno essere in tavola prima che venga servita la zuppa.

PER RICETTA
2680 cal., 240 g di proteine, 132 g di grassi (21 sat., 44 pol.)

▸ PESCE AL FORNO
(Psari plaki, Grecia)

PER 6 PERSONE
- 2 libbre di filetti di pesce – merluzzo (nasello), eglefino, halibut, persico spigola, pesce serra... –, freschi o surgelati
- sale, pepe
- il succo di 1 limone
- 2 cipolle, affettate
- ¼ di tazza di olio
- 2 spicchi di aglio
- 1 scatola (20 once) di pomodori pelati
- ½ bicchiere di vino bianco secco
- 2 pomodori freschi, affettati
- ¼ di tazza di prezzemolo, tritato

Oliare una teglia bassa e porvi i filetti di pesce, condendo con sale, pepe e il succo di limone. In una pentola saltare le cipolle con due cucchiai di olio. Unire l'aglio, i pelati con il liquido di conserva, il vino. Cuocere per 15 minuti, poi versare la salsa sul pesce. Disporvi sopra le fette di pomodoro fresco, salare e irrorare con l'olio rimasto. Cuocere, senza coperchio, in forno a temperatura media (400°F-200°C) per circa mezz'ora, fino a quando il pesce si sfalderà facilmente.
Sull'isola di Spetses, si copre la superficie con uno strato di pangrattato, accorgimento che aggiunge una bella croccantezza al piatto.

PER RICETTA
1420 cal., 170 g di proteine, 55 g di grassi (6 sat., 4 pol.)

▶ FILETTI DI PESCE AL FORNO
(Mediterraneo)

Nell'area mediterranea si usano filetti freschi, ma anche quelli surgelati danno buoni risultati.

PER 6 PERSONE

◇ ⅓ di tazza di olio
◇ 2 libbre di patate, sbucciate e tagliate a rondelle sottili
◇ 1 piccola cipolla, tagliata a fettine sottili
◇ 2 spicchi di aglio, tritato
◇ ¼ di tazza di prezzemolo, tritato
◇ 6 filetti di acciuga, tagliati a striscioline
◇ 1½ libbre di filetti di pesce, freschi o surgelati
◇ sale, pepe

In una casseruola da forno adatta a essere portata in tavola, versare un cucchiaio abbondante di olio e sistemare sul fondo metà delle patate. Aggiungere la cipolla, l'aglio, il prezzemolo, le striscioline di acciuga. Su questo letto disporre i filetti di pesce, coprire con le patate rimaste, condire con sale e pepe. Irrorare con l'olio restante, incoperchiare e cuocere in forno a temperatura media (350°F-180°C). Dopo mezz'ora controllare il punto di cotture delle patate. Quando saranno quasi cotte, togliere il coperchio affinché si possano dorare.

PER RICETTA

2270 cal., 164 g di proteine, 97 g di grassi (13 sat., 13 pol.)

▸ MERLUZZO ALLA PALERMITANA
(Italia)

Il merluzzo (inteso come nasello[1]) è un ottimo pesce dalla carne compatta e bianca, ma vive nel Mediterraneo. Presso i mercati ittici americani si trovano altre specie in grado di sostituirlo e, ai fini di questa ricetta, tipica del capoluogo siciliano, vanno benissimo anche i filetti surgelati.

PER 6-8 PERSONE
- ¼ di tazza di olio
- 2 libbre di filetti di pesce
- sale, pepe
- 8 filetti di acciuga
- ½ cucchiaino di rosmarino
- 1 tazza di mollica di pane
- 1 limone, tagliato a spicchi

Ungere una teglia profonda e disporvi i filetti in un unico strato. Condire con olio, sale e pepe. Sminuzzare o schiacciare le acciughe, mescolare con il rosmarino e due cucchiai di olio. Spennellare il composto sul pesce, spolverare con la mollica di pane e irrorare con olio. Cuocere in forno a 375°F-190°C fino a quando il pesce sarà cotto e la mollica dorata (20-30 minuti). Servire con spicchi di limone.

PER RICETTA
1630 cal., 180 g di proteine, 67 g di grassi (6 sat., 30 pol.)

1. I Keys con il termine merluzzo si riferiscono evidentemente sia alle specie del genere *Gadus*, esclusive dei mari del Nord, sia al nasello mediterraneo, *Merluccius merluccius* [*ndt*].

▸ PESCE LESSO ALLA MALAGUEÑA
(Pescado en blanco a la malagueña, Spagna)

Con questa ricetta, tradizionale della città andalusa di Malaga, si assumono pochissime calorie: 226 per persona con un pesce poco grasso come l'halibut, 378 con uno molto grasso come la leccia o il salmerino. Per una pietanza più robusta, porre una fetta di pane tostato in ogni piatto fondo prima di servire: così si aggiungono circa 65 calorie per persona. La qualità del piatto dipende moltissimo da quella del pesce.

PER 4 PERSONE

- 1½ libbre di pesce bianco, tagliato a trance spesse
- ½ quarto di acqua
- 1 tazza di peperone verde o giallo, tritato
- 1 cipolla, tritata
- 1 spicchio di aglio
- 2 cucchiai di olio
- 2 pomodori, privati dei semi e tritati
- sale, pepe
- 1 pizzico di zafferano

Lessare il pesce nell'acqua per cinque minuti. Toglierlo, aggiungere gli altri ingredienti, tranne i condimenti, e cuocere per 10 minuti. Condire con sale e pepe. Rimettere il pesce e sobbollire per pochi minuti, fino a quando non si sfalderà facilmente. Unire lo zafferano, rimestare e servire in piatti fondi.
Il procedimento seguito dai greci per la *kakavia* e la *psarasoupa* è piuttosto diverso.

PER RICETTA

con halibut: 905 cal., 151 g di proteine, 34 g di grassi (6 sat., 6 pol.)
con leccia o salmerino: 1.511 cal., 133 g di proteine, 94 g di grassi (16 sat., 16 pol.)

PESCE IN GRATICOLA
(Italia, oppure Psari tis skaras, Grecia)

A molte persone piace il pesce alla griglia, o perlomeno preferiscono la grigliatura alla lessatura e, sulla pelle del pesce, amano scorgere le rigature bruciate causate da una griglia caldissima. Più grasso è il pesce, più è adatto a questo tipo di cottura, ma anche quelli poco grassi danno buoni risultati. La ricetta seguente, che abbiamo attribuito all'Italia e alla Grecia, è in realtà internazionale. In questo caso indichiamo l'halibut o il merluzzo (nasello) ma si possono usare altri pesci, a condizione che siano spessi almeno un pollice. Una variante diffusa prevede di aggiungere alla marinata mezza scatola di salsa di pomodoro, con o senza un paio di cucchiai di cipolla tritata.

PER 6 PERSONE
- 2 libbre di halibut o nasello, tagliato a pezzi spessi 1 pollice
- ¼ di tazza di olio
- 2 cucchiai di prezzemolo, tritato
- 1 spicchio di aglio, tritato (facoltativo)
- 2 cucchiai di succo di limone
- 1 cucchiaio di pangrattato
- sale, pepe

In una grande ciotola riunire il pesce, l'olio, il prezzemolo, l'aglio, il succo di limone, il pangrattato, condendo con sale e pepe. Lasciare riposare per una mezz'ora, girando il pesce più volte. Grigliarlo a fiamma bassa su un lato, ungendolo con la marinata fino a quando non inizierà a dorarsi, poi voltarlo e continuare a ungerlo per altri cinque minuti. Se il pesce si sfalda facilmente a contatto con una forchetta, significa che è cotto. Servirlo subito con il resto della marinata.
Nell'area mediterranea, sono sempre presenti in tavola l'olio di oliva e l'aceto di vino: molti commensali condiscono il pesce con un goccio dell'uno e dell'altro. Se piacciono le rigature brucia-

te, arroventare la griglia, porvi sopra il pesce, poi abbassare la fiamma. Alla marinata si può aggiungere qualche fogliolina di basilico o di menta. Se si ha a disposizione del rosmarino, come abbiamo noi nell'orto della nostra casa in Italia, usarne un mazzetto a mo' di pennello per ungere il pesce.

PER RICETTA
1140 cal., 190 g di proteine, 60 g di grassi (8 sat., 8 pol.)

▶ BACCALÀ MANTECATO
(Bacalao, Spagna)

PER 8 PERSONE
- 1½ libbre di merluzzo sotto sale (o 2 libbre di nasello surgelato)
- ½ limone
- 5 grosse patate
- 2 cucchiai di "burro"
- 1 tazza di besciamella
- paprica, noce moscata
- ¼ di tazza di formaggio grattugiato

Tagliare il merluzzo salato (baccalà) in quattro o cinque pezzi. Metterli a bagno per 12 ore e anche più in acqua fredda, cambiandola più volte. Quando il pesce sarà dissalato, trasferirlo in una pentola e coprirlo con acqua fredda, unendo il succo e la scorza di limone grattugiata. Portare a bollore, coprire e cuocere a fuoco lento per 10-15 minuti. Se non è reperibile il baccalà, si può usare un pesce che non necessiti di ammollo: in questo caso nasello surgelato, da far sobbollire in acqua salata, a pentola coperta, sempre per 10-15 minuti. Lessare le patate e schiacciarle ottenendo, con l'aggiunta del "burro", una purea piuttosto compatta. Condire la besciamella con paprica e noce moscata, unire un cucchiaio di formaggio grattugiato e amalgamare bene. Scolare il baccalà, spellarlo, diliscarlo, tagliarlo a bocconcini e unirli alla besciamella. Ungere una teglia ovale e disporre le patate schiacciate intorno al bordo. Versare il composto di besciamella e baccalà al centro, quindi spolverare con il formaggio grattugiato rimasto. Gratinare in forno a temperatura media (350°F-180°C).

PER RICETTA
2320 cal., 234 g di proteine, 53 g di grassi (13 sat., 21 pol.)

BACCALÀ ALLA NAPOLETANA
(Italia)

PER 6 PERSONE
- 2 libbre di merluzzo (nasello), surgelato
- 2 cucchiai di farina
- ¼ di tazza di olio
- 1 spicchio di aglio
- 1 scatola (6 once) di concentrato di pomodoro
- 1 scatola (4½ once) di olive nere, scolate e tritate
- 1 cucchiaio di capperi
- 1 tazza di acqua
- sale, pepe

In Italia, per questa ricetta è previsto il baccalà, che va dissalato prima della cottura. Non disponendone, si può usare un altro pesce a carne compatta.
Scongelare il nasello in modo da poterlo tagliare a pezzi, passarli nella farina e friggerli in due cucchiai di olio. In una pentola, rosolare l'aglio nell'olio rimasto ed eliminarlo prima di unire, con l'acqua, il concentrato di pomodoro, le olive, i capperi. Salare, pepare e sobbollire per pochi minuti. Versare la salsa sul pesce e infornare a 350°F-180°C per 20-30 minuti.

PER RICETTA
1400 cal., 168 g di proteine, 60 g di grassi (6 sat., 6 pol.)

▶ BACCALÀ AL POMODORO

(Bacalao a la lionesa, Spagna)

PER 6 PERSONE

- ◊ 1 libbra di baccalà (o di nasello, surgelato)
- ◊ ¼ di tazza di olio
- ◊ 4 cipolle medie
- ◊ 1 spicchio di aglio
- ◊ 6 ciuffetti di prezzemolo, tritato
- ◊ 4 grossi pomodori, divisi in 8 parti
- ◊ ½ bicchiere di vino bianco secco
- ◊ ⅛ di cucchiaino di pepe
- ◊ sale (facoltativo)
- ◊ 1 pizzico di zucchero

Mettere a bagno il baccalà per 12 ore e oltre. Cambiare l'acqua una o due volte, sciacquare il pesce e poi coprirlo bene con acqua fredda. Quando il baccalà sarà dissalato, metterlo in una pentola con acqua, portare a bollore e continuare a cuocere per 10 minuti. Scolare a lasciare raffreddare. Diliscare e spellare. In una padella scaldare l'olio, unire le cipolle e soffriggerle fino a quando inizieranno a prendere colore. Aggiungere l'aglio, il prezzemolo, i pomodori e il vino. Cuocere su fiamma vivace per sei o sette minuti, poi unire il pesce e, se necessario, un po' di sale. Aggiungere anche un pizzico di zucchero e fare sobbollire per 30 minuti.
Se si usa merluzzo (nasello) surgelato, non è necessario bagnarlo. Preparare la salsa come descritto e versarla sul pesce. Fare sobbollire per 15-20 minuti o cuocere in forno in una teglia scoperta a 350°F-180°C per 40 minuti.

PER RICETTA

1560 cal., 166 g di proteine, 61 g di grassi (9 sat., 34 pol.)

▸ MERLUZZO CON PEPERONI
(Merluza con pimiento, Spagna)

PER 4-6 PERSONE

- 2 peperoni rossi o verdi, privati dei semi e tritati o 1 scatola (4 once) di bacche di pimento
- 1 cipolla, tritata
- 2 spicchi di aglio, tritati
- 2 cucchiai di olio
- il succo di 1 limone
- ½ tazza di brodo di pesce (o acqua)
- 1 foglia di alloro
- sale, pepe
- 2 libbre di merluzzo (nasello) o halibut tagliati a fette spesse

Cuocere i peperoni, la cipolla e l'aglio su fiamma bassa fino a quando diventeranno morbidi ma senza prendere colore. Se si adopera pimento in scatola, unirlo quando le cipolle sono cotte. Aggiungere il succo di limone, l'alloro, il brodo (o l'acqua), sale, pepe e sobbollire per qualche minuto ancora. Sistemare il pesce in una teglia oliata, coprirlo con la salsa e infornare a 350°F-180°C per circa 30 minuti.

PER RICETTA

1220 cal., 192 g di proteine, 35 g di grassi (8 sat., 8 pol.)

La deliziosa variante proposta dalla señora Josefina Muñoz-Rojas presso la tenuta di famiglia vicino a Malaga trasforma questa pietanza in un piatto unico. Sbollentare tre o quattro patate per circa 10 minuti, affettarle e porle sul fondo di una teglia oliata. Adagiarvi il pesce, versare la salsa (eventualmente passata al colino) e cuocere secondo le indicazioni riportate.

PER RICETTA

1780 cal., 207 g di proteine, 36 g di grassi (8 sat., 8 pol.)

▸ MERLUZZO FRUGALE
(Morue à la ménagère, Francia)

In Francia, già innamorata del burro, questo piatto "frugale" ed economico è preparato, secondo noi, addirittura con più burro del lecito, ma altrove si adopera l'olio. La nostra ricetta, in cui, oltre al merluzzo, si può usare qualsiasi altro pesce dalla carne bianca e compatta, è un compromesso. Se fossero reperibili da quelle parti specie come l'halibut e l'eglafino, che noi proponiamo in alternativa, riscuoterebbero sicuramente molto favore anche nel Mediterraneo.

PER 4-5 PERSONE
- 8 patate piccole
- 8 cipolle piccole
- 2 libbre di merluzzo (nasello) o halibut o eglafino
- sale, pepe
- 3 cucchiai di olio
- 2 cucchiai di "burro"
- 2 cucchiai di prezzemolo, tritato
- 2 limoni

Sbollentare le patate e le cipolle per 10 minuti, lasciare raffreddare e sbucciarle. Tagliare il pesce in fette spesse un pollice abbondante, salare, pepare e porre al centro di una teglia ovale con un po' di olio e "burro". Sistemare patate e cipolle intorno al pesce. Salare, pepare e infornare a 400°F-200°C, ungendo di frequente. Quando il pesce si sfalderà facilmente (ci vorranno da 20 a 30 minuti), spolverare con il prezzemolo e servire con grossi spicchi di limone.

PER RICETTA
2030 cal., 205 g di proteine, 58 g di grassi (9 sat., 10 pol.)

▸ MERLUZZO FRITTO CON SALSA ALL'AGLIO

(Bakaliaros skordalia, Grecia)

PER 3 PERSONE

- ◊ 1 confezione (1 libbra) di filetti di merluzzo, surgelati
- ◊ ¼ di tazza di farina
- ◊ ½ cucchiaino di sale
- ◊ ½ cucchiaino di lievito in polvere
- ◊ 2 cucchiai di olio
- ◊ 1 limone
- ◊ salsa all'aglio

Scongelare i filetti di merluzzo, tagliare in pezzi lunghi due o tre pollici e asciugarli bene. Mescolare in una ciotola la farina, il sale e il lievito, aggiungendo acqua per formare una leggera pastella. Passarvi il pesce e friggere in olio caldissimo, pochi pezzi alla volta, fino a doratura. Asciugare su carta da cucina, poi servire con spicchi di limone e salsa all'aglio (non compresa nelle indicazioni nutrizionali).

PER RICETTA

740 cal., 88 g di proteine, 29 g di grassi (2 sat., 7 pol.)

▸ PESCE E RISO

(Arroz con pescado, Spagna)

Mente la paella è riservata alle occasioni speciali, *arroz con pescado* è un piatto quotidiano che si adatta al pesce che si ha a disposizione.

PER 8 PERSONE

- 1 spicchio di aglio, tritato
- ¼ di tazza di olio
- 2 tazze di riso
- 2 libbre di pesce bianco dalla carne compatta, tagliato a pezzetti
- ¼ di libbra di gamberetti, sgusciati e puliti
- 1 pizzico di zafferano

Per il brodo:

- 1 quarto di acqua
- scarti di pesce
- 1 cipolla, tritata
- 1 foglia di alloro
- 3-4 ciuffi di prezzemolo
- sale
- ½ bicchiere di vino bianco secco (facoltativo)

Preparare il brodo unendo all'acqua fredda gli scarti di pesce, la cipolla, l'alloro e il prezzemolo; mezza tazza di acqua può essere sostituita con il vino. Portare a bollore, salare e cuocere a fuoco lento per pochi minuti. In una casseruola da due quarti, soffriggere l'aglio nell'olio. Amalgamare il riso, rimestando, e aggiungere il pesce e i gamberetti. Versare il brodo, dopo averlo filtrato, unire lo zafferano, coprire e lasciare su fiamma media per 15 minuti. Per asciugare il riso prima di servirlo, cuocere senza coperchio, o in forno a 425°F-220°C, per altri cinque minuti.

PER RICETTA

2660 cal., 204 g di proteine, 55 g di grassi (5 sat., 5 pol.)

▸ PESCE, POLPA DI GRANCHIO E RISO
(Arroz abanda, Spagna)

In Spagna esistono molti piatti a base di pesce, frutti di mare e riso. Questa ricetta, non molto diversa dalla precedente di *arroz con pescado*, si prepara in due fasi: il liquido della prima è usato per cuocere il riso; dopo la seconda gli elementi sono serviti contemporaneamente, ma in piatti separati.

PER 6 PERSONE

Prima fase:

- 4 cipolle medie, intere e sbucciate
- 4 piccole patate, intere e sbucciate
- 1 spicchio di aglio
- 1 foglia di alloro
- 1 cucchiaini di semi di peperone rosso
- sale
- 3 tazze di acqua
- 2 libbre di halibut o eglafino in un pezzo solo

Seconda fase:

- 2 cucchiai di olio
- 1 spicchio di aglio
- 2 cucchiai di prezzemolo, tritato
- 1 pomodoro, pelato e tritato
- 1 confezione (6 once) di polpa di granchio, surgelata, o 1 scatola (6½ once) di polpa di granchio, scolata
- 1½ tazze di riso
- 1 pizzico di zafferano o ½ cucchiaino di paprica
- 1 limone, diviso in quattro

Per la prima fase, riunire in una pentola con l'acqua le cipolle, le patate, l'aglio, la foglia di alloro e i semi di peperone. Salare, portare a bollore e cuocere lentamente fino a quando le patate diventeranno morbide. Aggiungere il pesce e continuare a cuocere finché sarà morbido ma abbastanza compatto da non disintegrarsi. Scolarlo, metterlo al centro di un piatto da portata con le patate e le cipolle ai lati. Filtrare il liquido e riportare a bollore. Tenere caldo il piatto da portata. Per la seconda fase, in una padella o una casseruola termoresistente scaldare l'olio, unire l'aglio, il prezzemolo, il pomodoro, la polpa di granchio e cuocere per due o tre minuti. Aggiungere il riso, rimestando, poi lo zafferano, la paprica e il brodo bollente. Cuocere a fuoco alto per cinque minuti senza rimestare, poi ridurre la fiamma e lasciare sul fuoco fino a quando il riso sarà pronto e il liquido si sarà assorbito (ci vorranno circa 15 minuti). Servire nella padella o nella casseruola con gli spicchi di limone assieme al piatto con il pesce, oppure unire il pesce al riso cinque minuti prima di portare in tavola, con le patate e le cipolle in un piatto separato.

PER RICETTA
2670 cal., 245 g di proteine, 12 g di grassi (3 sat., 3 pol.)

▸ PATATE, PESCE E GAMBERI AL FORNO
(Patatas guisados con pescado, Spagna)

PER 4-6 PERSONE
- 6-8 di patate (3 libbre)
- 3 cucchiai di olio
- ¼ di tazza di latte scremato
- sale
- 3 once di salmone rosa in scatola, al naturale
- 15-20 gamberi, pelati e puliti
- 1 tazza di salsa di pomodoro (se il piatto è servito caldo) o ¼ di tazza di maionese (se il piatto è servito freddo)

Dividere le patate in quattro e lessarle in acqua salata fino a quando saranno morbide; scolarle, sbucciarle e passarle allo schiacciapatate. Amalgamare con l'olio e il latte per ottenere una consistenza liscia, regolando di sale. Oliare una casseruola dal fondo pesante e stendere sul fondo uno strato di patate, sopra distribuire uniformemente il salmone e coprire con quelle rimaste. Cuocere in forno a 350°F-180°C fino a doratura della superficie. Nel frattempo, sbollentare i gamberi in acqua salata e, se si intende servire il piatto caldo, scaldare la salsa di pomodoro. Quando le patate saranno cotte, distribuire i gamberi in superficie, versare una parte della salsa di pomodoro e servire con il resto della salsa in un recipiente a parte. Se si intende servire il piatto freddo, fare raffreddare la casseruola e i gamberi. Prima di portare in tavola, guarnire con la maionese e i crostacei.

Al posto del salmone si può usare tonno in scatola, sempre al naturale. Se si usa il salmone rosso, il piatto avrà un contenuto calorico un po' più alto.

PER RICETTA

piatto caldo: 1810 cal., 56 g di proteine, 43 g di grassi (6 sat., 4 pol.)
piatto freddo: 1940 cal., 54 g di proteine, 64 g di grassi (10 sat., 6 pol.)

► PILAF DI PESCE AL CURRY

(Pilau de morue à l'Indienne, Francia)

PER 4 PERSONE

- ◊ 1½ tazze di riso
- ◊ 4½ tazze di acqua
- ◊ 1 piccola cipolla, tritata
- ◊ 2 cucchiai di olio
- ◊ 2 cucchiai di farina
- ◊ 1 cucchiaio (o a piacere) di curry, in polvere
- ◊ sale
- ◊ 1 libbra di filetti di merluzzo (o altro pesce dalla carne bianca compatta), tagliati a pezzetti

In una pentola dal fondo pesante o a bagnomaria, lessare il riso in tre tazze di acqua salata fino a quando sarà morbido e avrà assorbito tutto il liquido (15-20 minuti). Intanto, cuocere la cipolla nell'olio su fiamma media. Mescolare alla farina il curry, salare e unire il composto all'olio, con una tazza e mezza di acqua calda. Cuocere, rimestando, fino ad addensamento. Aggiungere il pesce, coprire e lasciare sul fuoco finché il pesce sarà cotto ma ancora compatto (circa 10 minuti). Oliare uno stampo ad anello, riempire con il riso e rovesciare su un piatto da portata. Adagiare al centro dell'anello il pesce al curry.

PER RICETTA

1680 cal., 104 g di proteine, 27 g di grassi (3 sat., 3 pol.)

▶ INSALATA DI MARE
(Italia)

Il Café de Paris sulla via Veneto a Roma di solito ha in menù almeno due tipi di insalata di mare. Quando ci troviamo in città è difficile che non ce ne concediamo un bel piatto accompagnato dai panini tipicamente romani che si chiamano rosette. È vero che la varietà di frutti di mare impiegati al Café de Paris è praticamente impossibile da reperire in America, ma una deliziosa insalata preparata alla stessa maniera con una selezione di prodotti freschi, in scatola e/o surgelati, dà vita a un pranzo splendido, particolarmente adatto alla bella stagione.

PER 4 PERSONE

- ◊ 1 libbra di merluzzo (nasello)
- ◊ ¼ di libbra di gamberetti cotti, sgusciati
- ◊ 1 tazza (6½ once) di polpa di granchio
- ◊ 12 olive nere
- ◊ 3 cucchiai di olio
- ◊ il succo di 2 limoni
- ◊ sale, pepe
- ◊ lattuga

Sbollentare il pesce in acqua salata fino a quando non si sfalderà facilmente. Se non si tratta di pesce surgelato, ci vorranno meno di cinque minuti. Tagliare a pezzetti, scartando le lische. Riunire il pesce con i gamberetti, la polpa di granchio e le olive. Condire con l'olio, il succo di limone, sale e pepe. Fare raffreddare bene e servire su foglie di lattuga.

PER RICETTA

1110 cal., 141 g di proteine, 54 g di grassi (6 sat., 5 pol.)

▸ TONNO ALLA NIZZARDA
(Thon à la niçoise, Francia)

Questa ricetta può essere facilmente adattata a ogni fabbisogno calorico. Ne presentiamo tre versioni: la nostra preferita, preparata con tonno in scatola al naturale e funghi freschi cotti in olio, un'altra a contenuto calorico ridotto con tonno in scatola al naturale e funghi cotti in acqua, una terza, più robusta, con tonno in scatola all'olio. Tutte sono a basso contenuto di grassi saturi.

PER 4 PERSONE
I versione:
- ¼ di libbra di funghi
- 3 cucchiai di olio
- 1 cipolla, tritata
- 1 scatola (1 libbra) di pomodori pelati, con il liquido di conserva
- ¼ di cucchiaino di origano
- sale, pepe
- 1 scatola (4½ once) di olive nere, tritate
- 2 cucchiai di prezzemolo, tritato
- 2 scatole (7 once ciascuna) di tonno al naturale, scolato

Affettare i funghi e farli saltare nell'olio su fiamma bassa per 10 minuti. Aggiungere la cipolla e cuocere per altri cinque minuti. Unire il pomodoro, l'origano, sale e pepe. Coprire e continuare la cottura per 15 minuti. Ora aggiungere le olive, il prezzemolo e il tonno. Amalgamare bene e lasciare sul fuoco finché sarà ben caldo.

PER RICETTA
1050 cal., 120 g di proteine, 54 g di grassi (6 sat., 4 pol.)

II versione:
- ◊ 1 scatola (4 once) di funghi con i gambi, scolati e tritati
- ◊ 1 scatola (1 libbra) di pomodori pelati, con il liquido di conserva
- ◊ 1 cucchiaio di fiocchi di cipolla essiccati
- ◊ ¼ di cucchiaino di origano
- ◊ sale, pepe
- ◊ 1 scatola (4½ once) di olive nere, tritate
- ◊ 2 cucchiai di prezzemolo, tritato
- ◊ 2 scatole (7 once ciascuna) di tonno al naturale, scolato

Fare sobbollire per 15 minuti i funghi e i pelati con i fiocchi di cipolla, l'origano, sale e pepe. Unire le olive, il prezzemolo e il tonno. Amalgamare e riscaldare bene.

PER RICETTA
670 cal., 119 g di proteine, 15 g di grassi (1 sat., 1 pol.)

III versione:
- ◊ ¼ di libbra di funghi, affettati
- ◊ 1 cipolla, tritata
- ◊ 1 scatola (1 libbra) di pomodori pelati, con il liquido di conserva
- ◊ ¼ di cucchiaino di origano
- ◊ sale, pepe
- ◊ 1 scatola (4½ once) di olive nere, tritate
- ◊ 2 cucchiai di prezzemolo, tritato
- ◊ 2 scatole (7 once ciascuna) di tonno all'olio

Scolare l'olio dalle scatole di tonno e cuocervi i funghi per 10 minuti; aggiungere prima la cipolla, poi il pomodoro, l'origano, sale, pepe. Coprire e lasciare su fiamma bassa per altri 15 minuti. Unire le olive, il prezzemolo e il tonno. Amalgamare e riscaldare bene.

PER RICETTA
1270 cal., 99 g di proteine, 87 g di grassi (20 sat., 31 pol.)

CAPITOLO XIV
Piatti unici

Nei libri di cucina è consuetudine classificare i piatti secondo gli ingredienti principali. La cucina mediterranea, soprattutto di casa, abbonda di ricette in cui piccole quantità di carne o di pesce vengono abbinate a generose porzioni di verdure o cereali, o entrambi, per creare pietanze deliziose ma anche relativamente economiche. Talvolta le ricette sono pensate al momento per recupere gli avanzi, ma spesso gli ingredienti sono acquistati, raccolti nell'orto o scelti dalla dispensa appositamente per prepararne una. Tante risalgono a tempi molto precedenti l'epoca del frigorifero, ma è pratica comune improvvisare in base alla disponibilità degli ingredienti.

Le ricette che non si prestano a essere incluse nei capitoli intitolati a singoli ingredienti sono raggruppati qui come piatti unici. Anche se si conformano alla tradizione, molte possono essere prese a esempio per ispirare eventuali invenzioni future. L'unico avviso al lettore è di non arricchirle aumentando la proporzione di ingredienti di origine animale.

▶ CAVOLO RIPIENO ALLA PROVENZALE
(Chou farci à la provençale, Francia)

Con molte varianti, il cavolo ripieno è un piatto diffuso in tutti i Paesi mediterranei. Ne esistono tante interpretazioni sulla costa da Genova a Gibilterra, tra cui, sulla Rocca, una di ispirazione britannica. In Grecia si usano le foglie di vite per preparare le classiche *dolmades* ma, se necessario, si fa ricorso alle foglie di cavolo. Si tratta, in sostanza, di un ripieno di carne macinata e mollica di pane o riso avvolto o intramezzato da foglie di cavolo sbollentate e cotte lentamente per ore in vino, brodo, acqua o in un insieme di questi liquidi. Si possono usare carne fresca o avanzata e aggiungere al ripieno verdure miste. Qualche pezzetto di carne affumicata o salsiccia, cipolla e aglio valorizza ulteriormente il sapore.

La ricetta che segue proviene dalla Francia meridionale. In Spagna il formaggio potrebbe essere omesso ma si inserirebbe una dose maggiore di aglio e cipolla. Le famiglie povere inoltre userebbero più pane e riso, meno carne. A ogni modo, quasi tutte le ricette dell'area producono risultati nutrienti, poco calorici. Si tratta di piatti semplici da preparare e assai economici, e il cuoco fantasioso saprà variare gli ingredienti in base a quelli a disposizione. Al ripieno si possono unire pezzetti di carota, scalogno e altre verdure. Mezza libbra di qualsiasi tipo di carne magra potrà sostituire il miscuglio indicato nella nostra ricetta. Utilizzando coniglio o selvaggina, il piatto si potrebbe chiamare "cavolo ripieno alla cacciatora". Se si ha a disposizione del riso cotto, è consigliabile usarne una tazza e mezza anziché la mezza tazza di riso crudo. Se si impiega più brodo, il liquido di cottura scolato può essere portato in tavola come minestra prima del cavolo stesso. È così che spesso viene servito il *cocido* in Spagna. Invece di disporre le foglie di cavolo e il ripieno a strati, come indicato qui, le foglie possono essere ripiegate e legate per formare fagottini tipo *dolmades*. A seconda dei gusti, il piatto può essere rifinito con una besciamella e una spolverata di prezzemolo tritato o formaggio grattugiato, ma l'effetto calorico sarà più pesante.

PER 6 PERSONE

- 1 cavolo medio
- ¼ di libbra di maiale magro, macinato
- ¼ di libbra di manzo magro, vitello o pollo, macinato
- 2 once di bacon magro o salsiccia affumicato, tritata
- 1 cipolla, tritata
- 1 spicchio di aglio
- 1 uovo
- 2 once di formaggio grattugiato
- 1 tazza di pangrattato o ½ tazza di riso crudo
- sale, pepe, timo
- 2 cucchiai di olio
- 1 bicchiere di vino bianco secco, o brodo di manzo o di dado
- 1 tazza di acqua

Sbollentare il cavolo per quattro o cinque minuti. Lasciare raffreddare, poi ritagliare la parte dura, separare le foglie e tritare il cuore. Riunire tutti gli altri ingredienti, tranne i liquidi, aggiungere il cuore tritato del cavolo e cuocere in poco olio. Versare l'olio rimasto in una casseruola con coperchio, e disporre a strati successivi foglie e ripieno, finendo con le foglie. Versare il vino o il brodo e l'acqua sul cavolo farcito e sobbollire, coperto, per parecchie ore. Si può togliere il coperchio nell'ultima mezz'ora per ridurre il liquido di cottura (a meno che non si voglia servirlo a parte come minestra, nel qual caso occorre aggiungere qualche altra tazza di brodo). I valori nutrizionali si ridurranno leggermente se si usa riso anziché pangrattato.

PER RICETTA

1430 cal., 85 g di proteine, 65 g di grassi (23 sat., 5 pol.)

▶ ZUPPA DI LENTICCHIE
(Grecia e Mediterraneo orientale)

Nella Bibbia si racconta che Esaù, fratello gemello di Giacobbe, «vendette il diritto di primogenitura per un piatto di lenticchie». Gli studiosi discutono su ciò che accadde effettivamente a Esaù ma concordano sul fatto che comunque gli fu dato un piatto di zuppa di lenticchie, probabilmente simile a quella descritta sotto. Variazioni sul tema sono tuttora diffuse nel Mediterraneo orientale, Grecia compresa. In quella parte del mondo, la quantità di agnello presente nella ricetta dipende dalle condizioni economiche di chi prepara il piatto, tranne nei periodi di digiuno quando la Chiesa ortodossa non ammette carne. I tempi di cottura delle lenticchie variano molto. In alcuni casi è consigliabile bagnarle per alcune ore prima di cuocerle, ma quelle acquistate da noi in Grecia, e talvolta negli Stati Uniti, diventano morbide dopo un'ora di cottura senza necessità di ammollarle precedentemente.

PER 8 PERSONE

- 1 libbra di lenticchie
- 3 quarti di acqua
- 1 libbra di spalla di agnello, tagliata in cubetti di ½ pollice
- 6 cipolle medie, affettate
- ¼ di tazza di olio
- 4 carote, tritate
- 1 peperone verde, privato dei semi e tritato
- 1 scatola (1 libbra) di pelati, scolati, o 1 libbra di pomodori freschi
- 2 gambi di sedano, affettati
- sale, pepe
- ½ cucchiaino di timo (facoltativo)

Cuocere lentamente le lenticchie nell'acqua fino a quando saranno morbide (ci vorrà un'ora circa), poi scolarle, conservando il liquido. Fare saltare la carne e la cipolla nell'olio per una decina di minuti. In una pentola o casseruola da due quarti, riunire la carne con le lenticchie e le verdure, aggiungendo una quantità del liquido messo da parte sufficiente per coprire il tutto. Condire con sale, pepe e, se piace, il timo. Coprire e cuocere in forno a 250°F-120°C per due ore.

PER RICETTA

3250 cal., 222 g di proteine, 66 g di grassi (18 sat., 32 pol.)

▸ PASTICCIO DEL PASTORE

(molti Paesi, in questo caso una versione greca)

I libri di cucina americani e britannici spesso presentano ricette per stufati o pasticci cotti in forno ricoperti con uno strato di patate schiacciate. Possono essere chiamati o *shepherd's pie* (torta del pastore) o *cottage pie* (torta alla campagnola), ma non esiste una chiara e condivisa distinzione tra i due nomi. Per prepararli si può usare qualsiasi tipo di carne assieme, tipicamente, alle cipolle tritate. Si tratta di un modo ovvio e facile di sfruttare eventuali avanzi ma, quando il piatto è cucinato bene, il risultato finale può essere eccellente. Per contro, pochi piatti sono peggiori di uno *shepherd's pie* fatto con patate schiacciate acquose buttate sopra un pasticcio di avanzi anonimi. La ricetta greca che segue contiene la precisazione, non prevista dall'originale, che l'agnello debba essere magro. In sostituzione si può usare manzo magro.

PER 4 PERSONE

- 4-6 patate (2 libbre)
- 3 cucchiai di olio
- latte
- sale, pepe
- 1 libbra di agnello magro, tritato grossolanamente

- 2 cipolle piccole, tritate
- 1 spicchio di aglio
- 1 pomodoro, pelato e tritato grossolanamente

Lessare le patate e sbucciarle. Schiacciarle con un cucchiaio di olio e qualche goccio di latte in modo da ottenere una purea densa e liscia, da condire con sale e pepe. In una pentola versare un altro cucchiaio di olio e, rimestando, rosolare la carne per 10 minuti. Salare a piacere. Oliare una casseruola e stendere sul fondo metà della purea. Coprire con la carne e sistemate su questa la purea rimasta. Cuocere in forno a 350°F-180°C fino a leggera doratura della superficie.

PER RICETTA
2270 cal., 98 g di proteine, 129 g di grassi (58 sat., 6 pol.)

▸ TORTA DI SPINACI E FORMAGGIO
(Spanakopitta, Grecia)

PER 12 FETTE GRANDI O 20 FETTE PICCOLE

- 1 libbra di spinaci freschi o 2 confezioni di spinaci surgelati, tritati
- 1 cipolla, tritata
- ¼ di libbra di feta[1], sbriciolata
- 2 uova, sbattute
- 2 cucchiai di prezzemolo, tritato
- sale
- 1 pizzico di noce moscata
- ½ libbra di pasta fillo[2]
- ½ tazza di olio

1. In alternativa alla feta, usare mezza libbra di fiocchi di latte scremato mescolata con due cucchiai di pecorino romano grattugiato oppure una tazza di besciamella densa con mezza tazza di formaggio non molto saporito grattugiato.
2. In assenza di fillo, usare la pasta all'olio facile.

Lavare gli spinaci freschi, scolarli e asciugarli strizzandoli in uno strofinaccio. Tritare finemente. Se si usano quelli surgelati, scongelare e asciugare bene. Amalgamarli con la cipolla, il formaggio, uova e prezzemolo, condire con sale e un pizzico di noce moscata. Oliare una teglia da forno di 8x8 pollici, alta un pollice e mezzo, e stendere sul fondo una sfoglia di fillo (coprendo le altre con un panno umido). Inumidirla con olio e coprirla con altre tre o quattro sfoglie, spennellando ciascuna di olio e facendo in modo che salgano sui lati della teglia. Aggiungere il ripieno e sistemare altre cinque o sei sfoglie, continuando a spruzzare ciascuna di esse con olio. Pizzicare i bordi per unirli e, con un coltello affinato, segnare la superficie dell'ultima sfoglia a quadretti. Cuocere in forno a 350°F-180°C.

PER RICETTA

con feta o fiocchi di latte e pecorino romano: 2050 cal., 88 g di proteine, 108 g di grassi (32 sat., 55 pol.)

con besciamella e formaggio blando: 2350 cal., 66 g di proteine, 152 g di grassi (44 sat., 71 pol.)

▶ PEPERONI RIPIENI DI CARNE E RISO

(Piperies yemistes, Grecia)

PER 8 PERSONE

- ¼ di tazza di olio
- 2 cipolle
- 1 libbra di carne magra, tritata
- ½ tazza di riso
- 2 cucchiai di prezzemolo, tritato
- 2 cucchiai di concentrato di pomodoro
- 2 tazze di acqua
- sale, pepe
- ½ cucchiaino di cannella
- 8 peperoni verdi

In una padella, scaldare due cucchiai di olio e fare saltare la cipolla fino a quando sarà morbida. Unire la carne e rimestare per qualche minuto, poi aggiungere il riso, il prezzemolo e un cucchiaio di concentrato di pomodoro diluito in una tazza di acqua. Condire con sale, pepe, cannella e cuocere lentamente per 10 minuti al massimo. Tagliare una fetta dai peperoni, privarli dei semi, spennellare la parte esterna con olio e disporli sul fondo di una teglia da forno oliata. Farcirli con il ripieno, lasciando spazio perché il riso possa gonfiare. Rimettere a posto le fette tagliate e spruzzare con olio. Diluire l'altro cucchiaio di concentrato nella seconda tazza di acqua, versarla nella teglia e infornare a 350°F-180°C per 45 minuti circa.
Con lo stesso ripieno si possono farcire i pomodori, utilizzando la loro polpa interna al posto del concentrato e aggiungendo, per ognuno, mezzo cucchiaino di zucchero. Preparati in questo modo, pomodorie peperoni sono spesso cotti e serviti insieme.

PER RICETTA

con peperoni o pomodori: 1750 cal., 103 g di proteine, 105 g di grassi (34 sat., 5 pol.)

SFORMATO DI MELANZANE
(Moussaka)

PER 10-12 PERSONE

- 2 libbre di melanzane
- ½ tazza di olio di semi o di oliva, o metà e metà
- 1 libbra di manzo magro, tritata
- 2 cipolle, tritate
- 1 libbra di pomodori pelati in scatola, scolati e tritati
- ¼ di tazza di prezzemolo, tritato
- sale, pepe
- 2 tazze di pangrattato
- 2 tazze di besciamella
- noce moscata
- 2 uova, leggermente sbattute
- ½ tazza di formaggio, grattugiato

Affettare le melanzane senza sbucciarle, mettere in un colapasta e coprire con abbondante sale. Lasciare riposare per almeno mezz'ora. Sciacquare le fette e asciugarle. Rosolarle in olio su entrambi i lati, poi tamponare il grasso in eccesso con carta da cucina. Soffriggere in olio la carne e la cipolla. Unire i pelati e il prezzemolo, salare, pepare e cuocere lentamente per 15-20 minuti. Fuori dal fuoco amalgamare, rimestando, una tazza di pangrattato. Quando la salsa sarà densa, spegnere la fiamma, aggiungere un pizzico di noce moscata e incorporare le uova sbattute. Per assemblare la *moussaka*, oliare una teglia da forno (tradizionalmente quadrata o rettangolare), spolverare il fondo con un po' di pangrattato e stendere uno strato di fette di melanzana. Coprire con il sugo di carne, poi con altre melanzane. Versare la besciamella, spolverare con il pangrattato rimasto e il formaggio grattugiato. Infornare a 350°F-180°C per 30-45 minuti, quando sulla superficie si sarà formata una crosticina.

Chi è attento alle calorie può preparare il piatto senza friggere le melanzane. Disporre le fette crude nella teglia nella maniera descritta sopra, aggiungere un'ulteriore mezza tazza di pomodori pelati o mezzo bicchiere di vino bianco al sugo di carne, e cuocere in forno per altri 30 minuti. Questo procedimento ridurrà il totale delle calorie di un quinto.

PER RICETTA
4310 cal., 187 g di proteine, 239 g di grassi (60 sat., 86 pol.)

▶ SFORMATO DI ZUCCHINE
(Zucchini moussaka, Grecia)

PER 4 PERSONE
- ◊ 5 zucchine (2 libbre)
- ◊ ¼ di tazza di olio vegetale
- ◊ 1 cipolla
- ◊ 1 spicchio di aglio
- ◊ ¼ di libbra di carne magra, macinata o tritata
- ◊ 2 tazze di pomodori freschi pelati e tritati, o pelati scolati
- ◊ sale, pepe
- ◊ 1 tazza di besciamella densa
- ◊ ½ tazza di parmigiano, grattugiato

Affettare le zucchine, senza sbucciarle, in rondelle spesse un quarto di pollice. In una padella, scaldare metà dell'olio. Rosolare le rondelle su entrambi i lati, poche alla volta, e asciugarle su carta da cucina. Cuocere la cipolla, l'aglio e la carne nell'olio rimasto, rimestando, per cinque minuti. Unire i pomodori e continuare la cottura su fiamma bassa per 10 minuti circa. Condire con sale e pepe. Per assemblare la *moussaka*, stendere metà delle rondelle di zucchine sul fondo di una teglia oliata, coprire con la salsa di pomodoro, poi con le zucchine rimaste. Distribuire sopra la besciamella, spolverare con formaggio grattugiato e cuocere in forno a 350°F-180°C per 20-30 minuti.

PER RICETTA
1480 cal., 63 g di proteine, 102 g di grassi (23 sat., 41 pol.)

▶ SARTÙ DI RISO ALLA NAPOLETANA
(Italia)

Il classico sartù richiede almeno 25 ingredienti e prevede quattro preparazioni diverse, che poi vengono assemblate per creare un timballo, o sformato, da cuocere in forno. I cuochi che non si sentono intimoriti da tutte queste complicazioni troveranno una ricetta tipica di sartù nel libro di Ada Boni, *Italian Regional Cooking* (E. P. Dutton, New York, 1968). Sotto presentiamo la nostra ricetta per una versione semplificata. Il ragù e il riso sono preparati separatamente ma possono essere cotti contemporaneamente prima di unirli nello stampo. La principale differenza rispetto al sartù classico è che, per quest'ultimo, minuscole polpettine sono fritte a parte e poi mescolate al ragù, la cui preparazione può variare secondo la fantasia del cuoco. A Napoli sono spesso aggiunti altri ingredienti come fegatini di pollo, animelle (proibite a chi si preoccupa dei suoi livelli di colesterolo!), qualche uovo e/o mozzarella. Quando lo stampo è pronto da mettere in forno, si può cospargere la superficie con pangrattato o cracker sbriciolati e/o formaggio grattugiato (in tal caso, consigliamo di aggiungere qualche noce di margarina morbida).

PER 6-8 PERSONE

Per il ragù:

- ◊ 2 cucchiai di olio vegetale
- ◊ ½ libbra di manzo, macinato
- ◊ 1 oncia di bacon canadese o salame piccante, tritato
- ◊ 1 cucchiaio di cipolla, tritata
- ◊ ¼ di libbra di funghi freschi, tritati
- ◊ ½ bicchiere di vino bianco secco
- ◊ 2 cucchiai di concentrato di pomodoro
- ◊ 1 tazza di piselli, sbaccellati
- ◊ sale, pepe

Rosolare leggermente le carni e la cipolla in due cucchiai di olio, poi unire i funghi. Aggiungere il vino, il concentrato di pomodoro, i piselli, condire con sale e pepe, quindi fare sobbollire il ragù mentre si prepara il riso (in alternativa, il ragù può essere preparato precedentemente e riscaldato prima di unirlo al riso).

Per il riso:
- 3 tazze di brodo di manzo o di dado
- 2 tazze di concentrato di pomodoro, oppure di salsa di pomodoro pronta in 10 minuti (ricetta a pag. 515)
- 1 cucchiaio di olio vegetale
- 1 libbra (2¼tazze) di riso
- ¼ di tazza di prezzemolo, tritato
- 3 once (1 tazza scarsa) di formaggio grattugiato preferibilmente parmigiano
- 2 cucchiai di margarina morbida

Per il sugo:
- ½ tazza di ragù (vedi sopra)
- 1-2 tazze di concentrato di pomodoro, oppure di salsa di pomodoro pronta in 10 minuti (ricetta a pag. 515)
- 2 ciuffetti di basilico fresco o 1 pizzico di basilico secco
- 2-3 gocce di succo di aglio o 1 pizzico di sale all'aglio (facoltativo)

In una pentola dal fondo pesante, portare a bollore il brodo assieme alla salsa di pomodoro, aggiungere un cucchiaio di olio e il riso, poi cuocere, coperto, su fiamma media per 15 minuti. Versare poca acqua o togliere il coperchio verso la fine affinché ci sia sempre liquido sufficiente durante la cottura ma sia del tutto assorbito quando il riso sarà perfettamente al dente. Lasciare raffreddare, quindi unire il prezzemolo e la metà del formaggio grattugiato. Con la margarina ungere uno stampo da forno rotondo e riempirlo con circa tre quarti del riso, lasciando un incavo al centro per accogliere il ragù. Di questo, mettere da parte una mezza tazza per il condimento da portare in tavola e versare il rimanente nello stampo. Coprire con il riso rimasto e cospargere la superficie con l'altra metà del formaggio grattugiato. Chiudere lo stampo e cuocere a 350°F-180°C per un'ora circa. Sfornare e, dopo 10 minuti, rovesciare lo stampo su un grande piatto. Mescolare la mezza tazza di ragù tenuto da parte con il concentrato o la salsa di pomodoro, scaldare aggiungendo il basilico e servire separatamente. Il sugo finale può essere ulteriormente insaporito con due o tre gocce di succo di aglio o un pizzico di sale all'aglio.

PER RICETTA
3340 cal., 124 g di proteine, 124 g di grassi (31 sat., 32 pol.)

▸ CAVOLFIORE GRATINATO CON TONNO
(Italia)

PER 6 PERSONE

- 1 grosso cavolfiore
- 1 scatola (7 once) di tonno all'olio, in scatola
- 1 tazza di besciamella
- ½ tazza di pangrattato
- 1 cucchiaio di margarina morbida

Spezzettare il cavolfiore in cimette e lessarle in poca acqua calda fino a quando saranno morbide, badando a non farle scuocere. Scolarle e disporle in una casseruola da forno. Sgocciolare il tonno e mescolarlo alla besciamella. Versare il composto sul cavolfiore, cospargere la superficie con il pangrattato e la margarina. Infornare a 350°F-180°C per una ventina di 20 minuti o finché in pangrattato sarà dorato.

PER RICETTA
1210 cal., 85 g di proteine, 54 g di grassi (13 sat., 19 pol.)

▸ TORTA DI CIPOLLE

(Tarte à l'oignon, Francia. Pizza rustica di cipolle, Italia)

La Francia propone molte ricette per torte o crostate di cipolle. In generale, il guscio di pasta sfoglia è farcito con cipolle cotte assieme ad altri ingredienti, che variano dalle uova sbattute alle acciughe e alle olive; il tutto è infornato per 30-40 minuti. Il guscio può essere di pasta frolla preparata con farina e burro, ma al Sud, specie sulla costa, è più probabile che sia di pasta di pane. In quella zona mediterranea il piatto classico, condito con acciughe e olive nere, è la *pissaladière*, italianizzata in *pissaladina* a Nizza e dintorni, così chiamata in riferimento al fatto che una *pissala*, pasta di acciughe speziata, può essere impiegata al posto delle acciughe salate. La torta di cipolle stile *pissaladière* è un piatto diffuso in molte località del Mediterraneo. Sotto il nome Pizza rustica leccese, la compianta Ada Boni ha pubblicato una ricetta che sarebbe tipica di Lecce, sul tacco dello Stivale italiano. Ma, in sostanza, è identica ad altre preparazioni presentate come indigene della Provenza e della Riviera francese. Un nome appropriato per il piatto italiano potrebbe essere Pizza rustica di cipolle.
La ricetta presentata di seguito corrisponde alla versione più diffusa della torta di cipolle mediterranea, anche se i pomodori o l'aglio o entrambi sono talvolta omessi. Cipolle lesse possono essere usate al posto di quelle fritte; in entrambi i casi, alcuni cuochi ne fanno una purea. Talvolta sono aggiunti pezzetti di bacon magro o prosciutto o altri salumi affumicati.
Seguendo, più o meno, la stessa ricetta, una torta o pizza verde può essere preparate con costine, erbette e simili al posto delle cipolle. In questo caso, le verdure cotte vanno asciugate molto bene prima di usarle per farcire la torta. Si possono omettere i pomodori o sostituirli con il concentrato e, anziché le acciughe, aggiungere pepe e capperi.

PER 10-12 PERSONE

- 1 tavoletta di lievito o 1 confezione di lievito in polvere
- 1 pizzico di zucchero
- 1¼ tazze di acqua tepida
- 1 cucchiaino di sale
- ¼ di tazza più 1 cucchiaio di olio
- 3 tazze di farina
- 1½ libbre di cipolle, affettate
- 1 spicchio di aglio
- 1 libbra di polpa di pomodoro o 1 scatola (6 once) di concentrato di pomodoro
- sale, pepe
- 6-10 filetti di acciuga
- ½ tazza di piccole olive nere, snocciolate

Diluire il lievito e lo zucchero in un quarto di tazza di acqua tiepida e lasciare riposare per cinque minuti. Aggiungere il sale, la farina e acqua tiepida sufficiente per ottenere un impasto morbido (una tazza circa). Mescolare bene, rovesciare su un ripiano infarinato e impastare vigorosamente. Oliare un recipiente, trasferirvi l'impasto, coprire e lasciare riposare in un luogo caldo per 45 minuti circa, o fino a quando sarà raddoppiato in volume. Mentre l'impasto lievita, cuocere lentamente le cipolle e l'aglio in un quarto di tazza di olio senza lasciare che prendano colore. Dopo 15 minuti circa, aggiungere la polpa o il concentrato di pomodoro, sale, pepe e cuocere per altri 15 minuti. Quando la palla di impasto sarà grande il doppio, stenderla e usarla per foderare una teglia da torte. Riempire il guscio con il ripieno di cipolle e pomodoro, guarnire con i filetti di acciuga e le olive e cuocere in forno a 400°F-200°C per 30 minuti.

PER RICETTA

2230 cal., 56 g di proteine, 80 g di grassi (7 sat., 6 pol.)

▶ PIZZA RUSTICA DI VERDURE
(Italia)

Preparata alla stessa maniera della torta di cipolle appena presentata, questa ricetta valorizza ogni tipo di verdure a foglia larga. Lattuga, catalogna, cavolo verde, spinaci e anche le foglie tenere di cavoli novelli possono essere riunite insieme allo scopo.

PER 8-10 PERSONE

- ◊ 1½ libbre di verdure a foglia, tritate grossolanamente
- ◊ 2 spicchi di aglio
- ◊ ¼ di tazza di olio
- ◊ sale, pepe
- ◊ capperi, formaggio grattugiato, noce moscata (facoltativo)

In una casseruola coperta, cuocere su fiamma moderata le foglie tritate e l'aglio nell'olio, condendo con sale e pepe. Quando saranno quasi cotte, eliminare l'aglio, scolare e regolare di sale e pepe, se necessario. Farcire il guscio di pasta con le verdure. A meno che non si voglia ottenere un effetto blando, aggiungere un cucchiaino di capperi o un pizzico di noce moscata o una bella spolverata di formaggio grattugiato. Cuocere in forno per mezz'ora a 400°F-200°C.

PER RICETTA

1930 cal., 57 g di proteine, 68 g di grassi (7 sat., 7 pol.)

ZUCCHINE RIPIENE DI TONNO
(Italia)

PER 4 PERSONE

- 3 zucchine grosse o 6 piccole (2 libbre)
- 1 tazza di mollica di pane
- 1 cucchiaio di prezzemolo, tritato
- pepe
- 1 scatola (3½ once) di tonno all'olio, scolato
- 1 cucchiaio di olio
- 1 spicchio di aglio
- 2 tazze di salsa di pomodoro

Spuntare e svuotare le zucchine, utilizzando un levatorsoli o l'estremità del manico di un cucchiaino. Mettere la mollica in una ciotola, unire il prezzemolo, pepe a piacere e il tonno. Mescolare fino a ottenere una pasta liscia e usarla per farcire le zucchine. Nella teglia in cui si cuoceranno versare l'olio, aggiungere l'aglio, rosolare per un paio di minuti, poi unire la salsa di pomodoro. Aggiungere le zucchine e cuocere, in forno a 350°F-180°C o sul fornello a fiamma dolce, per circa 30 minuti, fino a quando saranno morbide, ungendole di tanto in tanto. La salsa non deve essere eccessivamente densa: versare acqua durante la cottura, se necessario.

PER RICETTA

880 cal., 47 g di proteine, 38 g di grassi (5 sat., 10 pol.)

▶ STUFATO DI POLLO, CECI E VERDURE
(Cocido a la valenciana, Spagna)

Nei libri di cucina spagnola il *cocido*, che significa letteralmente bollito, è presentato talvolta come zuppa, talaltra come stufato. In realtà si tratta di un piatto unico in cui il liquido di cottura è scolato e servito come minestra, spesso con l'aggiunta di riso o vermicelli. Segue una pietanza consistente in pollo, o altra carne, e verdure. Ai cuochi piace avere a disposizione, il giorno successivo, qualche porzione avanzata da abbinare al riso. Si tratta di un piatto non solo delizioso ma anche molto facile da preparare. Gli ingredienti variano assai, a seconda della regione e delle materie prime a disposizione. Si passa dalla semplice mescolanza di ceci, patate e cavoli a versioni più elaborate con diversi tipi di carne, tra cui alcuni insoliti negli Stati Uniti, come le orecchie di maiale e le varie salsicce spagnole. Ecco una versione tipica di Valencia.

PER 8 PERSONE

- ◊ 1 pollo, tagliato a pezzetti
- ◊ 1 libra di vitello magro, tagliato a bocconcini
- ◊ 1 osso di prosciutto o simile
- ◊ 4 grosse patate, sbucciate e divise in quattro, oppure 8 patate piccole, sbucciate e lasciate intere
- ◊ 2 rape, sbucciate a tagliate grossolanamente
- ◊ 2 gambi di sedano, tagliati in lunghezze di 3 pollici
- ◊ 5-6 carote, tagliate a pezzetti
- ◊ 1 libbra di fagiolini
- ◊ 1 scatola (15 once) di ceci, scolati
- ◊ 1 pizzico di zafferano
- ◊ sale, paprica
- ◊ riso o vermicelli, da aggiungere al brodo (facoltativo)

Mettere i pezzi di pollo, vitello e l'osso di prosciutto in una pentola o in una casseruola. Coprire con acqua fredda, portare a bollore, abbassare la fiamma e cuocere, a contenitore parzialmente coperto, per un'ora e mezza. Aggiungere le patate, le rape, il sedano, le carote, i fagiolini e i ceci. Insaporire con lo zafferano, sale e paprica. Cuocere per mezz'ora ancora. Per servire, scartare l'osso. Togliere dal brodo il pollo, la carne e le verdure. Disporli su un piatto da portata e tenerli caldi mentre si gusta la minestra preparata con il brodo del *cocido*, arricchita a piacere con riso o vermicelli cotti separatamente in acqua salata o nel brodo stesso.

PER RICETTA
3990 cal., 409 g di proteine, 112 g di grassi (40 sat., 20 pol.)

▸ STUFATO DI MANZO, CECI E VERDURE
(Cocido a la andaluza, Spagna)

Un'altra versione del *cocido*. Leggere la parole introduttive alla ricetta dello stufato di pollo, ceci e verdure.

PER 6 PERSONE
- 1 libbra di manzo magro
- 1 oncia di carne salata di maiale
- 1 osso di prosciutto
- 1 cipolla, tritata
- sale
- 2 once di vermicelli
- 4 patate piccole, sbucciate
- 2 scatole (15 once l'una) di ceci, scolati
- ½ cavolo medio, tagliato in 6-8 pezzi
- 1 libbra di fagiolini
- paprica

Mettere le carni, l'osso e la cipolla in una pentola. Coprire con acqua, salare e cuocere fino a quando le carni saranno tenere (ci vorrà un'ora abbondante). Trasferire il brodo, tranne mezza tazza, in un'altra pentola per preparare la minestra. Portare a bollore, aggiungere i vermicelli e lessarli (circa 10 minuti). Nel frattempo, eliminare l'osso e aggiungere alle carni le patate, i ceci, il cavolo, i fagiolini e un pizzico di paprica. Incoperchiare e lasciare su fiamma bassa finché le verdure saranno morbide. Lo stufato sarà pronto quando i commensali avranno finito di mangiare la minestra.

PER RICETTA
2380 cal., 171 g di proteine, 61 g di grassi (21 sat., 3 pol.)

PAELLA

Fuori dalla Spagna il piatto nazionale più noto è certamente la paella, preparazione versatile a base di riso, bella da vedersi nella sua casseruola tradizionale, deliziosa e nutriente, dagli ingredienti vari, ovvero combinazioni diverse di pollo o altre carni, pesce, frutti di mare, verdure.

Il nome deriva da quello del recipiente ampio e basso, dal doppio manico, in ghisa o terraglia, in cui è cotta e servita. Il luogo di origine è Valencia, dove si conserva la tradizionale ricetta che prevede la presenza di coniglio o pollo, riso, olio, zafferano e tre tipi di fagioli: fagiolini verdi, fagioli di Lima e una varietà che non abbiamo mai visto negli Stati Uniti. A Valencia la ricetta è venerata, tant'è vero che i tre tipi di fagioli possono essere confezionati insieme in scatole che portano l'etichetta Verdure per paella. Una paella non è considerata genuina se sono inclusi altri ingredienti ma, ciononostante, nei paesi costieri si aggiungono pesci e frutti di mare. C'è chi poi ritiene essenziale la presenza di anguilla e lumache, spesso finiscono in pentola pomodori e, qualche volta, carne di maiale, salsiccia o pancetta. Non abbiamo mai mangiato una paella che non fosse molto appetitosa.

▶ Paella I
(Spagna)

Spesso abbiamo mangiato e apprezzato la paella della signora Gloria Grande e dobbiamo ringraziarla per averci permesso di pubblicare nel nostro *Eat Well and Stay Well* la ricetta, che aveva portato dalla Spagna e adattato agli ingredienti disponibili negli Stati Uniti Negli anni trascorsi da allora vi ha apportato alcune modifiche. Ecco la sua ricetta aggiornata.

PER 8 PERSONE
- ◊ 1 pollo
- ◊ ¼ di tazza di olio
- ◊ 4 tazze di acqua
- ◊ 1 libbra di gamberi (freschi, con il guscio, o surgelati)
- ◊ ½ libbra di maiale magro
- ◊ 1 spicchio di aglio
- ◊ 1 peperone verde, tritato
- ◊ 1 pomodoro, pelato e tritato
- ◊ 1 libbra di cappesante (fresche o surgelate)
- ◊ 2 tazze di riso
- ◊ il succo di 1 limone
- ◊ 1 pizzico di zafferano
- ◊ sale
- ◊ 10 once di fagioli di Lima novelli o di piselli sbaccellati (freschi o surgelati)

Tagliare il pollo in bocconcini. Friggerli in due cucchiai di olio fino a quando saranno dorati su tutti i lati. Togliere dalla padella e mettere da parte. Versare una tazza di acqua nella padella. Rimestare e cuocere per permettere all'acqua di prendere il sapore del pollo dorato, facendo attenzione che eventuali pezzetti di carne non si attacchino al fondo. Mettere da parte l'acqua. Lessare per due minuti i gamberi in due tazze di acqua. Mettere da parte l'acqua e sgusciare i crostacei. Rifilare dal maiale l'eventuale grasso in eccesso e scartarlo. Tagliare la carne in bocconcini e friggerli in due cucchiai di olio per una decina di minuti. Toglierli dalla padella e, nello stesso olio, soffriggere brevemente insieme l'aglio, il peperone, il pomodoro. Unire i gamberi e le cappesante, il riso, il succo di limone, l'acqua di cottura del pollo e dei gamberi, con l'aggiunta di altra acqua per un totale di quattro tazze. Pestare lo zafferano con un po' di sale e buttarlo in pentola. Amalgamare bene e regolare il condimento, salando se necessario. Unire i fagioli o i piselli e il pollo e cuocere per 10 minuti. Se non si usa la tradizionale casseruola da paella, trasferire gli ingredienti in un tegame basso o in un piatto da portata termoresistente, in cui andranno stesi nello spessore di due pollici circa. Infornare a 400°F-200°C per 10 minuti, poi spegnere il forno, lasciandovi la paella per altri 10 minuti.

PER RICETTA
4250 cal., 315 g di proteine, 137 g di grassi (35 sat., 19 pol.)

► Paella II
(Spagna)

Versione creata nel Minnesota.

PER 8 PERSONE
- 1 pollo (2½-3 libbre)
- ¼ di tazza di olio
- ½ grosso peperone verde, tritato
- 1 cipolla media, tritata
- 1 pomodoro, tritato
- 2 tazze di riso
- 4 ciuffetti di prezzemolo, tritato
- 1 spicchio di aglio, tritato
- ⅛ di cucchiaino di zafferano
- sale, paprica
- ½ confezione (10 once) di fagioli di Lima, surgelati

- ½ libbra di gamberi cotti, surgelati (meglio crudi se disponibili)
- 1 confezione (10 once) di piselli, surgelati
- ½ scatola (1 libbra) di fagioli borlotti, scolati
- 1 confezione (10 once) di fagiolini, surgelati
- 1 confezione (6 once) di polpa di granchio, surgelata
- 1 vasetto (6 once) di bacche di pimento, tagliate a striscioline

Tagliare il pollo a pezzetti, lasciando interi le cosce e i fusi ma staccando la carne dalla spina dorsale e dalle costole. Mettere tutto, ossi compresi, in una pentola, coprire con acqua, portare a bollore e cuocere a fuoco basso fino a intenerimento. Scolare il pollo e filtrare il brodo. In una padella dal fondo pesante, rosolare nell'olio i pezzi di pollo, scolarli e metterli da parte. Nella stessa padella, ammorbidire su fiamma media il peperone e la cipolla, quindi unire il pomodoro. Calare il riso, cuocere, rimestando, per due o tre minuti, poi versare quattro tazze del brodo di pollo e, se necessario, acqua bollente. In un mortaio o in una ciotola, pestare insieme il prezzemolo, l'aglio e lo zafferano. Metterli nella padella, condendo con sale e paprica (alcuni cuochi spagnoli ritengono che la paprica vada esclusa se si è usato lo zafferano, e viceversa, e non insaporiscono mai questo piatto con pepe nero). Aggiungere i fagioli di Lima surgelati e cuocere su fiamma piuttosto alta per cinque minuti, poi unire i gamberi, i piselli, i fagioli borlotti, i fagiolini, proseguendo la cottura per altri 10 minuti. Trasferire il riso, il pollo e la polpa di granchio in un piatto da portata termoresistente o in una teglia da forno e stendere il composto in uno strato spesso due pollici circa. Guarnire la superficie con striscioline di pimento e cuocere in forno a 350°F-180°C per 10 minuti. Spegnere, coprire la paella e lasciare riposare per cinque minuti prima di servire.

PER RICETTA

3600 cal., 267 g di proteine, 96 g di grassi (20 sat., 16 pol.)

▸ STUFATO DI POLLO, CARNE E VERDURE
(Escudella, Spagna)

L'*escudella*, spesso presentata come piatto nazionale della Catalogna, costituisce una pietanza completa a base di minestra, carne e verdure. Ecco la ricetta della versione che abbiamo mangiato e apprezzato in casa del dottor Augusto Coromina e della sua signora a Barcellona.
Per quanto riguarda le verdure, in Spagna è consuetudine acquistarle sotto forma di preparato misto confezionato appositamente per questo piatto. Verdure disidratate da minestra sono reperibili anche nella maggior parte dei negozi di alimentari statunitensi. La salsiccia suina butifarra, spagnola, può essere sostituita con la nostrana *pepperoni*, di maiale, manzo e peperoncino piccante.

PER 8-10 PERSONE
- 5 quarti di acqua
- 2 porri o cipolle, tritati
- 2 gambi di sedano
- 2 grosse carote, tritate
- 1 rapa bianca, tritata
- sale (1 cucchiaio circa)
- ¾ di libbra di vitello magro, a bocconcini
- ¼ di libbra di agnello magro, a dadini
- 1 pollo (2½-3 libbre), tagliato a pezzi
- 6 patate medie, sbucciate e divise in quattro
- 4 carote, tagliate nel senso della lunghezza
- 3 zucchine, divise in quattro
- 2 tazze di ceci cotti, scolati

Per le pelotas (sorta di polpette):
- ½ libbra di maiale magro, macinato
- 1 uovo
- 2 cucchiai di farina
- sale, paprica, prezzemolo
- salsiccia butifarra (oppure salsiccia *pepperoni*)

Per la minestra:
- ½ tazza di riso
- 2 once di vermicelli

Circa due ore prima del servizio, in una grossa pentola portare a bollore l'acqua. Unire i porri o le cipolle, il sedano, le carote, la rapa e un cucchiaio circa di sale. Aggiungere il vitello e l'agnello, coprire parzialmente la pentola e fare sobbollire per un'ora. Poi inserire il pollo, le patate, le carote, le zucchine, i ceci, e continuare a cuocere, aggiungendo acqua, se necessario, per 20-30 minuti. Nel frattempo, preparare le *pelotas* e cuocere la salsiccia. Per le prime, amalgamare il maiale, l'uovo, la farina, sale, paprica e prezzemolo, modellando il composto in due grosse polpette. In una pentola a parte, cuocere la salsiccia in acqua per cinque minuti, in modo da eliminare la maggior parte del grasso. Quando il pollo e le verdure sono quasi cotti, mettere in pentola le *pelotas* e la salsiccia, facendo sobbollire per altri 15 minuti. Togliete la carne e le verdure dal brodo e disporle su due piatti da portata, la carne su uno, le verdure sull'altro. Tenere in caldo mentre si prepara e si mangia la minestra. Tuffare il riso e i vermicelli nel brodo, fare bollire per 15 minuti e servire come primo piatto.

PER RICETTA
4260 cal., 309 g di proteine, 147 g di grassi (55 sat., 16 pol.)

▸ ESCUDELLA SEMPLIFICATA

PER 6 PERSONE

- 3 quarti di acqua
- 1 pollo (3 libbre circa), tagliato a pezzi
- 1 cucchiaio di fiocchi di pollo disidratati
  o 2 cucchiai verdure da zuppa disidratate
- 4 patate (1 libbra), sbucciate e divise in quattro
- 4 carote, raschiate e tagliate nel senso della lunghezza
- sale

Per le pelotas:

- 1 libbra di manzo magro, macinato
- 2 cucchiai di farina
- sale, paprica
- 1 uovo
- 3 zucchine, divise in quattro
- 1 scatola (1 libbra) di ceci, scolati

Per la minestra:

- ½ tazza di riso

In una grande pentola, portare a bollore l'acqua, il pollo, i fiocchi di cipolla o le verdure da zuppa, le patate e le carote. Salare, incoperchiare e fare sobbollire per 30 minuti circa. Frattanto, preparare le *pelotas* amalgamando la carne, la farina, sale, paprica, l'uovo, ricavando dal composto due grosse polpette. Aggiungerle al brodo con le zucchine e i ceci e continuare a cuocere lentamente per 15 minuti, regolando di sale e paprica. Trasferire il pollo, le *pelotas* e le verdure in un grande piatto da portata e tenere in caldo. Tuffare il riso nel brodo, cuocere per 15 minuti e servire la minestra come primo. Successivamente portare in tavola la carne con le verdure. Per accorciare il tempo necessario a tenere in caldo il piatto, lessare il riso in acqua salata, scolarlo e aggiungerlo al brodo.

Chi ha preoccupazioni dietetiche può sostituire la carne delle *pelotas* con un misto di soia e manzo, l'uovo con un succedaneo privo di colesterolo

PER RICETTA
2920 cal., 264 g di proteine, 103 g di grassi (43 sat., 12 pol.)

RISO CON MAIALE E PIMENTO
(Arroz murciano, Spagna)

PER 4 PERSONE
- 1 libbra di maiale magro, tagliato a cubetti
- 2 cucchiai di olio
- 2 spicchi di aglio
- 2 cucchiai di prezzemolo, tritato
- 1 pizzico di zafferano
- 1-2 cucchiaini di acqua
- 1 vasetto (4 once) di bacche di pimento
- 5-6 pomodori freschi, pelati o 1 scatola (1 libbra) di pelati, scolati
- 2 tazze di riso
- 4 tazze di acqua
- sale, paprica

Rosolare la carne nell'olio e mettere da parte. Nella stessa pentola, soffriggere brevemente l'aglio, toglierlo, pestarlo con il prezzemolo, lo zafferano e un paio di cucchiaini di acqua. Per fare sì che si sminuzzi più facilmente, prima di essere pestato lo zafferano può essere riscaldato brevemente oppure mescolato con un po' di sale. Rimettere il composto di aglio e zafferano nella pentola, aggiungere il pimento, i pomodori, la carne e cuocere fino a evaporazione del liquido, facendo attenzione che il tutto non bruci. Unire il riso assieme all'acqua, condire con sale e paprica. Portare a bollore su fiamma vivace, poi abbassarla e cuocere per 20 minuti: al termine il riso dovrà essere morbido e avere assorbito tutto il liquido.

PER RICETTA
1620 cal., 104 g di proteine, 78 g di grassi (22 sat., 8 pol.)

▸ STUFATO DI AGNELLO ALLA CATALANA
(Cordero cataluña)

PER 4-6 PERSONE

- ◊ 2 cucchiai di olio
- ◊ 1 libbra di agnello
- ◊ 1 cucchiaio di farina
- ◊ 1 cipolla, tritata
- ◊ 2 spicchi di aglio
- ◊ 3-4 pomodori, pelati e tritati o 1 scatola (1 libbra) di pomodori
- ◊ sale
- ◊ ¼ di tazza di mandorle tostate, tritate finemente
- ◊ 1 pizzico di zafferano
- ◊ ¼ di cucchiaino di maggiorana
- ◊ 8-10 patate novelle, raschiate
- ◊ 1 confezione (10 once) di piselli, surgelati

In una casseruola termoresistente, scaldare l'olio, aggiungere l'agnello e cuocere a fuoco alto, facendolo rosolare su tutti i lati. Abbassare la fiamma e amalgamare un cucchiaio di farina. Unire la cipolla, l'aglio, i pomodori, sale a piacere. Coprire con acqua, incoperchiare e fare sobbollire per un'ora circa. Mescolare le mandorle, lo zafferano, la maggiorana (in Spagna si pestano insieme in un mortaio) e aggiungere alla carne. Versare le patate e cuocere per 15-20 minuti. Infine, unire i piselli e lasciare sul fuoco per altri 10 minuti.

PER RICETTA

2110 cal., 139 g di proteine, 69 g di grassi (18 sat., 7 pol.)

CAPITOLO XV
Verdure

Se dovessimo individuare il fiore dell'occhiello della cucina mediterranea sarebbero, probabilmente, la quantità e qualità delle verdure. Le radici commestibili disponibili nell'area non sono eccezionali e, a parte le patate, non sono molto consumate. Le pastinache e le rape non sempre sono proposte nei mercati, specie in Grecia e nel Sud d'Italia, mentre carote e radicchi sono molto meno diffusi che negli Stati Uniti. Ma, secondo le disponibilità stagionali, le altre verdure sono utilizzate in grandi quantità tutto l'anno – la stagione di crescita è, naturalmente, più lunga che nei climi più freddi. Nei mercati delle città americane si trova una varietà di verdure stagionali reperibile nelle città mediterranee più grandi solo nei negozi di primizie, ma gran parte dei nostri prodotti viaggiano su grandi distanze da luoghi con variazioni climatiche che permettono una lunghissima stagione di crescita complessiva.

Questo trionfo di marketing sulle lunghe distanze non costituisce necessariamente un merito. Molte verdure sono al meglio solo fino a poche ore dalla raccolta e si deteriorano rapidamente dopo una breve conservazione, anche in frigorifero. Ecco il motivo per il quale gli abitanti dell'area mediterranea in visita negli Stati Uniti sono spesso delusi dalle nostre verdure. Per la maggior parte, i mercati dei contadini da noi sono scomparsi, ma nell'area mediterranea le persone che si danno da fare in cucina acquistano ancora una quantità notevole di verdure direttamente dai contadini. Non c'è nulla di più efficace del confronto quotidiano tra consumatori e produttori concorrenti per mantenere alta la qualità. Le verdure che troviamo nei reparti ortofrutticoli dei nostri supermercati non sono così super, e sono pure assai costose, ma la grande varietà di buoni prodotti disponibili facilita il compito di chi voglia seguire una dieta mediterranea.

Fatta eccezione per i legumi (fagioli e simili), le patate e le zucche invernali, praticamente tutti gli ortaggi hanno una densità calorica naturalmente bassa. A meno che non siano serviti impregnati di burro, o affogati in salse o condimenti ricchi, sono l'ideale per chi si preoccupa del proprio peso. Per quanto riguarda i vari appartenenti alla famiglia dei fagioli, rispetto alla maggior parte delle carni forniscono proteine con un minor carico di calorie associate. Anch'essi quindi sono utili a chi si preoccupa del proprio peso. Diete con un alto contenuto di verdure presentano altre due virtù importanti per il benessere: contribuiscono a tenere sotto controllo il colesterolo nel sangue e a regolare l'intestino. L'effetto benefico sul colesterolo ematico è probabilmente dovuto alla presenza in molte verdure di carboidrati complessi, ed è probabile che questi abbiano anche un lieve effetto lassativo. Il fatto che le vendite dei lassativi nell'area mediterranea siano microscopiche rispetto alla media statunitense e nordeuropea è stato attribuito all'abbondanza di frutta e verdura nella dieta, ma è possibile che un po' del merito sia dovuto anche al di vino.

▸ FAGIOLINI CON MANDORLE
(Italia)

PER 4 PERSONE
- ◊ 1 libbra di fagiolini
- ◊ sale
- ◊ ¼ di tazza di mandorle a lamelle
- ◊ 2 spicchi di aglio
- ◊ 2 cucchiai di olio

Cuocere i fagiolini lentamente in acqua salata fino a quando saranno morbidi. Scolare e immergere in acqua fredda. Nel frattempo, saltare le mandorle e l'aglio brevemente nell'olio, poi eliminare l'aglio. Prelevare i fagiolini dall'acqua, asciugarli e riscaldarli con le mandorle nell'olio, amalgamando bene.

PER RICETTA
560 cal., 15 g di proteine, 45 g di grassi (4 sat., 7 pol.)

FAGIOLINI IN SALSA AL FORMAGGIO
(Haricots verts gratinés, Francia)

PER 6-8 PERSONE
- 1½ libbre di fagiolini
- 2 tazze di besciamella
- ¼ di tazza di groviera, grattugiata
- 1 cucchiaio di margarina morbida
- sale, pepe
- 2 cucchiai di parmigiano, grattugiato

Tuffare i fagiolini in acqua salata bollente, poco dopo abbassare la fiamma e cuocere, a pentola scoperta, per 10-15 minuti. Spegnere il fuoco quando i fagiolini saranno morbidi, ma ancora croccanti. Scolare, immergere per altri cinque minuti, poi scolare ancora. Amalgamare alla besciamella la groviera, lasciando che si sciolga. Ungere leggermente con margarina una teglia da forno e stendere sul fondo uno strato del composto di besciamella e formaggio. Condire i fagiolini con sale e pepe, poi disporli nella teglia. Versare la salsa rimasta, cospargere la superficie con parmigiano grattugiato e margarina, quindi cuocere in forno a 375°F-190°C fino a quando i fagiolini saranno ben caldi e la superficie si sarà dorata (20-30 minuti).

PER RICETTA
1040 cal., 41 g di proteine, 70 g di grassi (18 sat., 27 pol.)

▸ FAGIOLINI AL PROSCIUTTO
(Judias verdes, Spagna)

PER 6-8 PERSONE

- 2 libbre di fagiolini
- 2 spicchi di aglio
- 2 cucchiai di olio
- 1 cipolla, tritata
- 1 tazza di concentrato di pomodoro
- 1 bel pizzico di basilico
- 2 cucchiai di prezzemolo, tritato
- sale, pepe
- ¼ libbra di prosciutto cotto, tagliato a fette sottili

Lessare i fagiolini in acqua salata per 10 minuti, poi scolarli. Cuocere l'aglio, intero, nell'olio fino a quando inizierà a prendere colore. Eliminarlo, versare nel tegame la cipolla assieme ai fagiolini parzialmente cotti e al concentrato di pomodoro. Condire con il basilico, il prezzemolo, sale, pepe e cuocere per una decina di minuti al massimo. Unire il prosciutto e lasciare sul fuoco per altri cinque minuti.

PER RICETTA

970 cal., 44 g di proteine, 57 g di grassi (18 sat., 4 pol.)

▸ CAVOLINI IN BESCIAMELLA
(Choux de Bruxelles en sauce blanche, Francia)

Si ritiene che questa ricetta discenda da un piatto dell'antica Roma. Per renderla più autentica, i pinoli andrebbero aggiunti alla salsa. La *cyma*, descritta da Plinio il Vecchio e non dissimile dal cavolino di Bruxelles, era considerata assai salubre dai Romani, assieme ad altre varietà di cavolo che essi consumavano in diverse maniere, sia crude sia cotte.

PER 6 PERSONE

- 1 libbra di cavolini
- 1 tazza di besciamella
- 1 pizzico di noce moscata
- il succo di 1 limone
- 2 cucchiai di groviera o parmigiano, grattugiati
- ¼ di tazza di pinoli (facoltativo)

Cuocere i cavolini in acqua salata per 10-15 minuti fino a quando saranno morbidi e scolarli bene. Condire la besciamella con la noce moscata, il succo di limone, il formaggio grattugiato. Unire alla salsa i cavolini e i pinoli, se usati, e fare sobbollire finché saranno ben caldi.

PER RICETTA

590 cal., 34 g di proteine, 29 g di grassi (7 sat., 12 pol.)

CAROTE ALLO SHERRY

(Zanahorias a la empordanesa, Spagna)

A differenza della maggior parte delle verdure, le carote, preparate in questa maniera, sono valorizzate dalla lunga cottura, e riscaldate sono più buone ancora.

PER 6 PERSONE

- 2 libbre di carote, raschiate e spaccate nel senso della lunghezza
- 3 cucchiai di olio
- sale, pepe
- ¼ di tazza di brodo di manzo o di dado
- ¼ di bicchiere di Sherry secco

Rosolare le carote nell'olio, condire con sale e pepe, aggiungere il brodo e il vino. Coprire la pentola e lasciare sobbollire per circa mezz'ora, fino a quando le carote saranno morbide.

▸ CAROTE ALLA PORTINAIA
(Carottes à la concierge, Francia)

PER 3-4 PERSONE

- 4 grosse carote (1 libbra), tagliate a rondelle spesse ¼ di pollice
- 1 cipolla media, tritata
- 2 cucchiai di olio
- 1 spicchio di aglio, tritato
- 1 cucchiaio di farina
- ¾ di latte scremato
- 1 cucchiaio di granuli da brodo
- ½ cucchiaino di zucchero
- 1 pizzico di noce moscata
- sale, pepe

Saltare le carote e le cipolle nell'olio su fiamma media per 25 minuti. Unire l'aglio e cuocere ancora per cinque minuti. Amalgamare la farina, rimestando per tre minuti, poi aggiungere il latte, i granuli da brodo, lo zucchero e la noce moscata. Salare, pepare e fare sobbollire per 5-10 minuti, fino a quando la salsa sarà densa.

PER RICETTA

520 cal., 12 g di proteine, 26 g di grassi (3 sat., 3 pol.)

▸ CAROTE MARINATE
(Carottes marinées, Francia)

PER 4 PERSONE

- 2 cucchiai di olio di oliva
- ¼ di tazza di aceto di vino
- ½ bicchiere di vino bianco secco
- 1 foglia di alloro
- ¼ di cucchiaino di timo

- 1 spicchio di aglio, con la tunica
- sale, pepe
- ½ tazza di acqua
- 1 libbra di piccole carote

Riunire in una pentola tutti gli ingredienti, tranne le carote, e portare a bollore. Raschiate le carote e spaccare le più grosse nel senso della lunghezza. Unirle alla marinata bollente e cuocerle per 15-20 minuti, fino a quando saranno morbide. Lasciarle raffreddare nella marinata e servirle dopo avere eliminato l'aglio e la foglia di alloro.

PER RICETTA
330 cal., 3 g di proteine, 25 g di grassi (3 sat., 3 pol.)

SEDANO E CAROTA IN FRICASSEA
(Céleri e carottes provençales, Francia)

La varietà di sedano solitamente in vendita nei mercati americani è molto adatta a questo piatto. Quella più piccola, più scura e molto più saporita diffusa nell'area mediterranea ha un sapore un po' troppo forte, a meno che non si amino, appunto, i gusti molto accentuati.

PER 4-6 PERSONE

- 1 sedano
- 2 grosse carote (½ libbra)
- 2 cipolle medie
- 1 spicchio di aglio, con la tunica
- 4 cucchiai di margarina morbida o di olio
- 2 cucchiai di concentrato di pomodoro
- 1 bicchiere di vino bianco secco
- 1 foglia di alloro
- 1 pizzico di origano (facoltativo)
- sale, pepe

Eliminare le estremità e le foglie del sedano, tagliare i gambi in pezzi di cinque o sei pollici e spaccare i più larghi nel senso della lunghezza. Raschiare le carote e tagliarle per il lungo. Sbucciare le cipolle e affettarle finemente. Sbollentare il sedano in abbondante acqua salata, unire le carote, cuocere per cinque minuti ancora e scolare. Nel frattempo, in una casseruola termoresistente o in una padella molto grande, rosolare la cipolla e l'aglio nella margarina o nell'olio. Aggiungere il sedano, le carote e cuocere, rimestando frequentemente, Quando le verdure inizieranno a dorarsi, diluire il concentrato di pomodoro nel vino e versarlo nella padella con la foglia di alloro e l'origano, se usato. Salare, pepare, coprire parzialmente e fare sobbollire fino a quando le verdure saranno morbide ma non ridotte in poltiglia, aggiungendo un po' di vino o di acqua, se necessario.

PER RICETTA
640 cal., 8 g di proteine, 51 g di grassi (8 sat., 25 pol.)

▸ CECI E CAVOLO
(Olla cordobesa, Spagna)

PER 6-8 PERSONE

- ◊ 2 tazze di ceci secchi o 2 scatole (15 once) di ceci cotti
- ◊ 1 oncia di carne di maiale salata, a pezzetti
- ◊ 1 cipolla, affettata
- ◊ sale
- ◊ 1 cavolo bianco (3-4 libbre), sminuzzato

Se si usano ceci secchi, metterli a bagno per una notte. Il giorno dopo portare a bollore, coprire la pentola e fare sobbollire per un'ora. Unire i pezzetti di carne, la cipolla, sale a piacere. Continuare a cuocere fino a quando i ceci saranno morbidi (ancora un'ora se non due). Aggiungere il cavolo e lasciare sul fuoco per altri 15 minuti. I tempi si accorciano molto usando ceci in scatola. In questo caso, cuocere brevemente i pezzetti di maiale, aggiungere la cipolla e farla ammorbidire a fuoco lento, senza lasciare che prenda colore. Unire i ceci con il liquido di conserva e il cavolo. Salare, coprire e continuare la cottura fino a quando il cavolo sarà pronto, circa 15 minuti.

PER RICETTA
2170 cal., 110 g di proteine, 47 g di grassi (10 sat., 5 pol.)

► MELANZANE ALLE ACCIUGHE
(Italia)

Eccellenti con la carne bollita.

PER 4 PERSONE COME CONTORNO
- ◊ 1 grossa melanzana

Per la salsa:
- ◊ 1 spicchio di aglio
- ◊ ¼ di tazza di olio
- ◊ 4 filetti di acciuga, tagliati a pezzetti
- ◊ 1 cucchiaio di prezzemolo, tritato
- ◊ 1 cucchiaio di aceto

Sbucciare la melanzana e tagliarla a cubetti. Lessarli in acqua salata per circa 10 minuti fino a quando saranno morbidi, poi scolare. Preparare la salsa soffriggendo l'aglio nell'olio finché inizierà a prendere colore. Eliminarlo, aggiungere le acciughe e cuocerle brevemente, schiacciandole bene. Unire il prezzemolo e l'aceto assieme ai cubetti di melanzana lessati. Amalgamare e riscaldare. Servire il piatto caldo o freddo.

PER RICETTA
780 cal., 15 g di proteine, 54 g di grassi (5 sat., 5 pol.)

▸ MELANZANE ALLA FIORENTINA
(Italia)

PER 4 PERSONE

- 1 melanzana (1 libbra circa)
- 4 pomodori
- 2 cucchiai di olio
- sale, pepe
- 6 once di mozzarella da latte parzialmente scremato grattugiata grossolanamente

Sbucciare la melanzana e tagliarla a fette spesse un quarto-mezzo pollice. Pelare e affettare i pomodori. Oliare il fondo di una teglia e stendere prima uno strato di fette di melanzane, poi uno di fette di pomodoro. Condire con sale e pepe, quindi aggiungere la mozzarella. Ripetere questo procedimento fino a esaurire gli ingredienti, terminando con uno strato di formaggio. Cuocere in forno a 325°F-160°C per un'ora e mezza.

PER RICETTA

1160 cal., 65 g di proteine, 53 g di grassi (16 sat., 2 pol.)

▸ MELANZANE BRASATE
(Melizanes me tomates, Grecia)

Questo piatto, simile alle melanzane alla fiorentina ma senza formaggio, può essere cotto su un fornello.

PER 4 PERSONE

- 2 melanzane medie (2 libbre)
- ¼ di tazza di olio
- 1 cipolla, affettata
- 1 spicchio di aglio, tritato
- 4 pomodori, affettati
- basilico

- sale, pepe
- ½ tazza di acqua

Affettare le melanzane senza sbucciarle. In una casseruola termoresistente rosolare le fette su entrambi i lati nell'olio. Toglierle e, nello stesso olio, cuocere la cipolla fino a quando sarà morbida. Aggiungere l'aglio e coprire con uno strato di pomodori a fette. Condire con basilico, sale e pepe. Versare l'acqua, coprire la casseruola e continuare la cottura a fuoco lento per mezz'ora. Togliere il coperchio negli ultimi 10 minuti.

PER RICETTA
1170 cal., 29 g di proteine, 55 g di grassi (6 sat., 5 pol.)

FINOCCHI AL TEGAME
(Italia)

Nei supermercati americani, il finocchio è venduto talvolta con il nome *anise.*

PER 4 PERSONE
- 2 gambi o bulbi di finocchio
- sale, pepe
- 1 cucchiaio di olio
- 1 cucchiaio di succo di limone
- 1 cucchiaio di brodo di carne (facoltativo)

Mondare i finocchi, scartando le barbe, e spaccarli a metà. Lavarli e, senza asciugarli, disporli in una casseruola bassa in terracotta. Condire con sale e pepe, spruzzare con olio, succo di limone e, volendo, brodo. Coprire e infornare a 350°F-180°C per circa mezz'ora. In alternativa, i finocchi si possono cuocere sul fornello in una pentola coperta, aggiungendo mezza tazza di acqua o di brodo. Fare sobbollire per 20-30 minuti, togliendo il coperchio negli ultimi cinque per ridurre il liquido.

PER RICETTA
240 cal., 2 g di proteine, 15 g di grassi (2 sat., 8 pol.)

▸ LATTUGA BRASATA
(Laitues braisées, Francia)

PER 4 PERSONE
- ◊ foglie di lattuga (quelle esterne scartate quando si prepara un'insalata)
- ◊ ½ cipolla, tritata
- ◊ 2 cucchiai di olio

Lavare le foglie di lattuga e tagliarle grossolanamente in pezzi di uno o due pollici per lato. Cuocere la cipolla nell'olio fino a quando sarà morbida. Questa operazione si può effettuare in anticipo, ma la lattuga va cotta all'ultimo momento. Appena prima di servire amalgamare la verdura alla cipolla calda. Non serve altro liquido, essendo sufficiente l'acqua che rimane attaccata all'insalata dopo il lavaggio. Rimestare e cuocere per due o tre minuti, finché la lattuga sarà ben calda.

PER RICETTA
230 cal., 1 g di proteine, 25 g di grassi (3 sat., 2 pol.)

FUNGHI ALLA PROVENZALE

(Champignons à la provençale, Francia)

PER 6 PERSONE

- 1 libbra di funghi
- 2 spicchi di aglio
- 1 cucchiaio di prezzemolo, tritato
- 1 tazza di mollica di pane
- sale
- ¼ di tazza di olio di oliva

Pulire i funghi e, se grossi, affettarli nel senso della lunghezza. Disporli su una griglia all'interno di una teglia e cuocerli in forno a 350°F-180°C per cinque minuti. Oliare la teglia e adagiarvi i funghi. Amalgamare l'aglio, il prezzemolo, la mollica e stendere il composto sui funghi. Condire con sale e irrorare con l'olio. Infornare a 450°F-230°C per 10 minuti, o a 350°F-180°C per 20-25 minuti.

PER RICETTA

760 cal., 18 g di proteine, 52 g di grassi (5 sat., 5 pol.)

▸ OKRA E POMODORI
(Bamies me tomates, Grecia)

Assai popolare in Grecia, l'okra (gombo) è poco conosciuta nella vicina Italia e non è citata affatto nei principali libri di cucina francesi e spagnoli. Il piatto descritto di seguito è consigliato come contorno al pesce o al pollo. In Grecia si userebbe il doppio o il triplo della quantità qui indicata di olio, che sarebbe naturalmente di oliva.

PER 4 PERSONE

- 1 grossa cipolla, tritata
- ¼ di tazza di olio
- 1½ tazze di pomodori, pelati e tritati
- ¼ di tazza di prezzemolo, tritato
- sale, pepe
- 1 libbra di okre novelle, spuntate
- 2 cucchiai di succo di limone

Cuocere la cipolla nell'olio fino a doratura, unire i pomodori e il prezzemolo, salare, pepare e fare sobbollire per pochi minuti prima di unire le okre e il succo di limone. Cuocere, con il coperchio, su fiamma bassa per 30-50 minuti, finché la verdura sarà morbida ma non ridotta in poltiglia, rimestando delicatamente di tanto in tanto.

PER RICETTA

760 cal., 14 g di proteine, 57 g di grassi (4 sat., 28 pol.)

CIPOLLINE E PATATE STUFATE
(Cebollitas y patatas estofadas, Spagna)

PER 3 PERSONE

- 1 grossa cipolla, tritata
- 2 cucchiai di olio
- 1 libbra di cipolline, sbucciate
- 8-9 patate (1 libbra), sbucciate
- 1 foglia di alloro
- ½ bicchiere di Sherry secco
- sale

In una casseruola termoresistente, rosolare la cipolla nell'olio. Unire le cipolline, le patate, la foglia di alloro e lo Sherry. Salare, coprire e fare sobbollire fino a quando le cipolline e le patate saranno morbide (30-40 minuti), aggiungendo un po' di acqua, se necessario. In Spagna, spesso vengono cotte assieme alle patate e alle cipolline delle fette di zucchina.

PER RICETTA

820 cal., 18 g di proteine, 26 g di grassi (3 sat., 3 pol.)

PISELLI AFFOGATI
(Pesols ofegats, Catalogna, Spagna)

PER 4 PERSONE COME CONTORNO

- 2 libbre (circa 2 tazze) di piselli freschi, sbaccellati o 1 confezione (10 once) di piselli surgelati
- 6 cipolle verdi, bulbi e cime
- 1 cucchiaio di olio
- ¼ di tazza di acqua
- sale, pepe

Tagliuzzare le cipolle, comprese le cime verdi, in pezzi lunghi un pollice circa. In una casseruola termoresistente, o in un pentolino con coperchio ermetico, riunire i piselli sgusciati, le cipolle e l'olio. Aggiungere l'acqua, sale e pepe. Cuocere su fiamma molto bassa (15-20 minuti per piselli freschi, 10 per quelli surgelati), bagnando con acqua se dovessero asciugarsi troppo.

PER RICETTA
420 cal., 22 g di proteine, 15 g di grassi (1 sat., 1 pol.)

▸ PISELLI ALLA FRANCESE
(Petits pois à la française, Francia)

PER 4 PERSONE
- 2 libbre (circa 2 tazze) di piselli freschi, sbaccellati
- 2 cucchiai di olio
- 8-10 cipolle verdi o scalogni, tagliati in pezzi di mezzo pollice per lato
- ¼ di cucchiaino di sale
- 3-4 foglie di lattuga

Mettere l'olio in una pentola con coperchio ermetico. Unire i piselli sgusciati, le cipolle e il sale. Lavare le foglie di lattuga e, ancora bagnate, usarle per coprire i piselli. Incoperchiare e cuocere su fiamma bassa. Se non basta l'acqua rimasta attaccata alle foglie di insalata, aggiungerne per evitare che la pietanza asciughi troppo. I tempi di cottura variano dai 5 ai 20 minuti a seconda del grado di freschezza dei legumi. La lattuga può essere sminuzzata e amalgamata ai piselli oppure scartata.

PER RICETTA
590 cal., 23 g di proteine, 31 g di grassi (2 sat., 14 pol.)

▶ PISELLI E PROSCIUTTO
(Italia)

PER 6 PERSONE

- 2 once di prosciutto italiano o di bacon canadese
- 2 cipolle, tritate
- 2 cucchiai di olio
- ½ tazza di acqua
- 3 libbre di piselli freschi o 2 confezioni (10 once l'una) di piselli surgelati
- sale, pepe

Tagliare il prosciutto o il bacon a pezzetti e soffriggerli nell'olio per cinque minuti. Aggiungere l'acqua e i piselli, condendo a piacere con sale e pepe. Coprire la pentola e cuocere su fiamma bassa fino a quando i piselli saranno teneri.

PER RICETTA

720 cal., 36 g di proteine, 34 g di grassi (7 sat., 3 pol.)

▶ PISELLI CON PROSCIUTTO FRESCO
(Petits pois au jambon, Linguadoca, Francia)

Il bacino del Mediterraneo, come il resto del mondo occidentale, è ricchissimo di ricette a base di piselli cotti con pezzetti di prosciutto affumicato o di salsiccia. Quella che segue, una specialità della Linguadoca (Languedoc), regione storica della Francia meridionale, prevede l'uso di prosciutto fresco (o di un altro tipo di salume magro) e, secondo la tradizione classica, la cottura nel grasso d'oca. Nella vicina Provenza sarebbe preferito l'olio di oliva, mentre altrove in Francia verrebbe impiegato il burro, oppure lo strutto. Attualmente, però, la margarina si sta imponendo sempre di più come grasso di cottura.

PER 4 PERSONE
- 1 cipolla
- 2 once di prosciutto, a dadini
- 2 cucchiai di margarina morbida
- 2 tazze di piselli sbaccellati (freschi, se possibile)
- 1 cucchiaino di farina
- sale, zucchero
- 1 piccolo bouquet garni

Cuocere la cipolla e il prosciutto nell'olio fino a quando la cipolla sarà traslucida. Incorporare i piselli, rimestando rapidamente. Spolverare con la farina, condire con sale e un po' di zucchero, aggiungere il mazzetto di odori e acqua sufficiente a coprire il fondo della pentola. Incoperchiare e cuocere finché i piselli saranno morbidi (10-15 minuti).

PER RICETTA
530 cal., 34 g di proteine, 30 g di grassi (4 sat., 5 pol.)

▸ PEPERONI FRITTI CON POMODORO
(Fritada de pimiento y tomate, Spagna)

PER 4 PERSONE

- ◊ 4 cucchiai di olio
- ◊ 1 grosso spicchio di aglio
- ◊ 1 grossa cipolla, tritata
- ◊ 4 peperoni verdi, privati dei semi e tagliati a pezzi
- ◊ 4 pomodori, pelati e tagliati in 8-10 pezzi l'uno
- ◊ sale, pepe, zucchero

Scaldare l'olio, rosolare l'aglio, poi eliminarlo. Aggiungere la cipolla e cuocere lentamente fino a quando sarà morbida. Versare nel tegame i peperoni e i pomodori, condire con sale, pepe e un pizzico di zucchero, quindi soffriggere per 10-15 minuti. Servire come contorno a un'omelette, alla carne di maiale o ad altre carni.

PER RICETTA

740 cal., 17 g di proteine, 53 g di grassi (5 sat., 5 pol.)

▸ PARMIGIANA DI PEPERONI E MELANZANE
(Italia)

PER 4 PERSONE

- ◊ 1 grossa melanzana
- ◊ 2 cucchiai di olio
- ◊ 2 grossi peperoni verdi
- ◊ sale
- ◊ 4 cucchiai di concentrato di pomodoro
- ◊ ½ tazza di acqua
- ◊ ¼ di tazza di parmigiano, grattugiato

Senza sbucciarla, tagliare la melanzana a cubetti di un pollice circa. Lessarli in acqua bollente salata fino a quando saranno morbidi (5-10 minuti) ma non ridotti in poltiglia. Scolarli in un colapasta, trasferirli in una teglia e amalgamarvi l'olio. Eliminare i semi dai peperoni e tagliarli a pezzi della stessa grandezza dei cubetti di melanzana. Sbollentare per cinque minuti in acqua salata e scolare. Mescolare i peperoni alla melanzana, salare, irrorare con il concentrato di pomodoro diluito nell'acqua e spolverare con il parmigiano. Cuocere in forno a 350°F-180°C per 20-30 minuti.

PER RICETTA
1020 cal., 39 g di proteine, 35 g di grassi (6 sat., 4 pol.)

▶ PATATE E CAROTE AL VINO
(Patatas y zanahorias al vino, Spagna)

PER 6 PERSONE

- 4 cucchiai di olio
- 1 cipolla, tritata
- 1 spicchio di aglio, tritato
- 4-6 patate (2 libbre), sbucciate e tagliate a dadini
- 1 libbra di carote, tagliate a dadini
- sale, paprica
- 2 cucchiai di farina
- 1 tazza di acqua bollente
- ¼ di bicchiere di vino bianco secco
- 1 foglia di alloro
- ¼ di tazza di prezzemolo, tritato
- 1 bacca di pimento, tritata

In una pentola scaldare l'olio e unire la cipolla, le patate e le carote. Cuocere e rimestare fino a quando avranno preso leggermente colore. Condire con sale e paprica, incorporare la farina e aggiungere l'acqua bollente. Rimestare per amalgamare bene. Unire il vino, la foglia di alloro, il prezzemolo e il pimento. Coprire e fare sobbollire per 15-20 minuti.

PER RICETTA
1.400 cal., 28 g di proteine, 52 g di grassi (5 sat., 5 pol.)

▸ PATATE CON PISELLI
(Patatas con guisantes, Spagna)

PER 6 PERSONE
- 2 spicchi di aglio, tritati finemente
- 2 cucchiai di olio
- 4-6 patate (2 libbre), sbucciate e affettate
- 1 tazza di piselli sgranati (freschi, in scatola o surgelati)
- sale, pepe
- ¼ di tazza di prezzemolo, tritato

In una casseruola dal fondo pesante, saltare l'aglio nell'olio fino a quando inizierà a prendere colore. Aggiungere le patate e agitare il tegame per amalgamarle all'aglio. Versare acqua calda sufficiente a coprire il fondo della casseruola, incoperchiare e cuocere su fiamma media, controllando di tanto di tanto la quantità di acqua e aggiungendone se necessario. Quando le patate saranno cotte a metà, unire i piselli, salare, pepare e lasciare sul fuoco fino a quando le patate saranno morbide. Aggiungere il prezzemolo e rimestare delicatamente prima di servire (il liquido dovrà essere completamente assorbito). A seconda dei gusti, si può ridurre la dose di aglio o ometterlo del tutto. Nel secondo caso, si può provare a sostituirlo con un pizzico di noce moscata.

PER RICETTA
1100 cal., 28 g di proteine, 27 g di grassi (3 sat., 3 pol.)

▶ RATATOUILLE
(Francia)

Piatto estivo tipico di Nizza, può essere servito caldo o freddo. In Grecia si prepara una pietanza simile, chiamata *lahanika thiafora*.

PER 4-6 PERSONE

- 3 cipolle, tritate
- 2 cucchiai di olio
- 3 peperoni verdi, privati dei semi e tagliati a striscioline
- 2 zucchine, affettate
- 2 melanzane, sbucciate e tagliate a dadini
- 2 pomodori, pelati e tritati
- 1 spicchio di aglio
- 1 cucchiaino di sale
- pepe
- 1 pizzico di noce moscata
- 1 foglia di alloro o 1 pizzico di rosmarino o 1 bouquet garni

In una pentola con coperchio ermetico soffriggere lentamente le cipolle nell'olio fino ad ammorbidirle. Unire tutti gli altri ingredienti e condire con sale, pepe, noce moscata e le erbe aromatiche preferite. Incoperchiare e stufare su fiamma bassa fino a quando le verdure saranno molto morbide (ci vorrà circa un'ora). Togliere il coperchio e continuare a cuocere, rimestando di tanto in tanto, fino a quando la maggior parte del liquido sarà evaporata e le verdure appariranno ben amalgamate. Servire il piatto caldo come contorno o freddo come antipasto.

PER RICETTA

720 cal., 28 g di proteine, 28 g di grassi (3 sat., 3 pol.)

► SPINACI ALLA FLAMINIO
(Italia)

PER 6 PERSONE
- ◊ 2 libbre di spinaci freschi
- ◊ 2 cucchiai di farina
- ◊ 2 cucchiai di latte magro in polvere
- ◊ ¼ di cucchiaino di sale
- ◊ ¼ di tazza di parmigiano, grattugiato

Lavare e scolare bene gli spinaci. Passarli in un tritaverdure, conservando l'acqua di vegetazione. Lessarli con il liquido in una pentola coperta per tre minuti. Setacciare insieme la farina, il latte in polvere, il sale. Unire al formaggio e amalgamare il composto agli spinaci cotti. Trasferire in uno stampo ad anello oliato e cuocere in forno per 10 minuti a 400°F-200°C.

PER RICETTA
390 cal., 33 g di proteine, 10 g di grassi (4 sat., 3 pol.)

► POMODORI ALLA PROVENZALE
(Tomates à la provençale)

PER 6 PERSONE
- ◊ 6 grossi pomodori
- ◊ 2 cucchiai di olio
- ◊ sale
- ◊ 1 pizzico di zucchero
- ◊ 1 spicchio di aglio, tritato
- ◊ 2 cucchiai di prezzemolo, tritato

Spaccare i pomodori a metà e, con cura, togliere i semi. Versare l'olio in una pentola bassa e adagiarvi i mezzi pomodori, con la parte tagliata in giù. Lasciare riposare fino a quando avranno perso una parte del succo, poi girarli e cuocerli nella stessa pentola finché tutto il liquido sarà evaporato. Usare una spatola per liberare i pomodori se si saranno attaccati al fondo del recipiente. Disporli su un piatto da portata, condire con sale e un pizzico di zucchero. Aggiungere l'aglio e il prezzemolo all'olio nella pentola e versarlo sui pomodori. Il piatto è ottimo caldo ma è buono anche freddo. Servirlo come contorno a carne arrostita o assieme a patate o altre verdure.

PER RICETTA
460 cal., 13 g di proteine, 27 g di grassi (3 sat., 3 pol.)

▸ POMODORI RIPIENI DI RISO
(Domates yemistes, Grecia)

PER 8 PERSONE
- 8 grossi pomodori
- sale
- ¼ di tazza di olio
- 1 tazza di riso
- 1 cipolla, tritata
- 1 spicchio di aglio, tritato
- 2 cucchiai di prezzemolo o menta, tritati
- 2 cucchiai di uva sultanina
- ¼ di tazza di pinoli
- sale, pepe

Tagliare le calotte ai pomodori e tenerle da parte (andranno rimesse a posto dopo la farcitura). Estrarre la polpa e tritarla o setacciarla, eliminando i semi. Salare l'interno dei pomodori svuotati, strofinare la parte esterna con olio e disporli in una teglia da forno unta. In una ciotola amalgamare il riso, la cipolla, l'aglio, il prezzemolo, l'uva sultanina, i pinoli e due cucchiai di olio con la polpa di pomodoro tritata (o passata) e scolata. Salare, pepare e farcire i pomodori con il composto, lasciando spazio perché il riso si gonfi. Rimettere le calotte, spennellare con l'olio rimasto,

versare acqua nella teglia fino a un'altezza di mezzo pollice e cuocere in forno a 350°F-180°C per 40 minuti.
I peperoni, privati dei semi, possono essere preparati alla stessa maniera. Pomodori e peperoni ripieni sono spesso cotti insieme e il risultato è un piatto dai colori vivaci che valorizza il sapore di entrambi.

PER RICETTA
1490 cal., 28 g di proteine, 63 g di grassi (7 sat., 6 pol.)

▸ STUFATO DI VERDURE
(Sanfaina, Spagna)

Come il *pisto* (ricetta successiva), la *sanfaina* varia a seconda delle verdure a disposizione. Non si può affermare quindi che «questa è *sanfaina*» e «quello è *pisto*». Si tratta in entrambi i casi di piatti a base di verdure stufate, cugini spagnoli della francese *ratatouille*, che sono serviti con qualsiasi tipo di carne, pesce o salsiccia, oppure semplicemente con patate lesse o riso.
A Malaga apprendemmo che l'aggiunta di paprica era ritenuta inutile quando i pomodori erano compresi tra gli ingredienti. E un pizzico di zucchero veniva sempre aggiunto ai pomodori per attenuarne l'acidità.

PER 4-6 PERSONE
◊ 5 cucchiai di olio
◊ 3 cipolle, tritate grossolanamente
◊ 3 peperoni verdi, privati dei semi e tritati grossolanamente
◊ 1 melanzana, tagliata a dadini
◊ 3 grossi pomodori, pelati e tritati
◊ sale, paprica

Riscaldare l'olio in una pentola dal fondo pesante con coperchio ermetico. Unire le cipolle e cuocere per quattro o cinque minuti, rimestando di tanto in tanto, fino a quando le cipolle saranno morbide ma senza avere preso colore. Incorporare tutti gli altri ingredienti e condire a piacere con sale e paprica. Coprire la pentola e cuocere lentamente per 15-20 minuti, finché le verdure saranno molto morbide.

PER RICETTA

1170 cal., 19 g di proteine, 65 g di grassi (6 sat., 6 pol.)

▶ VERDURE STUFATE

(Pisto, Spagna)

Questo piatto di verdure miste cotte insieme è piuttosto diverso dalla *sanfaina* presentata sopra. Simili combinazioni di verdure si prestano all'impiego di una grande varietà di ingredienti, ma il metodo di cottura rimane molto semplice. In Spagna sono spesso servite come primo piatto.

Noi abbiamo potuto assaporarne una versione eccellente in un ristorante sul mare. Le verdure cotte erano state rovesciate in una pentola in cui friggevano pezzetti di prosciutto, amalgamate bene e servite calde. I nostri amici valenciani tengono quasi sempre del *pisto* in frigorifero, da mangiare freddo o riscaldato. Amano farne un contorno per carne, salsiccia, pesce o uova. Ecco come lo preparano.

PER 4-6 PERSONE

◊ ¼ di tazza di olio
◊ 2 cipolle, sbucciate e tritate
◊ 3 peperoni verdi, privati dei semi e tritati
◊ 4 zucchine, con la buccia e tritate
◊ 3 grossi pomodori, con la buccia e tritati
◊ 2-3 patate (1 libbra), sbucciate e tagliate a cubetti (facoltativo)
◊ 2 spicchi di aglio, con la tunica (facoltativo)
◊ sale
◊ 1 pizzico di zucchero

In una grande casseruola a chiusura ermetica scaldare l'olio e cuocere la cipolla per quattro o cinque minuti, fino a quando sarà morbida ma senza avere preso colore. Unire gli altri ingredienti, compreso – volendo – l'aglio, sale e zucchero a piacere. Coprire e stufare per un'ora circa, finché il contenuto della casseruola somiglierà più a una salsa che a un misto di pezzetti di verdure.
Il *pisto* può essere preparato anche in una pentola a pressione riunendo tutti gli ingredienti e cuocendoli insieme per una quindicina di minuti.

PER RICETTA
1110 cal., 23 g di proteine, 52 g di grassi (5 sat., 5 pol.)

ZUCCHINE ALLA MENTA
(Italia)

PER 4 PERSONE
- 3-4 zucchine (1 libbra)
- 2 cucchiai di olio di oliva
- 2-3 foglioline di menta fresca, tagliata a pezzetti
- sale

Tagliare le zucchine a bastoncini di uno o due pollici nel senso della lunghezza, come si farebbe con le carote. Farli sobbollire in acqua salata fino a quando saranno morbidi, facendo badando a non farli scuocere. Scolare e disporre su un piatto da portata. Aggiungere l'olio e le foglioline di menta mentre le zucchine sono ancora calde, amalgamando bene e salando a piacere. Lasciare raffreddare in frigorifero e servire il piatto freddo.

PER RICETTA
290 cal., 5 g di proteine, 25 g di grassi (3 sat., 2 pol.)

▸ ZUCCHINE MINNELEA
(Italia)

PER 4 PERSONE
- 2 libbre di zucchine
- 2-3 pomodori (½ libbra), affettati
- sale, pepe
- ½ cucchiaino di basilico in polvere o 2 foglioline di basilico fresco
- 2 cucchiai di olio
- ¼ di tazza di parmigiano, grattugiato

Affettare le zucchine e metterle in uno scolapasta. Salare abbondantemente e lasciare riposare per un'ora. Asciugare tra fogli di carta da cucina e disporre in una pirofila oliata. Coprire con uno strato di fette di pomodoro, condire con sale, pepe, basilico e spruzzare con l'olio. Cospargere il formaggio grattugiato in superficie. Cuocere in forno per circa mezz'ora a 350°F-180°C.
Si può anche cuocere il piatto sopra un fornello, passandolo poi sotto la griglia del forno per dorare il formaggio.

PER RICETTA
490 cal., 20 g di proteine, 31 g di grassi (6 sat., 2 pol.)

▶ ZUCCHINE AL PROSCIUTTO
(Italia)

PER 4 PERSONE

- 1½ libbre di zucchine
- 1 piccola cipolla
- 1 fetta di bacon canadese o prosciutto magro
- 2 cucchiai di olio
- sale
- 1 uovo
- 1 cucchiaino di basilico in polvere o 1 cucchiaio di prezzemolo, tritato
- 2 cucchiai di parmigiano, grattugiato
- pepe

Senza sbucciarle, tagliare le zucchine a cubetti. Tritare la cipolla e il bacon, poi soffriggerli nell'olio su fiamma bassa per cinque minuti. Unire le zucchine, salare e coprire il tegame. Cuocere lentamente fino a quando le zucchine saranno morbide ma non disfatte. Battere l'uovo con una forchetta, aggiungere il basilico o il prezzemolo, il parmigiano, sale e pepe. Appena prima di servire, amalgamare alle zucchine l'uovo condito e lasciare sul fuoco, rimestando, finché sarà cotto.

PER RICETTA

490 cal., 23 g di proteine, 36 g di grassi (9 sat., 3 pol.)

▸ ZUCCHINE ALL'ÎLE-DE-FRANCE
(Francia)

PER 4 PERSONE
- ◊ 5-6 zucchine (2 libbre)
- ◊ 2 cucchiai di olio
- ◊ sale

Per la salsa:
- ◊ 2 cucchiai di farina
- ◊ 1 cucchiaio di olio
- ◊ 1 cucchiaio (o a piacere) di curry in polvere
- ◊ sale, pepe
- ◊ 1 tazza di latte scremato

Senza sbucciarle, lavare le zucchine e tagliarle a fette spesse circa un pollice e mezzo. Metterle in uno scolapasta e spruzzarle con sale abbondante. Lasciare riposare per almeno un'ora per estrarre l'acqua di vegetazione. Asciugare le fette con carta da cucina e rosolarle su entrambi i lati in due cucchiai di olio. Disporle in una teglia da forno. Preparare la salsa diluendo la farina in un cucchiaio di olio. Incorporare il curry, salare e pepare. Aggiungere il latte e cuocere su fiamma media, rimestando in continuazione, fino a quando la salsa sarà densa e gorgogliante. Versarla sulle zucchine e infornare per 10-15 minuti a 350°F-180°C.

PER RICETTA
600 cal., 20 g di proteine, 39 g di grassi (5 sat., 3 pol.)

ZUCCHINE STUFATE
(Italia)

PER 4-5 PERSONE

- 1 grossa zucchina (12 pollici) o 2 zucchine piccole
- 3 tazze di mollica di pane
- 1 spicchio di aglio, tritato
- ½ bicchiere di vino rosso secco
- 2 cucchiai di olio di oliva
- ¼ di tazza di parmigiano
- 1 mazzetto di menta, tritata
- 1 fogliolina di basilico fresco, tritata
- 1 cucchiaino di sale
- pepe

Tagliare le zucchine a metà nel senso della lunghezza e cuocerle a vapore fino a quando saranno quasi morbide. Scavare i semi e la polpa, poi amalgamarli con la mollica di pane, l'aglio, il vino, l'olio, parte del formaggio, la menta, il basilico, il sale e un pizzico di pepe. Farcire le zucchine svuotate con il composto e adagiarle in una teglia da forno bassa con mezzo pollice di acqua sul fondo. Spolverare con il parmigiano rimasto e cuocere in forno per 20 minuti circa, finché la superficie sarà dorata.

PER RICETTA

1490 cal., 51 g di proteine, 45 g di grassi (9 sat., 6 pol.)

CAPITOLO XVI
Insalate

Gli abitanti dell'area mediterranea di tutti i ceti sociali concordano che una cena completa debba includere un'insalata, ma ci sono differenze di opinione sul momento in cui servirla. La stragrande maggioranza la vorrebbe tra la pietanza principale e il dessert ma, nell'area compresa tra la Provenza e la Catalogna, quelle che chiamano insalate sono spesso considerate antipasti e servite quindi all'inizio. In Provenza si dice che la pratica rispecchi la saggezza del cuoco parsimonioso che attenua la fame dei commensali a inizio pasto con cibi relativamente economici. Una controindicazione è che, se l'insalata è condita con aceto, il sapore di questo non permette di apprezzare quello del vino, e occorre mangiare del pane per eliminarlo.

L'insalata più diffusa, servita, probabilmente, con più frequenza di tutte le altre messe insieme, consiste in freschissime foglie di lattuga verde condite semplicemente con olio (in dosi abbondanti) e aceto (poco) appena prima del consumo. Le foglie possono provenire da qualsiasi varietà di lattuga – più scuro è il verde, meglio è – o, meno frequentemente, da indivia, cicoria, spinaci novelli, girasole, rapa, e talvolta sono insaporite con qualche fogliolina di basilico o dragoncello o erba cipollina, o con un trito di scalogni o cipolline novelle. Il condimento può essere variato aggiungendo un po' di senape o sostituendo l'aceto con succo di limone.

Al secondo posto in termini di gradimento, dopo le foglie verdi vengono, in stagione, i pomodori crudi. I mediterranei sono molto pignoli quando si tratta di scegliere i pomodori da mangiare in insalata: un frutto pallido e anemico o vecchio e rugoso non è accettabile. I più gustosi sono naturalmente quelli maturati sulla pianta e appena raccolti, altrimenti la migliore alternativa è conservarli in un luogo buio e fresco, non a contatto l'uno con l'altro, fino alla completa maturazione e oltre: anche quelli surmaturi possono essere valorizzati. In insalata, i pomodori sono sovente uniti a foglie verdi oppure aggiunti a un insieme di foglie, cipolle e chi più ne ha più ne metta. Quando sono al loro meglio risultano superlativi e vengono gustati comunemente con null'altro che un pizzico di sale e un filo di olio di oliva crudo, con o senza qualche goccio di aceto (*tomatosalata*). A noi piace aggiungere anche qualche fogliolina di basilico fresco.

Altre verdure sono servite in insalata, spesso senza foglie verdi, con ottimi risultati. Il cavolo novello, verde o rosso, è sminuzzato, immerso in acqua fredda per un'ora abbondante, asciugato e condito con aceto e olio. Il finocchio è affettato finemente e servito alla stessa maniera oppure, frequentemente, insaporito solo con olio e una spolverata di sale. Le cimette di cavolfiore sono aggiunte all'insalata crude oppure appena sbollentate. Le carote figurano raramente nelle insalate mediterranee, come pure il sedano. I cetrioli affettati possono essere conditi con olio e aceto e sono impiegati con ottimi risultati nell'insalata estiva greca. Infine, una delle varietà di crescione aggiunge al piatto un sapore piccante assai apprezzato da alcuni.

La maionese compare in alcune insalate mediterranee, ma non tanto quanto negli Stati Uniti. Tranne che nei ristoranti per turisti, è difficile vedere servire coaguli di patate lesse o pasta corta con piselli e altre verdure cotte, il tutto legato con maionese. Un po' di questa salsa può essere amalgamato a un'insalata di cavoli per creare una specie di *coleslaw*[1], ma non si tratta di una pratica comune. Dove la maionese dà piena prova di sé è nei vari piatti freddi a base di pesce che deliziano i turisti in giro per il Mediterraneo. Si chiamano "insalate" ma fungono

1. Insalata di cavolo tritato, carote, cipolle e altre verdure con maionese, diffusa negli Stati Uniti [*ndt*].

da pietanza principale all'interno di un pasto leggero, talvolta seguita o accompagnata da un'insalata convenzionale di lattuga o pomodori o mista.

Un tempo le insalate di frutta – macedonie – erano sconosciute in area mediterranea, mentre ora sono citate di tanto in tanto nelle riviste di cucina e talvolta le vediamo nei menù di ristoranti che si rivolgono a un pubblico americano.

▶ INSALATA DI FAGIOLINI
(Italia)

PER 6 PERSONE

- 1 libbra di fagiolini novelli
- 1 fogliolina di basilico o 1 pizzico di basilico in polvere
- 3 cucchiai di olio di oliva
- il succo di 1 limone
- sale, pepe
- 1 cipolla, tritata
- 1 goccio di succo di aglio o 1 pizzico di aglio tritato (facoltativo)

Cuocere al dente i fagiolini in una quantità minima di acqua salata. Scolare e mescolarvi il basilico, l'olio e il succo di limone. Raffreddare in frigorifero. Al momento del servizio, condire con sale e pepe e amalgamare la cipolla (e l'aglio, se piace).

PER RICETTA

580 cal., 10 g di proteine, 43 g di grassi (5 sat., 3 pol.)

► INSALATA DI CAROTE
(Carottes en salade, Francia)

PER 4 PERSONE
- 6-8 carote medie
- il succo di ½ limone
- 1 cucchiaio di olio di oliva
- 2 cucchiai di prezzemolo, tritato
- sale, pepe

Raschiare o pelare le carote. Se non sono freschissime, lasciarle in una ciotola d'acqua ghiacciata per mezz'ora perché diventino croccanti. Grattugiarle grossolanamente e unire il succo di limone, l'olio, il prezzemolo, sale e pepe.

PER RICETTA
220 cal., 3 g di proteine, 13 g di grassi (2 sat., 2 pol.)

► INSALATA DI CECI
(Ensalada de garbanzos, Spagna)

Questa insalata, nutriente e di facile preparazione, non è solo buona da mangiare, è anche bella da vedere.

PER 4-6 PERSONE
- 2 scatole (15 once) di ceci, scolati
- 4 cipollotti verdi, tritati
- ¼ tazza di prezzemolo, tritato
- 2 bacche di pimento, tritate grossolanamente
- il succo di 2 limoni (¼ di tazza)
- ¼ di tazza di olio
- sale, paprica

Riunire tutti gli ingredienti e lasciare riposare per almeno mezz'ora prima di servire.

In Spagna, l'insalata sarebbe lasciata raffreddare a temperatura ambiente, non in frigorifero.

PER RICETTA
1800 cal., 84 g di proteine, 56 g di grassi (10 sat., 10 pol.)

▸ INSALATA DI CETRIOLO E YOGURT
(Tzatziki, Grecia)

PER 4 PERSONE
- 1 cetriolo
- 1 tazza di yogurt
- 1 spicchio di aglio (o anche più), tritato
- sale

Sbucciare e tritare finemente il cetriolo. Aggiungere allo yogurt assieme all'aglio e salare. Servire il piatto gelato.

PER RICETTA
150 cal., 9 g di proteine, 4 g di grassi (2 sat., 2 pol.)

▸ INSALATA DI FAGIOLI DI LIMA
(Fassolia salata, Grecia)

PER 4 PERSONE
- 1 tazza di fagioli di Lima o di cannellini secchi
- sale
- ¼ di tazza di olio
- 1 cipolla, grattugiata
- il succo di 1 limone
- 2 cucchiai di prezzemolo, tritato
- pepe

Mettere a bagno i fagioli la sera prima. L'indomani, portare a bollore, abbassare la fiamma e cuocere a fuoco dolce per due ore circa, fino a quando i legumi saranno morbidi. Salare dopo la prima ora di cottura. Scolare i fagioli e irrorarli con l'olio quando sono ancora caldi. Lasciare raffreddare in frigorifero e, prima di servire, condirli con la cipolla, il succo di limone, il prezzemolo, pepe e altro sale a piacere.

PER RICETTA

1100 cal., 38 g di proteine, 53 g di grassi (8 sat., 6 pol.)

▶ INSALATA DI FUNGHI
(Italia)

PER 4 PERSONE

- 1 libbra di funghi
- 2 cucchiai di olio
- 1 cucchiaio di succo di limone
- 1 pizzico di pepe
- ¼ di spicchio di aglio, tritato (facoltativo)
- sale

Affettare finemente i funghi nel senso della lunghezza, condire con l'olio, il succo di limone, pepe e l'aglio, se usato. Mescolare bene, lasciare raffreddare in frigorifero e salare appena prima di servire.

PER RICETTA

280 cal., 6 g di proteine, 25 g di grassi (5 sat., 5 pol.)

▸ INSALATA DI ARANCE
(Ensalada de naranjas, Spagna)

PER 6-8 PERSONE
- ◊ 5 arance, sbucciate e affettate
- ◊ 1 cipolla, affettata ad anelli
- ◊ 1 piccolo peperoncino, finemente tritato (facoltativo)
- ◊ 2 peperoni verdi, privati dei semi e affettati
- ◊ 1 cucchiaio di aceto di vino
- ◊ 2 cucchiai di olio
- ◊ sale, paprica
- ◊ foglie di lattuga

Assemblare le arance, la cipolla e i peperoni, conditi con aceto, olio, sale e paprica, sopra le foglie di lattuga. Raffreddare in frigorifero e servire.

PER RICETTA
810 cal., 13 g di proteine, 27 g di grassi (3 sat., 3 pol.)

▸ INSALATA DI PATATE ALLA FRANCESE
(Salade de pommes de terre, Francia)

PER 4 PERSONE
- ◊ 1½ libbre di piccole patate
- ◊ ½ cucchiaino di sale
- ◊ 2 cucchiai di olio di oliva
- ◊ ½ bicchiere di vino bianco secco
- ◊ sale, pepe
- ◊ 1 cucchiaio colmo di prezzemolo, tritato
- ◊ 1 cucchiaio di scalogno o erba cipollina, tritati

Lessare le patate con la buccia in una quantità minima di acqua, alla quale è stato aggiunto mezzo cucchiaino di sale. Quando saranno cotte ma ancora compatte, sbucciarle e tagliarle a fette.

Versarvi sopra l'olio e il vino, poi condire con sale, pepe, il prezzemolo e lo scalogno (o l'erba cipollina). Coprire e lasciare riposare in luogo fresco (non in frigorifero) per alcune ore prima di servire.

PER RICETTA
840 cal., 11 g di proteine, 29 g di grassi (3 sat., 2 pol.)

▸ INSALATA DI PATATE CALDA
(Patatosalata, Grecia)

PER 4 PERSONE
- 2-3 grosse patate (1 libbra)
- 1 piccola cipolla, affettata
- ¼ di tazza di olio di oliva
- il succo di 1 limone
- ½ cucchiaino di origano
- sale, pepe

Sbucciare le patate e dividerle in due o in quattro per accorciare i tempi di cottura. Lessarle in acqua salata fino a quando saranno morbide. Frattanto, disporre su un piatto da portata le fette di cipolla, unendo l'olio, il succo di limone, l'origano, sale, pepe. Affettare le patate e aggiungerle al piatto, amalgamandole bene con l'olio e gli altri condimenti. Servirle calde.

PER RICETTA
760 cal., 8 g di proteine, 50 g di grassi (6 sat., 4 pol.)

▸ INSALATA DI RISO DI MARTHA
(Salade de riz, Francia)

PER 6-8 PERSONE

◇ 1½ tazze di riso crudo
◇ 3 tazze di acqua
◇ 1 cucchiaino di sale
◇ ¼ di tazza di olio
◇ 2 grossi peperoni verdi
◇ 2 grossi pomodori
◇ 2 cipolle medie
◇ 1 confezione (10 once) di fagiolini surgelati
◇ ½ tazza di aceto leggero
◇ sale, pepe
◇ 2 uova sode
◇ ½ tazza di olive nere, snocciolate

Cuocere il riso nell'acqua alla quale si è aggiunto un cucchiaino di sale. Quando sarà morbido (e tutto il liquido si sarà assorbito), condire con tre cucchiai di olio e mettere da parte. Togliere i semi ai peperoni e tagliarli in una dozzina o più pezzi. In una pentola coperta soffriggerli su fiamma bassa in un cucchiaio di olio, fino a quando saranno morbidi. Tagliare i pomodori, con o senza buccia secondo le proprie preferenze, a piccoli pezzi. Sbucciare e affettare ad anelli le cipolle. Cuocere i fagiolini. Riunire tutti gli ingredienti e condire con l'aceto, altro sale, abbondante pepe. Guarnire l'insalata con fettine di uova sode e olive nere. Servire il piatto ben freddo.
Questa insalata si presta a molte varianti: si possono aggiungere tonno o altri pesci cotti, salumi nonché qualsiasi altra varietà di verdura cotta.

PER RICETTA

1970 cal., 40 g di proteine, 81 g di grassi (12 sat., 6 pol.)

▸ INSALATA SICILIANA
(Italia)

Un giorno d'estate, assemblate questa insalata al mattino, quando la temperatura è ancora fresca, e conservatela in frigorifero. Servitela con cracker al sesamo o panini a pasta dura, tè ghiacciato o vino bianco ghiacciato con seltz, completando il pasto con frutta fresca o sorbetti alla frutta.

PER 8 PERSONE

- 1 tazza di fagioli bianchi, cotti o in scatola
- 3 tazze di patate lesse, affettate
- 1 scatola (7¾ once) di tonno all'olio, scolato e sminuzzato
- ½ tazza di olio di oliva
- 2 cucchiai di pasta di acciughe
- 1 cucchiaio di capperi
- 3 cucchiai di aceto di Sherry
- 1 cucchiaio di prezzemolo, tritato
- 1 spicchio di aglio, tritato
- sale, pepe
- ¼ di cucchiaino di basilico in polvere o 1 ciuffetto di basilico
- 1 tazza di gamberetti cotti
- ½ tazza di olive nere, affettate

In una ciotola riunire i fagioli, le patate e il tonno. Amalgamare l'olio, la pasta di acciughe, i capperi, l'aceto, il prezzemolo, l'aglio, il basilico, sale e pepe. Versare metà del composto sugli ingredienti nella ciotola e mescolare bene. Guarnire con i gamberetti e le olive, quindi versare il condimento rimasto.

PER RICETTA

2560 cal., 125 g di proteine, 172 g di grassi (23 sat., 18 pol.)

▸ SALADE NIÇOISE
(Francia)

Questa insalata varia da un semplice insieme di pomodori, patate, acciughe, e olive a un vero e proprio piatto unico per il quale la tradizione prevede ben 13 ingredienti. Qui ne presentiamo una versione tipica indicando una serie di ingredienti facoltativi.

PER 6-8 PERSONE

- 4 pomodori
- 4 filetti di acciuga
- 4 patate medie, lessate e tagliate a cubetti
- ½ libbra di fagiolini
- 12 olive nere

Per la vinaigrette:

- 3 cucchiai di olio di oliva
- 1 cucchiaio di aceto di vino leggero
- 1 cucchiaio di prezzemolo, tritato, o 1 cucchiaio di basilico fresco, tritato, o ¼ di cucchiaino di basilico in polvere
- sale, pepe

Ingredienti facoltativi:

- peperoni verdi
- uova sode, a fette
- tonno
- cuori di carciofo
- capperi
- cipolla
- finocchio
- senape

Dividere i pomodori in quattro, togliere i semi e metterli in un colapasta a scolare per mezz'ora. Disporre su un piatto da portata con i filetti di acciuga, le patate, i fagiolini e le olive. Aggiungere ingredienti a seconda dei gusti. Condire con la vinaigrette e servire l'insalata fredda.

PER RICETTA

1030 cal., 30 g di proteine, 54 g di grassi (6 sat., 6 pol.)
I conteggi non tengono conto dell'eventuale aggiunta di ingredienti facoltativi.

▸ INSALATA ESTIVA
(Salata therini, Grecia)

Questo piatto greco, giustamente popolare, si differenzia dalla consueta insalata mista per l'aggiunta alle verdure fresche di formaggio feta e olive nere. Si possono unire anche filetti di acciuga o altre verdure di stagione, ma in Grecia gli ingredienti che troviamo di solito, oltre alla feta e alle olive, sono pomodori, cetrioli, peperoni verdi, cipolle, buon olio di oliva, aceto di vino leggero.

PER 4 PERSONE

- 2 grossi pomodori
- 2 cetrioli
- 1 cipolla o 2-3 cipollotti verdi
- 1 peperone verde
- ¼ di tazza di olio
- 2 cucchiai di aceto di vino leggero
- sale, pepe
- ¼ di libbra di formaggio feta, a cubetti
- 12 olive nere greche, snocciolate (le kalamata sono le migliori)

Tagliare grossolanamente i pomodori e i cetrioli. Affettare ad anelli la cipolla. Ridurre in striscioline i peperoni. Riunire tutte le verdure e condire con l'olio, l'aceto, sale e pepe. Guarnire con formaggio e olive. Servire l'insalata fredda. Accompagnata da pane o panini, diventa un bel piatto unico estivo.

PER RICETTA
1040 cal., 28 g di proteine, 88 g di grassi (21 sat., 6 pol.)

VERDURE MISTE AL TONNO
(Italia)

PER 4 PERSONE

- 2 pomodori, tagliati a spicchi
- 1 cetriolo, affettato
- 3-4 cipollotti verdi, affettati
- 5-6 ravanelli, affettati
- 2 gambi di sedano, affettati
- 2 cucchiai di olio
- aceto di vino o succo di limone
- sale, pepe
- 1 scatola (7 once) di tonno al naturale, scolato e sminuzzato
- 8-10 foglie di lattuga

In un'insalatiera riunire i pomodori, il cetriolo, le cipolle, i ravanelli e il sedano. Condire con l'olio, l'aceto o il succo di limone, sale e pepe. Aggiungere il tonno, sminuzzato, e lasciare in frigorifero a raffreddare. Appena prima di servire, disporre le foglie di lattuga intorno al bordo del piatto.

PER RICETTA
690 cal., 61 g di proteine, 27 g di grassi (3 sat., 3 pol.)

▸ RUOTA DI VERDURE
(Roda virolada, Catalogna, Spagna)

PER 6 PERSONE

- ◊ 3 patate medie
- ◊ 4 barbabietole
- ◊ 6 grosse carote
- ◊ 4 rape
- ◊ maionese o vinaigrette

Separatamente, lessare le patate e le barbabietole in acqua salata fino a quando saranno morbide. Sbucciare, affettare e lasciare raffreddare. Raschiare le carote, sbucciare le rape e cuocere in acqua salata bollente fino a quando si saranno intenerite. Lasciare raffreddare e tagliare a fette. Su un grande piatto ovale, disporre le fette in modo da formare una ruota colorata a otto spicchi in cui le patate e rape bianche si alternano alle barbabietole rosse e alle carote arancioni. Servire con una ciotola di maionese o di vinaigrette al centro.

PER RICETTA

con sole verdure: 630 cal., 18 g di proteine, 2 g di grassi
con mezza tazza di maionese: 1160 cal., 19 g di proteine, 60 g di grassi (4 sat., 28 pol.)
con un quarto di tazza di vinaigrette: 1130 cal., 18 g di proteine, 58 g di grassi (4 sat., 28 pol.)

CAPITOLO XVII
Salse

La cucina mediterranea deve gran parte della sua varietà e bontà alle salse. Se spagnoli e greci si accontentano di poche – ma le servono a ogni pasto principale –, in Francia e in Italia il numero è sorprendente. Nel suo libro *La Grande Cucina* [Garzanti, Milano 1960-67], Luigi Carnacina presenta ben 190 ricette di salse e sarebbe facile ricavarne ancora di più da qualche libro di cucina francese. Orgogliosi delle proprie salse, i francesi le servono spesso a parte in appositi piattini, mentre altri abitanti dell'area mediterranea le usano di solito per condire o come componente dei piatti per valorizzarli.

La maggior parte degli americani invece ha ereditato la tradizione culinaria più sobria e meno fantasiosa delle Isole Britanniche, dove fino a tempi recenti la parola *sauce*, salsa, evocava il *gravy*, ovvero il sugo d'arrosto, oppure il noto prodotto in bottiglia dalla Lea and Perrin[1]. A un italiano, il principe Caracciolo, è attribuita l'affermazione per cui in Inghilterra esistono sessanta religioni ma una sola salsa, e questo molto tempo prima dell'invenzione della Lea and Perrin. Successivamente il povero principe fu impiccato all'estremità di un pennone per ordine di lord Nelson. Non, ci affrettiamo ad aggiungere, per avere calunniato la cucina britannica, ma perché aveva commesso l'errore di schierarsi con i liberali nei loro sforzi per spodestare i decadenti Borboni dal trono del Regno di Napoli.

1. La Worcestershire Sauce [*ndt*].

Parafrasando un vecchio motto talvolta attribuito a Cicerone, in *Don Chisciotte* Cervantes scrisse che la migliore salsa del mondo è la fame. In inglese invece diciamo che un buon appetito è la migliore delle salse. Ma la missione, più nobile, di una salsa non è quella di spingere una persona a continuare a mangiare quando viene meno l'appetito. E non dovrebbe fungere nemmeno da maschera per coprire i sapori, com'era talvolta il caso prima dell'avvento della sicurezza alimentare e della refrigerazione. No, le salse dovrebbero fare sì che i cibi abbiano un aspetto, un odore e un gusto migliori, offrire contrasti di sapori e umidezza, contribuire all'economia domestica trasformando alimenti poco costosi e avanzi in piatti interessanti e deliziosi.

Il compianto André Simon, di origine francese ma diacono degli esperti culinari britannici, attribuiva l'assenza di salse in Inghilterra a un complesso d'inferiorità, ovvero alla convinzione diffusa che quelle classiche siano troppo complicate e difficili per chi è sprovvisto di una formazione specializzata e non ha tempo per sgobbare in cucina. La spiegazione potrebbe valere anche per i molti americani sulla tavola dei quali sono onnipresenti la bottiglia di ketchup e il vasetto di senape al posto delle salse.

La vecchia scuola classica francese creò salse complicate e piuttosto pesanti che coprivano il sapore vero dei cibi che accompagnavano. Si arrivò al punto che «non si sapeva se si trattasse di manzo o montone, di carne o selvaggina o aringa rossa»[2]. Ma successivamente il grande Escoffier e i suoi seguaci sostennero che le salse dovessero completare, non mascherare, il sapore delle materie prime. Questo punto di vista, ormai un articolo di fede del gourmet moderno, non esclude preparazioni elaborate ma le rende meno aggressive.

Molti, noi compresi, amano concedersi una mangiata occasionale presso un ristorante francese classico assaporando con gusto salse elaborate. Eppure non hanno la minima intenzione di provare a emulare la cucina *cordon bleu a c*asa propria. E comunque in stragrande maggioranza gli abitanti dell'area

2. Battuta tratta dal romanzo *Trilby* (1894) di George du Maurier [*ndt*].

mediterranea non mangiano affatto in questo modo. Allestiscono e consumano salse tutti i giorni, sì, ma si tratta perlopiù di semplici preparazioni tradizionali, talvolta modificate per sfruttare i vantaggi offerti dai "macchinari" moderni e per adattarle ai cambiamenti intervenuti nella reperibilità di prodotti alimentari e nel modo in cui le persone, casalinghe comprese, trascorrono il tempo. La stufetta a gas o elettrica e il frigorifero hanno trasformato l'economia domestica dappertutto, anche nei Paesi più remoti del Mediterraneo. Sono lontani i tempi in cui era normale cucinare un piatto che avesse bisogno di cuocere lentamente per ore e ore. Oggi, anche se hanno a disposizione un bel sacco di ossi e avanzi di carne, non molti si mettono a cuocere il brodo nel pentolone sul fuoco.

Ma anche quanti si rifiutano di preparare il brodo in casa sono in grado di produrre ottime salse, comprese quelle il cui ingrediente principe è il brodo stesso. I concentrati e i granuli per brodo di manzo e di pollo sono largamente reperibili. Diluiti in acqua danno un brodo che non sarà paragonabile a quello vero, ma è gradevole e va benissimo per la preparazione delle salse. Una volta i dadi erano composti per il 70 per cento da sale puro e per il resto da un concentrato bruciato di scarti innominabili raccolti in terra presso i macelli, ma la qualità è assai migliorata, specie in Europa. Ci auguriamo che i nuovi dadi svizzeri, tedeschi e italiani siano presto facili da reperire negli Stati Uniti, come lo sono in Europa. Comunque nulla vieta di creare ottime salse mediterranee anche in America.

Abbiamo selezionato e, nel caso, modificato le ricette per garantire facilità di esecuzione con ingredienti reperibili nei negozi di alimentari statunitensi. Per la preparazione di alcune salse classiche è possibile risparmiare tempo tenendo una provvista di *roux* in frigorifero, dove si conserva bene per una settimana e anche più. Non abbiamo avuto remore a presentare ricette che richiedano qualche uovo. Le persone attente alla dieta hanno spesso paura del colesterolo preformato nei tuorli, ma una salsa preparata con un rosso d'uovo è sufficiente normalmente per cinque o sei persone. Una maionese con due tuorli dovrebbe bastare per dieci o più porzioni. La nostra ricetta per la maionese prevede l'impiego di un uovo intero e dovrebbe essere sufficiente per almeno otto porzioni.

LA CLASSIFICAZIONE

I libri di cucina rispecchiano l'ossessione francese per l'ordine logico e la classificazione precisa. Tentano spesso di comprimere tutte le salse in due categorie: bianca (*blonde* o *allemande*, ovvero tedesca) e bruna (*brune* o *espagnole*, ovvero spagnola). I francesi patriottici si affrettano a spiegare che questi termini non implicano provenienza tedesca o spagnola. Si tratta semplicemente di fare riferimento a una differenza tra due carnagioni, quindi tra due colori. Gli spagnoli però sono convinti che la *loro* salsa sia stata portata a Parigi da Anna, figlia di Filippo III di Spagna e moglie di Luigi XIII di Francia. Per loro, l'uso della designazione (*sauce espagnole* nei libri di cucina francesi e internazionali) costituisce una prova della veridicità della leggenda. E si danno da fare per dimostrare di avere ragione impiegando la salsa fino alla monotonia. Pare strano vantarsi di una salsa che, il più delle volte, è praticamente uguale a quella salsa bruna talmente ubiqua nelle Isole Britanniche e nel Nord Europa, che si direbbe erogata da un'apposita rete di tubazioni.

Un minimo di conoscenza è sufficiente per eliminare l'idea che possa essere utile la classificazione binaria. Una più realistica è quella francese delle cinque fondamentali salse base: besciamella, maionese, *velouté*, *espagnole*, *allemande*. La *velouté* classica è preparata con salsa bianca, burro, carne bianca, cipolle, funghi, carote, un *bouquet garni* o erbe aromatiche, assieme a moltissima fatica. Mentre a noi pare che la salsa *allemande* classica sia semplicemente una *velouté* arricchita con l'aggiunta di rossi d'uovo e una maggiore quantità di burro. Ci sorgono dei dubbi, insomma, anche su questa classificazione.

Una classificazione di cinque salse base è stata proposta anche per la cucina italiana classica ma, naturalmente, è diversa da quella francese. Non figura la maionese, ma la salsa di pomodoro sì. Anche combinando i due sistemi, francese e italiano, per ottenere sei salse base, manca ancora la metà di quelle mediterranee più diffuse. Non c'è posto, per esempio, per le salse all'aglio, presenti in tutta la zona che va dalla Grecia alla Francia, le italiane come l'agrodolce e la *bagna caoda*, la pregiata salsa greca all'uovo e limone (*avgolemono*), quelle verdi, amate dappertutto, e quelle alla menta. Siamo perplessi inoltre sulla catalogazione della salsa bianca/besciamella, che noi, e anche i mediterranei, prepariamo con latte, farina e burro o olio. Le *allemande* e *velouté* prevedono l'uso di brodo anziché latte per la base liquida, mentre in molte varianti francesi la besciamella richiede l'aggiunta di brodo o carne tritata oltre a latte e panna.

Così, a malincuore, abbiamo rinunciato all'idea di suddividere le salse in modo ordinato e sistematico. La confusione è aumentata dal fatto che lo stesso nome è spesso applicato a salse diverse. Besciamella e salsa verde sono tra gli esempi più evidenti di questa assenza di standardizzazione.

LA BESCIAMELLA

È presente nella letteratura culinaria francese da centinaia di anni, ma le relative ricette evidenziano notevoli variazioni. Nella tradizione conservatrice, i soli ingredienti sono burro e farina, in dosi uguali, e latte; così, la besciamella è identica alla salsa bianca americana. Ma esistono autorevoli ricette francesi che prevedono l'impiego di brodo di carne oltre al latte, e molte richiedono cipolla, prezzemolo, timo e un pizzico di noce moscata, nonché un po' di carne bianca tritata. Le ricette più elaborate precisano che la besciamella debba essere filtrata prima di essere servita. In Grecia, Italia e Spagna, essa corrisponde generalmente alla salsa bianca americana, anche se spesso si aggiunge un pizzico di noce moscata e alcuni cuochi amalgamano alla base un po' di cipolla finemente tritata o un uovo sbattuto.

Anche persone attente alla dieta per motivi di colesterolo nel sangue possono assaporare la besciamella e altre salse che la richiedono come base. Al posto del burro, è sufficiente usare una parte di olio vegetale a due parti di farina, poi procedere seguendo la ricetta. Il burro può anche essere sostituito da margarina morbida. Si può utilizzare latte parzialmente scremato invece di quello intero, e una parte del latte può essere scambiata con brodo o un fondo da brodo diluito. Con la noce moscata si possono avere buoni risultati ma ne basta un pizzico, per non alterare troppo il gusto. Infine, si può ottenere una vasta gamma di sapori con l'impiego giudizioso di cipolle, una fetta di carota, erbe aromatiche come prezzemolo o timo, o altro ancora.

SALSE VERDI

In Francia, la classica salsa verde (*sauce verte*) si prepara pestando in poca acqua fredda foglie di prezzemolo, cerfoglio e dragoncello, filtrando questa sospensione con una garza e amalgamando il composto che ne risulta a una maionese normale. L'aggiunta di un pizzico di erba cipollina tritata darà un sapore lievemente diverso. In altre versioni, si incorporano capperi o spinaci crudi per dare colore.

Ultimamente, una densa salsa verde stile francese in bottiglia è stata messa in commercio in Europa da una delle industrie alimentari tedesche più note. In Italia una grande campagna pubblicitaria la sta lanciando sotto la denominazione "salsa verde", ma la vera salsa verde italiana è assai diversa. In Grecia, il succo spremuto dal prezzemolo è aggiunto alla maionese per preparare una salsa verde, ma là pare che si attribuisca più importanza al colore che al sapore. Un'altra ricetta greca, infatti, consiste nell'amalgamare alla maionese qualche goccio di colorante verde per pasticceria.

La nostra passione per la salsa verde italiana, la più versatile, risale a una domenica di Pasqua di tanti anni fa. Cogliemmo questa piacevole sorpresa in un locale molto semplice, una trattoria di paese in Toscana, che costituiva la nostra unica possibilità di pranzare a mezzogiorno. Se non ci fossimo fermati a mangiare là, ci sarebbe toccata un'altra mezz'ora in macchina sotto la pioggia. Le finestre erano troppo appannate per vedere dentro il locale ma, aprendo la porta, ci trovammo davanti otto o dieci tavole occupate da famiglie, i bambini e le mamme vestiti con gli abiti della festa, gli uomini dalle facce rosse, un po' per le intemperie, un po' per il vino, tutti a chiacchierare. L'ambiente era chiassoso e non c'erano arredi. Era libera una sola tavola con la tovaglia pulita. E noi avevamo fame. Scusandosi, il cameriere ci spiegò che l'agnello era terminato ma consigliò il bollito misto come secondo dopo il minestrone che avevamo ordinato come primo. Quando arrivò in tavola, il bollito era composto da spesse fette di eccellente manzo, pollo e lingua bovina. Sopra le carni, il cameriere distribuì con un mestolo una salsa fredda che conteneva pezzetti di foglioline verdi scure in un trasparente liquido verdastro. Presto lo richiamammo per chiedere il bis. Mentre versava la salsa di nuovo, egli sorrise radiosamente. «È molto buona, vero?» domandò. E noi annuimmo.

Laddove gli americani usano il ketchup e gli abitanti dell'Europa del Nord e dell'Est la senape o il cren, gli italiani e i loro vicini dell'area mediterranea usano la salsa verde. E non solo per condire le carni. Va ottimamente anche con il pesce e i frutti di mare, con uova fritte, alla coque o sode, e con alcune verdure. Se ne avanza, è deliziosa sul pane o anche solo per condire una bella insalata verde.

È consigliabile consumarla fresca il giorno stesso in cui si prepara. Il colore sbiadisce molto rapidamente e in un paio di giorni il sapore va a male, anche se è conservata in frigorifero. Ecco una delle ragioni per cui questa salsa eccellente è sconosciuta in quasi tutto il mondo. Non si conserva in bottiglia o in scatola, almeno non senza rovinarsi, quindi non può essere comprata già pronta. Può mantenersi in frigorifero ma, a oggi, nessuno è stato così intraprendente da commercializzarne una versione surgelata. Eppure è la più facile al mondo da preparare. La varietà più semplice richiede solo cinque minuti di tempo in più di quello che si impiega per aprire una bottiglia di qualche salsa industriale, la cui unica virtù è di rimanere sempre allo stesso stato a tempo indeterminato. Si trova non solo in Italia ma anche negli altri Paesi mediterranei, ed è adatta a tutti coloro che credono ancora che la cucina sia un luogo in cui non ci si limita a sistemare i prodotti pronti acquistati al supermercato.

La preparazione non richiede particolari abilità o saperi culinari, ha solo bisogno delle migliori materie prime. Nella sua forma tipica, è composta da olio, aceto, prezzemolo tritato, altre foglioline di erbe fresche (a seconda dei gusti), un po' di sale e pepe. Nell'area mediterranea si usa olio di oliva, naturalmente, anche se quelli di mais o di semi di cotone possono essere preferiti da coloro che non dispongono di olio di oliva oppure non lo amano. Chi non è abituato all'olio di oliva può provare a usare una miscela di metà olio di oliva e metà olio di mais. In ogni caso, deve essere di primissima qualità. Un olio andato lievemente a male può essere sfruttato talvolta in cucina, ma non nella preparazione di una buona salsa verde.

Al di fuori dell'area mediterranea, la scelta dell'aceto può costituire un problema. L'aceto comune, compreso quello di sidro degli Stati Uniti e dell'Europa del Nord, va evitato come gran parte dell'aceto di vino in commercio in quelle aree geografiche, in quanto troppo carico di acido acetico. Nelle ricette che seguono, per "aceto leggero" intendiamo aceto a bassa acidità, come quello fabbricato in gran parte del Mediterraneo nel corso del processo vinicolo (non *con il vino* ma come sottoprodotto della vinificazione), che si conserva solo per pochi mesi. Per "mix di aceto e limone", intendiamo una miscela di una parte di aceto di vino comune (da supermercato americano) e una parte di succo di limone. Ma anche la qualità dei limoni può variare, ed è consigliabile quindi adattare la ricetta ai propri gusti.

MAIONESE E SIMILI

La maionese è talmente amata nei Paesi mediterranei da essere riconosciuta come la regina delle salse fredde. Oggi si possono trovare in commercio versioni in bottiglia, ma non hanno un gran successo. Nelle cucine dei ristoranti e in tutte le case, la maionese si prepara seguendo una ricetta vecchia più di duecento anni che, come ingredienti, richiede solo olio di oliva, rosso d'uovo, un po' di aceto e sale, oppure, in una variante più recente, succo di limone al posto dell'aceto.

È la Francia a rivendicare la paternità della maionese attribuendola al duca di Richelieu. Gli spagnoli però sostengono trattarsi di una loro creatura, il cui nome deriverebbe da Mahón (in spagnolo la salsa si chiama *mahonesa*), città sull'isola di Minorca. Si dice che il duca l'abbia assaggiata e abbia portato la ricetta in Francia. Si sa per certo che nel 1756 Richelieu, al comando delle truppe francesi, cacciò gli inglesi da Minorca ed ebbe ampie possibilità di provare la cucina locale. È stato ipotizzato che la maionese originaria, la *mahonesa,* fosse una salsa a base di aglio, uovo e olio, la cui storia risaliva ai Romani, ai Greci e forse anche agli Egizi, che la preparavano con una quantità minima di aglio. Se è così, l'aglio deve essere scomparso ben presto dalla versione francese, tant'è che nella maionese francese classica non ce n'è traccia. In alcune ricette spagnole, italiane e greche invece ne è previsto ancora un po'.

I puristi sostengono che la maionese debba essere preparata con olio di oliva, da aggiungere un goccio alla volta, rimestando sempre nello stesso senso. Il fatto è che fino a pochi anni fa non esistevano prodotti alternativi all'olio di oliva e, dal momento che i frullatori elettrici dovevano ancora essere inventati, si aggiungeva un goccio alla volta per forza. Per quanto riguarda la pratica di rimestare la salsa in un senso solo, non abbiamo mai avuto modo di capire che cosa succeda se la regola viene infranta. Mentre sappiamo che si può ottenere un'ottima maionese facilmente e rapidamente con l'impiego di un frullatore e che, a seconda dei gusti, l'olio di oliva può essere sostituito, tutto o in parte, con olio di mais o di semi di cotone o con altri oli. Quello di semi di cartamo invece è eccessivamente liquido e gli oli di cocco e di palma sono da evitare in quanto troppo ricchi di acidi grassi saturi.

Ma, ora che è molto più facile preparare la maionese a proprio piacimento, gli scaffali delle drogherie sono stracolmi di imitazioni e succedanei. La vera composizione chimica di questi composti color crema non è mai svelata in etichetta ma è un segreto aperto che l'olio di soia, soggetto sempre a qualche processo di lavorazione, ne costituisca una base comune. Ciò non è necessariamente un male, se non per chi agogni al sapore autentico dell'olio di oliva. Ma il consumatore dovrebbe essere al corrente del fatto che i prodotti in bottiglia che recano in etichetta la dicitura "vera maionese" solo di rado sono a base di olio di oliva.

Le persone preoccupate per il legame tra dieta e salute forse avranno dei sospetti nei confronti della maionese in quanto contiene tuorli d'uovo, così ricchi di colesterolo. Comunque, a eccezione dei pochi individui che sono estremamente sensibili agli effetti del colesterolo nella dieta, non c'è nulla da ridire sull'uso occasionale e moderato di maionese. Nella maggior parte dei casi, è addirittura improbabile che il consumo quotidiano di generose porzioni di maionese possa avere un effetto misurabile sul livello di colesterolo nel sangue. Ciò che potrebbe preoccupare di più è il numero di calorie: una singola porzione abbondante ne fornisce circa 150.

Quella che segue è una normale ricetta base per la maionese ma, con l'aggiunta di altri ingredienti, si possono ottenere diversi effetti aromatici e cromatici.

▸ MAIONESE SEMPLICE

PER 1½ TAZZE

- ◊ 2 tuorli d'uovo
- ◊ ¼ di cucchiaino di sale
- ◊ ¾ di tazza di olio di mais o di semi di cotone
- ◊ ¼ di tazza di olio di oliva
- ◊ 1 cucchiaio di aceto o di succo di limone

Porre i tuorli e il sale in una ciotola. Usando un frullatore a immersione aggiungere l'olio, un goccio o due per volta, finché la salsa non cominci ad addensarsi, dopodiché può essere incorporato più rapidamente. Alla fine, unire l'aceto o il succo di limone.

PER RICETTA
2070 cal., 6 g di proteine, 231 g di grassi (36 sat., 101 pol.)

▶ MAIONESE VERDE

In una quantità minima di acqua salata, bollire per cinque minuti o poco più una manciata abbondante di prezzemolo. Scolare, passare al setaccio fine e amalgamare a una tazza di maionese semplice. Secondo disponibilità e gusti, si può sostituire metà del prezzemolo con crescione o cerfoglio. Altre possibili aggiunte sono l'erba cipollina o le punte verdi dei cipollotti. Anziché cotte, le erbe possono essere pestate in un mortaio.

▶ MAIONESE ROSSA

Per produrre una salsa rossastra dal sapore insolito, eccellente come accompagnamento all'astice, pestare la parte coriacea del coriaceo e amalgamarla alla maionese semplice. In alternativa, si possono aggiungere pimenti in scatola sminuzzati. Un terzo metodo per prepararla è unirvi barbabietole schiacciate o succo di barbabietola. Noi non amiamo questa soluzione ma ad altri potrà piacere.

▶ MAIONESE PICCANTE

Si può ottenere amalgamando bene a una tazza di maionese semplice un cucchiaino di senape in polvere e un paio di gocce di tabasco o altra salsa piccante. Anche la maionese rossa preparata con il pimento può costituire una buona base per questa variante.

▶ REMOULADE – MAIONESE FORTE

Tritare finemente due cetriolini sotto aceto, un cucchiaino di capperi, due acciughe salate, unendo un cucchiaino di senape e un bel pizzico di senape in polvere (del tipo piccante inglese). Amalgamare il composto a una tazza di maionese semplice. Si tratta di un ottimo accompagnamento alle carni e ai frutti di mare.

▶ MAIONESE CON UOVO INTERO

È più leggera di quella preparata con il solo tuorlo ed è facile da fare usando un frullatore o uno sbattitore elettrico.

- ◊ 1 uovo
- ◊ ½ cucchiaino di senape
- ◊ ½ cucchiaino di sale
- ◊ 1 cucchiaio di aceto o di succo di limone
- ◊ 1 tazza di olio di oliva o altro olio vegetale, o un misto di entrambi

Tutti gli ingredienti devono essere a temperatura ambiente. Montare l'uovo fino a renderlo cremoso, unire la senape, il sale, l'aceto o il succo di limone, e rimestare con energia per amalgamare bene gli ingredienti. Iniziare ad aggiungere l'olio molto lentamente, sempre mescolando. Se si usa un frullatore, per evitare eventuali schizzi, spegnere, togliere il coperchio, versare un cucchiaio di olio, coprire e premere di nuovo il tasto. Ripetere due o tre volte, fino a ottenere un composto molto ben amalgamato, poi versare il resto dell'olio, circa un quarto di tazza alla volta. Se la salsa diventasse troppo densa, aggiungere aceto o succo di limone. Impiegando uno sbattitore elettrico, si può versare l'olio in un filo lento ma costante, aggiungendolo poi più rapidamente man mano che la salsa si addensi.

PER RICETTA
con olio di semi: 2060 cal., 6 g di proteine, 230 g di grassi (18 sat., 113 pol.)
con olio di oliva: grassi 23 sat., 22 pol.
con metà olio di oliva e metà olio di semi: grassi 21 sat., 67 pol.

SALSE ALL'AGLIO

L'aglio insaporisce molte salse mediterranee. In alcune, la sua presenza è talmente dominante da farle etichettare, appunto, come salse all'aglio o salse all'aglio e olio: esempi sono la *skordalia* in Grecia, l'agliata in Italia, l'*aioli* in Francia, l'*all-i-oli* o *ajo-y-aceite* in Spagna. Sono servite di rado nei ristoranti di lusso che si rivolgono al turismo internazionale, o, perlomeno, non nelle loro potenti versioni originarie. Il loro richiamo è più autoctono, più locale, più radicato in queste terre baciate dal sole e di antica tradizione. Vantano, infatti, una lunghissima storia. Le ricette per le salse all'aglio autentiche risalgono almeno all'anno Mille, anche se si dice che siano state portate in Francia e Spagna dalle legioni romane già mille anni prima. In Grecia si sostiene, con qualche giustificazione, che tutte le cose buone della Roma classica fossero di provenienza, appunto, greca. Si dice anche che i Romani avessero imparato a preparare la salsa all'aglio dai Greci. Eppure una leggenda diffusa narra che gli Egizi consumassero salse all'aglio già molto prima dei Greci.

Tutte le salse all'aglio sono a base di aglio, ovviamente, e olio; quasi tutte prevedono l'impiego di succo di limone o aceto. Molte richiedono altri ingredienti: dai rossi d'uovo alle patate schiacciate, da diversi tipi di noci alla mollica di pane, ai pomodori, o varie combinazioni di alcuni di questi. Le ricette variano parecchio anche per quanto riguarda la quantità di aglio: da un paio di spicchi a una decina per mezza tazza di olio. A seconda della loro composizione, sono indicate come condimento per molti piatti, tra cui zucchine e melanzane fritte, carni arrostite, grigliate, fritte o lesse, pesce grigliato o bollito, salumi, insalate.

Tutte le ricette autentiche per la salsa all'aglio prescrivono l'impiego di olio di oliva, ma ciò rispecchia semplicemente il fatto che sono state elaborate in tempi in cui nessun altro tipo di olio era disponibile in quella parte del mondo. Almeno una parte dell'olio di oliva potrà essere sostituita da quello di mais o di semi di cotone, o da un altro olio vegetale di qualità. Ma se siete abbastanza avventurosi da cimentarvi con la preparazione della salsa all'aglio, provate a usare almeno metà olio di oliva. Il sapore è importante e quello di oliva è più corposo degli altri oli vegetali, garantendo quindi il risultato di una salsa dalla consistenza classica. Tuttavia, è possibile utilizzare altri oli perché, da solo, l'aglio dà tutto il sapore possibile e immaginabile. Non che la salsa all'aglio vi manderà al tappeto. Basta usarla con cautela alla prima prova e consolarsi del fatto che si conserverà bene per parecchi giorni in frigorifero, sicché la quantità prodotta seguendo la ricetta potrà essere assaggiata con piatti diversi, permettendovi di abituarvi pian piano alle sue caratteristiche.

Il metodo classico di preparare le salse all'aglio è praticamente uguale a quello adoperato per la maionese. L'aglio è pelato e pestato in un mortaio, quindi l'olio è aggiunto gradualmente, rimestando sempre in un senso solo, fino a quando il composto sarà denso. Poi, un poco alla volta, mescolando costantemente, si unisce succo di limone o aceto, assieme ad altro olio. Se si includono nella preparazione noci o patate schiacciate o mollica di pane (inumidita!), vengono pestate assieme all'aglio prima di cominciare a versare l'olio. Se viene impiegato un rosso d'uovo, può essere aggiunto all'inizio o quando si sarà incorporata metà dell'olio. Si sala verso la fine. Nel caso in cui si desideri un po' di sapore e colore in più, la polpa o il concentrato di pomodoro sono amalgamati come ultimo passo.

Il metodo tradizionale, lento e laborioso, richiederebbe l'impiego di un pestello e un mortaio, utensili piuttosto rari in una cucina americana. Uno sbattitore elettrico, o meglio un frullatore, va altrettanto bene e fa il lavoro in molto meno tempo. Se si usa uno sbattitore, occorre preventivamente tritare l'aglio o passarlo in un setaccio. Se si usa un frullatore, invece, basta pelarlo. Mettete un po' di olio e tutto l'aglio nella tazza dello sbattitore o del frullatore, e versate a più riprese altro olio, che si amalgamerà all'aglio formando un impasto omogeneo. Quando avrete versato metà dell'olio, cominciate a unire il succo di limone e l'aceto a piccole dosi, alternando le aggiunte con quelle dell'olio. Nel caso la ricetta comprenda le noci, se si usa uno sbattitore occorre macinarle molto finemente, mentre con un frullatore basta tritarle grossolanamente prima di unirle all'aglio all'inizio del procedimento. Anche le patate schiacciate, la mollica di pane o i rossi d'uovo vanno aggiunti all'inizio.

Partendo da una vasta raccolta di ricette, ne abbiamo scelte sei che si prestano a esperimenti ulteriori da parte del cuoco. La quantità di aglio specificata può essere ridotta nel caso in cui il suo impiego vi metta un po' di soggezione. Occorre segnalare inoltre che queste salse, non prevedendo una cottura, non faranno puzzare di aglio la cucina, come può capitare quando sie ne preparano piatti cotti con quantità abbondanti.

Anziché creare la salsa da zero, è possibile ricavarne una imitazione accettabile spremendo l'aglio direttamente nella maionese semplice e amalgamando bene il succo. Si può usare anche il succo di aglio in bottiglia industriale, ma per ottenere il giusto grado di sapore sarà necessario aggiungerne una qualità tale da rendere la salsa più liquida rispetto alla versione classica. Un metodo migliore è buttare una mezza dozzina di spicchi di aglio nel frullatore assieme a mezza tazza di maionese e amalgamare fino a quando si sarà ottenuta una salsa omogenea. In alternativa, e più semplicemente, usando il dorso di una forchetta si può schiacciare l'aglio in una ciotola dal fondo non piatto, bombato, assieme alla maionese. Anche se i puristi si lamenteranno della consistenza non proprio omogenea, il sapore sarà comunque buono. I puristi si lamenteranno anche se la maionese usata non è quella vera preparata con olio di oliva. Le imitazioni che della maionese hanno solo l'aspetto produrranno risultati diversi, ma non necessariamente cattivi.

Le ricette che seguono sono facilmente realizzabili seguendo le indicazioni generali elencate sopra. Mezza tazza di olio contiene poco più di 100 grammi di grassi e circa 950 calorie. Se si usa olio di oliva, circa 10 per cento dei grassi saranno saturi, un po' meno polinsaturi. I dati per l'olio di mais sono circa 15 e 56 per cento. Un rosso d'uovo aggiunge 50-60 calorie e un quarto di grammo di colesterolo. Mezza tazza di noci aggiunge circa 400 calorie, fornite soprattutto da grassi relativamente insaturi.

▶ AGLIATA CLASSICA
(Mediterraneo)

La proporzione di aglio a olio varia da luogo a luogo e da cuoco a cuoco. Le quantità indicate di seguito produrranno una tipica *skordalia* greca (*aioli* in francese, *ajo y aceite* in spagnolo, agliata in italiano).

PER 1¼ TAZZE

- 1 grossa testa di aglio (½-1 oncia), pelata
- 1 tazza di olio
- ½ cucchiaino di succo di limone o aceto leggero
- sale

PER RICETTA

1800 cal., 5 g di proteine, 200 g di grassi (20 sat., 66 pol.)

▶ AGLIATA ALL'UOVO
(Mediterraneo)

Gli ingredienti sono i medesimi della classica agliata con l'aggiunta di un rosso d'uovo.

▶ AGLIATA CON LE PATATE
(Skordalia me patates, Grecia)

Gli ingredienti sono i medesimi della classica agliata con l'aggiunta di una o due tazze di patate lesse schiacciate.

▶ AGLIATA CON LA MOLLICA DI PANE
(Skordalia me yaletta)

Gli ingredienti sono i medesimi della classica agliata con l'aggiunta di una o due tazze di mollica di pane bagnata e strizzata.

▸ AGLIATA ALLE NOCI
(Mediterraneo e Medio Oriente)

Gli ingredienti sono i medesimi della classica agliata con l'aggiunta di mezza tazza di mandorle, noci o pinoli (*pignolia*), pelati e macinati. Con l'impiego di un buon frullatore, non è necessario macinare le noci prima di inserirle nel bicchiere dell'elettrodomestico, ma si ottengono i migliori risultati pestandole in un mortaio.

▸ SALSA DI POMODORO ALL'AGLIO
(Mediterraneo)

PER 1¼-2 TAZZE

- ½ tazza (½ oncia) di aglio, pelato
- ¼ di cucchiaino di sale
- 1 tuorlo d'uovo
- 2 cucchiai di concentrato di pomodoro
- 1 tazza di olio

Si ottiene una salsa molto più liquida sostituendo il concentrato di pomodoro con una tazza di succo di pomodoro.

PER RICETTA

con metà di olio di oliva e metà di un altro olio vegetale: 1800 cal., 5 g di proteine, 200 g di grassi (20 sat., 66 pol.)
con l'aggiunta di ½ tazza di noci: 2150 cal., 30 g di proteine, 230 g di grassi (23 sat., 80 pol.)
con l'aggiunta di 1½ tazze di mollica di pane: 2280 cal., 20 g di proteine, 206 g di grassi (21 sat., 67 pol.)
con l'aggiunta di 1½ tazze di patate lesse: 2010 cal., 26 g di proteine, 201 g di grassi (20 sat., 66 pol.)

▶ SALSA BIANCA/BESCIAMELLA
(Internazionale)

PER 1 TAZZA

- ◊ 2 cucchiai di olio vegetale
- ◊ 2 cucchiai di farina
- ◊ 1 cucchiaino di sale
- ◊ 1 tazza di latte scremato

Versare l'olio in un pentolino, amalgamare la farina e il sale, poi diuire con il latte. Rimestando continuamente, cuocere su fiamma media fino a quando la salsa sarà densa e inizierà a bollire.

PER RICETTA

360 cal., 10 g di proteine, 25 g di grassi (6 sat., 12 pol.).

▶ SALSA BRUNA
(Internazionale)

Esistono innumerevoli ricette per la salsa bruna, un termine generico che comprende anche la *sauce espagnole*. Ecco una delle più semplici, una salsa piena di sapore con un basso contenuto di grassi saturi e colesterolo.

PER 3 TAZZE CIRCA

- ◊ 1 cipolla (2 once), finemente tritata
- ◊ ¼ di tazza di olio
- ◊ ¼ di tazza di farina
- ◊ 2 once di prosciutto magro o bacon canadese, finemente tritato o macinato
- ◊ 1 tazza di brodo di carne o di dado
- ◊ 2 cucchiai di prezzemolo, finemente tritato
- ◊ 2 tazze di acqua calda
- ◊ sale, pepe

Soffriggere la cipolla nell'olio fino a doratura. Amalgamare la farina e cuocere fino a quando il composto prenderà un colore bruno. Aggiungere il prosciutto o il bacon e il brodo, poi bollire per 10-15 minuti. Unire il prezzemolo e due tazze circa di acqua calda, salare, pepare e riportare a bollore.
Questa salsa può servire da base per altre. A seconda delle preferenze, si possono aggiungere olio di oliva, un altro olio vegetale o margarina morbida. Il calcolo delle calorie che segue si riferisce alla preparazione con metà olio di oliva e metà olio di mais. Se si usa o l'uno o l'altro, le calorie e i grassi totali non cambiano e non si registra nemmeno una differenza significativa per quanto riguarda i grassi saturi. I polinsaturi invece sono 4 nel caso dell'impiego di olio di oliva e 26 nel caso dell'impiego di olio di mais.

PER RICETTA
660 cal., 17 g di proteine, 58 g di grassi (11 sat., 15 pol.)

▸ SALSA SPAGNOLA
(Salsa española, Spagna)

In Spagna la classica salsa spagnola sarebbe, in sostanza, uguale alla *sauce espagnole* in Francia, senonché nella penisola iberica si aggiunge talvolta uno spicchio di aglio e lo strutto può essere usato al posto del burro. Come carne, in entrambi i Paesi si preferiscono ritagli di prosciutto, vitello o cacciagione, ma possono essere impiegati anche manzo, maiale o coniglio. In ogni caso, l'importante è che si tratti di carne magra, ed è desiderabile includere un po' di prosciutto affumicato. Tra gli ingredienti della ricetta indichiamo la margarina morbida: con olio o burro si ottiene un risultato organolettico simile, in quanto il gusto del grasso è coperto dalla cipolla e dalle erbe.

PER 3 TAZZE

- ◊ 2 cipolle (⅓ di libbra), tritate
- ◊ 1 libbra di manzo magro, tritato
- ◊ ¼ di libbra di prosciutto crudo magro o bacon canadese, tritati
- ◊ 2 cucchiai di margarina morbida
- ◊ 1 quarto di brodo di manzo o di dado
- ◊ 2 cucchiai di farina
- ◊ 1 tazza di carote, tritate
- ◊ 1 ciuffetto di prezzemolo, tritato
- ◊ 1 chiodo di garofano, intero
- ◊ 1 foglia di alloro
- ◊ timo, sale, pepe

In una pentola rosolare leggermente le cipolle e la carne nella margarina. Versare mezza tazza di brodo e fare sobbollire per 10-15 minuti. Amalgamare la farina e rimestare finché la salsa avrà preso un colore bruno. Poi aggiungere il resto del brodo, le carote, il prezzemolo, il chiodo di garofano, l'alloro e un pizzico di timo. Fare sobbollire per altre due ore circa. Filtrare con un setaccio e condire a piacere con sale e pepe.

La densa salsa finale viene impiegata in più modi. Può essere diluita con brodo per ottenerne una più liquida da servire con le carni, oppure essere incorporata nella besciamella. In alcune ricette è previsto un po' di zucchero. Quando accompagna la selvaggina o altre carni molto saporite, talvolta è arricchita da un goccio di Madera o Sherry dolce.

PER RICETTA

1450 cal., 112 g di proteine, 85 g di grassi (36 sat., 8 pol.)

▸ SALSA ROMESCO
(Spagna)

Per preparare questa salsa di mandorle o nocciole e peperoncino, in Spagna usano il piccantissimo romesco, ma va altrettanto bene il pepe rosso di Caienna. Ogni cuoco spagnolo ha la sua ricetta personale, ma tutte le versioni si abbinano ottimamente con il pesce o il pollo e, se impiegate per ungere le cotolette di agnello, montone o maiale alla brace, producono risultati meravigliosi. Anche il cavolfiore lesso o cotto a vapore si rianima quando è condito con la salsa romesco. Spesso questa viene portata in tavola assieme alla *ajo y aceite* per permettere ai commensali di scegliere tra l'una e l'atra, oppure di usarle entrambe. Preparata correttamente, la romesco dovrebbe essere densa quasi come la maionese. Seguendo il metodo classico spagnolo, si pestano laboriosamente tutti gli ingredienti nel mortaio, ma un frullatore elettrico fa lo stesso lavoro in un istante. Al posto dell'aceto, alcuni cuochi usano Sherry secco o un goccio di brandy. Agli ingredienti del mortaio/frullatore si può aggiungere un paio di fette di pane fritte nell'olio, per dare più corpo senza alterare il sapore. In Spagna la salsa è usata in abbondanza: la quantità prodotta seguendo la ricetta qui riportata verrebbe consumata da non più di cinque o sei persone. Si conserva bene in frigorifero, quindi è consigliabile raddoppiare le dosi. Per la quantità prevista nella ricetta, i cuochi spagnoli userebbero dai tre ai dodici spicchi di aglio: noi ne indichiamo sei come compromesso, ma chi è poco abituato all'aglio farebbe forse bene a fare le prime prove con una quantità minore. In Spagna, infine, si usa esclusivamente olio di oliva, ma al gusto americano è più adatta la miscela indicata. Con una proporzione minore di olio di oliva, la salsa perderebbe un po' del suo sapore caratteristico.

PER 1½ TAZZE

- ¼ di libbra di mandorle o nocciole sgusciate tagliate a lamelle o tritate
- 1 cucchiaio di olio (facoltativo)
- 6 spicchi di aglio, pelati e tritati grossolanamente
- 1 cucchiaino di concentrato di pomodoro
- ½ cucchiaino di pepe di Caienna
- 1 cucchiaino di sale
- 1 tazza di olio, metà di mais o di semi di cotone metà di oliva
- ¼ di tazza di aceto leggero

Tostare le mandorle o le nocciole in forno a 350°F-180°C per 10 minuti, fino a quando inizieranno a prendere colore, o friggerle in un cucchiaio di olio. Riunire in un frullatore tutti gli ingredienti, tranne l'olio e l'aceto. Accendere il frullatore e versare in più riprese l'olio. Quando la salsa sarà densa, incorporare sempre lentamente l'aceto.

PER RICETTA

2370 cal., 17 g di proteine, 209 g di grassi (20 sat., 47 pol.).

▸ SALSA STUZZICANTE

(Sauce ravigote, Francia)

Le versioni moderne di questa classica salsa francese, che risale al primo Settecento, variano molto. L'idea di base è abbinare erbe aromatiche verdi alla normale salsa bianca. La *ravigote* valorizza il pollo in particolare ma è ottima anche con altre carni blande.

PER 1 TAZZA CIRCA

- ¼ di bicchiere di vino bianco secco
- 1 cucchiaio di cipollotto verde, tritato
- 1 cucchiaio di margarina morbida

- 1 tazza di salsa bianca
- 1 cucchiaio di erba cipollina, tritata
- 1 cucchiaio di prezzemolo, tritato
- 1 pizzico di cerfoglio in polvere
- 1 pizzico di dragoncello in polvere
- sale, pepe

Scaldare il vino riducendolo della metà. Soffriggere la cipolla nella margarina fino a quando sarà morbida ma non colorita. Unire entrambi alla salsa bianca e, rimestando continuamente, cuocere fino a quando sarà densa. Aggiungere le erbe, poi condire a piacere con sale e pepe.

PER RICETTA
280 cal., 10 g di proteine, 27 g di grassi (6 sat., 12 pol.)

SALSA GRECA ALL'UOVO E LIMONE
(Avgolemono, Grecia)

Molti greci sostengono che l'*avgolemono* sia la loro salsa nazionale, ed è pur vero che l'abbiamo vista esclusivamente in Grecia o, in altri Paesi, in ristoranti greci. Si serve con la carne, il pesce, il pollame e le verdure, si aggiunge anche alle minestre e alle zuppe al momento di servirle. Come dice il nome, è preparata con uova e succo di limone. Alcune ricette richiedono solo rossi d'uovo, altre uova intere: le proporzioni consuete prevedono due o tre uova o rossi d'uovo per il succo di un limone. Usando uova intere, alcune ricette prevedono di separare gli albumi dai tuorli e di sbatterli separatamente. L'*avgolemono* preparato con uova intere è più leggero, quindi più indicato per persone che devono o desiderano limitare rigorosamente la quantità del colesterolo nel proprio sangue.

Ecco una versione della salsa adatta a zuppe e minestre.

PER ¾ DI TAZZA

- ◊ 2 uova
- ◊ 4 cucchiai di succo di limone

Sbattere insieme le uova e il succo di limone. Rimestando continuamente, aggiungere, poco alla volta, qualche cucchiaio del liquido caldo del piatto nel quale la salsa sarà incorporata. Poi versare la salsa nella zuppa o minestra e continuare a cuocere fino a quando si sarà addensata, badando a non farla bollire e, quindi, rapprendere.

PER RICETTA

154 cal., 12 g di proteine, 11 g di grassi (4 sat., 1 pol.)

L'*avgolemono* da servire con carne, pollame, pesce o verdure può essere preparato così.

PER 2½ TAZZE

- ◊ 2 cucchiai di olio
- ◊ 3 cucchiai di farina
- ◊ 2 tazze di brodo o succedaneo
- ◊ 2 tuorli d'uovo
- ◊ il succo di 1 limone
- ◊ 2 cucchiai di prezzemolo, tritato

Amalgamare l'olio e la farina in una padella, aggiungere il brodo e cuocere, rimestando continuamente, fino a quando la salsa si addenserà e inizierà a bollire. In una ciotola, sbattere i rossi d'uovo con il succo di limone. Continuando a sbattere, aggiungere circa un quarto di tazza di salsa calda, un cucchiaio alla volta, poi versare il composto nella padella, sempre mescolando. Tenere la salsa sul fuoco e rimestare fino a quando sarà densa. È consigliabile eseguire questa operazione a bagnomaria. La salsa non deve bollire dopo l'aggiunta del composto. Guarnire con il prezzemolo appena prima di servire. Una precisazione sul liquido in cui all'inizio va diluita la farina. I cuochi greci che si rispettano sostengono che il brodo debba essere associato al piatto con cui l'avgolemono sarà servito: brodo di carne per la carne, di pesce per il pesce, vegetale per le verdure. Qui non diamo indicazioni specifiche, non perché diffidiamo degli insegnamenti dei greci, bensì perché non vogliamo scoraggiare il lettore che intenda cimentarsi nella preparazione di questa salsa facile e rapida.

PER RICETTA
450 cal., 3 g di proteine, 37 g di grassi (5 sat., 3 pol.)

▶ SALSA PROVENZALE PER PESCE
(Riste, France)

PER 1½ TAZZE

- 1 cipolla, tritata
- 2 cucchiai di olio
- 1 cucchiaio di farina
- ½ bicchiere di vino rosso secco
- ½ tazza di acqua bollente
- ¼ di cucchiaino di timo
- 1 foglia di alloro
- ¼ di tazza di prezzemolo, tritato
- 1 cucchiaio di concentrato di pomodoro
- 2 spicchi di aglio, tritati
- sale, pepe
- 2 cucchiai di capperi
- 10-12 olive nere, snocciolate

Soffriggere la cipolla nell'olio fino ad ammorbidirla. Amalgamare la farina, poi versare il vino e l'acqua bollente. Unire le erbe aromatiche, il concentrato di pomodoro e l'aglio. Salare, pepare e fare sobbollire fino a quando la salsa sarà densa e i sapori ben amalgamati. Aggiungere i capperi e le olive, quindi servire con pesce fritto o lesso.

PER RICETTA

420 cal., 3 g di proteine, 34 g di grassi (4 sat., 4 pol.)

▶ SALSA VERDE

(Italia)

PER ½ TAZZA

- ◊ 2 cucchiai di aceto leggero, o metà aceto e metà succo di limone
- ◊ ⅓ di tazza di olio di oliva, o metà di olio di oliva e metà di altro olio vegetale
- ◊ sale, pepe
- ◊ ½ tazza di prezzemolo, tritato

Sciogliere una presa di sale nell'aceto, aggiungere un pizzico di pepe e amalgamare all'olio. Incorporare il prezzemolo, rimestare bene e rimestare successivamente ogni volta che si serve. Eventuali ingredienti aggiuntivi possono essere foglie di sedano verde, erba cipollina, cime di scalogni novelli, foglioline di basilico o menta, un quarto di spicchio di aglio o pochi capperi, tutti finemente sminuzzati. Anziché tritare gli ingredienti a mano, si può usare un frullatore. Il risultato sarà una bella salsa omogenea, ma meno saporita.

PER RICETTA

con olio di oliva: 630 cal., 34 g di grassi (7 sat., 7 pol.)
con oli misti: 630 cal., 34 g di grassi (10 sat., 10 pol.)

SALSA VERDE SAPORITA
(Italia)

PER 1 TAZZA

- ¼ di tazza di mollica di pane
- aceto leggero
- ½ tazza di prezzemolo
- 1 spicchio di aglio
- zucchero, noce moscata, sale
- ⅓ di tazza di olio

Bagnare la mollica con l'aceto, strizzare bene e tritare finemente con il prezzemolo e l'aglio, oppure pestare tutto insieme in un mortaio. Aggiungere un pizzico ciascuno di zucchero, noce moscata e sale, poi amalgamare accuratamente all'olio.

PER RICETTA
con olio di oliva: 710 cal., 2 g di proteine, 75 g di grassi (8 sat., 8 pol.)
con metà olio di oliva e metà olio di mais o di semi di cotone: 710 cal., 2 g di proteine, 75 g di grassi (11 sat., 30 pol.)

SALSA VERDE CON ACCIUGHE E PATATE
(Italia)

PER 1 TAZZA

- ½ tazza di prezzemolo
- 1 piccola patata lessa
- 2-3 filetti di acciuga salata, lavati per eliminare il sale in eccesso
- 1 spicchio di aglio
- 2 cetriolini sotto aceto
- 1 cucchiaio di cipolla
- ⅓ di tazza di olio
- 2 cucchiai di aceto leggero
- sale, pepe

Pestare tutti gli ingredienti solidi in un mortaio, o tritarli molto finemente, e metterli in una ciotola. Mescolando con cura, amalgamare in più riprese l'olio, aggiungere l'aceto, infine condire con sale e pepe.

PER RICETTA
con olio di oliva: 630 cal., 1 g di proteine, 70 g di grassi (7 sat., 7 pol.)
con metà olio di oliva e metà olio di mais o di semi di cotone: 630 cal., 1 g di proteine, 70 g di grassi (10 sat., 28 pol.)

▸ SALSA DI TONNO E ACCIUGHE
(Italia)

PER 2 TAZZE
- ◇ 1 spicchio di aglio, tritato
- ◇ 3 filetti di acciuga salata, tritati
- ◇ ¼ di libbra di tonno all'olio, non scolato
- ◇ 1 scatola (6 once) di concentrato di pomodoro diluito nella stessa quantità di acqua
- ◇ sale, pepe, origano

Riunire tutti gli ingredienti in una pentola. Per ottenere un composto omogeneo e un buon amalgama di sapori, basterà farli sobbollire per pochi minuti (da cinque a dieci), mescolando di tanto in tanto.

PER RICETTA
540 cal., 44 g di proteine, 30 g di grassi (6 sat., 10 pol.)

▶ SALSA AI FUNGHI
(Mediterraneo)

È preparata spesso con funghi secchi, in parte perché i più pregiati sono della specie selvatica *Boletus edulis* (porcini in italiano, *cèpes* in francese), che è strettamente stagionale, in parte perché i funghi freschi di qualsiasi varietà non sono sempre reperibili, se non nelle grandi città.

PER 1½-2 QUARTI

- 1 cipolla, finemente tritata
- 1 spicchio di aglio
- ¼ di tazza di olio
- 1 carota, finemente tritata
- 1 gambo di sedano, tritato
- 2 cucchiai di prezzemolo, finemente tritato
- 1 cucchiaio di farina
- 1 libbra di pomodori, privati dei semi, pelati e tritati, o 1 tazza di salsa di pomodoro, o diversi cucchiai di concentrato di pomodoro diluiti in 1 tazza di acqua
- 1 libbra di funghi freschi, finemente tritati
- 1 tazza di acqua (facoltativo)
- sale, pepe

In una pentola capiente, rosolare le cipolle e l'aglio nell'olio; aggiungere le carote, il sedano, il prezzemolo e cuocere per cinque minuti. Incorporare un cucchiaio di farina, mescolare bene, aggiungere i pomodori e i funghi, quindi fare sobbollire per 20-30 minuti. Volendo, si può versare una tazza di acqua per aumentare il volume. Salare, pepare e cuocere per un altro paio di minuti, poi filtrare con un passino.
La ricetta produrrà salsa sufficiente per più pasti. Si conserverà per parecchi giorni in frigorifero e per alcuni mesi nel freezer.

PER RICETTA
785 cal., 14 g di proteine, 67 g di grassi (7 sat., 32 pol.)

▸ SALSA AI FUNGHI SPAGNOLA
(Salsa champiñones, Spagna)

PER 2 TAZZE

- ◊ 2 cucchiai di olio
- ◊ 2 cucchiai di prezzemolo, tritato
- ◊ ¼ di tazza di scalogni, finemente tritati
- ◊ 1 tazza (¼ di libbra) di funghi, tritati
- ◊ 1 cucchiaio di farina
- ◊ 2 tazze di vino bianco secco
- ◊ 1 tazza di brodo di carne o di dado
- ◊ sale

Riscaldare l'olio in una pentola e, mescolando, aggiungere il prezzemolo, gli scalogni, i funghi, la farina, il vino. Cuocere fino a quando il vino si sarà ridotto a un quarto del volume iniziale e poi, sempre rimestando, finché il composto inizierà a prendere un colore bruno. Unire il brodo, salare e continuare la cottura fino a raggiungere la densità desiderata. Passare al setaccio e servire la salsa calda con quasi qualsiasi tipo di carne.
Si può usare anche per condire la pasta, la polenta, gli gnocchi, il riso o le patate schiacciate. L'olio di oliva della ricetta classica può essere sostituito da un altro olio vegetale senza alterare l'effetto finale in modo significativo.

PER RICETTA

con olio di oliva: 300 cal., 8 g di proteine, 25 g di grassi (3 sat., 2 pol.)
con olio di mais: 300 cal., 8 g di proteine, 25 g di grassi (5 sat., 13 pol.)

▸ SALSA AL MARSALA
(Italia)

PER 1 TAZZA
- ◊ 2 cucchiai di margarina morbida
- ◊ 1 tazza di zucchero a velo
- ◊ 3 cucchiai di Marsala o Sherry secco
- ◊ 1 albume d'uovo

Lavorare la margarina e lo zucchero, poi cuocere a bagnomaria. Incorporare il Marsala o lo Sherry (vanno altrettanto bene Porto o Madera dolce). Quando il tutto sarà ben amalgamato, togliere dal fuoco e lasciare raffreddare un po'. Montare a neve l'albume e incorporarlo alla salsa. Servirla calda o fredda.

PER RICETTA
630 cal., 4 g di proteine, 22 g. di grassi (4 sat., 4 pol.)

▸ PESTO o PISTOU
(Italia, Francia)

I genovesi sono smoderatamente orgogliosi della salsa che chiamano pesto e che sostengono essere una tradizione locale. Ma esiste una salsa simile, *pistou* in francese, diffusa lungo tutta la riviera ligure e provenzale. Poiché, per farla, servono abbondanti foglioline di basilico, è prevalentemente primaverile ed estiva.
Il pesto è al suo meglio appena preparato ma si mantiene bene in frigorifero, e può essere conservato nel freezer per mesi e mesi. Quello industriale è reperibile in alcuni negozi americani specializzati in prodotti alimentari d'importazione ma, con un frullatore, si può preparare facilmente in casa. Il metodo antico per farlo, assai tedioso, richiede di pestarlo a lungo in un mortaio. Esistono varie ricette ma tutte hanno in comune cinque ingredienti:

basilico fresco, formaggio grattugiato, olio di oliva, aglio e "noci". In Francia, per il *pistou*, queste ultime possono essere omesse. Alcune ricette comprendono anche pomodori e prezzemolo. Per quanto riguarda le "noci", l'ingrediente classico sono i pinoli[3], ma c'è chi preferisce le mandorle e le noci vere e proprie. In *The Complete Book of Pasta* (Morrow), Jack Denton Scott indica due tazze di foglioline per mezza tazza di olio. In *The French Cookbook* (A. A. Knopf), Julia Child prepara il *pistou* con un quarto di tazza di foglioline per mezza tazza di olio. In *Italian Family Cooking* (Random House), Edward Giobbi suggerisce cinque tazze di foglioline «ben pressate» per tre quarti di tazza di olio. Infine, non tutti concordano sul formaggio da usare. A Genova, per esempio, amano un pecorino piccante, preferibilmente sardo.

La ricetta che segue è un compromesso tra antica usanza italiana e attuale disponibilità statunitense. Non piace a tutti, ma volendo si può provare a cambiare le quantità e a sperimentare "noci" e formaggi diversi.

PER 2 TAZZE

- ¼ di tazza di mandorle sgusciate
- ¼ di tazza di pinoli
- ½ tazza di pecorino romano o parmigiano
- 2 spicchi di aglio, pelati e tritati
- 1 cucchiaino di sale
- 1 tazza di foglioline di basilico, tritate
- ½ tazza di prezzemolo, senza gambi e tritato
- ½ tazza di olio

Inserire tutti gli ingredienti nel bicchiere di un frullatore e metterlo in azione per il tempo necessario a ottenere un composto omogeneo. Usarlo per condire la pasta oppure aggiungerlo al minestrone, alla minestra di verdure, alla zuppa di

3. "Pignoli" nell'originale [*ndt*].

fagioli o al sugo di carne. Si può anche mescolare una parte di pesto a cinque parti di salsa verde. Un quarto dell'insieme di dosi indicate è sufficiente per quattro porzioni di pasta o di minestra di verdure.

PER RICETTA
1780 cal., 55 g. proteine, 155 g. grassi (18 sat., 35 pol.)

► RAGÙ NAPOLETANO
(Italia)

Nel Sud Italia si dice spesso che il ragù napoletano sia la regina delle salse e la sua preparazione è una vicenda assai seria. Nel bel libro *La Cucina Napoletana* (Fiorentino Editore, Napoli 1965), Jeanne Carola Francesconi la descrive così:

«Non è una semplice salsa, è molto di più, è un rito che si celebra settimanalmente in ogni famiglia che sia degna di chiamarsi napoletana [...]. Il ragù non si fa distrattamente come una qualsiasi salsa di pomodoro, ma richiede dedizione e attenzione: bisogna seguirlo, guidarlo, accarezzarlo per ore e ore perché si sprigionino e si mescolino i profumi dei vari componenti. Per quattro, cinque, sei ore, deve lentamente cucinarsi, senza mai essere abbandonato. Nella prima fase, il ragù si "tira" facendo lentamente consumare la carne in cipolla e lardo, con l'aiuto del vino, nella seconda si rosola il pomodoro, nella terza deve a lungo "pippiare", cioè quasi impercettibilmente bollire, allungato con poca acqua per non disperderne il profumo e perché, pian pianino, si fondano intimamente i vari sapori, fino a raggiungere l'inimitabile gusto che è la prerogativa di questa meraviglia fra le salse» (pp. 281-282).

La signora Francesconi scrive che sarebbe consigliabile avere a portata di mano un bel libro da leggere durante la cottura del ragù. Ma non troppo avvincente, altrimenti si rischierebbe di bruciarlo. La ricetta che segue è una versione semplificata che può essere preparata con devozione ma in molto meno tempo. Prevede l'impiego di meno carne e una maggiore quantità di pomodori rispetto alle versioni più ricche. Usato soprattutto per condire la pasta, va bene anche con altri alimenti amidacei.

PER 4-6 PERSONE

- 2 cucchiai di olio
- ½ libbra di manzo o vitello magro, finemente tritato
- 1 cipolla, tritata
- 2 spicchi di aglio, tritati
- ½ libbra di funghi freschi, affettati (facoltativo)
- 1 cucchiaio di farina
- 1 tazza di brodo di dado
- ½ bicchiere di vino da tavola secco
- 1 scatola (6 once) di concentrato di pomodoro
- 1 scatola (1 libbra) di pelati, con il liquido di conserva ma privati dei semi
- origano o basilico
- ¼ di tazza di prezzemolo, tritato
- sale, pepe

In una pentola capiente, scaldare l'olio e rosolare bene la carne a fiamma alta, quindi abbassarla, aggiungere la cipolla, l'aglio, i funghi, se usati, e cuocere per 10 minuti circa, mescolando di tanto in tanto. Amalgamare la farina con cura, poi versare il brodo, il vino, il concentrato e i pomodori. Condire con origano o basilico, prezzemolo, sale e pepe. Fare sobbollire, rimestando ogni tanto, per mezz'ora.

PER RICETTA

880 cal., 59 g di proteine, 54 g di grassi (17 sat., 16 pol.)

▸ RAGÙ PARCO
(Italia)

In Italia e in altri Paesi del Mediterraneo, con due libbre abbondanti di carne e mezza libbra di ossi spaccati si produce un quarto di denso ragù/sugo per condire pasta, riso, polenta o patate. La ricetta normale prevede di rosolare la carne in un po' di burro o grasso di arrosto e poi di aggiungere verdure tritate, gli ossi e del liquido. Quindi si fa sobbollire fino a otto ore, filtrando il ragù prima di servirlo. Noi ci discostiamo dalle ricette tradizionali in tre punti. Primo, per chi ha preoccupazioni dietetiche il procedimento classico produce un sugo dal contenuto troppo alto di acidi grassi saturi, specie se si usa carne americana (la carne è molto più magra nell'area mediterranea). Nella ricetta che segue, la carne viene sgrassata. Secondo, fare sobbollire il ragù per ore e ore, oltre a rappresentare una soluzione poco pratica in molte case moderne, non è necessario, a meno che la carne impiegata non sia dura come il cuoio. Infine, un ragù molto omogeneo può costituire un motivo d'orgoglio per il cuoco ma noi lo preferiamo più consistente. Così, evitiamo di filtrarlo, limitandoci a scartare la foglia di alloro. Se si usano ossi spaccati, possono essere bolliti separatamente in poca acqua, e il brodo che ne risulta si mette da parte per aggiungerlo poi al sugo. La ricetta che segue produce un ragù che, come dice il nome stesso, è parco, frugale.

PER 1 QUARTO

- 1¼ libbre di manzo magro, tritato o macinato
- ¼ di libbra di bacon canadese o prosciutto magro
- 1 tazza di brodo o consommé di manzo
- 1 tazza di acqua
- 1 cucchiaio di olio
- 2 cucchiai di farina
- 1 carota, tritata

- 1 cipolla, tritata
- 1 gambo di sedano, tritato
- 1 foglia di alloro
- 1 spicchio di aglio
- 1 chiodo di garofano o 1 pizzico di chiodi di garofano in polvere
- erbe aromatiche (facoltativo)
- sale

Lessare la carne per mezz'ora nel brodo di manzo con l'aggiunta dell'acqua. Trasferire il tutto in un contenitore alto e refrigerare. Quando il liquido sarà completamente freddo, togliere il grasso coagulato e scartarlo. Recuperare la carne, filtrare il liquido e metterlo da parte. In una pentola termoresistente, rosolare la carne nell'olio. Amalgamare la farina, poi unire gli altri ingredienti, compreso il brodo filtrato. Fare sobbollire per un'ora, eliminare la foglia di alloro e salare a piacere. A seconda dei gusti, in fase di cottura si può aggiungere un po' di timo o rosmarino o origano o basilico. Con questa ricetta si otterrà un quarto abbondante di sugo concentrato. Se si desidera più fluido, aggiungere acqua o consommé. Il ragù si conserverà in frigorifero per alcuni giorni, in freezer per mesi.

PER RICETTA

1970 cal., 164 g di proteine, 139 g di grassi (34 sat., 48 pol.)

SALSE DI POMODORO

La parola "spaghetti" evoca la visione di un nido di fili fumanti coperti da salsa di pomodoro. Ci sono, naturalmente, altri modi di servirli ma ci si chiede come se la cavassero i mangiatori di pastasciutta prima dell'arrivo nel Mediterraneo del pomodoro.

Il più semplice pasto a base di spaghetti e pomodoro che conosciamo l'abbiamo visto preparare da un gruppo di operai edili in Italia. Troppo lontani da casa per rientrare per il pranzo, riscaldarono una scatola di pelati e li usarono per condire gli spaghetti cotti al momento. Quale modo migliore per nutrire un uomo affamato? Un piatto nutriente, caldo e appagante.

Una versione leggermente più raffinata fu cucinata per noi nella nostra casa nel Sud Italia da un importante cardiologo e gourmet romano di origine napoletana. Si tratta di una salsa che può essere preparata mentre gli spaghetti sono già nell'acqua. Oltre che per condire la pasta, può essere versata su carne o pesce prima della cottura in forno, sulle verdure cotte o impiegata come ingrediente di uno stufato.

▸ SALSA DI POMODORO
(Italia)

PER 2 TAZZE

- 2 spicchi di aglio
- 1 cucchiaio di olio
- 1 scatola (2 libbre e 3 once) di pomodori pelati con il liquido di conserva
- qualche fogliolina di basilico fresco o 1 cucchiaino di basilico in polvere
- sale, pepe

Soffriggere gli spicchi di aglio nell'olio fino a quando inizieranno a prendere colore. Scartarli, togliere dal fuoco e fare raffred-

dare un po' prima di unire i pomodori (se si versano sopra l'olio bollente, faranno schizzi in tutta la cucina). Aggiungere il basilico, salare, pepare e cuocere fino a quando la salsa sarà ben calda. Fare sobbollire per qualche minuto in più se si desidera che sia più densa. Un'altra versione segue lo stesso metodo ma prevede di passare i pelati prima di unirli all'olio. Usare la salsa per condire la pasta appena scolata (le dosi indicate dovrebbero bastare per sei porzioni) e spolverare con parmigiano grattugiato.
Una variante leggera e deliziosa, tipica dell'Italia del Sud, prevede di cospargere gli spaghetti caldi con cubetti di mozzarella prima di condirli con la salsa. Per replicare questo effetto negli Stati Uniti usiamo mozzarella di latte parzialmente scremato.

PER RICETTA
430 cal., 10 g di proteine, 27 g di grassi (3 sat., 2 pol.)

▶ SALSA MARINARA
(Italia)

PER 4 TAZZE
- ◊ 2 cipolle medie, tritate
- ◊ 1 carota, tritata
- ◊ 2 cucchiai di olio
- ◊ 1 spicchio di aglio, tritato
- ◊ 2 libbre di pomodori freschi o 1 grossa scatola (2 libbre e 3 once) di pomodori pelati
- ◊ sale, pepe
- ◊ 2 cucchiai di prezzemolo, tritato
- ◊ 1 cucchiaino di origano

Soffriggere la cipolla e la carota nell'olio fino a quando saranno morbide. Aggiungere l'aglio e i pomodori (scolati e privati dei semi). Salare, pepare e cuocere, senza coperchio, per 15-20 minuti. Setacciare la salsa con un passaverdura, aggiungere il

prezzemolo e l'origano (alcune versioni lo omettono, sostituendolo con pepe di Caienna o peperoncino). Riscaldare prima di servire.
Questa salsa è ottima così come descritta ma, nei paesi di mare in Italia, spesso costituisce una base alla quale sono aggiunti piccoli pesci e frutti di mare. In assenza di pesce fresco, si possono usare acciughe, vongole o gamberetti in scatola.

PER RICETTA
500 cal., 11 g di proteine, 27 g di grassi (3 sat., 2 pol.)

► SALSA DI PISELLI E PROSCIUTTO
(Italia)

PER 1½ TAZZE
- ½ piccola cipolla, tritata
- ¼ di tazza di olio
- 1 libbra di piselli freschi, sbaccellati
  o 1 tazza di piselli surgelati
- ¼ di tazza di acqua
- 1 oncia di prosciutto cotto magro, tagliato a cubetti
- sale, pepe

Soffriggere la cipolla dolcemente nell'olio fino a quando sarà morbida ma senza avere preso colore. Aggiungere i piselli e l'acqua. Coprire la pentola e cuocere finché i piselli saranno morbidi, bagnando con acqua, se necessario. Rimestando, unire i cubetti di prosciutto, poi insaporire con sale e pepe. Usare la salsa per condire gli spaghetti.

PER RICETTA
700 cal., 16 g di proteine, 58 g di grassi (8 sat., 5 pol.)

▸ SALSA DI CIPOLLE
(Italia)

PER 2 TAZZE

- ◊ 3 grosse cipolle, finemente affettate
- ◊ ¼ di tazza di olio
- ◊ 1 cucchiaio di concentrato di pomodoro
- ◊ ¼ di tazza di acqua
- ◊ sale, pepe

Cuocere le cipolle lentamente nell'olio fino a quando saranno morbide ma senza avere preso colore (ci vorrà mezz'ora circa). Unire il concentrato di pomodoro diluito nell'acqua, sale e pepe. Usare la salsa per condire gli spaghetti, aggiungendo parmigiano grattugiato a piacere.

PER RICETTA

660 cal., 8 g di proteine, 50 g di grassi (6 sat., 4 pol.)

▸ RAGÙ BOLOGNESE
(Italia)

Il classico ragù o sugo di carne tipico di Bologna ha molte varianti. Alla ricetta che segue possono essere aggiunti fegatini di pollo, un po' di basilico o un pizzico di zucchero. Metà del manzo può essere sostituita da maiale tritato e si può usare vino bianco anziché rosso. A ogni modo, tutte queste varianti possono essere presentate benissimo come sugo o ragù alla bolognese. In città spesso si sostituisce almeno una parte dell'olio con burro.

PER 2 TAZZE

- ◊ ¼ di tazza di olio
- ◊ 2 once di prosciutto magro
- ◊ 2 cucchiai di cipolla, tritata

- ◊ 1 piccola carota, tritata
- ◊ 1 piccolo gambo di sedano, tritato
- ◊ 1 spicchio di aglio
- ◊ ½ tazza di funghi, tritati
- ◊ ½ libbra di manzo magro, tritato
- ◊ ¼ di bicchiere di vino rosso secco
- ◊ 1 pomodoro, pelato e finemente tritato
- ◊ 1 mazzetto di prezzemolo, tritato
- ◊ sale, pepe, noce moscata

Riscaldare metà dell'olio, unire il prosciutto, la cipolla, la carota, il sedano e l'aglio, poi soffriggere fino a quando la cipolla sarà dorata. Aggiungere i funghi e la carne cuocendo finché inizieranno a prendere colore. Versare il vino, lasciare che il sugo si riduca di molto, quindi aggiungere il pomodoro. Coprire e continuare la cottura, a fuoco lento, per circa un'ora, bagnando se necessario con acqua (o brodo), per evitare che il sugo diventi troppo denso. Aggiungere il prezzemolo e, in ultimo, insaporire con sale, pepe, noce moscata. Le quantità elencate saranno sufficienti per condire una libbra di pasta.

PER RICETTA
con olio di oliva: 1200 cal., 62 g di proteine, 93 g di grassi (27 sat., 8 pol.)
con olio di mais: 1200 cal., 62 g di proteine, 93 g di grassi (29 sat., 27 pol.)

SUGHI AI FRUTTI DI MARE

I piatti di pasta e frutti di mare, diffusi in tutto il Mediterraneo, meritano di essere conosciuti meglio in altre parti del mondo. I frutti di mare possono essere semplicemente lessati in una quantità minima di acqua e usati per condire la pasta assieme al liquido di cottura, possibilmente con qualche goccio di olio crudo, ma di solito si prepara un sugo vero e proprio con l'aggiunta di pomodori e altri ingredienti vegetali. Il formaggio non è mai incorporato in questo sugo né usato per condirlo. La maggior parte dei frutti di mare può essere abbinata alla pasta con ottimi risultati, ma vongole, patelle e arselle sono preferite a ostriche e cozze, forse perché queste ultime sono eccellenti consumate da sole.

La ricetta che segue, tipica di Malaga, si differenzia per l'impiego del peperone verde e dello zafferano, ma si ottengono buoni risultati anche con peperoni gialli e rossi o paprica fresca ungherese. Se si sostituisce lo zafferano con l'origano, il sugo verrà scambiato per italiano. Qui indichiamo tra gli ingredienti pelati e vongole in scatola in modo che il sugo possa essere preparato in ogni luogo in qualsiasi momento dell'anno, ma naturalmente sono da preferire i prodotti freschi, se disponibili. Se usate vongole fresche, fate bollire l'acqua di cottura, riducendola fino all'equivalente di una tazza circa, filtratela e unitela al sugo. Come formato di pasta, alcuni americani scelgono le conchiglie per rafforzare il concetto "marino" del piatto, ma nei Paesi mediterranei è consuetudine usare gli spaghetti.

▸ PASTA NELLO STILE DI MALAGA
(Fideos a la malagueña, Spagna)

PER 4-6 PERSONE
- 1 cipolla, tritata
- 3 spicchi di aglio
- 4 cucchiai di olio

- 1 grosso peperone, privato dei semi e tagliato a listarelle
- 1 libbra di pomodori, privati dei semi e pelati (o in scatola, 1 libbra)
- 1 foglia di alloro
- 1 scatola (6½ once) di vongole tritate o ⅔ di tazza di vongole fresche, tritate
- zafferano
- sale (facoltativo)

Soffriggere la cipolla e l'aglio nell'olio fino a doratura. Volendo, si può eliminare l'aglio (ma si tratta di un fatto raro nell'area mediterranea) prima di unire il peperone, i pomodori e la foglia di alloro. Cuocere fino a quando il peperone sarà molto morbido. A questo punto, alcuni cuochi setacciano il sugo, ma noi riteniamo l'operazione superflua per questo piatto piuttosto rustico. Aggiungere le vongole con il loro liquido e fare sobbollire per pochi minuti, unendo lo zafferano alla fine. Dato il sapore forte delle vongole, non c'è il rischio di aggiungere troppo zafferano (il cuoco intento a fare economia tende a usarlo con eccessiva parsimonia). Serve poco sale o addirittura non ne serve affatto, ma conviene assaggiare per regolare il sapore. Servire con pasta cotta al momento, rigorosamente non scotta. Se avanza del sugo, può essere conservato in frigorifero per un paio di giorni, o in freezer se si prevede di conservarlo più a lungo. Successivamente può essere usato ancora per condire la pasta oppure come accompagnamento al pesce o in una zuppa di pesce. Questa ricetta è più che sufficiente per condire una libbra di spaghetti e va servita come piatto principale per quattro persone. Raddoppiando le quantità delle verdure, potrà essere usata per condire la pasta per otto persone. La presenza dello zafferano rappresenta un tipico tocco spagnolo ma, a piacere, si può sostituire con origano o rosmarino oppure con qualche fogliolina di menta o basilico.

PER RICETTA

690 cal., 18 g di proteine, 52 g di grassi (5 sat., 8 pol.)

▸ SALSA DI TONNO
(Italia)

È possibile servire la pasta tutti i giorni dell'anno senza mai ripetere la stessa ricetta. Siamo convinti che questa non sia affatto un'esagerazione, eppure in America pare che si rimanga sempre aggrappati a poche ricette a noi familiari. Ecco una salsa che aggiungerà un po' di varietà al vostro repertorio.

PER 1½ TAZZE

- ◊ 1 spicchio di aglio
- ◊ 2 cucchiai di olio di oliva
- ◊ ¼ di libbra di tonno in scatola al naturale
- ◊ 2 cucchiai di concentrato di pomodoro diluito in 1 tazza di acqua
- ◊ sale, abbondante pepe

Soffriggere l'aglio nell'olio fin quando questo ne avrà assimilato il sapore. Eliminarlo prima che prenda colore. Unire gli altri ingredienti e fare sobbollire per 20 minuti, finché si sarà formata una salsa omogenea, che sarà sufficiente per condire una libbra di spaghetti.

PER RICETTA

380 cal., 33 g di proteine, 34 g di grassi (5 sat., 7 pol.)

CAPITOLO XVIII
Dolci

Ultimamente molti americani saltano il dolce nel tentativo di tenere sotto controllo il proprio peso. Si tratterebbe di un comportamento ragionevole se il resto del pasto fosse limitato a porzioni fisse e il dolce aggiungesse solo un tot di calorie in più. Ma quanti eliminano il dolce tendono a compensare la rinuncia consumando una maggiore quantità del resto del pasto. Insomma, con o senza dolce, mangiano comunque fino a raggiungere un determinato grado di sazietà. L'idea classica per cui un pasto "vero" finisce con il dolce ha un senso dal punto di vista gastronomico, naturalmente, ma la pratica comporta anche una certa saggezza fisiologica. Poche calorie di qualcosa di dolce sono in grado di eliminare rapidamente le ultime tracce di fame rimaste. Grosse porzioni di dolci ricchi sono un'altra cosa: non hanno senso dal punto di vista né gastronomico né fisiologico. Un pesante carico di zuccheri e grassi alla fine del pasto non dovrebbe avere posto nella dieta di nessuno. Per la maggior parte delle persone e delle occasioni, la soglia assoluta del dolce è di 200 calorie e, secondo la regola generale, dovrebbe essere inferiore a 150. Questo limite è duro da rispettare se si sceglie di mangiare paste, ma la frutta non comporta simili difficoltà.

In Inghilterra il termine dessert indicherebbe solo la frutta fresca e secca, mentre altri piatti che segnano la fine del pasto sono etichettati per quello che sono, ovvero dolci o, di tanto in tanto, formaggi. Ma dessert deriva da un verbo francese che significa sparecchiare, ovvero rimuovere l'ultimo piatto del pasto, e questo è il significato della parola sia nell'area mediterranea sia in America. A ogni modo, da quelle parti nove volte su dieci il dessert è costituito da frutta, preferenza del tutto comprensibile data l'abbondanza e l'ottima qualità dei prodotti locali. Ma, anche là dove la scelta non sia dettata da una disponibilità così ricca, il consumo di frutta è comunque un modo ideale per completare il pasto. Oltre a saziare, essa rinfresca il palato senza produrre gli effetti stucchevoli di dessert più ricchi. Possiede inoltre importanti virtù nutrizionali.

In generale, la frutta fornisce alcune vitamine, minerali e anche un po' di proteine, ma il suo vantaggio più rilevante è che ha un basso contenuto di calorie ed è quasi priva di grassi. Una normale porzione abbastanza sostanziosa (una mela media, una banana, un'arancia, una pesca, una pera, una bella manciata di ciliegie, un grappolo d'uva, tre o quattro prugne, un paio di grosse albicocche) contiene solo 70-100 calorie. Una porzione normale di melone o di mirtilli ha un contenuto simile, a meno che i mirtilli non siano affogati nella panna, il che vale l'aggiunta di 100 calorie. In contrapposizione, una palla di gelato contiene 150 calorie, un piccolo bignè o una fetta di torta al cacao 250, una di torta al cocco con la crema più di 300, una tortina alla frutta secca o una porzione di torta di pan di Spagna con la panna 450.

Ciò non significa che la frutta sia l'unico dessert a basso contenuto di calorie e di grassi. Lo sono anche alcuni dolci, ma molti di quelli tipici della zona mediterranea sono a base di frutta, come il soufflé di prugne o il gelato di fragole citati tra le ricette in questo capitolo. Anche alcuni dolci a base di gelatina rientrano nella categoria. In realtà, a parte un paio di eccezioni, essi figurano poco nei menù mediterranei. In Grecia, la *halva*, un dolce farinaceo dalle molte varianti, è sempre molto amata. Una porzione di *halva* non ha un alto contenuto di calorie e ha un basso contenuto di grassi saturi: ne presentiamo due ricette in questo capitolo. In Spagna, dopo la frutta il dessert più popolare è il *flan*, una sorta di crema. Ha un basso contenuto di calorie, ma chi è a dieta potrebbe preoccuparsi per la presenza delle uova. Ma la dose standard è mezzo uovo per porzione (la nostra ricetta ne prevede di meno), per cui può essere mangiato come piacere occasionale da tutti, tranne da coloro che sono costretti a seguire una dieta molto rigida. Un nuovo succedaneo di uovo ora in commercio negli Stati Uniti non contiene colesterolo ed è ottimo per fare il *flan*, il che significa che questo dessert facile e delizioso non è vietato a nessuno.

I dessert gelati a base di ricco latte e panna, popolari in tutti i Paesi mediterranei, sono consumati come merenda, di rado a fine pasto. Abbiamo già parlato di questi prodotti nel capitolo X: qui ci basta accennare alla loro composizione. Il normale gelato con il 10 per cento di grasso butirrico fornisce un po' di proteine ma soprattutto zuccheri e grassi saturi. Nel cosiddetto gelato ricco, che vanta il 16 per cento di grasso butirrico, il 5 per cento delle calorie proviene da proteine, il 25 per cento da zuccheri, il resto da grassi, composti per più della metà da acidi grassi saturi. Ciò non significa che vogliamo proibire il consumo del gelato, ma chiunque segua seriamente una dieta dovrebbe prendere nota di questi dati. I sorbetti sono assai diversi: ne presentiamo due ricette a basso contenuto di calorie e a bassissimo tenore di grassi. Il cuoco fantasioso non avrà problemi a inventare altre versioni. Le granite di solito non sono altro che dolci bibite ghiacciate alla frutta e devono le loro calorie esclusivamente alla frutta che contengono.

LA FRUTTA COTTA COME DESSERT

In area mediterranea, il tipico dessert quotidiano è la frutta fresca ma anche i dessert a base di frutta cotta sono molto apprezzati. Per prepararli è meglio partire da frutta fresca non troppo matura ma, se non è disponibile, buoni dessert a base di frutta cotta sono realizzabili con prodotti in scatola. Per la maggior parte delle ricette è consigliabile acquistare frutta in scatola al naturale o leggermente sciroppata. A meno che non si elimini subito, tanto sciroppo significa troppo zucchero.

Nell'area mediterranea, alcuni dessert a base di frutta cotta serviti durante le feste o in ristoranti eleganti sono costituiti da elaborazioni sorprendenti di sostanziosa pasta sfoglia, riccioli di cioccolato, frutti canditi e grumi di panna montata, complesse da preparare e troppo ricche se non per le occasioni davvero speciali. Ma la maggior parte di quelli a base di frutta cotta tipici dell'area sono facili da preparare e hanno un basso contenuto di grassi con un numero relativamente ridotto di calorie. Sono serviti a temperatura ambiente o tiepidi, quindi il loro sapore dolce è ottenuto con un contenuto di zucchero molto minore di quello necessario per replicare lo stesso grado di dolcezza dei dessert gelati.

Il dessert a base di frutta cotta più diffuso nell'area mediterranea è, come in America, la mela al forno, seguita dalla pera al forno, tristemente trascurata dalle nostre parti. La stessa ricetta vale per entrambi i frutti, e il caratteristico tocco mediterraneo consiste nell'uso di versare nella teglia vino anziché acqua. Per quanto riguarda le mele, scegliete frutti non troppo maturi e lavateli senza sbucciarli. Togliete i torsoli e punzecchiate la buccia qua e là per evitare che scoppi durante la cottura. Nel caso delle pere, invece, la buccia non va punzecchiata, il torsolo non va tolto, se non alla base del frutto, e il picciolo va lasciato intero. Ponete i frutti mondati in una teglia da forno unta con poca margarina e copriteli parzialmente con vino, bianco o rosso secondo le preferenze. Si può anche usare metà acqua e metà vino o solo acqua, ma il vino aggiunge molto sapore e, visto che l'alcol evapora del tutto, fornisce quasi zero calorie. Unite un pizzico di cannella, un chiodo di garofano intero e un cucchiaio abbondante di zucchero per ogni frutto; un po' di scorza di limone o di arancia non guasta. Cuocete al forno senza coperchio per mezz'ora o anche di più a 350°F-180°C, ungendo i frutti con il liquido di tanto in tanto, fino a quando saranno morbidi senza essere ridotti in poltiglia, e il liquido si sarà trasformato in un denso sciroppo. Versatelo sulla frutta e servite il piatto caldo o freddo. Se vi aggrada, al momento di portarla in tavola cospargete la frutta di zucchero grezzo e/o noce moscata in polvere. Il risultato è un dessert gradevole che fornisce solo poco più di 100 calorie per porzione. Una semplicissima elaborazione della ricetta per le mele cotte al forno descritta è quella di farcire la cavità di ognuna con un cucchiaino di noci tritate e uno di uvetta o uva sultanina. Così si aggiungeranno circa 30 calorie per mela. A eccezione delle arachidi e delle noci del Brasile, qualsiasi varietà di noce è adatta allo scopo.

Secondo un vecchio detto italiano, una mela cruda ha bisogno di un bicchiere d'acqua, una mela cotta ne ha bisogno di due. È vero che un vino dolce si abbina bene alla maggior parte dei dessert a base di frutta cotta, ma ciò potrebbe rappresentare un motivo di preoccupazione per chi bada alle calorie. I vini dolci preferiti per lo scopo nell'area mediterranea di solito hanno un grado alcolico del 15 per cento, sicché da solo un piccolo bicchiere da due once contiene oltre 80 calorie, 50 delle quali provenienti dall'alcol. Un bicchiere da tre once di Porto dolce, Sherry, Moscato o altro vino simile fornisce 300 calorie circa, ovvero contiene meno alcol ma un numero di calorie equivalente a quello di un normale cocktail preprandiale.

► CRÊPE SUZETTE
(Francia)

PER 10 PERSONE
- ◇ 1 tazza di farina
- ◇ ¼ di tazza di zucchero a velo
- ◇ ½ cucchiaino di sale
- ◇ 2 uova
- ◇ 1 tazza di latte scremato
- ◇ 2 cucchiai di olio

Setacciare insieme la farina, lo zucchero e il sale. Mescolare le uova con il latte, aggiungere metà del composto agli ingredienti secchi e sbattere fino a quando il tutto sarà omogeneo. Sempre lavorando, unire, poco alla volta, l'altra metà di uova e latte. Scaldare una padellina del diametro di cinque pollici, spennellare con poco olio e versare due cucchiai circa della pastella, quanto basta per coprire il fondo. Le frittatine dovranno risultare molto sottili. Cuocere la prima su fiamma media per un minuto, voltarla e farla dorare anche dall'altra. Arrotolarla, adagiarla su un piatto da portata e infornare a 150°F-60°C per tenerla calda. Ripetere l'operazione fino a esaurimento della pastella, spennellando ogni volta la padellina con poco olio.

Per la salsa:
- ◇ la scorza di ½ limone, grattugiata
- ◇ la scorza, grattugiata, e il succo di 2 arance
- ◇ 2 cucchiai di zucchero semolato
- ◇ 2 cucchiai di zucchero a velo
- ◇ 2 cucchiai di Cognac, Cointreau o Curaçao

In un pentolino sul fuoco riunire le scorze, il succo di arancia e i due tipi di zucchero. Aggiungere il liquore e versare la salsa calda sulle frittatine. Il finale è la coreografica procedura del flambé: accendere e portare le crêpes, fiammanti, in tavola. Servire, ovviamente, a fiamme spente.

PER RICETTA
1280 cal., 34 g di proteine, 39 g di grassi (6 sat., 15 pol.)

▸ SOUFFLÉ AL CIOCCOLATO
(Soufflé au chocolat, Francia)

Questa delizia è permissibile di tanto in tanto a tutti tranne a coloro con gravi problemi di colesterolo. Impiega meno di un uovo per persona e occorre ricordare che i grassi contenuti nel cioccolato, seppure saturi da un punto di vista tecnico, non alzano il livello di colesterolo nel sangue.

PER 3-4 PERSONE
- 1 tazza di latte al 2% di grasso butirrico
- ¼ di libbra di cioccolato dolce
- 4 cucchiai di zucchero semolato
- 1 cucchiaio di margarina morbida
- 2 cucchiai di farina
- 3 uova, albumi e tuorli separati
- ½ cucchiaino di vaniglia
- 1 cucchiaio di zucchero a velo

Scaldare il forno a 350°F-180°C. Imburrare una teglia da nove pollici con i lati diritti e spolverare con un po' di zucchero a velo. In un pentolino, riscaldare insieme il latte, il cioccolato e lo zucchero fino a quando il cioccolato si sarà sciolto, ma senza permettere al composto di bollire. Ammorbidire la margarina a bagnomaria e, rimestando, amalgamare la farina, poi unire il composto al cioccolato e mescolare bene. Sbattere i rossi d'uovo fino a renderli cremosi e incorporarli al cioccolato. Aggiungere il composto agli altri ingredienti e cuocere in forno a bagnomaria, rimestando continuamente, Quando sarà denso e omogeneo, togliere dal fuoco, lasciare raffreddare e unire la vaniglia. Montare gli albumi a neve fermissima, amalgamarli delicatamente al resto e versare nella teglia imburrata. Cuocere sempre a bagnomaria per 20-30 minuti fino a quando il soufflé sarà ben gonfio. Servire subito, volendo con una spolverata di zucchero a velo.

PER RICETTA

1250 cal., 31 g di proteine, 72 g di grassi (33[1] sat., 7 pol.)

▶ PRUGNE SPEZIATE

(Compôte des prugnes, Francia)

PER 4 PERSONE

- 12 prugne
- ½ tazza di zucchero
- 1 tazza di acqua
- 1 stecca di cannella o ½ cucchiaino di cannella in polvere
- 3 chiodi garofano, interi

Alcuni cuochi francesi preferiscono lasciare le prugne intere, altri le tagliano a metà e tolgono i noccioli. Sciogliere lo zucchero nell'acqua, unire le spezie e portare a bollore. Aggiungere le prugne e riportare a bollore (10-15 minuti). Servirle gelate.

PER RICETTA

540 cal., 2 g di proteine, 0 g di grassi

1. La maggior parte dei grassi saturi proviene dal cioccolato e non influirà sul colesterolo nel sangue.

▸ TORTA ALLE NOCI CON MIELE
(Baklava, Grecia)

Si tratta di una torta molto ricca e molto dolce. Le quantità presentate sono la metà rispetto alla ricetta originale. Con poco si può fare molto.

PER 25 PEZZI
- ½ libbra di noci, noccioline o mandorle, tritate
- ½ libbra di "burro"
- ½ libbra di sfoglie di pasta fillo
- 1 cucchiaio di cannella in polvere

Per lo sciroppo:
- 1 tazza di zucchero
- 1 tazza di miele
- spicchi di limone
- 2 tazze di acqua

Tritare le noci piuttosto finemente. Sciogliere il "burro" e spalmarlo su una pentola di 9x9x2 pollici. Mentre si prepara la *baklava*, coprire le sfoglie di pasta fillo con un panno leggermente inumidito: con questa precauzione saranno molto più facili da manipolare. Foderare la pentola con una sfoglia e spennellarla con il "burro". Ripetendo questo procedimento, aggiungere altre tre o quattro sfoglie, una alla volta. Spargere una parte delle noci su ognuna, cospargere di cannella, unire altre due o tre sfoglie, ciascuna spennellata con "burro", poi un altro strato di noci e cannella. Continuare così fino a esaurimento degli ingredienti, completando la torta con quattro o cinque sfoglie. Con un coltello affilato, segnare delle righe diagonali sull'ultimo strato. Spennellare la superficie con il "burro" e infornare a 325-350°F/160-180°C per circa mezz'ora. Nel frattempo, preparare lo sciroppo facendo bollire insieme lo zucchero, il miele, gli spicchi di limone e l'acqua per 10-15 minuti. Togliere la *baklava* dal forno e, mentre è ancora calda, irrorarla con lo sciroppo. Lasciare riposare per parecchie ore prima di servire.

PER RICETTA

4700 cal., 52 g di proteine, 243 g di grassi (21 sat., 107 poli.)

TORTINO CRUDO DI SEMOLINO

(Halva, Grecia)

PER 8-10 PERSONE

- ½ tazza di "burro"
- 1 tazza di semolino o farina
- ¼ di tazza di mandorle, tritate
- 1 cucchiaino di cannella in polvere
- 2 cucchiai di zucchero a velo
- *Per lo sciroppo:*
- 1 tazza di zucchero semolato
- 3 tazze di acqua
- la scorza di ½ limone (facoltativo)
- 1 pizzico di sale (facoltativo)

Preparare uno sciroppo con lo zucchero semolato, il miele, l'acqua (con l'aggiunta, facoltativa, di pezzetti di scorza di limone e sale): portare a bollore e cuocere per 5-10 minuti. Nel frattempo, sciogliere il "burro" in una padella dal fondo pesante, unire la farina e le mandorle, poi cuocere, rimestando con un cucchiaio di legno, fino a quando la farina avrà assunto un colore nocciola chiaro. Togliere dal fuoco e amalgamare all'impasto lo sciroppo caldo. Coprire la padella con un panno e lasciare riposare per 15 minuti. Versare in coppe o stampini individuali. Lasciare raffreddare, quindi spolverare con una miscela di cannella e zucchero a velo. Servire direttamente nelle coppe o rovesciare dagli stampini.

PER RICETTA

3110 cal., 28 g di proteine, 122 g di grassi (20 sat., 33 pol.)

DESSERT 1-2-3 DI TULA
(Halva, Grecia)

PER 12 PERSONE

- 1 tazza d'olio vegetale
- 2 tazze di farina o semolino

Per lo sciroppo:

- 3 tazze di zucchero sciolte in 3 tazze di acqua
- pochi pezzi di scorza di limone e/o 1 stecca di cannella (facoltativo)
- cannella

In una pentola scaldare l'olio. Unire la farina e rimestare fino a quando avrà preso un colore bruno. Mettere da parte. Preparare lo sciroppo portando a bollore lo zucchero e l'acqua (più la scorza di limone e la cannella, se usate). Incorporare lo sciroppo alla farina bruna, coprire la pentola e riportare sulla fiamma. Cuocere a media intensità fino ad assorbimento dello sciroppo. Togliere dal fuoco, inserire un panno sotto il coperchio della pentola e fare raffreddare un po'. Versare in uno stampino e lasciare riposare per alcuni minuti. Rovesciare su un piatto da portata e cospargere di cannella.

PER RICETTA

4850 cal., 41 g. di proteine, 227 g di grassi (16 sat., 112 pol.)

MELE AL VINO
(Italia)

PER 4 PERSONE

- 4 grosse mele
- ¼ di tazza di zucchero
- 1 stecca di cannella
- 1 chiodo di garofano intero
- ¼ di cucchiaino di noce moscata
- 2 bicchieri di vino rosso secco

Lavare e togliere il torsolo alle mele, metterle in una pentola con lo zucchero, le spezie e il vino. Portare a bollore, poi abbassare la fiamma. Incoperchiare e fare sobbollire per 10-15 minuti, fino a quando saranno morbide. Servirle calde o fredde.

PER RICETTA

680 cal., 2 g di proteine, 5 g di grassi (1 sat., 1 pol.)

TORTA DI ALBICOCCHE ALLA CREMA
(Italia)

PER 6 PERSONE

- ¼ della ricetta per la pasta all'olio facile
- ½ confezione di preparato per crema alla vaniglia
- 1 scatola di albicocche allo sciroppo divise a metà
- 1 cucchiaio di fecola di patate o farina di riso o amido di granoturco

Preparare un involucro di pasta cotta in una teglia da forno con diametro di nove pollici e lasciare che si raffreddi. Cuocere la crema alla vaniglia seguendo le indicazioni sulla confezione (si può usare latte scremato, ma i dati riportati sotto si riferiscono all'impiego di latte al 2 per cento di grasso butirrico). Quando la crema si sarà raffreddata, stenderla sul fondo dell'involucro di pasta. Scolare le albicocche, conservando lo sciroppo, e disporle sulla crema. Preparare una glassa cuocendo due terzi di tazza dello sciroppo con la fecola di patate, o la farina di riso o l'amido di granoturco, rimestando continuamente fino a quando il composto sarà denso e trasparente (l'impiego di fecola di patate o farina di riso darà alla frutta un aspetto più lucente rispetto a quello dell'amido di granoturco). Lasciare raffreddare un po' e spalmare sulle albicocche. Porre in frigorifero per un'ora abbondante prima di servire.

PER RICETTA

1720 cal., 24 g di proteine, 63 g di grassi (8 sat., 29 pol.)

▶ TERRAZZINE

(Italia)

Dell'assortimento di biscotti che prepariamo tutti gli anni nel periodo di Natale, questi sono da molto tempo tra i nostri preferiti. Hanno un aspetto festivo e un sapore delicato. Vi serviranno tre stampi per biscotti di grandezze diverse, con un diametro di uno e mezzo, due, due e mezzo pollici circa.

PER 20 BISCOTTI CIRCA

- 3 tazze di farina
- 2 cucchiaini di lievito in polvere
- ¼ di tazza di zucchero semolato
- ½ cucchiaino di cannella in polvere
- ¾ di tazza di olio vegetale
- ¼ di tazza di acqua
- 2 cucchiai di Sherry o altro vino dolce
- ½ tazza di confettura di lamponi o di altra frutta
- ¼ di tazza di zucchero a velo
- 5 ciliegie candite o altri frutti canditi

In una ciotola, setacciare insieme la farina, il lievito, lo zucchero e la cannella. Riunire l'olio, l'acqua e lo Sherry, amalgamarvi il composto solido e lavorare rapidamente. Dividere in tre parti e stenderle tra fogli di carta paraffinata per ottenere lo spessore di un ottavo di pollice circa. Tagliare lo stesso numero di biscotti con ciascuno dei tre stampi. Porre su un foglio di carta da forno imburrato e cuocere per 10 minuti circa in forno a 425°F-220°C, fino a quando i biscotti avranno assunto un colore bruno chiaro. Una volta raffreddati, impilarli con il biscotto più grande alla base e il più piccolo in cima. Spalmare un po' di confettura tra ogni strato, spolverare con zucchero a velo e decorare la sommità con un pezzetto di ciliegia candita (volendo, si può usare un altro tipo di frutta candita).

PER RICETTA
3290 cal., 35 g di proteine, 171 g di grassi (12 sat., 84 pol.)

▸ CANNOLI ALLA SICILIANA
(Italia)

Si tratta di cilindri di croccante pasta fritta ripieni di un impasto di ricotta dolce o di crema. Per friggere la pasta occorrono o tubi metallici con un diametro da mezzo a tre pollici e lunghi da cinque a sei pollici, o bastoncini delle stesse dimensioni. Noi siamo soliti tagliare un pezzo del diametro di tre quarti di pollice in lunghezze di sei pollici, e queste vanno più che bene.

PER 20 CANNOLI
Per la pasta:
- 1½ tazze di farina, setacciata
- ¼ di cucchiaino di cannella in polvere
- 1 pizzico di sale
- 1 uovo
- 2 cucchiai di olio

- 2 cucchiai di vino dolce
- ¼ di tazza di acqua tepida
- olio vegetale, per friggere

In una ciotola, setacciare insieme la farina, la cannella, il sale e lo zucchero. Unire l'uovo e l'olio, mescolare delicatamente, poi aggiungere il vino e l'acqua. Amalgamare bene e rovesciare su un piano di lavoro infarinato. Lavorare fino a quando l'impasto sarà omogeneo ed elastico. In una pentola profonda o in una friggitrice, scaldare l'olio a 375°F-190°C. Stendere l'impasto a uno spessore molto sottile, un ottavo di pollice circa, e ritagliare in quadrati di tre pollici per lato. Posizionare un tubo metallico o un bastoncino in diagonale su ogni quadrato e avvolgere l'impasto intorno, premendo nei punti in cui si sovrappone, in modo da ottenere un cilindro di pasta aperto alle estremità, facilmente staccabile dal sostegno dopo la cottura. Friggere i tubi di pasta nell'olio pochi alla volta, finché appariranno intensamente dorati, scolare e asciugare su carta da cucina. Quando si saranno raffreddati abbastanza, fare scivolare i cannoli dai tubi o dai bastoncini. Appena prima di servire, farcire con uno dei ripieni – alla ricotta o alla crema, aromatizzato con vaniglia o cioccolato – illustrati di seguito.

Per il ripieno alla ricotta:

- 1 libbra di ricotta o fiocchi di latte
- ¼ di tazza di zucchero semolato
- 1 cucchiaio di essenza di mandorle
- 2 cucchiai di cioccolato fondente, tritato
- 2 cucchiai di frutta candita, tritata
- ¼ di tazza di zucchero a velo

Riunire gli ingredienti tranne lo zucchero a velo. Amalgamare bene e farcire i cilindri di pasta con il composto. Spolverare con lo zucchero a velo.

Per il ripieno alla crema, basta un preparato per budino al cioccolato o alla vaniglia: seguire le indicazioni riportate sulla confezione e lasciare raffreddare. Al budino si possono aggiungere frutti canditi o pistacchi tritati. Un nostro amico, originario dell'Italia del Sud, prepara i cannoli con crema alla vaniglia nella prima metà del cilindro e crema al cioccolato nell'altra.

PER RICETTA
involucri: 1070 cal., 24 g di proteine, 44 g di grassi (5 sat., 21 pol.)
ripieno alla ricotta: 960 cal., 47 g di proteine, 53 g di grassi (27 sat., 1 pol.)
ripieno alla vaniglia: 470 cal., 18 g di proteine, 5 g di grassi (3 sat.)
ripieno al cioccolato: 610 cal., 21 g di proteine, 20 g di grassi (11 sat.)

▶ GRANITA AL LIMONE
(Italia)

PER 6-8 PERSONE

- 1¼ tazze di zucchero
- ½ tazza di succo di limone
- ¼ di cucchiaino di essenza di limone
- scorza di limone, grattugiata
- 2 tazze di acqua
- 6 cucchiai di latte in polvere senza grassi

Sciogliere lo zucchero nel succo di limone, unire l'essenza e la scorza di limone grattugiata. Aggiungere l'acqua e spolverare con il latte in polvere. Mescolare in modo da amalgamare bene il tutto. Versare in un vassoio da ghiaccio e mettere in freezer. A parziale congelamento, rovesciare in una ciotola. Sbattere con uno sbattitore elettrico o manuale, ottenendo un composto leggero e cremoso. Riversare subito nel vassoio e rimettere in freezer fino a quando la granita sarà completamente gelata.

PER RICETTA
1150 cal., 17 g di proteine, 1 g di grassi

▸ TORTA DI RISO
(Italia)

PER 6-8 PERSONE

- ½ tazza di riso
- 1 pizzico di sale
- 3 tazze di latte al 2% di grasso butirrico
- 2 tuorli d'uovo, sbattuti
- ½ tazza di uva passa
- ¼ di tazza di zucchero semolato
- 1 cucchiaio di Curaçao o brandy
- la scorza di 1 arancia, grattugiata

Per la meringa:

- 2 albumi d'uovo
- 2 cucchiai di zucchero a velo
- ¼ di cucchiaino di vaniglia

Cuocere il riso nel latte con un pizzico di sale per una ventina di minuti. Scolare, amalgamarvi i rossi d'uovo, l'uva passa, lo zucchero, il brandy, la scorza di arancia e trasferire il composto in una teglia da forno da uno e mezzo-due quarti. Montare a neve gli albumi, incorporare lo zucchero a velo e la vaniglia e versare il composto sopra il riso. Cuocere in forno per 15 minuti circa, fino a quando la meringa si sarà rappresa. Servire la torta calda o fredda.

PER RICETTA

1280 cal., 46 g di proteine, 26 g di grassi (12 sat., 1 pol.)

▸ SOUFFLÉ DI PRUGNE
(Italia)

PER 4 PERSONE

- ◊ 3 albumi d'uovo
- ◊ ½ tazza di zucchero
- ◊ 1 vasetto (5 once) di prugne, scolate (cibo per bambini)

Sbattere gli albumi con un frullatore o sbattitore elettrico fino a renderli spumosi. Aggiungere lo zucchero, un cucchiaino alla volta, continuando a sbattere. Una volta incorporato lo zucchero, gli albumi dovrebbero essere montati a neve. Unire le prugne scolate poche alla volta, amalgamando bene. Versare in una teglia da forno da un quarto e cuocere a bagnomaria in forno a 325°F-160°C per un'ora. Servire il soufflé caldo o ghiacciato con salsa al Marsala.

PER RICETTA

570 cal., 11 g di proteine, 1 g di grassi

▸ GELATO DI FRAGOLE
(Italia)

Un modo leggero e gradevolmente rinfrescante per finire il pasto in una giornata calda.

PER 6 PERSONE

- ◊ ⅓ di tazza di acqua
- ◊ 1 cucchiaio di succo di limone
- ◊ ⅓ di tazza di latte in polvere senza grassi
- ◊ 1 tazza di fragole fresche, affettate
- ◊ 6 cucchiai di zucchero
- ◊ 2 cucchiai (circa 5 rametti) di menta fresca, finemente tritata
- ◊ 2 albumi d'uovo

Regolare il freezer alla temperatura più fredda. Riunire l'acqua e il succo di limone in una ciotola bassa da un quarto. Cospargere la superficie di latte in polvere e lavorare con uno sbattitore elettrico o un frullatore a immersione per 8-10 minuti, fino a quando il composto avrà raggiunto una consistenza compatta. Mescolare le fragole con lo zucchero e la menta, poi amalgamare al composto. In ultimo incorporare gli albumi montati a neve. Versare delicatamente in un vassoio da freezer da un quarto e congelare. Regolare il freezer alla temperatura indicata per la conservazione di gelati e sorbetti.

PER RICETTA
520 cal., 22 g di proteine, 1 g di grassi

▶ MANDARINI IN COMPOSTA
(Italia)

L'aggiunta di un po' di scorza di limone e un goccio di buon vino dolce trasforma gli spicchi di mandarino in scatola in un dessert perfetto per una festa.

PER 3 PERSONE
- ◇ 2 scatole (11 once l'una) di spicchi di mandarino
- ◇ 4-6 pezzetti di scorza di limone
- ◇ ¼ di bicchiere di Madera o Sherry dolce

Riunire gli ingredienti e, in un contenitore coperto, fare raffreddare in frigorifero per parecchie ore prima di servire.

PER RICETTA
480 cal., 2 g di proteine

▸ PASTIERA E PIZZA DI RISO
(Italia)

Nell'Italia meridionale esistono due versioni della torta pasquale, consistenti entrambe in un involucro di pasta dolce farcito di un composto di ricotta, uova e zucchero, aromatizzato con essenza di zagara, cedro e cannella. Una si chiama pizza di riso ed è preparata con l'aggiunta del cereale agli ingredienti elencati sotto. L'altra, la pastiera napoletana, contiene chicchi di grano tenuti a bagno per due settimane, poi fatti sobbollire per quattro ore prima di essere uniti al ripieno della torta. Nei giorni prima di Pasqua, i negozi di alimentari in ogni città del Sud vendono gli ingredienti speciali necessari per questo dessert, che vengono acquistati da quasi tutte le casalinghe. I chicchi di grano sono disponibili già bagnati.

Ecco le ricette per le due torte come le confezioniamo e mangiamo noi a Pioppi, il "nostro" paese, 100 miglia a sud di Napoli. Ci furono presentate dalla signora Emilia Notaro e prevedono ingredienti per otto torte di ciascuna delle due varietà, la quantità che lei prepara tutti gli anni per le feste pasquali. Con le misure indicate di seguito, si otterrà una torta per otto persone, o per più ancora se inviterete i vostri ospiti a provare entrambe le torte, com'è solita fare la signora Notaro.

Per la pastiera napoletana, si può usare orzo perlato al posto dei chicchi di grano. Alcuni cuochi partenopei preferiscono l'orzo in quanto i chicchi sono più morbidi. Noi abbiamo provato a prepararla sia con orzo sia con grano e riteniamo che la prima versione sia più saporita, con una gradevole consistenza che ricorda quella delle noci. Se non li trovate nei negozi di alimentari, potrete acquistare i chicchi di grano presso i negozi di alimenti naturali. È sufficiente tenerli a bagno per due giorni anziché due settimane. Volendo, si può anche evitare di eseguire questa operazione ma, seppure perfettamente commestibili, i chicchi avranno una consistenza più gommosa. Il grano o l'orzo e il riso per la pizza di riso possono essere cotti in anticipo e conservati in frigorifero fino al momento dell'utilizzo.

Per la cottura del grano:
- ¼ di tazza di chicchi (preferibilmente tondi) di grano o orzo o riso
- ½ tazza di latte al 2% di grasso butirrico
- 1 cucchiaino di zucchero
- ¼ di cucchiaino di vaniglia
- 2 pezzi di scorza di arancia

Riunire i chicchi di grano, orzo o riso con il latte, la vaniglia e la scorza di arancia, poi fare sobbollire, senza coperchio, su fiamma dolcissima, aggiungendo acqua man mano che il liquido evapora. Quando i chicchi saranno cotti (tre ore circa per il grano, una per l'orzo, 15-20 minuti per il riso), il liquido dovrà essere quasi del tutto assorbito.

Pasta frolla per l'involucro

La pasta frolla è uguale per entrambe le torte. In Italia si usa strutto o un misto di strutto e burro. Qui offriamo due ricette, una che prevede margarina morbida e uovo, l'altra olio vegetale e un succedaneo dell'uovo privo di colesterolo, adatta a quanti desiderino evitare il colesterolo contenuto nel tuorlo. Molto facile da preparare, la seconda garantisce ottimi risultati. Le classiche ricette per la pasta frolla prevedono l'impiego di una maggiore quantità di zucchero, ma noi preferiamo la versione meno dolce della signora Notaro.

Pasta frolla I:
- 1 tazza di farina di semola di grano duro
- 1 cucchiaio di zucchero a velo
- ¼ di cucchiaino di sale

- ¼ di tazza di margarina morbida
- 1 uovo intero e 1 tuorlo

Pasta frolla II:

- 1 tazza di farina di semola di grano duro
- 1 cucchiaio di zucchero a velo
- ¼ di cucchiaino di sale
- 3 cucchiai di olio vegetale
- ¼ di tazza di preparato privo di colesterolo, l'equivalente di 1 uovo

In una ciotola, setacciare insieme la farina, lo zucchero, il sale, poi incorporare la margarina e l'uovo, o l'olio o il succedaneo di uovo. Lavorare rapidamente e formare una palla, da tendere tra due fogli di carta paraffinata. Imburrare una teglia da torta con diametro di otto pollici e foderarla con la pasta. Conservare in frigorifero mentre si prepara la farcia.

Per il ripieno:

- 2 uova – albumi e rossi separati – o l'equivalente di succedaneo di uovo più un albume
- 1 tazza di ricotta o 1 tazza di fiocchi di latte setacciati
- 2 cucchiai di cedro candito, finemente tritato
- 1 cucchiaio di scorza di arancia, grattugiata
- ¼ di tazza di zucchero
- 1 pizzico di sale
- 1 cucchiaio di Cointreau o Curaçao (facoltativo)
- ½ cucchiaino di cannella
- grano o orzo cotto per la pastiera, riso cotto per la pizza di riso

PER RICETTA

con pasta frolla I: 1870 cal., 61 g di proteine, 94 g di grassi (29 sat., 14 pol.)

con pasta frolla II: 1780 cal., 61 g di proteine, 86 g di grassi (20 sat., 9 poli.)

▸ MACEDONIA DI FRUTTA
(Italia e altrove)

Nei ristoranti di mezza Europa, la parola macedonia denota un semplice dessert di frutta affettata e servita in un leggero sciroppo dolce. Il concetto generale, quindi il nome, ha origine, forse, nell'area geografica della Macedonia. Pensiamo a quella che segue come a una ricetta italiana perché, in Italia, l'ottima qualità della frutta e l'uso generoso di succo di limone la rendono una vera delizia. A eccezione delle arance, dei pompelmi e di alcune varietà di pera, si può includere qualsiasi tipo di frutta o, in alternativa, si può usare un misto di frutta fresca e una quantità minore di frutta in scatola. Grazie alle tante possibili varianti, è un dessert molto consumato tutto l'anno. Non bisogna mescolare la frutta più di una o due ore prima di servirla – specie se si tratta di un misto tra frutta fresca e in scatola – in quanto c'è il rischio che i sapori singoli si perdano in un miscuglio senza un carattere definito. Se si usano banane o piccoli frutti, occorre aggiungerli all'ultimo momento.

PER 8 PERSONE

- ◊ il succo di 2 limoni
- ◊ ½ tazza di zucchero
- ◊ 2 libbre di frutta fresca: ciliegie, albicocche, pesche prugne, mele, piccoli frutti rossi e neri, banane...

Riunire il succo di limone e lo zucchero in una grande fruttiera. Sbucciare le pesche, le albicocche, le mele (a queste si possono anche lasciare le bucce, che aggiungono sapore e colore all'insieme) e tagliuzzare grossolanamente. Man mano che si taglia, aggiungere i pezzetti nella fruttiera e amalgamare bene in modo che si ricoprano con lo sciroppo al limone. Servire la macedonia molto fredda, aggiungendo banane e piccoli frutti, preparati e raffreddati in precedenza, un minuto prima di servire.

PER RICETTA
840 cal., 2 g di proteine, grassi irrilevanti

▸ MACEDONIA MINNESOTA

Alcuni frutti popolari negli Stati Uniti – dai mirtilli americani all'uva senza semi – sono rari o addirittura irreperibili nei mercati mediterranei e il succo di arancia surgelato è ancora una rarità. La ricetta che segue è rigorosamente americana ma gli amici mediterranei in visita l'apprezzano eccome.

PER 8 PERSONE

- 1 scatole (6 once) di concentrato di succo di arancia, surgelato
- 3 tazze di palline o cubetti di anguria
- 3 tazze di palline o cubetti di melone cantalupo
- 2 pesche o 3 pescanoci, sbucciate e affettate finemente
- 2 tazze di mirtilli americani
- 2 tazze di acini di uva senza semi

Scongelare il concentrato e versare in una grande fruttiera. Unire le palline o i cubetti di anguria e melone assieme alle pesche, ai mirtilli e all'uva. Lasciare riposare in frigorifero e servire la macedonia molto fredda.

PER RICETTA
850 cal., 11 g di proteine, grassi irrilevanti

PESCHE AL VINO
(Mediterraneo)

PER 4 PERSONE

- ½ tazza di zucchero
- il succo di 1 grosso limone
- 4 pesche, preferibilmente non troppo mature
- 1 bicchiere di vino bianco

In una grande ciotola, sciogliere lo zucchero nel succo di limone. Sbucciare e affettare le pesche, amalgamando bene le fette al succo di limone man mano che si uniscono. Aggiungere vino sufficiente per coprirle del tutto . Mescolare, coprire la ciotola e lasciare riposare in frigorifero per almeno un'ora prima di servire.

PER RICETTA

710 cal., 3 g di proteine, 1 g di grassi

FRITTELLE DI BANANE
(Buñuelos, Spagna)

PER 30 FRITTELLE CIRCA

- 1 tazza di farina
- ½ cucchiaino di lievito in polvere
- 1 pizzico di sale
- 1 tazza di latte scremato
- 1 uovo, albume e tuorlo separati
- 3 grosse banane
- olio di mais, semi di cotone o arachidi, per friggere
- ½ tazza di zucchero

Setacciare insieme la farina, il lievito e il sale, poi versare in una ciotola. Unire il latte lentamente, rimestando in continuazione per ottenere un composto omogeneo. Amalgamare il rosso d'uovo e, con delicatezza, l'albume montato a neve. Sbucciare e affettare le banane, quindi unire le fette alla pastella. In una padella o friggitrice, scaldare l'olio a 370°F-190°C. Versare le fette di banana impastellate nell'olio caldo a cucchiaiate, poche alla volta, e girarle per dorare entrambi i lati. Togliere dall'olio, asciugare su carta da cucina e passare nello zucchero. Le frittelle vanno servite calde e allo scopo possono essere tenute in forno a 150°-200°F/60-90°C fino a mezz'ora.

PER RICETTA
2200 cal., 30 g di proteine, 119 g di grassi (10 sat., 57 pol.)

▸ CREMOLATO ALLA CANNELLA
(Llet merengada, Catalogna, Spagna)

PER 6-8 PERSONE
- 2 tazze di latte al 2% di grasso butirrico
- ½ tazza di zucchero
- 1 stecca di cannella o ¼ di cucchiaino di cannella in polvere
- 3-4 pezzetti di scorza di limone
- 3 albumi d'uovo, montati a neve

Bollire il latte (*leche* in castigliano, *llet* in catalano) con lo zucchero, la stecca di cannella e la scorza di limone. Raffreddare in frigorifero, scartare la stecca e la scorza, amalgamare al latte gli albumi montati a neve. Versare in un vassoio da ghiaccio o in un piatto di plastica coperto da un foglio di alluminio e mettere in freezer. Per ottenere la consistenza giusta, rimestare ogni mezz'ora oppure, quando il composto sarà quasi gelato, trasferirlo in una ciotola e sbattere con un frullino, poi rimettere subito in freezer. A piacere, cospargere ogni porzione con cannella in polvere.

PER RICETTA
2200 cal., 30 g di proteine, 119 g di grassi (10 sat., 57 pol.)

▸ CIAMBELLINE FRITTE ALLA SPAGNOLA
(Churros, Spagna)

Abbiamo tradotto *churros* come ciambelline fritte per approssimazione. Ovvero, perché somigliano alle nostre ciambelline per la forma e perché sono fritte, appunto, in olio. In Spagna i venditori di *churros* si appostano agli angoli delle strade e tengono una pentola piena di olio sempre pronta per preparare questi dolci al momento, su ordinazione, ma i *churros* si fanno anche nelle case. L'impasto è inserito in una *churrera*, una specie di siringa da pasticciere, e dopo la frittura nell'olio ogni pezzetto diventa un anello croccante di pasta, che viene poi rotolato nello zucchero. Invece della *churrera* si può usare una macchinetta per biscotti, oppure modellare gli anelli a mano.

PER 30 CHURROS

- ◊ 1 tazza di acqua
- ◊ 1 cucchiaino di sale
- ◊ 1 tazza di farina
- ◊ olio vegetale per friggere
- ◊ ½ tazza di zucchero semolato o a velo

Mettere sul fuoco una pentola con l'acqua e il sale. Non appena inizierà a bollire, unire la farina, rimestando (secondo la tradizione, con un cucchiaio di legno), fino a quando il contenuto tenderà a staccarsi dai lati del recipente per formare una palla. Togliere dal fuoco e continuare a mescolare fino a ottenere una pasta omogenea. Lasciare raffreddare. Versare l'olio in una pentola o una friggitrice fino a un'altezza di almeno due pollici e scaldare a 400°F-200°C. Se si usa una macchinetta per biscotti, riempirla con l'impasto e ricavarne piccoli tranci da passare nell'olio caldo, pochi alla volta. Cuocere fino a doratura, scolare, asciugare su carta da cucina e cospargere con lo zucchero. Le quantità indicate dovrebbero essere sufficienti per riempire la macchinetta. Se si modellano le ciambelline a mano, staccare pezzetti dell'impasto e rotolarli su un piano di lavoro infarinato per ottenere una lunghezza di cinque-sei pollici e lo spessore di una matita. Chiuderli ad anello accavallando e premendo le estremità.

PER RICETTA

1280 cal., 12 g di proteine, 57 g di grassi (4 sat., 28 pol.)

▶ PANE FRITTO ALLA CATALANA

(Torrijas, Spagna)

Le *torrijas* sono preparate al momento e servite calde, come dessert o all'ora del tè. Sono anche buone fredde il giorno successivo, come merenda o a colazione. È da notare che, con questa ricetta, si otterranno pozioni abbondanti per otto persone, il che significa solo un quarto di uovo per persona.

PER 8 PERSONE

- ◊ 8 fette di pane
- ◊ 2 uova
- ◊ 1 tazza di latte scremato
- ◊ ¼ di tazza di zucchero
- ◊ 1 cucchiaino di cannella, o a piacere
- ◊ olio per friggere

Tagliare a quarti le fette di pane. Sbattere le uova leggermente con una forchetta e, in una ciotola bassa, amalgamarle bene al latte. Mescolare la cannella con lo zucchero e mettere in un piattino. Scaldare l'olio a 370°F-190°C. Intingere brevemente i quadretti di pane nel composto di uova e latte, poi friggerli, pochi alla volta, in un cestello fino a quando appariranno dorati. Asciugarli su carta da cucina, passarli su entrambi i lati nella miscela di zucchero e cannella, quindi servire.

PER RICETTA
con olio di oliva: 1880 cal., 36 g di proteine, 112 g di grassi (15 sat., 11 pol.)
con olio di mais o di semi di cotone: 1880 cal., 36 g di proteine, 112 g di grassi (20 sat., 45 pol.)

▸ MACEDONIA ALLO SHERRY
(Macedonia al Jerez, Spagna)

PER 8-10 PERSONE

- ½ tazza di zucchero
- il succo di 1 grosso limone
- ¼ di tazza di Sherry dolce, preferibilmente un *oloroso* spagnolo
- 4 libbre di frutta fresca: mele, pere, pesche, albicocche comprese, in stagione, 2 tazze di fragole o un misto di frutta in scatola e congelata
- ½ tazza di mandorle, tostate

Mescolare lo zucchero con il succo di limone e lo Sherry fino a scioglierlo. Sbucciare e affettare la frutta, amalgamandola delicatamente al succo. Unire le mandorle e raffreddare in frigorifero prima di servire.

PER RICETTA
1740 cal., 24 g di proteine, 42 g di grassi (3 sat., 8 pol.)

▸ CREMA ALLA SPAGNOLA
(Flan, Spagna)

Il *flan* è preparato con una tale frequenza in Spagna che, in alcune cucine, un pentolino è riservato alla caramellatura dello zucchero e messo via dopo l'uso senza essere lavato. Se si racconta agli spagnoli che è possibile preparare il *flan* senza uova rimangono increduli, ma il fatto è che si può ottenerne una versione perfettamente riuscita anche usando il succedaneo dell'uovo privo di colesterolo ora in vendita nei supermercati americani.

PER 8 PERSONE

- 1 tazza di zucchero
- 1 stecca di cannella
- 1 pezzetto di scorza di limone o di arancia
- 3 tazze di latte al 2% di grasso butirrico
- 3 uova o succedaneo privo di colesterolo
- 1 pizzico di sale

In un pentolino, fare caramellare due terzi di tazza di zucchero. Quando avrà preso un colore bruno chiaro, versare in uno stampo da due quarti o in otto stampini singoli. Immergere subito in acqua fredda per fermare la cottura. Unire al latte la stecca di cannella e la scorza di limone o di arancia e scaldare finché inizierà a bruciarsi. Sbattere leggermene le uova e unirvi, assieme al sale, lo zucchero rimasto. Filtrare lentamente il latte bruciato sulle uova, poi versare il composto in uno stampo grande o in otto piccoli. Porli in una pentola di acqua calda e cuocere in forno a 350°F-180°C, per mezz'ora gli stampini singoli, per 45-50 minuti lo stampo unico.

PER RICETTA

1450 cal., 42 g di proteine, 32 g di grassi (14 sat., 2 pol.)

BUDINO DI RISO ALLA SPAGNOLA
(Arroz con leche, Spagna)

Né il nome spagnolo del dessert, riso con latte, né l'aspetto modesto danno l'idea del suo delizioso sapore. Se, per la maggior parte degli spagnoli, il dessert numero uno è senz'altro il *flan*, al secondo posto, a poca distanza, si piazza l'*arroz con leche*, facile da realizzare e a basso contenuto di calorie e grassi.
Nella regione, per la sua preparazione si prevede di solito l'uso del Cognac francese. Il brandy spagnolo è più pesante, quello americano meno aromatico, ma entrambi possono essere usati. Meglio però, secondo noi, sono il Bénédictine, il Grand Marnier, il B&B o un liquore all'arancia come il Cointreau, il Triple Sec o l'Orange Curaçao. Di solito, questi liquori non sono usati per l'*arroz con leche* ma, secondo noi, vale la pena provarli.

PER 8 PERSONE
- 1 tazza di riso
- 1 quarto di latte al 2% di grasso butirrico
- ½ tazza di zucchero
- 4 pezzetti di scorza di limone
- 2 cucchiai di brandy o liquore
- ½ cucchiaino di sale

Mettere il riso in abbondante acqua fredda, portare a bollore e cuocere per cinque minuti. Scolare in uno scolapasta, sciacquare con acqua fredda e scolare ancora.
In una casseruola termoresistente riunire il latte, lo zucchero, la scorza di limone, il brandy o il liquore, il sale (la casseruola è comoda perché può essere portata direttamente in tavola al momento di servire). Portare a bollore, aggiungere il riso e cuocere su fiamma bassa, rimestando di tanto in tanto, fino a quando il cereale sarà cotto e il liquido quasi del tutto assorbito. Servire con altro zucchero, da spolverare su ogni porzione a piacere.

PER RICETTA
1080 cal., 24 g di proteine, 10 g di grassi (5 sat., 0 pol.)

PESCHE DELIZIA
(Italia)

PER 8 PERSONE
- 4 grosse pesche fresche o 1 scatola (1 libbra e 13 once) di pesche sciroppate
- ¼ di tazza di zucchero (nel caso si usino pesche fresche)
- 1 pizzico di cannella
- 3-4 pezzetti di scorza di limone
- 1 cucchiaino di margarina
- 3 cucchiai di maraschino o altro liquore
- 2 grossi amaretti
- 2 cucchiai di mandorle, tritate
- 2 cucchiai di frutti canditi, tritati

Se si è così fortunati da avere a disposizione pesche fresche, sbucciarle, dividerle in due, togliere i noccioli e cuocerle dolcemente per pochi minuti in acqua cui siano stati aggiunti lo zucchero, la cannella, la scorza di limone, la margarina e il maraschino. Se si usano pesche sciroppate, scolare il liquido di conserva, unire la cannella, la scorza di limone, la margarina e il maraschino, poi fare sobbollire per pochi minuti. Sbriciolare gli amaretti e mescolarli con le mandorle e i frutti canditi tritati. Farcire la cavità delle pesche con questo composto e disporle in una teglia da forno imburrata. Irrorare con lo sciroppo e cuocere per 15 minuti in forno a 400°F-200°C. Servirle calde o fredde.

PER RICETTA
680 cal., 24 g di proteine, 4 g di grassi (1 sat., 1 pol.)

CAPITOLO XIX
Pasti e menù

Nei Paesi mediterranei, come in America, l'ordine dei pasti varia da famiglia a famiglia e secondo il ceto sociale. Ma di solito l'abitante del Mediterraneo assume metà delle proprie calorie giornaliere nel corso del pranzo, che si consuma tra mezzogiorno e le tre del pomeriggio. In America, la tendenza è a concentrare il cibo nel pasto di fine giornata. Anche qui l'usanza una volta era di consumare il pasto principale a mezzogiorno, ma la crescita delle città e l'incremento della distanza tra posto di lavoro e casa hanno costretto a impiegare troppo tempo nei viaggi uomini sempre meno in grado di godersi una vita tranquilla. Inoltre, molte casalinghe iniziavano a lavorare fuori casa e a tenere i figli a scuola per più di mezza giornata. Di conseguenza, consumare un pasto in famiglia a mezzogiorno era diventato poco pratico. Ora quasi tutti gli americani pranzano sul posto di lavoro o nei pressi, e il pasto in famiglia si svolge a fine giornata. Forze simili sono al lavoro nei Paesi del Mediterraneo, ma lì le popolazioni sono più resistenti al cambiamento. In quella parte del mondo inoltre fa caldo per quattro o cinque mesi all'anno e la vecchia abitudine di evitare di lavorare nelle ore più calde della giornata continua tuttora. Inoltre pochissimi posti di lavoro sono provvisti di aria condizionata. Ma il cambiamento è in arrivo.

Nelle più grandi città mediterranee, il viaggio di andata e ritorno da casa al posto di lavoro porta via tanto tempo che la gradevole vita tranquilla dei tempi passati è ormai impossibile. Inoltre il numero di mogli che lavorano sta aumentando rapidamente. Un risultato pratico di tutto ciò è che locali specializzati in pranzo da consumare al volo, una volta limitati alle zone intorno alle stazioni ferroviarie, stanno spuntando ovunque, e a mezzogiorno quelli in centro città sono sempre affollati. Gli operai portano il pranzo da casa o comprano pane e companatico per prepararsi un panino gigante.

Eppure, se da una parte sembra probabile che i mediterranei seguiranno le orme degli americani per quanto riguarda l'ora del pasto principale, dall'altra gli americani si stanno dirigendo verso le usanze mediterranee quanto alla prima colazione. Qualche generazione fa, l'americano iniziava la giornata con un pasto a base non solo di pane tostato e caffè o tè ma anche di carne o uova (al plurale!) o entrambe, spesso assieme a un contorno di patate, polenta o pancake, non di rado seguite da una fetta di torta. Non c'è più americano o quasi che mangi in questa maniera e una percentuale notevole degli appartenenti della nuova generazione ora si comporta come i mediterranei per la prima colazione. Consuma poco o nulla prima di uscire di casa al mattino ma ha l'abitudine di prendere un caffè e un dolce di pasta sfoglia ripiena o simile, di dubbio valore nutrizionale, nel corso della pausa mattutina che inizia un'ora circa dopo l'arrivo sul lavoro.

Molti abitanti delle città mediterranee non mangiano nulla prima di partire per il lavoro. Fanno "colazione", se così la possiamo chiamare, in piedi al banco di un bar vicino al posto di lavoro. Quasi sempre si tratta di un caffè con o senza latte caldo e con o senza un croissant o un'altra pasta appena sfornata. Nelle cittadine e presso le aziende agricole la colazione è solo raramente più robusta. Molti contadini non mangiano nulla prima di partire per i campi, portandosi in tasca una grossa fetta di pane che dovrà bastare fino a mezzogiorno. La nostra scelta personale per l'inizio della giornata di solito cade su un po' di agrumi o una spremuta di agrumi, pane tostato o cereali, e un'enorme tazza di latte (povero di grassi) o caffè caldi. Può darsi che il nostro vecchio amico dottor Fred Stare abbia ragione quando afferma che sarebbe più salubre una prima colazione più sostanziosa, ma noi serbiamo qualche dubbio al riguardo.

Non prendiamo le difese di nessuna di queste usanze vecchie e nuove, non sosteniamo che una è migliore dell'altra. Non esistono prove attendibili in un senso o in altro, tranne per quanto riguarda la necessità di evitare pratiche estreme. Assuma, per favore, almeno qualcosa a colazione, anche se si tratta di un pasto ridotto come quello che consumiamo noi all'inizio della giornata. Può darsi che preferiate mangiare un po' di più al mattino. Se è così, non fatevi frenare dalla paura di ingrassare perché l'idea che consumare poco o nulla a colazione serva a tener sotto controllo l'obesità è stata del tutto screditata. Per quanto riguarda il pasto principale della giornata, sappiamo solo che è sconsigliabile un pasto enorme a qualsiasi ora del giorno. Infine, a meno che non vogliate aumentare di peso, una colazione robusta seguita da pasti completi sia a pranzo sia a cena non ha senso.

DIFFERENZE E SOMIGLIANZE

Nei "nostri" quattro Paesi mediterranei, i pasti principali hanno molti punti in comune, ma allo stesso tempo ognuno di essi conserva caratteristiche proprie. La Spagna predilige i piatti misti di riso, verdure e pesce, pollame o carne, o di tutti questi ingredienti insieme. Tranne che nella regione catalana al confine con la Spagna, la Francia non conosce simili abbinamenti e i singoli alimenti sono di solito serviti separatamente e consecutivamente. Anche l'Italia segue quest'abitudine, mentre in Grecia sono molto diffusi gli stufati di carne e verdure, ma senza la presenza di riso o patate, spesso però serviti come contorno a parte.

Gli spagnoli si differenziano dagli altri mediterranei per la convinzione che pasti importanti debbano includere un piatto a base di uova, e lo zafferano è impiegato con una frequenza e in quantità maggiori rispetto agli altri Paesi. L'usanza di servire un pâté o una terrina all'inizio della maggior parte dei pasti è tipica della Francia, come del resto il ruolo fondamentale attribuito alle salse elaborate. La pasta è diffusa ovunque ma solo in Italia è un componente abituale di un pasto importante. I greci spiccano per la loro passione nei confronti di dessert estremamente dolci a base di miele, un gusto acquisito dai turchi, che hanno governato il Paese per molti secoli. I greci, come gli spagnoli, mangiano meno formaggio dei francesi e degli italiani, ma la popolare insalata verde è talmente carica di formaggio feta, nonché di olive e olio di oliva, da renderla, accompagnata da pane, un vero e proprio piatto unico.

Le somiglianze sono troppe da elencare qui. Il pane è sempre un importante ingrediente del pasto, anche in Italia, dove si inizia spesso con un altro alimento farinaceo, la pasta. È consumato solo raramente con il burro o un altro prodotto spalmabile, ma chi ha molta fame talvolta vi versa sopra qualche goccio di olio di oliva. In Grecia, non è raro mettere in tavola accanto al piatto una ciotola di olio di oliva in cui inzupparlo.

Le insalate, di solito piuttosto semplici, sono estremamente popolari. Spesso sono servite a parte dopo il piatto principale, ma talvolta, in Provenza e nella Spagna meridionale, sono messe in tavola prima, com'è abitudine generale anche in America. In ogni caso, sono condite di solito solo con olio di oliva e aceto: i prodotti in commercio in America sotto l'etichetta "condimento italiano" oppure "condimento francese" sorprenderebbero molti francesi e italiani. In stagione, un'insalata molto amata nell'area mediterranea consiste in pomodori freschi affettati conditi con un po' di sale, un paio di gocce di aceto e abbondante olio di oliva. Per tutto l'anno, dallo stretto di Gibilterra alla Grecia più orientale, lo stesso trattamento è riservato all'una o all'altra varietà di lattuga – a eccezione della iceberg che è giustamente disdegnata – per creare le insalate più popolari e diffuse. Quando l'insalata è servita, si smette di bere vino perché anche solo un pizzico di aceto ne rovina il sapore. *Dopo* l'insalata, però, si mangia un tozzo di pane per pulire il palato e chi ne ha voglia riprende a bere. A proposito, nell'area mediterranea è considerata una pratica alquanto barbara servire l'insalata direttamente dal frigorifero, e la stessa regola vale per la frutta fresca.

BEVANDE CON I PASTI PRINCIPALI

Nell'area mediterranea, il vino è la bevanda classica da abbinare a tutti i pasti principali, ma la birra è sempre più popolare e il 20 per cento delle persone, grosso modo, beve solo acqua. Quando fa caldo, molti diluiscono il vino con acqua, da un quarto a metà. Caffè e tè non sono serviti a tavola ma il pasto è spesso seguito da una tazzina di caffè molto forte.

Le persone che contano le calorie assunte sono obbligate, naturalmente, a tenere conto anche del vino. Di solito quelli secchi bevuti a cena nei Paesi mediterranei hanno un grado alcolico di 12-14 per cento (in volume) e, in media, forniscono 80-90 calorie per bicchiere da tre once. Normalmente, l'abitante adulto dell'area mediterranea beve mezza pinta di vino a cena per un totale di 220 calorie, raddoppiando il consumo in occasione di pasti festivi. Un barattolo di birra forte da 12 once fornisce fino a 190 calorie. A titolo di paragone, un bicchiere di latte intero (quasi mai bevuto a cena dagli adulti nell'area mediterranea) ne fornisce circa 160.

Nel calcolo dei nutrienti nei menù che seguono, non teniamo conto delle calorie contenute nelle bevande. Coloro che contano le calorie assunte possono regolarsi in base ai dati riportati (vedere anche la sezione "Nutrienti nei menù").

PIATTI UNICI

Gli abitanti dell'area mediterranea ritengono che un pasto principale *vero* debba prevedere più portate, preferibilmente un minimo di quattro per una cena di un certo prestigio, e spesso valutano l'importanza di un pasto proprio in base al numero dei piatti serviti. Non è raro comunque che una famiglia che mangia in casa da sola si accontenti di un piatto unico. Sono elencati più avanti dieci suggerimenti per un pasto di questo tipo. In America li chiameremmo *casseroles*, casseruole, ma nell'area mediterranea la parola, che deriva da quella greca per "mestolo", si riferisce solo all'utensile, una pentola, di solito con manico, impiegato per la cottura sia sopra i fornelli sia in forno, mai al contenuto di esso.

Oltre al cibo cotto nella casseruola, un piatto unico prevede un accompagnamento di pane e bevande ed è seguito da un po' di frutta, a sua volta spesso preceduta da un'insalata. È tutto molto semplice ma una pietanza simile può essere davvero eccellente. Le stime dei nutrienti che seguono la descrizione della ricetta si riferiscono solo alla ricetta stessa. Coloro che contano le calorie assunte devono aggiungere quelle contenute negli altri elementi del pasto (vedere anche la sezione "Nutrienti nei menù").

MENÙ

Quasi tutte le ricette contenute in questo libro possono fare parte di menù che includono anche piatti tipicamente americani. Detto ciò, la maggior parte rientra con più armonia in menù dal carattere più autenticamente mediterraneo. Alcuni nostri amici nei quattro Paesi mediterranei presi in esame vanno oltre e suggeriscono di limitare ogni menù alla cucina di un singolo Paese. Apprezziamo il loro orgoglio nazionale e la loro ricerca dell'autenticità, e sappiamo bene che è molto divertente poter servire una vera cena spagnola o francese o italiana o greca. Ecco quindi che presentiamo quattro pasti quotidiani e un pasto festivo per ognuno dei quattro Paesi.

I nutrienti stimati per questi menù non tengono conto della frutta e del pane che sarebbero normalmente consumati assieme ai piatti specificati nei menù (vedere anche la sezione "Nutrienti nei menù").

Cinque menù per Paese costituiscono un campione ridicolo, naturalmente, ma li presentiamo per dare un'idea delle combinazioni possibili. Solo scorrendo le ricette nei capitoli sulle varie categorie di cibo, sarà possibile moltiplicare il numero dei menù a centinaia. E, con tutto il rispetto dovuto agli autentici menù nazionali, non c'è motivo di obiettare se si passa dal piatto di un Paese a quello di un altro, anche se i puristi potrebbero lamentarsi e parlare di "menù bastardi". Condividiamo l'idea che il cibo "internazionale" servito in molti ristoranti sia privo di carattere, un compromesso tra gusti che finisce per essere senza gusto. E bocceremmo ogni tentativo di sposare in un singolo menù specialità di cucine molto diverse.

Una volta in un aeroporto in Giappone ci fu porato un piatto di tempura assieme a quella che fu etichettata come "autentica pizza americana". Ma i confini attuali tra i nostri Paesi mediterranei sono, per la maggior parte, di recente creazione e le cucine non sono così diverse come potrebbero sembrare citando solo qualche specialità. Certo, la *paella* è spagnola, l'*avgolemon* è greco, il *cassoulet*, descritto nel nostro libro *The Benevolent Bean*, è francese, i cannelloni e i manicotti sono italiani, ma per ogni vera e propria specialità esistono decine e decine di piatti che sono più mediterranei che strettamente nazionali. Ecco perché è facile e ragionevole passare da un Paese all'altro all'interno dei menù.

PASTI FESTIVI

I menù dei pasti festivi suggeriti in questo libro non sono particolarmente tipici dei vari Paesi. Ci pareva opportuno omettere alcune pietanze tra quelle più comunemente servite in occasione di feste importanti, o perché gli ingredienti non sono facilmente reperibili negli Stati Uniti, o perché costituiscono un'overdose di grassi saturi, o per entrambi i motivi. Nell'area mediterranea, la scelta per il piatto principale cade spesso su un agnello o capretto da latte intero di peso inferiore alle 20 libbre, da cuocere o al forno o allo spiedo, anche se in Spagna si potrebbe benissimo preferire un maialino da latte da arrostire. Non solo un'enorme quantità di grassi saturi quindi, ma anche animali che l'americano medio farebbe fatica a reperire. Anche la cacciagione è molto ricercata per le cene di prestigio. In questo caso, non ci preoccupa il contenuto di grassi ma ci chiediamo quanti di noi siano in grado di trovare pernici, fagiani, quaglie, lepri selvatiche e così via.

Come altrove, ingredienti rari e costosi sono riservati in prevalenza alle cene prestigiose ma, per la maggioranza delle famiglie nell'area mediterranea, la caratteristica principale della cena festiva è il numero di piatti: antipasti più minestra o pasta, pesce e carne e pollame, verdure e insalata, dessert dolci più frutta e noci, diverse tipologie di vino. Organizzate la vostra cena festiva alla stessa maniera quindi, scegliendo tra le ricette nei vari capitoli, sempre che le calorie non siano motivo di preoccupazione.

NUTRIENTI NEI MENÙ

I nutrienti calcolati per i piatti unici suggeriti qui non tengono conto degli altri elementi che vanno a comporre il pasto completo: pane, bevanda, semplice insalata verde e frutta. Per stimare le calorie complessive, aggiungere 70 calorie per ogni fetta di pane, più altre 70 per burro o margarina, se usate, 110 calorie per ogni bicchiere di vino da tavola da quattro once, 50-110 calorie per la frutta, ovvero 50 per una piccola mela o un piccolo grappolo d'uva, 110 per una grossa banana o una bella pera anjou.

I calcoli per i menù per cene normali tengono conto di 140 calorie per il pane e 110 per la frutta, una stima generosa che prevede due piccoli frutti. Le calorie del vino e di eventuale burro o altro elemento spalmabile vanno aggiunte come indicato nel capoverso precedente.

I menù per cene festive non tengono conto del pane poiché in queste occasioni l'abitudine è di consumarne meno del solito. Occorre aggiustare il conteggio delle calorie secondo i casi singoli. Nel caso delle tre cene che prevedono un dessert dolce, non si tiene conto nemmeno delle calorie contenute nella frutta. Ma, in realtà, in Europa, a completamento di questo genere di cena, piatti di frutta e noci sono spesso serviti dopo il dessert. Occorre inoltre sommare al conteggio le calorie fornite dal vino. A una cena di nozze, o di compleanno o natalizia, il consumo medio di vino può raggiungere le 12 once per persona: alcuni commensali forse non ne berranno, ma altri arriveranno a berne un quarto, ovvero 32 once. Dodici once di vino da tavola danno un apporto fino a 330 calorie. Un vino dolce da dessert o uno spumante, servito a conclusione di una cena di gala, significheranno 70-150 calorie in più. Fatte le debite aggiunte, il totale potrà spaventare persone attente alle calorie. Ma i menù presentati sotto hanno un contenuto di calorie notevolmente inferiore di quello della maggior parte dei tipici pasti festivi nei Paesi mediterranei. In tali occasioni, comunque, il totale delle calorie assunte nel corso della giornata, grande cena compresa, potrà non superare le 600. E il giorno successivo si tende a mangiare leggero. Per fare un confronto, provate a contare le calorie fornite da una tipica cena in America il giorno del Ringraziamento o di Natale!

MENÙ – PIATTI UNICI

STUFATO DI POLLO, CECI E VERDURE

Cocido a la valenciana, Spagna, capitolo XIV

Gli ingredienti sono cotti insieme ma poi divisi e serviti sia come minestra sia come pietanza principale.

PER PERSONA

500 cal., 51 g di proteine, 14 g di grassi (5 sat., 3 pol.)

RISO CON MAIALE E PIMENTI

Arroz murciano, Spagna, capitolo XIV

Tipico piatto unico di riso, carne e verdure.

PER PERSONA

400 cal., 26 g di proteine, 20 g di grassi (6 sat., 2 pol.)

POLLO, RISO E FRUTTI DI MARE

Paella, Spagna, capitolo XIV

Una delle tante versioni delka famosa specialità iberica.

PER PERSONA

530 cal., 40 g di proteine, 17 g di grassi (4 sat., 2 pol.)

MERLUZZO CON PEPERONI

Merluza con pimiento, Spagna, capitolo XIII

La ricetta della señora Muñoz-Rojas aggiunge patate al pesce e ai peperoni per creare un facile piatto unico.

PER PERSONA

445 cal., 32 g di proteine, 5 g di grassi (1 sat., 1 pol.)

ZUPPA DI PESCE FRANCESE

Soupe de poissons, Francia, capitolo XIII

Può essere preparata con qualsiasi pesce dalla carne compatta. Va consumata con pane casereccio o crostini.

PER PERSONA

230 cal., 52 g di proteine, 9 g di grassi (2 sat., 2 pol.)

INSALATA DI RISO DI MARTHA

Salade de riz, Francia, capitolo XVI

Un delizioso piatto estivo di riso e verdure con tonno o altro pesce o carne (quello che c'è a disposizione, insomma).

PER PERSONA

330 cal., 7 g di proteine, 13 g di grassi (2 sat., 1 pol.)

SFORMATO DI MELANZANE

Moussaka, Grecia, capitolo XIV

Una bella combinazione di sapori: melanzane, carne di manzo, pomodori e formaggio cotti al forno tutti inseme.

PER PERSONA

430 cal., 19 g di proteine, 24 g di grassi (6 sat., 9 pol.)

INSALATA SICILIANA

Italia, capitolo XVI

Un classico e appetitoso piatto estivo che può essere preparato al mattino e consumato freddo la sera.

PER PERSONA

320 cal., 16 g di proteine, 22 g di grassi (3 sat., 2 pol.)

LASAGNE AL FORNO

Italia, capitolo VIII

Pasta al forno con formaggio e salsa di pomodoro, sta riscuotendo sempre più successo negli Stati Uniti.

PER PERSONA

315 cal., 27 g di proteine, 10 g di grassi (3 sat., 3 pol.)

ZUPPA DI PASTA E FAGIOLI

Italia, capitolo VII

Una zuppa sostanziosa di pasta e fagioli cannellini che può essere servita come piatto principale.

PER PERSONA

370 cal., 16 g di proteine, 8 g di grassi (1 sat., 1 pol.)

CENE FRANCESI

I

ZUPPA DI PATATE
Potage de pommes de terre, Francia, capitolo VII
Purea di patate e latte versata su fette di pane fritte.
POLLO FRITTO ALLA PROVENZALE
Poulet sauté provençale, Francia, capitolo XII
Insaporito con cipolla, aglio, alloro e vino.
INSALATA DI LATTUGA VERDE CON VINAIGRETTE
Il condimento è composto da olio di oliva, aceto di vino e sale. Aggiunte facoltative prevedono pepe ed erbe aromatiche.
FRUTTA
PER PERSONA
910 cal., 39 g di proteine, 19 g di grassi (7 sat., 4 pol.)

II

MINESTRONE AL PESTO
Soupe au pistou, Francia, capitolo VII
Minestra di verdure fresche condita con pesto al basilico.
INVOLTINI DI MANZO – ALLODOLE SENZA TESTA
Alouettes sans tête, Francia, capitolo XI
Fettine sottili di carne farcite e arrotolate, cotte con carote e cipolle.
PISELLI ALLA FRANCESE
Petits pois à la française, Francia, capitolo XV
Piselli cotti in olio con lattuga e scalogni.
PRUGNE SPEZIATE
Compôte des prugnes Francia, capitolo XVIII
Prugne cotte rapidamente in uno sciroppo di zucchero speziato con cannella e chiodi di garofano.
PER PERSONA
990 cal., 46 g di proteine, 35 g di grassi (10 sat., 8 pol.)

III

ANTIPASTO A BASE DI ACCIUGHE
Anchoïade, Francia, capitolo V
Tramezzini alla pasta di acciughe tostati.
STUFATO DI VITELLO
Veau poêle, Francia, capitolo XI
Vitello in umido con verdure ed erbe aromatiche.
CAVOLINI IN BESCIAMELLA
Choux de Bruxelles en sauce blanche, Francia, capitolo XV
Il sapore unico dei piccoli cavoli valorizzato da besciamella, limone e formaggio grattugiato.
CRÊPES SUZETTE
Francia, capitolo XVIII
Questi pancake francesi possono essere preparati in anticipo e riscaldati in una salsa all'arancia poco prima del servizio.
PER PERSONA
710 cal., 43 g di proteine, 28 g di grassi (10 sat., 6 pol.)

IV

SALADE NIÇOISE
Francia, capitolo XVI
Insalata mista, spesso servita come primo. La tradizione prevede tredici ingredienti ma qui ce ne sono meno.
PILAF DI PESCE AL CURRY
Pilau de morue à l'indienne, Francia, capitolo XIII
Un anello di riso con al centro il pesce speziato.
CAROTE MARINATE
Carottes marinées, Francia, capitolo XV
Cotte in vino e aceto alle erbe aromatiche e servite fredde.
FRUTTA
PER PERSONA
900 cal., 35 g di proteine, 20 g di grassi (2 sat., 2 pol.)

CENE GRECHE

I

MINESTRA DI POLLO CON UOVA E LIMONE
Kotosoupa avgolemono, Grecia, capitolo VII
Minestra di pollo e riso dal sapore caratteristico.
STUFATO DI CARNE E CIPOLLE
Stifado, Grecia, capitolo XI
Stufato in cui la quantità delle cipolle è pari a quella della carne.
PATATINE FRITTE
Pommes de terre frites, Francia, capitolo IX
Le patatine sono servite in Grecia almeno quanto in Francia.
INSALATA DI CETRIOLO E YOGURT
Tzatziki, Grecia, capitolo 16
Un matrimonio rinfrescante di cetrioli tritati con yogurt e un pizzico di aglio.
FRUTTA
PER PERSONA
1000 cal., 22 g di proteine, 30 g di grassi (11 sat., 6 pol.)

II

ZUPPA DI FAGIOLI BIANCHI
Fassoulada, Grecia, capitolo VII
Piatto nutriente di fagioli secchi e verdure fresche.
PESCE AL FORNO
Psari plaki, Grecia, capitolo XIII
Filetti di pesce cotti al forno con fette di pomodoro fresco.
INSALATA ESTIVA
Salata therini, Grecia, capitolo XVI
Verdure crude condite con cubetti di feta e olive nere.
FRUTTA
PER PERSONA
1050 cal., 53 g di proteine, 39 g di grassi (7 sat., 4 pol.)

III

ZUPPA DI LENTICCHIE

Faki, Grecia, capitolo VII

Una zuppa energetica, densa e saporita.

FOGLIE DI VITE RIPIENE DI CARNE

Dolmades o dolmathes, Grecia, capitolo XI

Lo stesso ripieno è usato per farcire le foglie di cavolo quando non sono a disposizione quelle di vite.

INSALATA CALDA DI PATATE

Patatosalata, Grecia, capitolo XVI

Patate lesse affettate con cipolle crude, condite con succo di limone e olio, poi servite calde.

FRUTTA

PER PERSONA

880 cal., 37 g di proteine, 30 g di grassi (10 sat., 2 pol.)

IV

CREMA DI MELANZANE AL FORNO

Melizanosalata, Grecia, capitolo V

Melanzane cotte al forno, condite e raffreddate, servite con fette di pomodoro, anelli di peperone e olive.

POLLO CON SALSA DI NOCI

Kota me karethia, Grecia, capitolo XII

Le noci tritate della salsa aggiungono contrasti di sapore e consistenza.

RISO PILAF

Pilafi, Grecia, capitolo IX

Riso cotto al forno o a vapore con carote, sedano, cipolla e prezzemolo.

FRUTTA

PER PERSONA

990 cal., 38 g di proteine, 36 g di grassi (5 sat., 10 pol.)

CENE ITALIANE

I

SPAGHETTI CON SALSA DI POMODORO
Italia, capitolo XVII
La salsa cuoce nello stesso tempo degli spaghetti.
PESCE IN GRATICOLA
Italia, capitolo XIII
La marinata dà un sapore speciale al pesce.
FAGIOLINI CON MANDORLE
Italia, capitolo XV
Grazie al contrasto di consistenze, un grande successo in America.
MELE AL VINO
Italia, capitolo XVIII
Mele cotte in vino speziato.
PER PERSONA
1.070 cal., 56 g di proteine, 28 g di grassi (3 sat., 3 pol.)

II

MELONE E PROSCIUTTO
Italia, capitolo V
Melone gelato e prosciutto saporito, un antipasto assai appetitoso.
LOMBO DI MAIALE ALLA ROMANA
Italia, capitolo XI
Le lenticchie, apprezzate in Italia dai tempi dei Romani, condite con erbe aromatiche e cotte assieme alla carne di maiale.
INSALATA DI LATTUGA
Italia
Condita con olio di oliva, aceto di vino, sale e, volendo, basilico.
FRUTTA
PER PERSONA
810 cal., 43 g di proteine, 25 g di grassi (5 sat., 7 pol.)

III

MINESTRONE II
Italia, capitolo VII
Una grande minestra i cui ingredienti sono i prodotti acquistati dal verduriere o raccolti nell'orto.
CONIGLIO ALLA DELIA
Italia, capitolo XII
Cotto con patate e condito con erbe aromatiche, cipolle e vino.
ZUCCHINE MINNELEA
Italia, capitolo XV
Zucchine al forno con pomodori e formaggio grattugiato.
FRUTTA
PER PERSONA
910 cal., 55 g di proteine, 33 g di grassi (9 sat., 4 pol.)

IV

GNOCCHI DI POLENTA
Italia, capitolo IX
Gnocchi di granoturco con salsa di pomodoro e formaggio.
LINGUA DI VITELLO IN SALSA
Italia, capitolo XI
Fette di lingua bovina lessata a lungo, servite calde in salsa.
SEDANO E CAROTA IN FRICASSEA
Italia, capitolo XV
Un insolito abbinamento e un ottimo contorno per le carni.
MACEDONIA DI FRUTTA
Italia, capitolo XVIII
Assortimento di frutta condito con uno sciroppo al limone.
PER PERSONA
850 cal., 32 g di proteine, 36 g di grassi (13 sat., 7 pol.)

CENE SPAGNOLE

I

ZUPPA FREDDA ESTIVA
Gazpacho andaluso, Spagna, capitolo VII
Zuppa di verdure crude, molto adatta alla stagione calda.
PESCE, POLPA DI GRANCHIO E RISO
Arroz abanda, Spagna, capitolo XIII
Riso, pesce e verdure, una preparazione spiccatamente spagnola.
FRUTTA
PER PERSONA
810 cal., 49 g di proteine, 5 g di grassi (1 sat., 1 pol.)

II

VERDURE STUFATE
Pisto, Spagna, capitolo XV
Uno stufato di cipolle, peperoni, zucchine e pomodori, servito caldo o freddo.
POLLO, PIMENTO E POMODORI
Pollo a la chilindron, Spagna, capitolo XII
Pimento e prosciutto danno un sapore unico a questo piatto a base di pollo.
PATATE CON PISELLI
Patatas con guisantes, Spagna, capitolo XV
Patate e piselli cotti insieme e conditi con aglio e prezzemolo.
CREMA ALLA SPAGNOLA
Flan, Spagna, capitolo XVIII
Crema caramellata cotta al forno, un dolce molto popolare.
PER PERSONA
990 cal., 52 g di proteine, 34 g di grassi (9 sat., 4 pol.)

III

ZUPPA DI AGLIO
Sopa de ajo, Spagna, capitolo VII
Nonostante il nome e il contenuto, una zuppa dal sapore delicato.
BACCALÀ AL POMODORO
Bacalao a la lionesa, Spagna, capitolo XIII
Usare pesce surgelato anziché ammollato cambia il carattere del piatto, ma il risultato è ugualmente buono.
FAGIOLINI AL PROSCIUTTO
Judias verdes, Spagna, capitolo XV
Fagiolini conditi con pomodoro, cipolla, aglio e listarelle di prosciutto cotto.
BUDINO DI RISO ALLA SPAGNOLA
Arroz con leche, Spagna, capitolo XVIII
Riso con latte: non è un nome che fa venire l'acquolina in bocca, ma questo facile dessert, aromatizzato con scorza di limone e brandy o liquore all'arancia.
PER PERSONA
850 cal., 47 g di proteine, 32 g di grassi (7 sat., 8 pol.)

MENÙ CATALANO

STUFATO DI POLLO, CARNE E VERDURE
Escudella, Spagna, capitolo XIV
Un piatto che diventa tre portate: minestra, carne, verdure.
CREMOLATO ALLA CANNELLA
Llet merengada, Spagna, capitolo XVIII
L'impiego sorprendente della cannella crea un dessert leggero e rinfrescante.
PER PERSONA
730 cal., 51 g di proteine, 18 g di grassi (8 sat., 2 pol.)

CENA FESTIVA GRECA

INVOLTINI AL FORMAGGIO
Tiropittakia, capitolo X
Triangoli di pasta sfoglia ripieni di formaggio e serviti caldi.
PESCE LESSO CON AGLIATA
Psari me skordalia, capitolo XVII
I greci sostengono di avere inventato questa salsa densa all'aglio.
POLLO ARROSTO RIPIENO
Kotopoulo yemista, capitolo XII
Il ripieno contiene riso, cipolle, mandorle e uvetta.
INSALATA DI POMODORI
Tomatosalata, capitolo XVI
Fette di pomodoro fresco condite con olio e aceto.
FRUTTA
PER PERSONA
comprese due fette di pane: 1220 cal., 71 g di proteine, 67 g di grassi (14 sat., 13 pol.)

CENA FESTIVA FRANCESE

QUICHE AI FUNGHI
Quiche aux champignons, capitolo X
Funghi alla crema in un involucro di pasta.
POLLO ALLA CORSA
Poulet corsoise, capitolo XII
Cotto al forno con prosciutto, patate, funghi, pomodori e olive.
CAROTE ALLA PORTINAIA
Carottes à la concierge, capitolo XV
Carote in una salsa densa con un condimento insolito.
SOUFFLÉ AL CIOCCOLATO
Soufflé au chocolat, Francia, capitolo XVIII
Questo leggero dessert al cioccolato è degno di ogni occasione festiva.
PER PERSONA
comprese due fette di pane: 1400 cal., 61 g di proteine, 73 g di grassi (18 sat., 14 pol.)

CENA FESTIVA ITALIANA

CAPONATA
Capitolo V
Melanzane e altre verdure in agrodolce con olive e mandorle.
CANNELLONI AL FORMAGGIO
Capitolo XVIII
Cannelloni agli spinaci ripieni di formaggio, cotti al forno con besciamella e conditi con formaggio grattugiato.
FARSUMAGRO
Rolata di carne alla siciliana, capitolo XI
"Involtone" farcito di mollica alle erbe, salsiccia e formaggio.
INSALATA DI FUNGHI
Capitolo XVI
Funghi crudi affettati e marinati in succo di limone e olio.
TORTA DI ALBICOCCHE ALLA CREMA
Capitolo XVIII

Involucro di pasta frolla con un sottile strato di crema coperto da albicocche glassate.

PER PERSONA

1580 cal., 70 g di proteine, 79 g di grassi (21 sat., 20 pol.)

CENA FESTIVA SPAGNOLA

INSALATA MISTA SPAGNOLA

Entremeses vegetarianos, capitolo V

Un bellissimo *assemblage* di cavolfiore sbollentato e verdure crude.

AGNELLO ALL'AGLIO ALLA CATALANA

Anyell amb all, capitolo XI

Stufato con verdure e abbondante aglio ma senza un retrogusto pesante.

CECI E CAVOLO

Olla cordobesa, capitolo X

Uno dei molti piatti spagnoli in cui spiccano i ceci.

PEPERONI FRITTI CON POMODORO

Fritada de pimiento y tomate, capitolo XV

Peperoni verdi, pomodori e cipolla soffritti nell'olio.

MACEDONIA ALLO SHERRY

Macedonia al Jerez, capitolo XVIII

Il famoso vino spagnolo, succo di limone e mandorle tostate aggiungono ulteriore sapore alla frutta fresca affettata.

PER PERSONA

comprese due fette di pane: 1300 cal., 72 g di proteine, 46 g di grassi (11 sat., 6 pol.)

APPENDICE

Le quattro tabelle che seguono sono rivolte al lettore interessato ai dati numerici relativi alla salute e all'alimentazione. La Tabella 1 riporta i maggiori fattori di rischio legati alle malattie coronariche: età, pressione sanguigna, colesterolo ematico e fumo. Si tratta di un riassunto dell'esperienza quinquennale di oltre ottomila uomini in seguito a visite mediche che non evidenziarono alcun segno manifesto di malattia coronarica. Occorre notare che, a pari età, un soggetto che fuma un pacchetto di sigarette al giorno con una pressione sanguigna a riposo di 180/100 e una concentrazione di colesterolo sierico di 300 ha probabilità di subire un grave attacco cardiaco dieci-quindici volte superiore rispetto al non fumatore con pressione di 130/80 e colesterolo sierico di 200.

La Tabella 2 riporta i tassi di mortalità per ogni causa e per presunta malattia coronarica nei cinque Paesi di nostro interesse. C'è chi obietterà che, in area mediterranea, alcune morti per malattia coronarica possano essere attribuite ad altre cause, ma rimane il fatto che, rispetto agli Stati Uniti, i Paesi mediterranei presentano un evidente vantaggio per quanto riguarda *le morti per ogni causa*. In media, il tasso di morte per ogni causa degli uomini americani è più elevato del 28 per cento di quello relativo agli uomini dell'area mediterranea di pari età. A 45-54 anni il tasso di morte per ogni causa degli uomini americani è più elevato del 56 per cento di quello relativo agli uomini dell'area mediterranea. Nel caso delle donne, lo svantaggio delle americane è meno clamoroso ma ancora sostanziale, evidenziando un'eccedenza del 40 per cento relativo a morti per ogni causa nella fascia 45-54 anni.

Queste statistiche concordano con i nostri studi, condotti nel corso di molti anni. Le coronaropatie sono indubbiamente molto meno diffuse nell'area mediterranea che negli Stati Uniti. Nei nostri studi, le differenze per quanto riguarda l'incidenza di attacchi cardiaci sembrerebbe legata direttamente al livello di colesterolo sierico.

La Tabella 3 presenta un confronto tra i cinque Paesi per quanto riguarda le medie nazionali di calorie, proteine e grassi nella dieta. Dati ufficiali di questo tipo hanno molti limiti, uno dei quali è che non danno alcuna indicazione sulla distribuzione dei nutrienti tra la popolazione, ma le tendenze complessive sono degne di nota. Negli Stati Uniti, infatti, i nutrienti di origine animale sono quasi il doppio della media dei Paesi mediterranei, ma il totale delle proteine nella dieta non varia granché da Paese e Paese. La dieta americana evidenzia un contenuto molto più elevato di grassi animali rispetto alla media mediterranea. In generale, è il quadro nutrizionale francese che più si avvicina a quello americano, ed è interessante notare che, come dimostra la Tabella 2, la Francia è anche il Paese che più si avvicina agli Stati Uniti per quanto riguarda il tasso di morte per ogni causa.

La Tabella 4 presenta un confronto tra i cinque Paesi relativo al consumo degli alimenti più importanti. Dimostra chiaramente il ruolo significativo che hanno in America zucchero, latte, uova e carne, la carne grassa in particolare, mentre nell'area mediterranea è maggiore il consumo di cibi amidacei e oli vegetali. Purtroppo, non sono disponibili dati confrontabili sulla frutta e verdura consumate nei cinque Paesi ma, in generale, i mediterranei consumano una maggiore quantità di questi prodotti freschi. Ci sarebbe da aspettarsi che le differenze di dieta evidenziate nella Tabella 4 determinassero modifiche sostanziali del livello medio di colesterolo nel siero sanguigno e, nei nostri studi, le concentrazioni medie di colesterolo nel sangue corrispondono, perlomeno approssimativamente, alle aspettative nate da esperimenti controllati sulla dieta. Non esiste una prova definitiva, comunque, che le differenze tra diete indicate nella Tabella 4 siano in grado di determinare o spiegare le differenze tra tassi di mortalità mostrate nella Tabella 2.

TABELLA I

NUMERO DI UOMINI, SU MILLE AL MOMENTO DELLO STUDIO NON AFFETTI DA CORONAROPATIA, CHE IN CINQUE ANNI MORIRANNO PER ATTACCHI CARDIACI O CORONARICI, CLASSIFICATI SECONDO LE LORO CARATTERISTICHE ALL'INIZIO DEL QUINQUENNIO

Si tratta di un riassunto dell'analisi della reale esperienza di uomini bianchi seguiti in quattro centri americani. Occorre notare che, a parità di condizioni, un uomo con un livello di colesterolo di 350 corre un rischio circa sette volte superiore di quello di un uomo con un livello di 150. L'ipertensione aumenta di tre volte il rischio. L'uomo che fuma un pacchetto di sigarette al giorno corre il doppio del rischio del non fumatore. Il cinquantenne è esposto più del doppio di un quarantenne al rischio di morte per coronaropatia, e a sessant'anni il rischio raddoppia ancora.

Età	**Sigarette**	**Pressione sanguigna**	**Colesterolo**[1]				
			150	200	250	300	350
40	nessuna	130/80	3	5	8	13	21
"	"	180/100	9	14	22	35	54
"	20 al giorno	130/80	8	12	19	30	47
"	" " "	180/100	20	32	50	76	116
50	nessuna	130/80	7	11	18	27	43
"	"	180/100	19	29	45	70	106
"	20 al giorno	130/80	16	25	39	61	93
"	" " "	180/100	42	65	99	148	215
60	nessuna	130/80	15	23	36	56	86
"	"	180/100	38	59	90	136	199
"	20 al giorno	130/80	33	51	79	112	177
"	" " "	180/100	84	126	186	292	365

1. Milligrammi per 100 millilitri di siero sanguigno.

TABELLA 2

MORTI SU CENTOMILA PER OGNI CAUSA E PER CORONAROPATIA, 1967
(Fonte: OMS, Organizzazione Mondiale della Sanità)

		Ogni causa		Coronaropatia	
Paese	Età	Uomini	Donne	Uomini	Donne
Francia[2]	35-44	341	176	21	4
	45-54	620	397	72	12
	55-64	2054	872	199	54
	65-74	4502	2329	465	209
Grecia	35-44	194	134	19	7
	45-54	521	317	70	24
	55-64	1434	824	197	80
	65-74	3525	2576	561	346
Italia	35-44	275	160	37	9
	45-54	698	385	128	34
	55-64	1836	930	363	140
	65-74	4467	2713	999	614
Spagna	35-44	291	166	19	7
	45-54	635	365	56	15
	55-64	1697	925	174	67
	65-74	4128	2598	429	237
USA	35-44	394	231	93	20
	45-54	964	512	352	80
	55-64	2300	1105	929	290
	65-74	5021	2730	2061	990

2. C'è motivo di credere che, come causa di morte, la coronaropatia sia sottodiagnosticata in Francia.

TABELLA 3

NUTRIENTI PER PERSONA, MEDIA GIORNALIERA, 1964-1966
(Dati tratti da schede sull'alimentazione pubblicate da FAO, Roma 1971)

Componente	Grecia	Italia	Francia[3]	Spagna	Usa
Calorie					
Fonti vegetali	2370	2300	1930	2290	1890
Fonti animali	530	520	1170	510	1270
Totale	2900	2820	3100	2800	3160
Proteine					
Fonti vegetali, grammi	58	50	42	48	27
Fonti animali, grammi	40	34	56	29	67
Totale, grammi	98	84	98	77	94
Grassi					
Fonti vegetali, grammi	59	49	64	61	50
Fonti animali, grammi	36	36	73	37	98
Totale, grammi	95	85	137	98	148
Percentuale di calorie da					
Tutte le proteine	13,5	11,9	12,6	11,0	11,9
Proteine animali	5,5	4,8	7,2	4,1	8,5
Tutti i grassi	29,5	27,1	39,8	31,5	42,2
Grassi animali	11,1	11,5	21,2	11,9	27,9

3. Dati aggiornati per la Francia meridionale in base a quelli pubblicati in *Études et Conjoncture*, Insee (Institut Nationale de la Statistique et des Études Économiques-Ministère de l'Économie et des Finances), Presses Universitaires de France, Parigi, luglio 1967.

TABELLA 4

CIBI CONSUMATI PER PERSONA A SETTIMANA
(Medie 1964-66 calcolate in base a dati tratti da schede sull'alimentazione pubblicate da FAO, Roma 1971)

Cibo	A settimana	Grecia	Italia	Francia[4]	Spagna	Usa
Cereali, di ogni genere	once	91	89	60	69	44
Patate[5]	"	32	29	62	72	32
Zucchero[6]	"	12	17	21	14	32
Legumi (fagioli ecc.)	"	7,4	4,0	3,1	18,0	2,3
Latte[7]	quarti	1,7	1,3	1,7	1,3	3,5
Formaggio	once	7,9	6,2	8,4	1,2	4,1
Carni	once	21	20	45	16	46
Carni	calorie	950	1000	3100	1050	3720
Carni	(cal/oncia)[8]	(45)	(50)	(69)	(66)	(81)
Pollame	once	3,5	4,9	6,4	3,6	12,6
Pesce	"	12	6	14	20	4
Uova	numero	3,4	3,3	3,3	3,7	6,4
Burro	once	0,6	0,9	2,6	0,1	1,9
Olio	once liquide	12	10	13	12	4
Vino	"	27	74	90	49	?

4. Francia meridionale, dati relativi al bilancio alimentare dell'area mediterranea, in *Études et Conjoncture*, Insee, Parigi, luglio 1967.
5. Comprese le patate dolci.
6. Compresi sciroppi e miele, saccarosio equivalente.
7. Di tutti i tipi, 3,7% di grasso butirrico equivalente.
8. La relativa grassezza della carne è indicata con il valore delle calorie per oncia.

INDICE DELLE RICETTE E DEI MENÙ